Joe Biden

Joe Biden, homme d'État américain, est le 46e président des États-Unis depuis le 20 janvier 2021. Son autobiographie *Tenir ses promesses* a paru en 2021 chez Michel Lafon.

TENIR
SES PROMESSES

JOE BIDEN

TENIR SES PROMESSES

Traduit de l'anglais (États-Unis)
par Sébastien Baert, Éric Betsch et Joëlle Touati

Michel LAFON

Titre original :
PROMISES TO KEEP

MIXTE
Papier issu de sources responsables
FSC® C003309

L'éditeur de cet ouvrage s'engage dans une démarche de certification FSC® qui contribue à la préservation des forêts pour les générations futures.

Pour en savoir plus :
www.editis.com/engagement-rse/

ISBN : 978-2-266-32025-2
Dépôt légal : août 2021

Pour mes parents,
qui ont tenu leurs promesses.

Les bois sont charmants, sombres et profonds,
Mais j'ai des promesses à tenir.
Et une longue route à parcourir avant de dormir,
Et une longue route à parcourir avant de dormir.

Robert Frost

Prologue

C'est dans les années 1950, dans la cuisine de mon grand-père, que je fus initié au principe premier de la politique, à son fondement même. J'avais alors douze ou treize ans. Depuis peu installés dans le Delaware, mes parents faisaient grimper presque tous les vendredis soir leurs enfants – à savoir ma sœur Val, mon frère Jimmy, le bébé Frankie et moi-même – dans la voiture familiale, et nous filions tous ensemble à Scranton, en Pennsylvanie, où nous vivions également avant le déménagement, passer le week-end chez grand-père Finnegan. J'avais l'autorisation de jouer toute la journée de samedi au base-ball, au basket ou encore aux gendarmes et aux voleurs avec mes anciens camarades du quartier. Entre deux parties, nous descendions jusqu'à Green Ridge Corners, afin d'acheter quelques munitions pour nos revolvers à amorces chez Handy Dandy ou des friandises à trois sous chez Pappsy ou Simmey. Cette dernière boutique était mitoyenne de l'agence d'assurances Walsh, si bien que nous frôlions le crucifix disposé dans sa vitrine. Voir un tel objet exposé dans un commerce n'avait rien d'inhabituel ni d'étrange à nos yeux. En effet, bon nombre des clients faisant leurs emplettes dans les commerces de Green Ridge étaient catholiques irlandais, comme nous. Nous ne nous attardions jamais sur ce détail, conscients que la plupart des gamins du quartier étaient également catholiques. Nous savions tous comment nous comporter ; quand, en nous rendant chez Sommet, par exemple, nous croisions une religieuse dans la rue, nous ôtions notre casquette, lui souhaitions un « Bon après-midi, ma sœur » et lui tenions systématiquement la porte. Tout aussi présents dans le quartier, les prêtres avaient droit au plus grand respect. Si mon grand-père se plaignait parfois de Mgr Vaughan, qui ne cessait de réclamer davantage d'argent, personne, à Green Ridge, n'aurait croisé le chemin d'un prêtre sans le saluer d'un « Bon après-midi, mon père ».

Bon nombre de commerces de Green Ridge avaient éclos une cinquantaine d'années auparavant, quand les premières lignes de tramway électriques avaient contribué au développement de ces quartiers de maisons agglutinées. Des Irlandais débrouillards s'y étaient installés, offrant ainsi de l'air frais et un peu de pelouse à leurs familles. Ma mère fréquentait déjà ces boutiques étant petite fille.

Après avoir acheté notre quota de friandises chez Simmey, Charlie Roth, Larry Orr, Tommy Bell et moi nous rendions au cinéma Roosie pour nous offrir la double séance à douze cents – nous avions généralement droit à deux westerns ou deux Tarzan.

S'il nous restait un peu de temps après les films, il nous arrivait de faire une escale à l'épicerie Thompson. M. Thompson possédait un singe vivant, qu'il gardait avec lui dans sa boutique. Ainsi, même si nous n'avions plus de quoi nous payer des bonbons, cela valait la peine d'y entrer un moment. Nous traînions aussi parfois devant Evelyn & E-Paul, dans l'espoir qu'un courant d'air porte vers nous le parfum des friandises et de la glace faites maison. Quand le soleil plongeait vers l'horizon, Charlie, Larry, Tommy et moi prenions le chemin du retour, suivant East Market Street jusqu'à la rivière Lackawanna. Nous la longions en nous balançant de branche en branche, suspendus aux arbres rabougris d'à peine plus de deux mètres alignés sur la berge, tel Tarzan, dont nous imitions les exploits tout juste admirés au cinéma. Le summum de l'aventure consistait à franchir le cours d'eau au galop sur des canalisations de quarante centimètres de diamètre. C'était une mauvaise idée, cela ne nous échappait pas, car les eaux usées se déversaient dans la Lacky, en ce temps-là, si bien que l'eau était terriblement polluée. Nos parents nous répétaient sans cesse de ne pas nous en approcher. Mais enfin, tant que nous n'y chutions pas, qui pouvait deviner les bêtises que nous commettions ? Courir sur une canalisation n'était pas un péché mortel, loin de là.

Après nous être amusés près de la rivière, nous nous rendions compte que l'heure du dîner approchait. Nous accélérions donc l'allure et passions par la ruelle située derrière Richmont Street, où se succédaient des garages sur lesquels Tommy et moi gambadions, bondissant de toit en toit.

— Le sol est un marécage ! Celui qui le touche meurt dévoré par les alligators !

Charlie et Larry préféraient quant à eux affronter les reptiles. Parfois, un résident de Richmont Street ouvrait une fenêtre à l'arrière de sa maison et braillait :

— Descendez de ces garages !

Quoi qu'il en soit, en ces samedis, le crépuscule était bien souvent tout proche quand Charlie, Larry, Tommy et moi étions enfin de retour chez nous.

Le dimanche ne ressemblait en rien à la veille. Cette journée était consacrée à la famille et commençait par la messe – à laquelle ma présence n'était pas optionnelle. Le clan Finnegan au grand complet se rendait à l'église catholique Saint-Paul – qui m'a toujours fait l'effet d'une annexe de la maison. J'avais déjà franchi quelques degrés du Catéchisme de Baltimore et abordé des questions telles que : Qui nous a créés… ? Qui est Dieu… ? Qu'est-ce qu'un Esprit… ? Qu'entendons-nous quand nous disons que Dieu n'est que Bien ? Ainsi que les réponses qu'il apportait : La parole du Seigneur est juste, et Il œuvre avec loyauté. Il chérit la miséricorde et le jugement ; la terre est emplie de la miséricorde du Seigneur. Je pouvais réciter la quasi-totalité du catéchisme. Je connaissais le Notre Père et le Symbole des Apôtres par cœur, j'avais effectué ma première confession, et grand-père Finnegan m'avait appris à réciter mon chapelet. Tous les soirs, lorsque je l'embrassais pour lui souhaiter bonne nuit, il me rappelait :

— Trois Je vous salue Marie, Joey, pour la pureté.

Il me fallut longtemps pour comprendre qu'il évoquait là la chasteté. Au début, j'étais persuadé qu'il était question de noblesse d'âme, de la pureté d'une cause, concepts en phase avec les sermons que nous entendions à Saint-Paul. En réalité, il pensait davantage à répandre le bien qu'à correctement se comporter.

Après la messe, les Finnegan et leurs amis se retrouvaient chez mon grand-père, au 2446 North Washington Avenue, non loin du terminus de la ligne de tramway.

L'après-midi venu, tandis que le dîner préparé à l'avance était réchauffé dans le four, les femmes se détendaient dans la salle à manger, sirotant un thé en caressant du bout des doigts la nappe en dentelle.

Pendant ce temps, grand-père était installé à la table de la cuisine avec ses amis du voisinage, parfois un collègue de la *Scranton Tribune* et mes oncles du côté Finnegan, Jack et Boo-Boo. Baignés par la lueur de l'après-midi, ces messieurs discutaient sport et politique. Bien éduqués, informés et éclectiques, ils adoraient débattre. Ils évoquaient les politiques locale et nationale, les événements du monde, le conflit opposant Truman à MacArthur, celui dressant Truman contre les entreprises sidérurgiques… Bien que tous démocrates partisans de Truman, et employés ou fils d'employés, ils reconnaissaient que Truman était peut-être allé un peu trop loin quand il avait tenté de prendre le contrôle de la société Youngstown Steel. La Cour suprême avait probablement pris la bonne décision en l'en empêchant. Un président est un président, pas un dictateur. Ce projet semblait antiaméricain. Cela étant, Truman avait au moins eu le mérite d'être franc à ce sujet. Voilà ce qu'ils appréciaient chez lui : pas d'artifice. Cet homme savait quelle était sa position et n'avait pas peur de l'exprimer. Les invités de grand-père n'avaient pas confiance en Adlai Stevenson, le nouveau porte-drapeau du parti démocrate, qu'ils jugeaient un peu tendre. Ils étaient prêts à accorder le bénéfice du doute à Eisenhower, qui, après tout, était un héros de guerre. Mon père, qui ne prenait guère part aux conversations, croyait en Ike car celui-ci avait accompli l'exploit de remporter une guerre tout en négociant les prérogatives nationales respectives des divers alliés occidentaux et en ménageant les ego surdimensionnés de Franklin Roosevelt, de Winston Churchill, de Charles de Gaulle, du *field marshal* Montgomery et du général Patton. Pour papa, Eisenhower était un homme qui pesait lourd, un meneur d'hommes, mais les Finnegan critiquaient régulièrement sa politique.

Quant à moi, j'étais attiré par le rythme et la puissance des échanges verbaux résonnant dans la cuisine. Même si j'étais trop jeune pour mériter une place régulière dans ces débats énergiques, les intervenants ne voyaient pas d'inconvénient à ce que je traîne dans les parages de temps à autre. Même lorsque la discussion s'orientait vers la politique locale – au niveau de Scranton et du comté de Lackawanna – et que les esprits s'échauffaient, jamais ils ne me chassaient. Je me rappelle par exemple les avoir entendus aborder le cas d'une figure politique du coin qu'ils appelaient Patrick. Ce patron irlandais plutôt habile s'entendait à merveille avec le diocèse, les travailleurs, ses voisins et sa famille – peut-être avec un peu trop de monde, à vrai dire. Les faveurs politiques dans lesquelles il trempait, même à cette époque où elles étaient généreusement distribuées, faisaient probablement souvent l'objet d'articles dans les journaux locaux. Certains, parmi les plus jeunes, jugeaient qu'il était temps pour Patrick de s'écarter, de doter l'appareil démocratique de Scranton d'un lustre plus moderne. Cependant, j'avais remarqué que mon grand-père, malgré les attaques incessantes portées par ses amis contre cet homme, le défendait toujours. Enfin, au bout d'un moment, il cessa d'argumenter et fit une chose qu'il n'avait encore jamais faite durant ces interminables discussions dominicales : il s'adressa à moi.

— Tu te demandes pourquoi ton grand-père apprécie Patrick, Joey.

— Non, non, non, grand-père. Pas du tout.

— Tu apprécies M. Scranton, n'est-ce pas, mon chéri ?

Qu'étais-je censé répondre ? Il était hors de question de mentir à la table de grand-père Finnegan. Dans mon esprit, William Scranton était l'incarnation même du citoyen intègre, le genre d'homme que mon père respectait. En outre, c'était un descendant des fondateurs de la ville. Après avoir été pilote pendant la guerre – à l'image de mon oncle, ce héros –, cet homme parfaitement éduqué était devenu une personnalité de la ville.

— Oui, grand-père, je l'aime bien, répondis-je.

— Je vais t'expliquer la différence entre Patrick et Bill Scranton, Joey. Quand je demande à Patrick de me rendre un service, il lui arrive d'accepter, mais il se peut aussi qu'il refuse. Dans ce cas, il me regarde droit dans les yeux et me dit : « Désolé, Ambrose, je vais vous décevoir. » Et je fais avec. Quoi qu'il ait à me dire, Patrick me le dit en face. Il sait qu'il est possible que je ne sois pas d'accord avec lui, mais il m'estime suffisamment pour me parler avec franchise.

Mon grand-père me demanda de m'approcher de lui, ce que je fis, puis il passa un bras autour de ma taille et me serra contre lui avant de poursuivre :

— Sais-tu où habite la famille de M. Scranton, Joey ?

Je n'eus aucun mal à imaginer le genre de demeure dans laquelle vivaient les Scranton, certainement un manoir.

— Je pourrais l'appeler tout de suite et lui dire : « Monsieur Scranton, Ambrose Finnegan, de la *Tribune*, à l'appareil. J'ai un problème ; puis-je venir vous l'exposer ? » Il me répondrait avec une politesse infinie : « Bien sûr, venez donc, Ambrose. » Je me rendrais chez lui, gravirais la volée de marches de l'immense perron et toquerais à la porte. Son majordome m'ouvrirait et m'inviterait à entrer, puis il me débarrasserait de mon manteau. Ensuite, il me proposerait de m'installer dans la bibliothèque et m'offrirait un sherry.

J'ignorais totalement ce qu'était un sherry, et mon grand-père n'interrompit pas son récit pour me l'expliquer, mais à l'entendre, ce devait être quelque chose de merveilleux.

— M. Scranton se présenterait peu après et me dirait : « Que puis-je faire pour vous, Ambrose ? » Je lui exposerais mon problème et il me répondrait qu'il serait ravi de m'aider.

À cet instant précis, grand-père leva la main et me donna une tape entre les omoplates, si brusquement que cela me fit sursauter. Sur le moment, je crus qu'il était furieux, que je l'avais déçu, d'une façon ou d'une autre.

— « Je serais ravi de vous aider, Ambrose », répéta-t-il. Mais Joey, ce n'est qu'après avoir enfilé mon manteau et être sorti de chez lui que j'aurais senti un filet de sang chaud dans mon dos.

— Tu sais comment on appelle ça, nous autres les Irlandais ? intervint un de mes oncles. Un coup de poignard doux comme de la soie.

Mon grand-père ne tourna même pas la tête vers mon oncle ; sans me quitter des yeux, il continua :

— N'oublie jamais ceci, Joey : les hommes comme M. Scranton ne feraient jamais à leurs amis du country club ce qu'ils nous font dans la rue. Ils s'estiment au-dessus de la politique. Pour eux, la politique est réservée aux Polonais, aux Irlandais, aux Italiens et aux Juifs. Alors ils pensent que tout leur est permis.

Je savais que Ambrose Finnegan était démocrate et qu'il avait une dent contre l'élite de la ville, mais je ne comprenais pas pourquoi il jugeait sage de mépriser tous les M. Scranton de la planète. Mon père disait toujours qu'il ne fallait pas reprocher sa richesse à quelqu'un. Cela étant, je perçus tout de même que mon grand-père cherchait à m'inculquer une notion plus fondamentale que celle des classes sociales.

Il voulait me faire comprendre deux choses : premièrement, nul individu ou groupe d'individus n'est au-dessus des autres. Les fonctionnaires, si haut placés soient-ils, sont tenus de faire preuve d'honnêteté avec *tout le monde*, que leurs interlocuteurs soient d'accord ou non avec eux. Deuxièmement, la politique est une affaire d'honneur personnel. La parole d'un homme est comme un lien qui l'entrave. Quand on la donne, on la tient.

Aussi loin que remontent mes souvenirs, j'ai toujours eu une conception presque romantique de ce que devrait – et pourrait – être la politique. Mener une politique digne de ce nom peut, me semble-t-il, réellement améliorer le quotidien de la population. Et l'intégrité est la condition préalable indispensable pour entrer dans le jeu. Près de cinquante ans après m'y être impliqué pour la première fois, je reste fasciné par les possibilités qu'offrent la politique et le service public. En vérité, je pense – et je sais que mon grand-père était également de cet avis – que la profession que j'ai choisie est une noble vocation.

Dès ma plus tendre enfance, j'ai eu en tête l'image de l'homme que je voulais devenir, vision nourrie par mes parents, par les enseignements dispensés dans les établissements catholiques que je fréquentais, par les récits familiaux relatant les faits d'armes d'oncle Bosie, notre héros, pilote abattu au cours de la Seconde Guerre mondiale, ainsi que par une certaine foi en la grandeur de mon propre avenir. Durant mon adolescence puis mes années de lycée, des hommes et des femmes avaient changé notre pays – Martin Luther King Jr., John F. Kennedy, Robert Kennedy. J'étais captivé par leur éloquence, leur conviction, la portée infinie de leurs rêves improbables. Même si j'ignorais comment m'y prendre, je voulais participer à cet effort, à cette métamorphose. Sans le moindre plan à l'esprit, j'avais cette certitude en moi. Or d'étonnantes opportunités politiques s'offrirent à moi alors que j'étais encore un tout jeune homme. Je les saisis sans hésiter, car j'avais déjà compris ce que je devais faire – comment me conduire – pour en profiter.

Quand je relis mes premiers discours politiques, je me rends compte que je dois mon entrée au service de la vie publique non seulement à l'inspiration suscitée par le Dr King et les Kennedy, mais au moins autant à la croyance simple et directe de mon grand-père selon laquelle le bien-être de notre nation est conditionné à la franchise de ses dirigeants.

— Les gens ne savent pas qui ou quoi croire – et surtout, ils ont peur de croire les hommes politiques, déclarai-je à la foule rassemblée à l'hôtel du Pont, à Wilmington, le jour de l'annonce de ma candidature au Sénat, en 1972.

« Il nous faut des représentants qui ne reculent pas et qui disent exactement ce qu'ils pensent à la population. [...] Notre échec de ces dernières années n'est pas dû au peuple qui n'aurait prétendument pas su relever les défis, c'est plutôt l'échec de nos deux grands partis politiques, qui se sont révélés incapables de présenter avec honnêteté et courage ces défis au peuple, de faire confiance à sa bonne volonté de faire ce qui doit réellement être fait. [...] Nous savons tous – du moins c'est ce que l'on ne cesse de nous répéter – que notre nation est divisée, et nous savons qu'il y a un peu de vérité dans cette affirmation. Nous avons trop souvent laissé nos différences prendre le dessus entre nous. Nous avons trop souvent laissé des individus ambitieux exploiter ces différences à des fins politiques. Nous nous sommes trop souvent abrités derrière nos différences, quand personne ne cherchait vraiment à nous aider à les dépasser. Or ces différences sont peu de chose au regard des valeurs que nous partageons tous. [...] Je suis candidat au poste de sénateur car [...] je veux faire en sorte que le système fonctionne de nouveau, et je suis convaincu que telle est la réelle volonté de tous les Américains.

Je croyais en cela en 1972 ; j'y crois encore aujourd'hui. Les fondateurs de notre nation ont dressé le cadre d'un système politique d'un génie rare ; génération après génération, les Américains s'en sont servis pour rendre ce pays plus juste, plus accueillant, plus dévoué aux droits individuels. Les États-Unis sont dotés du système gouvernemental le plus efficace et le plus juste jamais mis en pratique au monde ; il ne contient rien d'intrinsèquement mauvais. Il appartient à chacun d'entre nous de tenir notre rôle pour qu'il fonctionne.

J'ai le privilège de servir cet objectif. J'ai été sénateur du Delaware durant plus de la moitié de mon existence. Près de cinquante ans après mes débuts en politique, je suis plus que jamais passionné par mon travail et dédié à ma tâche. On entend ou lit quotidiennement des commentaires navrés sur l'état lamentable de la politique dans notre pays, sur les divisions amères séparant nos deux grands partis, sur la regrettable grossièreté des échanges verbaux. Je ne le nie pas, toutefois, depuis le cœur de l'arène, j'ai le sentiment que rien de tout cela n'est irréversible ou fatal. Nous pouvons toujours faire mieux. J'en suis convaincu, sans quoi j'aurais depuis longtemps quitté le monde de la politique. Pour tout vous dire, il me semble percevoir aujourd'hui de grands espoirs en ce sens, plus que jamais au cours de ma carrière. Peut-être parce que, après toutes ces années, les gens m'écoutent vraiment.

Seules quelques dizaines de personnes, dans toute l'histoire du pays, ont servi le Sénat plus longtemps que moi. Je n'avais que vingt-neuf ans en 1972, lors de ma première élection – je n'étais même pas assez âgé pour prêter serment. À l'époque, on trouvait encore des géants au Sénat, des *dixiecrats*[1] aux progressistes, des hommes qui, s'ils n'étaient sans doute ni meilleurs ni pires que leurs homologues d'aujourd'hui, jouissaient d'une immense réputation : James O. Eastland, Sam Ervin, John Stennis, Barry Goldwater, Warren Magnuson, Stuart Symington,

1. Ce terme désignait autrefois les élus démocrates conservateurs des États du Sud.

Jacob Javits, Henry « Scoop » Jackson, Abraham Ribicoff, Philip Hart. Le peuple américain tenait en grande estime les plus éminents des membres du corps des sénateurs comme Mike Mansfield et Hubert Humphrey. Le Sénat me fit l'effet d'un lieu sacré, le jour où je m'y rendis pour la première fois, sensation qui ne s'est jamais tarie en moi. Près d'un demi-siècle plus tard, je ressens encore des frissons quand, en sortant de Union Station, j'aperçois le dôme du Capitole.

J'ai débuté au plus bas de l'échelle, bon dernier en ancienneté, doté d'un bureau si exigu que les membres de mon équipe devaient se lever et s'écarter quand l'un d'eux voulait ouvrir la porte. En ces premiers temps, je n'avais pas l'intention de rester sénateur plus de six mois. Pourtant, je suis resté suffisamment longtemps en place au Sénat pour en présider à plusieurs reprises la Commission judiciaire et celle des Affaires étrangères. Les choses ont évolué au cours de mes six mandats de sénateur, en mieux comme en moins bien. Si j'ai dû collaborer avec les derniers ségrégationnistes du Sud, j'ai par ailleurs vu Carol Moseley-Braun[1] et Barack Obama prêter serment. En 1973, le Sénat ne comptait aucune femme. Elles sont aujourd'hui vingt-six, et l'une d'elles, Hillary Clinton, a frôlé la victoire à l'élection présidentielle de 2016. Dans les salles de réunion et de conférence, dans les vestiaires et même dans la grande salle du Sénat, j'ai été témoin du déclin des convenances communément admises et de la réticence grandissante de mes collègues à vouloir considérer le monde avec le regard d'autrui. J'ai vu l'émergence de l'esprit de parti et de la puissance

1. Première femme afro-américaine élue sénatrice.

toujours plus écrasante de l'argent, tant au cours des campagnes que durant les mandats. D'un autre côté, j'ai assisté à mille amabilités d'une aile du Sénat à l'autre et à des centaines d'actes motivés par un authentique courage personnel et politique.

Les lois et traditions en vigueur au Sénat sont telles qu'elles exigent le meilleur des hommes et des femmes qui le servent. Au début de mon premier mandat, lorsque les tribunaux ordonnèrent au président Richard Nixon de leur remettre les enregistrements du Watergate, il apparut que le gouvernement se dirigeait droit vers une crise constitutionnelle. Le Président demanda au sénateur John Stennis de faire blocage, d'écouter les cassettes et de résumer leur contenu pour ses collègues, mais de les tenir éloignées des membres du Sénat. Stennis s'y opposa, refusant de tenir un rôle de barrage pour le compte de l'exécutif ; les enregistrements devaient être accessibles à tous, estimait-il. En réagissant ainsi, John Stennis, fidèle à ses principes, défendit la Constitution. Je n'ai pas oublié le discours qu'il prononça lors de la primaire démocrate :

— J'ai longuement réfléchi à mes obligations et j'ai déterminé la réaction que m'impose mon honneur. [...] Je suis un homme du Sénat, et non celui du Président. Par conséquent, je n'écouterai pas ces enregistrements. J'appartiens au Sénat.

Moi aussi, je déclare avec fierté que j'ai été un homme du Sénat. Ce rôle m'a permis d'exprimer mes points forts et mes convictions les plus profondes.

J'ai servi les citoyens du Delaware, mais également la Constitution et la nation. George Washington considérait le Sénat comme une institution « apaisante » conçue pour agir indépendamment des opportunités politiques du moment. Les textes fondateurs de la nation incitent les sénateurs des États-Unis à penser à long terme sur les questions nationales comme internationales, à offrir pour résoudre chaque problème tout ce que nous apportent notre sagesse et notre intelligence, tant individuelle que collective, à protéger les minorités de l'enthousiasme destructeur de la majorité, à ne pas quitter du regard tout président susceptible d'outrepasser les limites de son pouvoir. Le Sénat a été conçu afin de tenir ce rôle indépendant et modérateur ; ce devoir et cette responsabilité des plus solennels passeront toujours avant les disputes partisanes.

En tant que sénateur des États-Unis, j'ai été témoin (et j'ai parfois tenu des rôles mineurs au cœur de l'action) de l'Histoire : la guerre du Viêtnam, le Watergate, la crise des otages en Iran, la nomination de Robert Bork à la Cour suprême[1], la chute du mur de Berlin, la réunification de l'Allemagne, la désintégration de l'Union soviétique, les attentats du 11 septembre 2001, deux guerres en Irak, une procédure d'*impeachment*, la démission d'un président, et une élection présidentielle tranchée par la Cour suprême. Je me suis rendu sur des zones de guerre aux quatre coins du monde, et j'ai vu de près des génocides. Je me suis trouvé face à face, le temps de rudes pourparlers, avec des individus comme Kossyguine, Kadhafi, Helmut Schmidt, Sadate, Moubarak ou encore Milošević. J'ai vu Nixon, Ford, Carter, Reagan, Clinton, les Bush père et fils… puis j'ai frôlé la mort à la suite d'une rupture d'anévrisme. Il m'a fallu ensuite recouvrer la santé et rebâtir

1. En 1987, Ronald Reagan nomma Robert Bork à la Cour suprême, nomination qui fut rejetée par le Sénat.

ma réputation et ma carrière au Sénat. Les années suivantes ont été les plus gratifiantes de ma vie. Ma contribution à la fin du génocide dans les Balkans et, par ailleurs, à l'adoption de la loi contre les violences faites aux femmes, sont les jalons de ma vie publique dont je suis le plus fier. Même si je n'avais rien accompli d'autre (et même si je n'accomplis rien de notable à l'avenir), ces deux succès compenseraient à mes yeux les innombrables moments de difficultés et de doutes traversés au cours de ma longue carrière.

Si j'ai beaucoup appris sur moi au fil des années, je pense avoir retenu des enseignements encore plus importants à propos du peuple américain – notamment concernant sa fierté si particulière. Peu après ma première élection au Sénat, en 1972, j'avais pour habitude de dire que j'avais une foi immense dans le peuple américain – et je le pensais sincèrement. Loin de n'exprimer ce sentiment que dans mes discours, je l'évoquais également en privé avec mon épouse. J'étais extrêmement fier de notre campagne de 1972, marquée par l'honnêteté et la franchise, sans aucune tache. J'étais réellement convaincu de m'être montré à la hauteur des avertissements donnés par mon grand-père. La campagne « Biden sénateur » avait eu pour objectif de préserver l'intégrité des hommes politiques, et j'avais le sentiment que cet effort nous avait valu la victoire. J'en discutais parfois avec Neilia, ma femme, dans notre nouvelle maison :

— Je t'assure, Neilia, que j'ai une foi immense dans le peuple américain.

Neilia a toujours été plus lucide que moi.

— Qu'aurais-tu éprouvé en cas de défaite, Joey ? me répondit-elle en une de ces occasions.

Pour tout vous avouer, je n'ai pas une confiance absolue dans le jugement et la sagesse du peuple américain. Nous sommes tous humains, et nous pouvons tous nous égarer. Quand les dirigeants ne sont pas francs avec les citoyens, on ne peut attendre de ces derniers qu'ils émettent des jugements sensés. Néanmoins, j'ai une totale confiance en le *cœur* du peuple américain. La plus grande ressource de ce pays est constituée par le cran, la détermination, le courage, la morale fondamentale et la fierté obstinée de ses citoyens. Je connais des milliers d'Américains ordinaires qui, portant des fardeaux qui briseraient nombre d'entre nous, se lèvent chaque jour et mettent un pied devant l'autre pour aller de l'avant. La plupart le font sans même réclamer faveurs ou pitié particulières, même lorsque les plus chanceux d'entre nous leur proposent de soulager leurs souffrances. Je n'ai aucun doute sur la générosité, la détermination et les capacités de mes chers compatriotes. Je les ai vues à l'œuvre en de multiples occasions, cependant j'en ai pleinement pris conscience en des circonstances dramatiques durant les heures qui suivirent les attentats perpétrés contre le World Trade Center et le Pentagone le 11 septembre 2001.

Je me trouvais à bord du train reliant Wilmington à Washington lorsque les avions percutèrent les deux tours. En sortant de Union Station, ce matin-là, j'aperçus un panache de fumée au-dessus du Pentagone, de l'autre côté du Potomac. Un calme irréel régnait sur la ville, à peine troublé par une légère brise. Le silence était tel que je m'entendais respirer en me dirigeant vers le Capitole, frappé par l'éclat chaud du soleil sur mon visage et par la pureté du ciel bleu cobalt qui, de façon étrange, n'était strié d'aucune traînée de condensation aérienne. Ce calme apparent masquait une panique grandissante à Washington. Le Capitole déjà évacué, les sénateurs, représentants et leurs équipes grouillaient dans le parc situé entre le Capitole et Union Station. Certains étaient en pleine discussion, le mobile collé à l'oreille, et d'autres évoquaient déjà la nécessité de relancer le système de défense antimissile – le projet surnommé « Guerre des étoiles » – imaginé par Reagan. Le service d'ordre du Capitole, refusant que quiconque regagne l'intérieur du bâtiment, proposa à une délégation d'élus d'assister aux briefings tenus dans un poste de commandement installé au dernier étage d'un immeuble de quatre niveaux, derrière les bureaux du Sénat. La plupart des membres du Congrès étant rassemblés dehors, je fis la navette entre la salle de réunion et l'extérieur, cherchant à convaincre ceux qui voulaient bien m'écouter que nous devions reprendre notre place au Sénat et ainsi montrer au peuple américain que nous prenions les choses en main. Personne ne réagissait ; on signifia aux dirigeants des deux partis qu'il fallait se préparer à quitter la ville. Bob Brady, membre de la Chambre des représentants, qui avait comme moi tenté d'inciter nos collègues à reprendre le travail, finit par céder, écœuré. Estimant qu'il pourrait apporter son aide d'une façon ou d'une autre dans sa circonscription, à Philadelphie, il proposa de me déposer à Wilmington, qui se trouvait sur sa route. En sortant de l'immeuble, je sentis que la panique allait grandissant. Les dizaines de journalistes massés devant l'entrée insistèrent, et c'était compréhensible, pour obtenir de notre part quelques mots sur la situation.

— Sénateur Biden, m'interpella une journaliste de la chaîne ABC. Les sénateurs et représentants que j'ai interrogés affirment que nous sommes en état de guerre. Le sénateur Shelby, membre éminent de la Commission du renseignement, prétend que nous sommes en guerre, pratiquement parlant, et que nous devons prendre des dispositions en ce sens. D'autre part, le sénateur Chuck Hagel estime qu'il faut renforcer les frontières, fermer les aéroports et réexaminer la façon dont nous protégeons nos institutions publiques. Qu'en pensez-vous ?

— J'espère que ces messieurs se trompent, répondis-je à cette personne et à ses téléspectateurs.

« Je préfère voir les choses d'une autre façon. Je dirais plutôt que nous nous trouvons face à une certaine réalité. Une réalité dont nous savions qu'elle existait, dont nous savions qu'elle était possible. Une réalité qui s'est déjà produite à des degrés divers dans d'autres pays. Si, pour réagir face à cette réalité, il nous faut brider les libertés civiques et modifier notre mode de fonctionnement, alors cela voudra dire que nous avons perdu la guerre. [...] La meilleure façon de mener cette guerre consiste à montrer que nos libertés et nos droits civiques, ainsi que notre liberté de nous déplacer où bon nous semble ne sont pas fondamentalement mis en danger. [...] Nous pouvons faire beaucoup de choses pour réduire de façon significative les probabilités que de telles horreurs se reproduisent, sans altérer notre caractère en tant que nation. [...] Cette nation est trop vaste, trop forte, trop unie, trop puissante en termes de cohésion et de valeurs, pour que ces événements nous brisent. Cela ne se produira jamais. Jamais.

Entre-temps, les dirigeants du Sénat et de la Chambre des représentants s'étaient laissé convaincre d'embarquer à bord d'hélicoptères à destination d'un lieu sécurisé, en Virginie-Occidentale. Le vice-président avait été discrètement évacué vers un endroit tenu secret, et le Président, à bord d'*Air Force One*, multipliait les sauts de puce de lieu sûr en lieu sûr, car on l'avait convaincu que regagner Washington était trop risqué.

Les Tours jumelles s'étaient effondrées lorsque je me mis en route vers Wilmington dans le véhicule de Bob Brady. À ce stade, on estimait que New York déplorerait cinq, six, voire sept mille morts – peut-être davantage. De retour chez moi, j'allumai la télévision et constatai que le cœur de l'Amérique battait encore avec force. Médecins et infirmières étaient sur le pied de guerre dans les hôpitaux de New York, prêts à soigner les blessés. Dans les rues et avenues de la ville se formaient de longues files de New-Yorkais désireux de donner leur sang, même si l'on avait fait circuler l'information selon laquelle on n'en avait plus besoin. Le visage de ces anonymes était éloquent : ils voulaient à tout prix agir, faire quelque chose, *n'importe quoi*. Personne ne parlait de guerre ni de vengeance ; ces personnes ne souhaitaient que tenir leur rôle. La réaction de tous ces gens, ce jour-là, me rappela que même en l'absence quasi totale d'instructions de la part des dirigeants de la nation, les Américains se montraient à la hauteur de la situation. En voyant ces queues de volontaires prêts à donner leur sang, j'eus la certitude que notre pays se relèverait et ferait face aux nouveaux défis sans hésitation aucune, pour ensuite émerger plus fort grâce à ce succès.

C'est à mon sens le principe premier et fondamental de la vie, une leçon qu'aucun sage ne pourra vous apprendre : *Relève-toi !* Vivre revient simplement à se relever après avoir encaissé un coup. C'est une leçon qui ne s'enseigne que par l'exemple, que l'on ne retient que par l'expérience. Je l'ai moi-même reçue au quotidien durant mon enfance, dans une maison banale de la banlieue de Wilmington, dans le Delaware. Mon père, Joseph Robinette Biden Sr., n'était pas un grand bavard. C'est en l'observant que j'ai beaucoup appris de lui. Durement frappé au cours de sa jeunesse, il avait perdu quelque chose qu'il savait ne jamais retrouver. Malgré cela, jamais il ne baissa la tête. Tous les matins, c'était le premier levé à la maison. Rasé de près et élégamment vêtu, il faisait chauffer le café et se préparait à prendre son poste à la concession automobile, emploi qu'il n'avait jamais apprécié. D'après mon frère Jim, notre père chantait presque tous les matins, dans la cuisine. Il était imprégné de grâce. Jamais il ne renonça, et pas une fois il ne se plaignit.

— Le monde ne te doit rien, Joey, aimait-il rappeler, mais sans amertume.

Il n'avait pas de temps à consacrer à l'apitoiement sur soi. Il ne jugeait pas un homme au nombre de fois où celui-ci s'était retrouvé à terre, mais à la vitesse à laquelle il se relevait.

Relève-toi ! Telle était sa devise, qui a résonné en moi toute ma vie durant. Le monde s'est effondré sur ta tête ? *Relève-toi !* me lançait-il. Tu ne veux pas sortir de ton lit, triste pour une raison quelconque ? *Relève-toi !* Tu as pris une raclée sur le terrain de football ? *Relève-toi !* Une mauvaise note ? *Relève-toi !* Les parents de cette fille refusent qu'elle fréquente un garçon catholique ? *Relève-toi !*

Loin de se limiter aux vétilles, ce principe s'appliquait aussi bien aux instants cruciaux – quand je n'entendais plus qu'une voix : la mienne, dans ma tête.

— Vous perdrez peut-être l'usage de la parole à la suite de l'opération, monsieur le sénateur.

Relève-toi !

— Les journaux vous accusent de plagiat, Biden !

Relève-toi !

— Votre épouse et votre fille… Désolé, Joe, nous n'avons rien pu faire pour les sauver.

Relève-toi !

Tu as raté un examen à la faculté de droit ? *Relève-toi !* Les autres se moquent de toi parce que tu bégaies, Bu-bu-bu-bu-bu-Biden ? *Relève-toi !*

– 1 –

Impedimenta

Joe Impedimenta. Tel était le surnom dont m'avaient affublé mes camarades de classe au cours de notre premier semestre de lycée, durant lequel nous avions deux cours de latin par jour. C'était un des premiers termes que nous avions appris. *Impedimenta : bagages entravant une progression.* J'étais donc Joe Impedimenta. On m'appelait également Dash, et beaucoup pensaient que je devais cet autre surnom au football américain. En effet, plutôt rapide sur le terrain, je marquais largement ma part de *touchdowns*. En vérité, les élèves d'un lycée catholique pour garçons n'avaient pas pour habitude de vous donner des surnoms vous mettant en valeur. Ils ne m'appelaient pas Dash pour célébrer mes exploits pendant les matchs, mais plutôt pour souligner mes lacunes en classe. Car on aurait juré que je m'exprimais en morse. Point-point-point-point-trait-trait-trait-traittrait[1].

— Fe-fe-fe-fermez-la, lé-lé-lé-les gars !

1. *Dash* peut se traduire par « courir à toute allure », mais également par le « trait » de l'alphabet morse.

Mes impedimenta se manifestaient sous la forme d'un bégaiement. Ce handicap n'était pas toujours catastrophique puisqu'il se remarquait à peine quand je me trouvais chez moi, en compagnie de mes frères et de ma sœur, quand je rejoignais mes amis du quartier ou quand j'échangeais quelques paroles légères avec mes coéquipiers sur le terrain de football. En revanche, dès que je devais gérer une situation inédite, m'adapter à un nouvel établissement, lire à voix haute en classe ou demander à une fille de sortir avec moi, les mots restaient coincés dans ma bouche. En troisième, cela me valut d'être dispensé de prise de parole en public. Chaque élève était tenu de prononcer un jour ou l'autre une brève allocution lors de l'assemblée matinale, face à deux cent cinquante camarades. J'en fus donc exempté. Et tout le monde était au courant. Peut-être mes condisciples ne se souciaient-ils guère de ce détail – ils avaient d'autres chats à fouetter –, mais cela me rendait malade. J'avais le sentiment d'avoir été envoyé au coin coiffé d'un bonnet d'âne. Certains se moquaient de moi, me dévisageant comme si j'étais attardé. J'aurais fait n'importe quoi pour leur prouver que j'étais comme tout le monde. Aujourd'hui encore, je me rappelle mon effroi, ma honte et ma rage absolue aussi clairement qu'à l'époque. Il m'arrivait de penser que mes impedimenta signeraient mon arrêt de mort, que mon bégaiement serait indiqué dans mon épitaphe. À d'autres moments, je me demandais comment faire pour venir à bout de ce problème.

De façon assez amusante, je ne voudrais pour rien au monde, même si j'en avais le pouvoir, effacer les jours les plus sombres de mes années de bégaiement. Car ces impedimenta furent au bout du compte un don du ciel. En effet, devoir assumer mon handicap me donnait de la force et faisait de moi – du moins l'espérais-je – quelqu'un de meilleur. Les leçons que j'ai tirées de cette épreuve se sont révélées d'une valeur inestimable dans ma vie comme dans ma carrière professionnelle.

Mon bégaiement m'inquiétait depuis l'école primaire, à l'époque où nous vivions encore à Scranton, en Pennsylvanie. Avant cela, quand j'étais en maternelle, mes parents m'avaient fait examiner par un orthophoniste établi à l'université Marywood. Les solutions qu'il proposait ne se révélant guère efficaces, ils ne m'y conduisirent que deux ou trois fois. Le fait est que je ne laissais pas mon bégaiement m'écarter de ce qui m'importait vraiment. Comptant parmi les plus jeunes de ma classe et depuis toujours petit pour mon âge, je compensais cela en prouvant que j'avais du cran. J'étais tout à fait capable, sur un coup de tête, de grimper au sommet d'un terril enflammé, de jouer les équilibristes sur un chantier de construction, ou encore de me faufiler entre les roues d'un camion poubelle roulant au pas. Dès lors que je parvenais à me visualiser accomplissant l'exploit en question, je m'en savais capable, sans redouter un instant que tel ne soit pas le cas. Ma confiance en mes capacités athlétiques était largement à la hauteur de mon manque de confiance en mes aptitudes à m'exprimer à l'oral. Faire du sport m'était aussi naturel que parler me semblait contre nature. Le sport fut mon billet pour l'acceptation – et pour bien d'autres choses. Il était difficile de m'intimider pendant un match ; même en bégayant, c'était toujours moi qui réclamais le ballon.

Qui va se charger du dernier tir ? Donnez-moi le ballon. Il faut à tout prix que nous marquions un *touchdown* maintenant ! Donnez-moi le ballon. Aux alentours de huit ans, j'étais généralement le plus petit joueur sur le terrain, mais je réclamais le ballon. Et on me le donnait.

J'avais dix ans quand mes parents quittèrent le quartier de Scranton que je connaissais si bien pour s'installer à Wilmington, dans le Delaware. Mon père avait du mal à trouver un emploi intéressant à Scranton, et son frère Frank ne cessait de lui répéter qu'il y avait des postes à pourvoir à Wilmington. Les frères Biden ayant passé la majeure partie de leur scolarité à Wilmington, mon père eut la sensation de rentrer chez lui lorsque vint le jour de notre déménagement. Le reste de la famille, à l'inverse, éprouva le déchirement de quitter son foyer. Toutefois ma mère, bien que née et ayant grandi à Scranton, était résolue à voir les choses comme mon père. Toute autre considération était hors de question pour elle. C'était là une merveilleuse opportunité, disait-elle. Nous prendrions un nouveau départ et nous ferions de nouveaux amis. Nous découvririons un tout nouveau quartier et emménagerions dans une maison flambant neuve dans laquelle nous serions les premiers à habiter. Tout irait donc pour le mieux. Refusant de s'appesantir sur les sujets contrariants, elle réagissait de la même façon concernant mon bégaiement.

— Tu es si mignon, Joey. Tu es un grand sportif, Joey. Tu es incroyablement intelligent, Joey. Tu as tant de choses à dire que ta bouche a du mal à suivre ton cerveau, mon chéri.

Et si les autres gamins se moquaient de moi, c'était leur problème :

— Ils sont jaloux, c'est tout.

Cela étant, elle savait combien les enfants peuvent se montrer cruels. En nous installant à Wilmington, elle était déterminée à me faire redoubler. En plus d'avoir toujours été le plus jeune et le plus petit de ma classe, j'avais souvent manqué l'école au cours de notre dernière année à Scranton, notamment parce qu'on m'avait retiré les amygdales et les végétations. À notre arrivée dans le Delaware, ma mère insista donc pour que je recommence mon CE2 – et aucun élève du Holy Rosary, ma nouvelle école, n'aurait à savoir que ma mère m'avait contraint à redoubler. C'était une illustration de plus du fait que Wilmington constituerait pour nous un nouveau départ.

Notre nouvelle maison était située en périphérie de la ville, dans le quartier ouvrier de Claymont, tout juste de l'autre côté de la frontière séparant la Pennsylvanie du Delaware. Je me souviens du trajet vers notre nouvelle demeure ; nous avions la sensation de vivre une grande aventure. Mon père étant au volant et ma mère sur le siège passager, j'étais assis sur la banquette arrière avec mon frère Jimmy et ma sœur Valerie, alors âgée de six ans, qui était aussi ma meilleure amie. Après avoir franchi la frontière entre les deux États sur l'autoroute de Philadelphie, nous passâmes à hauteur de la Worth Steel Mill, de la General Chemical Company et de plusieurs raffineries de pétrole, toutes ces usines vomissant de la fumée, puis des quartiers de Worthland et d'Overlook Colony, dans lesquels s'entassaient les maisons mitoyennes bâties peu après le tournant du siècle par les usines pour leurs ouvriers. Worthland était peuplé d'Italiens et de Polonais, et Overlook Colony de Noirs. À peine un kilomètre plus loin, nous découvrîmes le lotissement de Brookview Apartments, dans lequel se trouvaient notre maison neuve et son jardin. Après avoir quitté la bretelle de l'autoroute, il nous suffit de tourner à droite pour parvenir à destination. Chez nous.

Brookview offrait un paysage lunaire. Un immense château d'eau dominait le lotissement, mais on n'apercevait aucun arbre. Nous suivîmes la rue principale, qui décrivait une légère courbe. Non loin de cette voie se trouvait un complexe dont un côté était déjà érigé, tandis que l'autre était encore en construction. Nous distinguions les lourds engins de chantier se déplaçant avec lenteur sur des collines de terre et d'argile rouge. En cette journée d'été brûlante, nous avions baissé les vitres de la voiture ; j'ai gardé en mémoire l'odeur de cette argile rouge, la puanteur sulfureuse des boyaux de la terre. Alors que nous suivions la rue en direction de notre nouveau foyer, ma mère aperçut de minuscules habitations de plain-pied aux murs couleur moutarde, serrées les unes contre les autres à en étouffer. Mon père remarqua certainement sa réaction.

— Ne t'inquiète pas, ma chérie, la rassura-t-il. Ce n'est pas là. Notre maison est plus grande.

Il se gara vers la fin d'une courbe et, sans sortir de la voiture, nous désigna notre future demeure, plantée sur un terrain couvert d'une pelouse douteuse. Il s'agissait d'une maison blanche à un étage ornée de fines colonnes à l'avant – pour lui donner une allure antique, j'imagine – et flanquée d'un gros bloc de plain-pied de chaque côté.

— Nous y sommes, dit mon père.

— Tout ça ? s'étonna ma mère.

— Non, seulement la maison centrale, mais ne t'en fais pas, ma chérie, ce n'est que provisoire.

Depuis la banquette arrière, j'avais remarqué quelques larmes sur les joues de ma mère.

— Maman ! m'écriai-je. Pourquoi tu pleures ?

— Je pleure de joie, mentit-elle. Elle est belle, non ?

Notre nouvelle maison me convenait parfaitement, à vrai dire. On aurait dit une version miniature d'un grand bâtiment colonial, et nos chambres se trouvaient à l'étage. La mienne étant celle du fond, j'apercevais par ma fenêtre l'objet de mon désir le plus vif, mon pays de Cocagne à moi : Archmere. Au cœur de cette bourgade minière, à moins d'un kilomètre des usines et exactement face aux Brookview Apartments se dressait le premier manoir qu'il m'ait été donné de contempler. Il m'arrivait de l'admirer des heures durant. John Jakob Raskob l'avait bâti à l'intention de sa famille avant l'apparition à Claymont des usines chimiques et sidérurgiques et des raffineries de pétrole. Bien que simple secrétaire personnel de Pierre du Pont, Raskob possédait le don de faire fructifier l'argent. Il avait convaincu les du Pont d'investir une forte somme dans General Motors et avait par la suite été nommé directeur financier de la société. Raskob était en outre un héros catholique. Il consacra une part de sa fortune au financement d'une œuvre de bienfaisance et soutint la campagne du premier candidat catholique à la présidence, le démocrate Al Smith. En 1928, les démocrates organisèrent des séances de stratégie politique dans sa bibliothèque d'Archmere. Raskob fut également à l'origine de la construction de l'Empire State Building.

Le manoir qu'il avait érigé à Claymont, le Patio d'Archmere, était un splendide bâtiment de marbre de style italien, sur un terrain en pente jusqu'à la rivière Delaware. Archmere – littéralement l'arche en bord de mer – avait été ainsi nommée d'après l'arche formée par des ormes plantés de la demeure à la berge. Quand les familles d'ouvriers, sans parler du bruit et de la pollution des usines, peuplèrent peu à peu les alentours, Raskob préféra se retirer et vendit le manoir à un ordre de prêtres catholiques, les Norbertins, qui en firent un lycée privé pour garçons. L'Archmere Academy avait tout juste vingt ans quand ma famille s'installa de l'autre côté de la route.

Cette année-là, je fis partie d'une équipe de football qui participait au championnat CYO[1]. Nous étions coachés par le Dr Anzelotti, un chimiste employé chez DuPont dont les fils étaient inscrits au lycée. Archmere l'autorisait à mener ses entraînements sur le terrain de l'établissement. Dès l'instant où je franchis pour la première fois la clôture en fer forgé haute de trois mètres qui cernait le campus et remontai l'allée – que l'on surnommait la route pavée d'or –, je sus que je désirais intégrer ce lycée. Loin de considérer Archmere comme un tremplin susceptible de me propulser vers une gloire plus grande encore, mon esprit de dix ans s'en satisfaisait en tant qu'objectif final. De la fenêtre de ma chambre, je passais des heures à rêver du jour où je franchirais le portail et prendrais ma place au sein de ce haut lieu de l'apprentissage ; je visualisais l'instant où je marquerais le *touchdown*

1. La Catholic Youth Organisation, organisation catholique consacrée à la jeunesse.

final ou accomplirais le *home run* décisif pour la victoire.

Comme convenu, j'entrai en CE2 à l'école du Holy Rosary, établissement catholique situé à moins d'un kilomètre de l'autoroute de Philadelphie, où les Sœurs de Saint-Joseph m'aidèrent à m'installer dans mon nouvel univers. Ces femmes incarnaient le lien entre Scranton et Claymont. Je me sentais chez moi partout où l'on trouvait des religieuses. Je suis catholique tant d'un point de vue culturel que théologique. La conception que j'ai de moi-même, de la famille, de la communauté et du vaste monde m'a été directement inspirée par ma religion. J'en ai avant tout retenu la culture, davantage que la Bible, les Béatitudes, les Dix Commandements, les sacrements et les prières apprises. Les religieuses sont l'une des raisons qui font que je suis aujourd'hui encore catholique pratiquant. Il y a quelques années, à Dubuque, en Iowa, Teri Goodmann, une alliée politique locale, m'introduisit au Couvent Saint-François – un magnifique bâtiment ancien que l'on aurait volontiers imaginé abritant un campus universitaire de premier plan. En chemin, j'avais demandé que l'on fasse une escale dans un supermarché Hy-Vee, afin d'acheter quelques glaces pour les offrir aux religieuses ; car jamais le fils de Jean Finnegan Biden ne rend visite à des religieuses les mains vides. Elles me rappellent l'école primaire, en particulier le dernier jour de classe avant les vacances, quand mes camarades et moi leur offrions de modestes cadeaux de Noël. En cette occasion, leur bureau était rapidement surchargé de savons parfumés. (Que voulez-vous offrir d'autre à une bonne sœur ?) Ainsi, elles sentaient la lavande jusqu'à la fin de l'année scolaire. Je n'ai pas souvenir d'une religieuse n'embaumant pas ce parfum.

En entrant dans le couvent de Dubuque chargé de plusieurs litres de glace, je fus aussitôt saisi d'une inquiétude, craignant d'avoir sous-estimé la quantité nécessaire. Alors que Teri s'attendait à ne voir que dix ou douze religieuses assister à mon discours, une bonne cinquantaine d'entre elles – dont beaucoup de la génération qui m'avait instruit – étaient déjà installées dans la grande salle commune.

J'étais venu prononcer une allocution sur la situation en Irak, et les sœurs souhaitaient réellement mieux comprendre le conflit sectaire qui faisait rage là-bas. Elles me bombardèrent de questions à propos des Sunnites, des Chiites et des Kurdes. Elles voulaient connaître l'histoire de la religion pratiquée par les Kurdes et savoir ce qui m'avait sensibilisé aux préoccupations du peuple irakien. Nombre d'entre elles ayant été enseignantes, la connaissance leur était plus que précieuse. Nos discussions abordèrent également notre propre Église, les problèmes rencontrés par les femmes, l'instruction et la sécurité nationale. Qu'elles soient d'accord ou non avec mes prises de position publiques, elles me souriaient toutes. Même après l'ouverture des boîtes de glace, elles continuèrent de m'interroger. Alors que je m'apprêtais à laisser Teri leur demander d'avoir la bonté de prier, au cours des jours suivants, pour la réussite du périple de Joe Biden dans la vie publique, elles firent mieux que cela. Elles formèrent un cercle autour de moi, levèrent les bras au-dessus de ma tête et entonnèrent le chant de bénédiction d'ordinaire réservé à celles d'entre elles qui partent propager la parole de Dieu en un autre lieu.

— Que Dieu vous bénisse et vous préserve.

Elles étaient si gentilles et si sincères que j'eus la sensation de retomber en enfance, comme touché par une entité qui me dépassait de loin. Ce ne fut pas une épiphanie ni la révélation d'une vocation, mais simplement un retour à ce que j'avais toujours été. Les Sœurs de Saint-François de Dubuque m'avaient reconduit chez moi.

Mes premières enseignantes furent donc des religieuses. À l'école Saint-Paul, à Scranton, puis au Holy Rosary, à Wilmington, elles m'apprirent à lire, à écrire et à compter, sans oublier la géographie et l'histoire ; leur programme comprenait également les notions de morale, de sportivité et de vertu. Leur principe premier était l'exhortation biblique selon laquelle offrir sa vie est la plus grande preuve d'amour qu'un homme puisse donner à un autre. Nous n'en étions pas là, à l'école, évidemment, on ne se sacrifiait pas, mais on faisait preuve de noblesse en aidant une dame à traverser la rue, en tendant une main secourable à quelqu'un moins favorisé que soi, en s'interposant lorsque la brute de la classe harcelait un camarade. Bref, il était noble d'intervenir, d'agir.

Un jour, sœur Michael Mary, notre enseignante à l'école du Holy Rosary, dut pour une raison quelconque s'absenter de la salle de classe. Pendant son absence, Sonny Deramo lança une gomme à travers la pièce, qui se trouvait toujours par terre lorsque la sœur revint.

— Qui a lancé ça ? demanda-t-elle.

Silence. Personne n'ouvrit la bouche.

— Vous resterez tous à votre place après la classe, jusqu'à ce que le coupable se dénonce.

Je levai la main :

— C'est moi, ma sœur.

Les cours terminés, elle renvoya tous mes camarades chez eux, mais me retint auprès d'elle :

— Restez ici, monsieur Biden.

Je savais ce que signifiaient ces mots : ma punition consisterait à écrire cent fois au tableau : « La route qui conduit en enfer est pavée de bonnes intentions. »

Les autres élèves partis, elle m'ordonna de me rasseoir.

— Vous vous êtes dénoncé pour un acte que vous n'avez pas commis, dit-elle.

Je hochai la tête, pensant qu'elle me laisserait partir.

— C'est admirable, mais il vous faut tout de même payer pour cela, poursuivit sœur Michael Mary. Vous resterez donc en retenue.

Elle m'expliqua pourquoi elle avait pris cette décision, et je ne l'ai jamais oublié. Quand on intervient dans une affaire, il faut être prêt à en assumer les conséquences.

Si nous ne voyions les prêtres que le dimanche, les sœurs étaient présentes tous les jours. Sœur Lawrence Joseph jouait au base-ball avec nous, courant de base en base en relevant les pans de sa robe. J'étais très sportif mais, bien qu'ayant redoublé, je restais un des plus petits de ma classe, et sœur Lawrence Joseph avait remarqué que cela me contrariait.

— Mon frère n'était pas très grand non plus, tu sais, Joey, mais c'était un véritable athlète ! me rassurait-elle.

Les religieuses faisaient tout pour me donner confiance en moi. La quasi-totalité de mes enseignantes ont tenté de m'aider à venir à bout de mon bégaiement. Comme ma mère, elles me rappelaient que j'étais un bon garçon, intelligent et sportif. Prenant ma défense quand mes camarades se moquaient de moi en classe, elles me firent même des suggestions quant à la meilleure façon de me débarrasser de mon bégaiement.

De mon côté, j'avais élaboré ma propre stratégie, que j'avais baptisée l' « anticipation ». Elle consistait à deviner les pensées des autres. En 1955, après que ma famille se fut installée dans une nouvelle maison à Mayfield, un autre lotissement, je pris un petit boulot de livreur de journaux. Toute la semaine, je vivais dans l'angoisse du samedi matin, moment auquel il me fallait faire la tournée de maisons dont je ne connaissais les occupants que depuis très peu de temps. Pour chasser cette appréhension, j'appris à anticiper les conversations à venir. Mon voisin étant un grand fan des Yankees, je prenais toujours soin de m'informer des derniers résultats de cette équipe, sachant qu'il m'interrogerait à ce sujet. Grâce à cette précaution, j'étais en mesure de dialoguer sans passer pour un idiot. Je répétais toute notre conversation à venir avant même qu'il ne m'ouvre sa porte d'entrée. « Vous avez vu ça ? Mantle a claqué *deux home runs* hier ! »

Lire un texte à haute voix me faisant systématiquement paniquer, je mémorisais les longs passages qu'il me fallait lire en classe. Une bonne sœur me suggéra de tenir un certain rythme, comme une psalmodie, de façon à m'éviter de trop traîner sur un mot et à empêcher les muscles de mon visage de se figer. Elles étaient toujours prêtes à m'aider. C'est pour cela que je fus décontenancé par l'incident à propos de sir Walter Raleigh.

À la suite de notre déménagement à Mayfield, on m'inscrivit à l'école primaire Sainte-Hélène. En CM2, comme les années précédentes, nous étions installés par ordre alphabétique, ce qui me positionnait au premier rang, quelques places après le premier élève. Quand approchait mon tour de lire en classe, j'anticipais le paragraphe qui allait m'échoir. Si j'étais le cinquième dans l'ordre alphabétique, par exemple, j'aurais droit au cinquième paragraphe. Ainsi, ce jour-là, je pensais devoir lire ceci : « Sir Walter Raleigh était un gentleman. Il ôta sa cape et l'étala dans la boue pour que la dame ne salisse pas ses chaussures. » Ma prévision confirmée, je me lançai, respectant soigneusement ma cadence :

— Sir Wal-ter Ral-eigh é-tait un gen-tle-man…

— Voulez-vous nous répéter ce dernier mot, monsieur Biden ? m'interrompit la religieuse.

Gagné par la panique, je fus incapable de lire les mots sur la page ouverte sous mes yeux. J'avais perdu tous mes moyens. On me demandait de prononcer le mot « gentleman » mais c'était soudain hors de ma portée :

— Gen-gen-gen-gen… bafouillai-je.

Elle me coupa de nouveau la parole :

— Eh bien, monsieur Bu-bu-bu-bu-Biden ?

Une onde de chaleur remonta le long de mes jambes et se propagea jusqu'à ma nuque – de la rage à l'état pur. Je me levai et sortis de la salle de classe, esquivant la religieuse, et parcourus à pied les trois kilomètres qui me séparaient de notre maison de Wilson Road, à Mayfield. Ma mère m'attendait car l'école l'avait prévenue par téléphone.

Je n'atteignis même pas la porte d'entrée.

— Monte dans la voiture, Joey, m'ordonna-t-elle.

Elle y installa également mon frère Frank – qui marchait à peine – et prit la direction de Sainte-Hélène.

Sa fureur était évidente, et je devinais que je m'étais mis dans le pétrin.

— Que s'est-il passé, Joey ? m'interrogea-t-elle.

— Elle s'est moquée de moi, maman. Elle m'a appelé « Monsieur Bu-bu-bu-bu-Biden ».

À l'école, elle me prit par la main et porta Frank, avant de nous entraîner vers le bureau de la directrice, mère Agnes Constance. Avec ses panneaux de bois d'un peu plus d'un mètre surmontés de verre dépoli, cette pièce avait tout du bureau de détective privé typique des vieux films policiers. Ma mère me fit asseoir dans le vestibule et posa Frank sur mes genoux, puis elle entra dans le bureau. Grâce à la forte luminosité, je devinais leurs silhouettes, et j'entendais également leurs propos.

— Cette sœur peut-elle se joindre à nous ? requit ma mère, demande qui fut satisfaite.

Mon enseignante entreprit de décrire mon comportement mais fut aussitôt interrompue par ma mère :

— Oui, je suis au courant, ma sœur, mais que lui avez-vous dit ?

— Eh bien, rien de particulier, madame Biden…

— N'avez-vous pas dit « Bu-bu-bu-bu-Biden », par hasard ?

— Là n'est pas la question, intervint mère Agnes Constance.

— Avez-vous oui ou non dit « Bu-bu-bu-bu-Biden » ? insista ma mère.

— En effet, madame Biden. Pour mieux faire passer mon message.

Je vis alors ma mère se redresser et, du haut de son mètre cinquante-cinq, cette femme, d'ordinaire si timide, si respectueuse de l'Église, s'approcha de la religieuse et l'avertit :

— Si vous vous adressez encore de cette façon à mon fils, je reviens et j'arrache votre coiffe ! C'est bien compris ?

La porte du bureau s'ouvrit violemment, et ma mère récupéra Frankie.

— Retourne en classe, Joey, m'intima-t-elle en partant.

S'il est une chose que ne supportait pas ma mère, c'est bien la méchanceté. N'en ayant elle-même pas la moindre once, il lui était intolérable d'en remarquer chez autrui. Un jour, elle chargea mon frère Jim de donner une rouste à un garçon qui s'en prenait à des plus petits que lui. Quand il eut accompli sa mission, Jim reçut de sa part un dollar en guise de récompense. Les personnalités religieuses ou pourvues d'une certaine autorité ne dérogeaient pas à la règle. Quand ces gens-là abusent de leur pouvoir, il faut le leur faire payer.

Il convient de respecter l'aube ou la chasuble, disait-elle, comme tout uniforme, mais nul n'est tenu de respecter par principe la personne qui les porte. Des années plus tard, quand je lui annonçai que j'étais sur le point d'être reçu en audience par la reine d'Angleterre, sa première réaction fut la suivante :

— Ne t'avise pas de t'incliner devant elle.

Quand je lui fis savoir que je rencontrerais le pape, elle eut un réflexe similaire :

— Ne pose pas les lèvres sur son anneau. N'oublie jamais que tu es un Biden, Joey. Personne ne vaut mieux que toi. Toi-même tu ne vaux pas mieux que quiconque, mais personne, tu m'entends, ne vaut mieux que toi.

Même lorsque l'argent venait à manquer au point que la compagnie d'électricité nous envoyait un percepteur qui nous enjoignait de régler notre facture, ou quand j'en étais réduit à colmater les trous de mes vieilles chaussures avec des bouts de carton en attendant que mon père touche son prochain salaire, rien ne troublait ma mère. Un jour, alors que j'étais en CM1, je fus invité à l'église presbytérienne où était organisée une fête à l'intention des élèves de l'école publique. J'étais catholique, et les familles catholiques étaient peu nombreuses à Mayfield. Je dus enfiler une chemise de soirée de papa, trop grande pour moi, bien entendu, ce qui obligea maman à remonter les manches. Celles-ci se terminant par des poignets mousquetaires, il fallait y ajouter des boutons de manchette, or nous n'en trouvions pas chez nous. Mon père travaillant tard, en ce vendredi soir, ma mère descendit au sous-sol, attrapa la boîte à outils rangée au-dessus de la machine à laver et remonta au rez-de-chaussée avec deux vis et deux écrous. Quand je compris qu'elle comptait fixer mes manches avec ce matériel, je m'écartai d'un bond :

— Jamais de la vie, maman ! Je refuse de porter ça ! Les autres se moqueront de moi.

— Écoute-moi, Joey.

— Non, je ne veux pas. Je ne veux pas !

— Écoute-moi, Joey. Si quelqu'un te fait la moindre remarque à propos de ces vis et ces écrous, tu le regardes droit dans les yeux et tu lui dis : « Quoi ? Tu n'en as pas ? »

— Mamaaaaan ! Ne m'oblige pas à faire ça !

Je finis par céder, car je tenais beaucoup à me rendre à cette soirée. Sur place, alors que je me servais un verre de punch sans alcool, un camarade remarqua mes boutons de manchette de fortune. Il m'agrippa le bras, le leva bien haut et brailla :

— Regardez Biden ! Des vis et des écrous !

La honte qui m'avait envahi fut rapidement chassée par de la colère. Heureusement, je n'avais pas oublié le conseil donné par ma mère.

— Tu n'as pas de boutons de manchette de ce style ? dis-je, faisant mine de m'étonner.

S'ensuivit un silence de mort, que mon camarade rompit, suffisamment fort pour que tout le monde l'entende :

— Si, si, bien sûr que j'en ai une paire…

Il y a une vingtaine d'années, ma sœur Val m'offrit une paire de boutons de manchette en argent de chez Tiffany en forme de vis et d'écrous, en souvenir de cette soirée et pour que je n'oublie jamais cet épisode.

Dès que nous nous trouvions confrontés à un problème, nous allions trouver notre mère qui lui apportait toujours une solution. Pendant une année, j'eus quelques soucis dans le car scolaire. J'étais toujours le premier à y embarquer, puis, six ou sept arrêts plus loin, le véhicule s'arrêtait pour faire grimper une fille rondelette qui vivait dans une maison en piteux état. Le visage parsemé de taches de rousseur, elle exhalait une odeur qui donnait la sensation qu'elle sortait tout juste du grenier de sa grand-mère. Le car était alors encore presque vide, pourtant elle s'installait systématiquement à côté de moi, ce qui me submergeait d'une honte accablante. Comme tout le monde se moquait d'elle, par ricochet tout le monde se moquait de moi. Un jour, je fis part de ce souci à ma mère :

— Je ne sais pas quoi faire, maman. Le car est vide, mais elle s'assied à côté de moi. Tout le monde pense que c'est mon amoureuse !

— Elle t'apprécie, tu crois ? me demanda ma mère.

— Oui, maman, c'est justement le problème.

— Eh bien, rends-lui son amitié. Il faut toujours aimer en retour ceux qui t'aiment.

Telle était la leçon permanente que nous recevions à la maison : le respect dû à autrui. L'autre enseignement omniprésent nous imposait de prendre soin les uns des autres. « Si l'on en arrive à devoir réclamer quelque chose, c'est qu'il est déjà trop tard », dit un proverbe familial. Chez nous, Val, Jimmy, Frankie et moi étions censés veiller les uns sur les autres.

— Vous êtes frères et sœur, vous n'avez personne de plus proche de vous, aimait nous rappeler notre mère. Vous partagez le même sang. Vous êtes beaucoup plus proches les uns des autres que vous ne l'êtes de votre père ou de moi.

Si nos parents nous laissaient nous chamailler à la maison, il nous était interdit de prononcer un seul mot contre un membre de notre fratrie à l'extérieur. En toutes circonstances, et quelle que soit la bêtise commise par l'intéressé (e), il était hors de question de réagir autrement qu'en soutenant son frère ou sa sœur. Prendre parti contre son frère ou sa sœur aurait été aussi méprisable que de transmettre des secrets aux Russes en pleine guerre froide. Une trahison. En primaire, les religieuses m'avaient nommé agent de sécurité et remis un badge bleu étincelant. Ma mission consistait entre autres à leur rendre compte des mauvais comportements dans le car scolaire. Un jour, Val commit je ne sais quelle bêtise sur le trajet. Le soir venu, je demandai conseil à mon père.

— Tout le monde l'a vue faire, lui expliquai-je. Et je suis censé la dénoncer.

— C'est ta sœur, Joey.

— Mais, papa, les religieuses m'ont nommé agent de sécurité ; en principe, je dois leur dire ce qu'a fait Val.

— Rien ne t'y oblige, Joey. Tu as le choix, si tu y réfléchis.

Je compris où il voulait en venir. Le lendemain, je rendis mon badge aux religieuses.

Concernant la philosophie de vie, mes parents étaient exactement sur la même longueur d'onde, même si ma mère l'exprimait plus volontiers que mon père. Celui-ci avait toujours été calme. On apprenait en l'observant. Il ne supportait pas les gens qui traitaient de haut les malheureux moins fortunés qu'eux. Ne parlez jamais d'argent en public, nous conseillait-il. Les individus qui abusaient de leur pouvoir, quel qu'il soit, le mettaient hors de lui. Jamais il ne levait la main sur nous.

— Frapper un enfant n'est pas digne d'un adulte, disait-il. Nul homme n'a le droit de lever la main sur une femme, quelles que soient les circonstances.

Papa travaillait souvent tard le soir, mais la plupart du temps, il prenait une heure de pause pour dîner avec nous. À la table familiale, ce véritable gardien des règles – il exigeait de nous des manières impeccables – aimait orienter la conversation sur des sujets d'importance tels que la moralité, la justice et l'égalité. Il évoquait de temps à autre l'Holocauste. Il n'avait jamais compris que des gens soient persécutés en raison de leur nature même.

— Le monde a eu tort, en ne réagissant pas aux atrocités commises par Hitler à l'encontre des Juifs, et nous devrions tous en avoir honte.

Car, nous expliquait-il, notre responsabilité personnelle nous imposait à chacun de dénoncer ce genre de comportement lorsque nous en étions témoins.

Mes parents sortant peu, c'était un événement lorsque ces occasions se présentaient. Un jour, ils nous laissèrent seuls à la maison – Val et moi étions chargés de surveiller Jim et Frank – pour participer à une fête de Noël organisée dans la concession automobile dont papa était à l'époque le gérant. Le propriétaire de la concession était imposant dans tous les sens du terme : dépassant le mètre quatre-vingts, cet homme à la voix traînante possédait plusieurs comptes bancaires bien remplis et jouissait de relations politiques un peu partout dans l'État. Sur ses panneaux publicitaires, ce *self-made man* se disait « l'ami des travailleurs ». Ayant pris la pièce d'un dollar en argent pour emblème, il en offrait volontiers à ses meilleurs clients. Cela ne gênait pas outre mesure mon père, qui grinçait tout de même des dents quand son patron réglait ses employés en sacs remplis de dollars d'argent. Ces derniers n'avaient alors d'autre choix que de rentrer chez eux chargés de ces fardeaux. Un tel comportement ne semblait guère amical à l'endroit des travailleurs. Papa fut agréablement surpris lorsque cet individu décida d'organiser une fête de Noël pour ses vendeurs, ses secrétaires et ses mécaniciens. Il fit dégager la salle d'exposition et y installa un orchestre. Raffolant des big bands et de leur swing, mon père avait été un très honnête joueur de clarinette et de saxophone dans les années 1930 et restait encore un danseur plein de grâce. Ma mère enfila donc sa plus belle robe, et ils se mirent en route.

Ils furent de retour plus tôt que prévu, alors que la soirée dansante débutait sans doute tout juste. Ils se rendirent directement dans leur chambre, mon père n'ayant pas dit un mot. Le lendemain, on nous expliqua qu'il avait perdu son emploi. Maman nous raconta plus tard ce qui s'était produit. Pour le dîner, ils avaient pris place à la table d'honneur, qui surplombait la piste de danse. Alors que l'orchestre n'avait pas encore commencé à jouer, le patron de papa sortit un seau rempli de dollars d'argent et s'amusa à les jeter en contrebas, se délectant du spectacle des vendeurs, secrétaires et mécaniciens se démenant sur la piste de danse pour récupérer quelques pièces. Après être resté cloué sur place quelques secondes, papa se leva et prit la main de maman, puis ils s'en allèrent. Il démissionna en signe de protestation.

Même si je ne m'en rendais pas vraiment compte à l'époque, ou peut-être refusais-je de le reconnaître, mon père n'était pas dans son élément à Mayfield. En 1955, nous étions seulement la quatrième famille à nous installer dans le quartier. Par la suite, des maisons de trois ou quatre chambres s'érigèrent autour de la nôtre, accueillant des familles de jeunes actifs récemment embauchés à l'usine DuPont – chimistes, comptables et avocats, tous bardés de diplômes universitaires. Lotissement à peine sorti de terre et sans verdure comme on en voyait tant, Mayfield constituait pour nous un net progrès par rapport à Brookview. Pour ces jeunes ambitieux, en revanche, ce n'était qu'une étape sur l'échelle de l'entreprise censée les hisser vers des postes plus importants et leur offrir de plus grosses voitures et de plus vastes demeures. DuPont leur offrait la sécurité immédiate et la promesse d'un avenir radieux. Les pères de mes camarades portaient tous des pinces à cravate arborant le logo de la compagnie – le mot DuPont entouré d'un ovale. « L'ovale prend soin de vous », disait un proverbe en vogue parmi ces gens. Cela rappelait la vieille maxime de la compagnie d'assurances Allstate : « Vous êtes entre de bonnes mains chez Allstate. »

J'ai toujours su que mon père n'était pas un employé modèle ; il avait un esprit trop indépendant pour cela. Néanmoins, il semblait tout aussi confiant que les autres pères de famille quant à son avenir. Il nous assurait que nous n'étions que de passage dans la maison de Wilson Road. Mes frères, ma sœur et moi affichions une confiance en l'avenir tout aussi sereine, à cette époque, tandis que l'Amérique semblait se reconstruire d'elle-même pour le bénéfice de notre génération d'après-guerre. On voyait apparaître de nouvelles maisons, de nouvelles écoles, de nouvelles voitures, de nouveaux gadgets, de nouvelles télévisions, ainsi que de nouvelles émissions dans lesquelles figuraient des gens qui nous ressemblaient. Tout cela donnait un sentiment de sécurité absolue. L'éventualité de voir le communisme ravager Mayfield semblait aussi peu probable que de voir Nikita Khrouchtchev s'inviter à la table des Cleaver[1].

Mayfield étant majoritairement peuplé de protestants, il nous fallait nous déplacer un peu plus loin pour assister à la messe, le dimanche, mais en dchors de ce détail, nous étions une famille comme les autres. Le dimanche soir, après le dîner, papa me donnait un dollar. J'enfourchais aussitôt ma bicyclette et pédalais

1. Leroy Eldridge Cleaver (1935-1998) fut un militant des droits civiques américain.

jusqu'au drugstore Cutler pour acheter un pot de glace Breyers de deux litres. À mon retour, nous nous installions tous les six dans le salon pour regarder *Lassie* et les émissions de Jack Benny et d'Ed Sullivan.

Malgré tout cela, j'avais le sentiment que papa ne se sentait pas à l'aise à Mayfield. Je ne lui posais jamais de questions sur sa vie, et lui ne s'ouvrait pas davantage, mais je trouvais étrange de voir dans son placard son maillet de polo, ses bottes d'équitation en cuir noir, son pantalon beige et sa veste. J'avais la même réaction en visionnant les films familiaux tournés sur l'immense propriété de son cousin, à Long Island, où papa avait autrefois mis ses chevaux en pension, ou encore les photos d'Obediah, son cheval de saut d'obstacles préféré. Je découvrirais beaucoup de choses sur mon père bien plus tard. Un jour, alors que Jimmy avait huit ans, Papa l'emmena à l'aéroport de Wilmington où il loua un Piper Cub qu'il pilota lui-même. Ils volèrent ainsi tous les deux au-dessus de la ville. Il leur arriva également d'aller faire du tir aux pigeons d'argile sur la rivière Delaware. Plus tard, alors que je me trouvais à l'université, il offrit au reste de la famille une excursion sur un bateau de treize mètres qu'il avait emprunté. Jimmy fut presque choqué de découvrir que notre père savait naviguer. S'il faut en croire la légende familiale, il a même franchi *à la nage* la rivière Delaware. Je l'ai moi-même vu effectuer un saut de l'ange parfait depuis un plongeoir. C'était le gérant de concession automobile le plus élégant, le mieux manucuré et le mieux vêtu que Wilmington ait jamais vu. C'était aussi un merveilleux danseur. Il adorait chanter et était doté d'une grâce absolue. Jamais je ne l'ai vu se troubler en public. Cependant, mon frère Jimmy – qui contrairement à moi, interrogeait souvent notre père sur son passé – a toujours perçu un soupçon de mélancolie en lui.

— Tu dois à tout prix suivre des études supérieures, me disait souvent mon père.

Ce genre de phrase surgie d'une autre époque était typique de lui. « À tout prix suivre des études supérieures » … J'en ai presque les larmes aux yeux quand j'y repense. Il a toujours regretté de ne pas avoir décroché de diplôme universitaire, à tel point que cela lui faisait l'effet d'un frein dans sa carrière. Sans jamais me l'exprimer ouvertement, son message était clair : « Personne ne te reprendra ton diplôme, Joey. Certains puissants personnages ont le pouvoir de t'influencer, de te priver de ton emploi, de ton argent et de ton salaire, mais personne ne te privera de ton instruction. » Mon père et son frère Frank n'avaient même pas entamé d'études universitaires. Aucun Biden de ma connaissance n'avait jamais fréquenté le moindre établissement supérieur. Cela dit, les succès qu'il connut dès son entrée dans la vie active donnèrent l'illusion que Joseph Robinette Biden n'aurait jamais besoin de diplôme universitaire.

Mon père est né en 1915 à Baltimore, à une époque où son propre père, Joseph H. Biden, fréquentait depuis peu la famille Blaustein, qu'il aidait à vendre du pétrole au porte-à-porte. Le carburant était transporté dans une cuve fixée sur un chariot tiré par un cheval. Quand elle sentit venir l'âge d'or de l'automobile, la famille Blaustein s'adapta et vendit de l'essence. En cette occasion, elle fonda une petite entreprise, l'American Oil Company (la future Amoco). Joseph, mon grand-père, fut nommé directeur régional de la zone de Wilmington. Mon père passait la plupart des étés chez son cousin Bill Sheen Jr., qui était comme un frère pour lui. Le vieux Sheen, également surnommé Big Bill, était un robuste Irlandais porté sur la bouteille qui – nous disait-on – avait inventé un enduit employé dans la construction des caveaux funéraires. Les Sheen possédaient une propriété dans la campagne de Baltimore et – sans trop en rajouter – étaient assez fortunés. Tous les deux ans, Big Bill achetait trois Cadillac flambant neuves – une pour lui, une pour sa femme et une pour son fils. Il offrait en outre à son neveu préféré, Joseph Biden, le tout dernier roadster Buick. Mon père vécut ainsi sa jeunesse au rythme de courses-poursuites chevaleresques. Il pratiquait la chasse à courre, fonçait au volant de son bolide et pilotait des avions. Il portait des vêtements de marque, s'y connaissait en chevaux de race et maîtrisait les derniers pas de danse à la mode.

Ainsi, quand son père, Joseph H. Biden, fut muté de Wilmington à Scranton, mon père s'y rendit au volant de sa splendide Buick « quatre trous[1] » neuve, pour suivre sa dernière année d'université. Les établissements catholiques de Scranton n'avaient jamais vu surgir un tel engin, et les autres étudiants lui en firent voir de toutes les couleurs pour lui faire payer son orgueil. À l'inverse, ma mère Jean Finnegan, qui vivait sur North Washington Avenue – tomba folle amoureuse de lui. Ils se marièrent en mai 1941 à Scranton.

Tandis que la guerre battait son plein, les Sheen signèrent un gros contrat pour poser leur enduit sur les

1. Ces éléments ornementaux étaient situés sur les ailes avant du véhicule.

navires marchands en partance des ports américains. Mon père fut happé par ce nouveau business. Pendant que Big Bill dirigeait les opérations au chantier naval de Norfolk, en Virginie, Bill Jr. s'occupait de New York et mon père de Boston. Bill Jr. et mon père menaient la belle vie, pilotant chacun leur propre avion le long de la côte est, filant dans les Adirondacks chasser l'élan, se présentant aux cuisines de l'hôtel Barclay avec deux cailles que le chef cuistot préparait aussitôt. Les Sheen firent d'excellentes affaires pendant la guerre, et mon père en profita. Il finit par mettre de côté une certaine somme d'argent, avec pour projet d'investir pour son propre compte. Je n'avais pas encore trois ans lorsque la guerre prit fin. Nous vivions alors confortablement dans une élégante demeure, en banlieue de Boston. Papa s'associa à un vieil ami pour acquérir en centre-ville un immeuble, dans lequel ils comptaient ouvrir un magasin de meubles. Hélas, avant même la signature de l'acte de vente, l'associé de mon père se volatilisa avec l'argent. Mon père refusa de le poursuivre en justice, alléguant que l'argent avait de toute façon disparu et, d'autre part, que cet individu avait été son ami.

— Je ne peux pas faire une telle chose, expliqua-t-il à ma mère. Je suis le parrain de sa fille.

Grâce aux maigres économies qui lui restaient, il s'associa à un autre ami qui avait été pilote durant la guerre. Ils achetèrent un terrain d'aviation à Long Island et créèrent une entreprise d'épandage agricole. Ils pulvérisaient de l'engrais sur les vergers de pommiers du nord de l'État de New York et sur les fermes à pommes de terre de Long Island. Nous étions tout juste installés à Garden City quand cette affaire périclita à son tour. Papa n'avait alors personne vers qui se tourner. Ses parents étaient morts, tout comme son oncle Bill Sheen. Quant à son cousin, Bill Sheen Jr., il avait dilapidé la fortune amassée au cours de la guerre en vivant dans le luxe dans sa propriété de Long Island.

En 1947, quand vint pour moi le moment d'entrer à l'école primaire, nous regagnâmes Scranton, complètement fauchés. Maman, papa, Val et moi nous installâmes chez grand-père Finnegan, sur North Washington Avenue, dans la maison où ma mère avait passé son enfance. Son frère Edward Blewitt (que nous surnommions Boo-Boo) y vivait toujours, ainsi que tante Gertie Blewitt, belle-sœur de grand-père et vieille dame restée demoiselle. La vie ne fut pas facile pour mon père dans cette maison. Les Finnegan l'avaient sévèrement critiqué à l'époque où il gagnait bien sa vie, mais leurs reproches ne cessèrent guère lorsqu'il perdit ses économies. En Irlandais typiques, les Finnegan n'étaient pas du genre à oublier leurs rancunes.

Je me rappelle être monté un soir dans la chambre de tante Gertie, une pièce du deuxième étage qui sentait le renfermé.

— Ton père n'est pas quelqu'un de mauvais, mon chéri, me confia-t-elle, assise à côté de moi, tout en me caressant le dos.

Une telle éventualité ne m'avait évidemment jamais traversé l'esprit.

— Ton père n'est pas mauvais, il est anglais, c'est tout. Mais c'est tout de même quelqu'un de bien.

Mon père était un homme remarquable en ce sens qu'il avait compris que le monde ne lui devait rien. Quelle qu'ait été sa réussite d'autrefois, il était déterminé à accepter n'importe quel emploi si sa famille avait besoin d'argent. Pendant près d'un an, il effectua quotidiennement le trajet de Scranton à Wilmington pour nettoyer des chaudières pour le compte de la société Kyle Heating & Air-Conditionning. Afin d'arrondir ses fins de mois, il tenait un étal au marché fermier du week-end de New Castle, dans le Delaware, où il vendait des fanions et d'autres babioles. Un samedi, ma mère décida de lui faire une surprise en lui portant son déjeuner sur place. Lorsqu'elle le découvrit derrière son stand, vêtu de sa veste en tweed repassée, avec une cravate de soie nouée avec élégance et une pochette impeccablement pliée, mon père se sentit humilié. Si en être réduit à vendre ces bricoles était déjà assez pénible, voir ma mère assister à ce triste spectacle était pire encore. Malgré cela, elle l'étreignit et lui dit :

— Je suis très fière de toi.

Mon père m'a enseigné la valeur de la loyauté, de l'effort et du travail, comme il m'a appris à supporter des fardeaux avec grâce. Il aimait citer Benjamin Disraeli : « Ne jamais se plaindre ; ne jamais se justifier. »

C'est ainsi que je me mis en tête d'intégrer le lycée Archmere. Mon père n'était guère emballé par ce projet, car les frais de scolarité se montaient à trois cents dollars par an.

— Sallie est également un excellent établissement, tu sais, Joe, me fit-il remarquer.

Non seulement le lycée Salesianum ne souffrait pas de la comparaison, mais en plus il avait le mérite de n'exiger que cent dollars de frais de scolarité. Il n'y avait pas davantage de choses à reprocher à celui de Mount Pleasant, qui, en plus d'être un établissement public, et donc gratuit, comptait parmi les meilleurs lycées du Delaware. Or je restais obsédé par Archmere ; j'avais par ailleurs appris que les élèves n'ayant pas les moyens de régler l'inscription avaient la possibilité d'y être admis à moindres frais en échange d'un petit boulot au sein de l'établissement. Ces jobs ne s'effectuant pas pendant l'année scolaire, ils ne couvraient pas de honte les étudiants les plus démunis. Après que j'eus passé avec succès l'examen d'entrée à Archmere, on me proposa donc d'y travailler pendant l'été. Nous étions une dizaine à former l'équipe d'entretien du lycée, sous les ordres d'un type à la voix rauque prénommé Dominic. Je renonçai ainsi à une partie de mes vacances d'été pour travailler au sein de son équipe, de huit heures du matin à seize heures, tous les jours. Logé dans l'enceinte du lycée, Dominic était supervisé par le proviseur, le père Justin Diny. Cet été-là, Dominic se montra toujours de mauvaise humeur.

— Foutu père Diny ! pestait-il.

Pour ma première mission, il me chargea d'arracher les mauvaises herbes des jardins, devant l'immense manoir, tâche qui me prit des jours. Je dus ensuite laver la totalité des vitres du bâtiment. Pour ce faire, je ne disposais pas des produits nettoyants d'aujourd'hui, bien entendu, mais simplement de vinaigre coupé d'eau dans un seau, d'un chiffon pour frotter et d'un journal pour essuyer. Il devait y avoir quelque chose comme deux cents fenêtres… Après cela, il me fallut repeindre la grille en fer forgé. Quand arriva le mois de septembre, j'avais gagné ma place au sein d'Archmere.

Le jour de la rentrée scolaire fut comme un rêve. Tout était neuf : mes vêtements – nous étions tous les jours en veste et cravate –, mes cahiers, mon stylo plume Parker et une dizaine de crayons n° 2 aussi finement taillés qu'une lance de gladiateur. Le car franchit la grille (dont la peinture noire brillait de mille feux) entre les deux énormes piliers de pierre, puis s'engagea sur la route pavée d'or jusqu'à l'ancien manoir de Raskob dont les fenêtres étincelaient sous l'éclat du soleil matinal. Les lycéens en fin d'études secondaires garaient leur voiture du côté des anciens garages et des quartiers des domestiques d'autrefois, puis ils traversaient les jardins à pied jusqu'à l'entrée principale. Ils avaient l'allure d'étudiants en université.

Nous entrions par le portique de devant et gagnions le hall central carré en marbre et cerné de colonnes, sous un toit en vitrail *amovible*. Depuis l'entrée principale, j'apercevais le patio arrière et l'arche d'ormes qui descendait jusqu'à la rivière Delaware. Le hall donnait sur les salles de classe, un réfectoire – où nous assistions également à la messe –, le bureau du proviseur et enfin la bibliothèque.

Je crois bien avoir laissé échapper un hoquet de stupeur la première fois que j'ai mis les pieds dans la bibliothèque. Ornée comme les autres pièces du manoir de panneaux de bois foncé, elle avait la particularité d'avoir les murs couverts d'ouvrages du sol au plafond. J'avais la sensation de me retrouver au paradis – ou au moins à Yale.

Au sous-sol se trouvaient les vestiaires – Archmere était un lycée très sportif – et des portes qui ne pouvaient qu'émerveiller un gamin de quatorze ans vivant dans une modeste maison de Mayfield. L'une d'elles permettait d'accéder à une salle de bowling construite par John Jakob Raskob, une autre à une coursive menant aux quartiers des domestiques et aux garages.

En hiver, nous empruntions ce passage secret pour gagner les salles de classe aménagées là-bas. Un jour, peu après la rentrée, je fus autorisé à sortir de cours pour me rendre aux toilettes, en sous-sol. En remontant, alors que j'atteignais le sommet de l'escalier, j'entendis le père Diny héler deux élèves de terminale. Il se trouvait sur la passerelle surélevée, à l'extérieur du hall, et les garçons un étage plus bas. Je me figeai, caché derrière un pilier, afin de les observer. Ils ne surent jamais que j'avais assisté à la scène.

— Un avertissement pour chacun, décréta le père Diny, enveloppé dans sa robe et sa cape blanches.

Les deux élèves s'étaient éclipsés de leur salle de classe sans permission pour fumer, ce qui leur valait cette sanction. Ni l'un ni l'autre ne répondit, mais l'un d'eux lança probablement un regard noir au proviseur.

— Vous m'en voulez, n'est-ce pas, monsieur Davilos ? lâcha le père Diny. Vous aimeriez me frapper ?

Si ces paroles me firent frissonner, Davilos ne parut pas troublé le moins du monde. Membre de l'équipe de football, il pesait sans doute près de quatre-vingt-dix kilos, alors que le père Diny était à l'époque déjà âgé de cinquante-cinq ans. Mais Davilos n'était pas idiot.

— Mon père me tuerait si je commettais une telle chose, répondit-il.

— Eh bien, je vous en donne la permission, dit le père Diny.

— Vous plaisantez, mon père ?

— Absolument pas, monsieur Davilos, insista le proviseur, qui descendit de son perchoir et, après s'être approché de Davilos, retira sa cape et la tendit à l'autre lycéen. Allez-y, mon fils. Frappez-moi.

Alors le père Diny gifla Davilos, lequel perdit son sang-froid et tenta de frapper le vieil homme. Celui-ci para le coup du bras droit et enchaîna avec un direct du gauche et un crochet du droit. Davilos s'effondra. Le père Diny tendit la main vers l'autre garçon, pour récupérer sa cape, et lui ordonna :

— Relevez M. Davilos et reconduisez-le en cours.

Quant à moi, je regagnai ma salle de classe sans perdre une seconde.

Mes débuts à Archmere furent difficiles. Du haut de mon mètre cinquante-cinq, j'étais le deuxième plus petit garçon de ma classe. Ajoutez à cela que je pesais quarante-cinq kilos tout mouillé. Mes camarades eurent tôt fait de remarquer mon bégaiement, tout comme le fait que j'étais le seul à être exempté d'allocution en public, la première année. Or je ne voulais plus de ce genre de dispense, de ces excuses. Si je priais pour que ce handicap disparaisse avec l'âge, je ne comptais pas laisser le destin en décider : j'étais déterminé à agir pour m'en débarrasser. Pour ce faire, j'appliquai la seule méthode que je connaissais, à savoir travailler dur. M'exercer, m'exercer et encore m'exercer. Je mémorisais de longs passages de Yeats et d'Emerson, puis je me postais devant le miroir de ma chambre, dans notre maison de Wilson Road, et je parlais des heures durant.

— « Les jeunes hommes dociles grandissent dans les bibliothèques… Les jeunes hommes dociles grandissent dans les bibliothèques… Les jeunes hommes dociles grandissent dans les bibliothèques… »

Je m'observais en parlant, afin de m'assurer que les muscles de mon visage ne se crispaient pas, car c'était surtout cela qui faisait rire mes camarades, et donc qui me bloquait. Ainsi, dès que je voyais ma mâchoire se serrer, je m'accordais une brève pause, le temps de détendre mes muscles, de sourire, puis je reprenais mon exercice.

— « Les jeunes hommes dociles grandissent dans les bibliothèques, convaincus que leur devoir leur impose d'accepter les points de vue exposés par Cicéron, Locke ou Bacon. Ce faisant, ils oublient que Cicéron, Locke et Bacon n'étaient eux-mêmes que de jeunes hommes fréquentant les bibliothèques quand ils ont rédigé ces ouvrages. Cela nous donne des rats de bibliothèque, plutôt que des hommes capables de raisonner. »

À la maison, en plus des encouragements incessants de ma mère, je bénéficiais d'une autre source de stimulation en la personne de mon oncle Boo-Boo. Frère de ma mère, Edward Blewitt « Boo-Boo » Finnegan nous rendit visite à Wilmington peu après la mort de grand-père Finnegan, survenue en 1956. Il resta dix-sept ans chez nous. Représentant de commerce chez Serta, société qui vendait des matelas, Blewitt, entre deux tournées, dormait avec mes frères et moi. En plus d'être un merveilleux ami pour nous, Boo-Boo était un homme brillant, le seul occupant de la maison détenteur d'un diplôme universitaire. Il avait pour habitude de me faire lire l'éditorial du *New York Times*, pour ensuite discuter politique avec mes camarades et moi. Un jour, il nous conduisit à Washington, Val et moi, simplement pour nous faire admirer le Capitole. Il aborda même le sénateur Everett Dirksen, à qui il nous présenta.

À l'image de mon père, Blewitt ne supportait pas la vulgarité. Quand Jimmy ou moi lâchions des jurons entendus à l'école, oncle Boo-Boo ne manquait pas d'intervenir, l'air moqueur :

— La vulgarité est typique des esprits limités qui cherchent à s'exprimer, Joey. Tu devrais réfléchir à des façons plus créatives d'exprimer ton mécontentement.

Malheureusement, oncle Boo-Boo souffrit toute sa vie d'un épouvantable bégaiement, dont il se servait comme d'une béquille qu'il avançait comme excuse pour tout ce qu'il n'avait pas accompli. Il ne se maria pas, n'eut pas d'enfant et n'eut jamais son propre foyer. Doté de mille talents, il les avait gâchés. Le lendemain de l'attaque de Pearl Harbor, les quatre frères de ma mère décidèrent de s'engager dans l'armée. Trois furent pris. Mon oncle Ambrose Jr. devint pilote et fut tué en Nouvelle-Guinée, et Jack et Gerry prirent part à la guerre, mais l'armée ne voulut pas de Blewitt. Devait-il ce refus à son bégaiement ? Après quelques verres, il me confiait volontiers combien il avait rêvé de devenir médecin, m'expliquant que sans son handicap débilitant, il aurait intégré une école de médecine.

— C'est un mensonge, Edward Blewitt Finnegan ! intervenait alors ma mère, suffisamment fort pour que tout le monde l'entende. Tu aurais pu devenir médecin, même s'il avait fallu suivre vingt ans d'études pour ça.

Ma mère n'acceptait pas les mauvaises excuses.

Malgré notre jeune âge, nous avions remarqué qu'oncle Boo-Boo buvait un peu trop. Avec le temps, il se montra de plus en plus amer. Si quelqu'un le raillait en lui lançant quelque chose comme « Sa-sa-sa-sa-salut Bu-bu-bu-bu-Blewitt », il répliquait violemment :

— Je m-m-m-m'appelle F-f-f-f-Finnegan, tu sais ! Je parie que tu n'as ja-ja-ja-ja-jamais entendu parler de *Finnegan's Wake* ! Je suis sûr que tu ne sais même p-p-p-p-pas qui l'a écrit !

Puis il se tournait vers un témoin de la scène et braillait :

— Je p-p-p-p-parie que ce type n'a jamais r-r-r-rien lu de J-j-j-j-Joyce !

Il avait les riches en horreur. À l'époque où mon père gagnait de l'argent, pendant la guerre, il ne cessait de lui rappeler qu'il n'avait jamais mis les pieds à l'université, comme tous les Biden avant lui :

— Les B-b-b-b-Biden ont de l'argent, M-m-m-m-monseigneur Joseph, mais les F-f-f-f-Finnegan ont de l'instruction.

De plus en plus amer avec l'âge, il lui arrivait même de ne pas respecter la règle qu'il avait lui-même édictée concernant la vulgarité :

— Le fric peut tout, Joey. Le reste, c'est de la merde.

J'adorais oncle Boo-Boo mais je ne voulais surtout pas finir comme lui. Voilà pourquoi je me postais face au miroir, soir après soir, surveillant mon visage tout en récitant mes textes :

— « Cet esprit de cohérence stupide est le farfadet des esprits pusillanimes, vénéré par les hommes d'État et les théologiens de piètre envergure. »

— Il est l'heure d'aller au lit, Joey !

— « Une grande âme n'a rien à faire de cet esprit de cohérence. Autant se préoccuper de son ombre sur le mur. Exprimez ce que vous ressentez aujourd'hui en paroles fortes et ce que demain pensera, exprimez-le également en paroles fortes, même si cela contredit ce que vous dit aujourd'hui. ''N'être pas compris !'' C'est le mot d'un fou. Est-il si mauvais de n'être pas compris ? Pythagore ne fut pas compris, ni Socrate, ni Jésus, ni Luther, ni Copernic, ni Galilée, ni Newton, ni aucun des esprits sages et purs qui ont pris chair. Être grand est une excellente condition pour n'être pas compris. »

J'allai jusqu'à imiter Démosthène, le plus grand orateur de la Grèce antique, qui, d'après ce que j'avais lu, avait lui aussi été bègue. Pour maîtriser ce handicap, il s'était entraîné à parler avec des cailloux dans la bouche. Selon la légende, il courait ainsi sur la plage, cherchant à s'exprimer par-dessus le « rugissement des vagues ». J'étais si désespéré que, même si nous n'avions ni plage ni océan dans les environs, je fis une tentative. Un jardin voisin était parcouru de petites allées de galets. J'en chipai une dizaine et, après m'être approché du mur de notre modeste demeure, les glissai dans ma bouche. Face à la paroi de brique, je voulus parler d'une voix forte. Pour votre information, cette méthode est inefficace. Je manquai de peu d'avaler la moitié des galets. Je remontai donc dans ma chambre et repris mon poste face au miroir.

À Archmere, le petit garçon se mua peu à peu en jeune homme, à tel point qu'en première, j'avais grandi de trente centimètres depuis mon arrivée. Si mes notes ne dépassèrent que rarement de réguliers B, j'avais un certain succès auprès des filles et j'étais apprécié par mes camarades de classe. Chaque fois que se formait un groupe, pour une raison ou une autre, j'en devenais le meneur. Je fus délégué de ma classe en seconde et président des premières et des terminales. J'aurais peut-être même pu être nommé président du corps étudiant dans son ensemble, sans le veto du père Diny, selon qui je récoltais trop de punitions pour en être digne. Et j'avais conscience d'avoir tout intérêt à ne pas me dresser contre lui. D'autre part, je tenais à me comporter en meneur bienveillant. Je ne manquais jamais de prendre la défense des élèves qui subissaient des moqueries – je savais quel effet cela faisait. Il m'arriva de reconduire chez lui tel ou tel élève de troisième victime de railleries, avec parfois une escale au snack du coin pour qu'on le voie en ma compagnie, ou encore d'emmener un jeune au bal de fin d'année, avec ma cavalière.

Le sport était le domaine dans lequel je fournissais le plus d'efforts pour exceller. En terminale, je fus le meilleur marqueur de mon équipe de football, qui conclut la saison invaincue, sans même avoir concédé de match nul. Je ne manquais pas d'assurance sur le terrain, réclamant sans cesse le ballon, comme depuis toujours. Lors de l'ultime match de ma dernière saison au lycée, en déplacement à Friends Central, à Philadelphie, nous nous dirigions vers une victoire aisée. Alors qu'il ne restait plus que quelques minutes à jouer dans le dernier quart-temps, le ballon nous fut rendu. J'entends encore notre *quarterback*, Bill Peterman, nous dire :

— On y est, les gars. C'est la dernière action de jeu de notre carrière lycéenne. Prenons le ballon chacun notre tour, pour que chacun ait sa chance de marquer. (En comptant le *quarterback*, nous étions quatre susceptibles de courir jusqu'à l'en-but ; Bill se tourna vers moi.) Tu commences, Joe.

Nous nous trouvions alors à quarante-cinq yards de la zone d'en-but. Peterson pensait certainement que le dernier d'entre nous à avoir le ballon aurait les meilleures chances de marquer un *touchdown*, et c'était à lui de prendre les décisions dans l'équipe.

— D'accord, je passe le premier, répondis-je. Mais tu ne toucheras plus ce foutu ballon, Peterman.

J'ai dû courir cent dix yards, slalomant d'une ligne de touche à l'autre, déterminé à ne pas me faire plaquer avant d'avoir atteint l'en-but.

Toutefois, l'accomplissement dont je suis le plus fier, sur ma période Archmere, concerne le domaine dans lequel j'avais le moins d'assurance. En seconde, je me suis levé et, face à l'assemblée matinale, j'ai prononcé une allocution de cinq minutes, comme requis, sans me réfugier derrière une excuse ou une dispense. Je l'ai fait, comme tout le monde. En juin 1961, lors de la remise des diplômes, j'ai prononcé les quelques mots de bienvenue à l'intention des parents et amis des étudiants sans bégayer une seule fois. Ce fut pour moi la confirmation que mon bégaiement ne serait plus un frein dans ma vie.

J'ai vaincu ce bégaiement au prix de beaucoup de travail et avec le soutien de mes professeurs et de ma famille, mais je ne me suis jamais vraiment débarrassé de mes impedimenta. Ce n'est pas un fardeau trop lourd mais il reste ancré en moi, telle une référence, le rappel que chacun d'entre nous porte son propre fardeau – souvent plus lourd que le mien – et que nul ne mérite d'être moqué pour cette raison. Nul ne devrait être contraint de le porter seul.

– 2 –

Neilia

On peut communiquer une infinité de sentiments sans la parole, ou entre deux phrases, comme je l'ai appris en élevant seul mes enfants. Je n'ai jamais cru que l'éducation idéale passait par la programmation de « bons moments ». Les meilleurs souvenirs que je garde de mes enfants sont survenus sans prévenir, en des périodes de calme où nous profitions du simple fait d'être ensemble. Je me revois ainsi encore me garer près d'un parc, non loin de notre maison de North Star. Mon fils Hunter, alors âgé de quatre ans, était installé sur mes genoux, les mains sur le volant de ma Corvette 1967 décapotée. Avant de le faire descendre pour nous diriger vers les balançoires, je lui dis, comme des centaines de fois auparavant et sans raison particulière :

— Je t'aime, mon chéri.

Hunter me regarda droit dans les yeux et leva les bras :

— Et moi, je t'aime plus que tout le ciel, papa !

Le simple fait de nous trouver ensemble dans ce parc entretenait bien davantage que l'affection et l'estime que nous nous portions. Les enfants reproduisent le comportement des adultes. Ils s'imprègnent des valeurs de leur famille aussi naturellement qu'ils respirent. Comme aimait le dire ma mère, « les enfants tendent à devenir ce qu'on attend d'eux ».

Un autre souvenir de Hunt, qui date de deux ans plus tard environ, est resté gravé dans ma mémoire. Au beau milieu d'une de ces journées où nous flânions ensemble, je lui posai cette question :

— Dis-moi, Hunter, que veux-tu faire quand tu seras grand ?

— Je veux être important, me répondit-il.

Je comprenais parfaitement ce qu'il voulait dire.

En entrant à l'université du Delaware, à l'automne 1961, il me fallut choisir mes matières principales. J'optai pour celles qui m'intéressaient, à savoir la science politique et l'histoire, mais j'avais pour projet d'intégrer une faculté de droit. Cette idée m'était venue dans la bibliothèque d'Archmere, au printemps 1960 ; à l'époque, John F. Kennedy, jeune sénateur du Massachusetts, se dirigeait droit vers l'investiture démocrate pour l'élection présidentielle. En cas de succès, il deviendrait le premier candidat démocrate catholique depuis Al Smith. Malgré les nombreuses personnes qui estimaient que jamais les Américains n'éliraient un catholique, Kennedy ne se laissait pas décourager.

— Je refuse de croire que j'ai été privé du droit de devenir président le jour de mon baptême, déclara-t-il à la foule, juste avant sa victoire décisive à la primaire de Virginie-Occidentale.

Ma mère, d'origine irlandaise, était aux anges. Les Kennedy n'avaient pourtant que peu de chose en commun avec les Biden. Le père de John F. Kennedy figurait parmi les hommes les plus riches et les plus célèbres du pays. Ayant vu dans les journaux des photos de Hyannis Port[1], j'avais conscience que cette zone résidentielle huppée ne ressemblait guère à notre Mayfield. J'étais séduit par le sénateur Kennedy, en dépit de sa fortune. De fait, ma famille n'a jamais souscrit à l'idée selon laquelle un emploi bien rémunéré suffit à assurer une vie heureuse. Le vieux dicton calviniste affirmant que les justes sont récompensés par des butins terrestres nous a toujours laissés sceptiques.

Je n'étais pas davantage particulièrement captivé par la grâce et l'assurance de Kennedy, par sa splendide épouse ni par ses enfants parfaits en tous points. Non, tout cela me semblait normal. Il ne m'avait pas non plus attiré du fait de sa jeunesse ou de son énergie, ni même en raison de ses idées nouvelles. À vrai dire, en écoutant son discours d'investiture, qu'il prononça en janvier 1961, je ne fus pas tant frappé par la nouveauté de ses idées que par le fait qu'elles étaient en parfaite adéquation avec les leçons apprises à Saint-Paul, au Holy Rosary, à Sainte-Hélène et à Archmere – et surtout dans ma propre maison. Nous sommes tenus de bien nous comporter durant notre passage sur cette terre, car tel est notre devoir, nous rappelait Kennedy, avant de conclure sur ces mots :

— Avec une bonne conscience comme seule récompense, avec l'Histoire pour juge ultime de nos actes, à nous de diriger ce pays que nous aimons, en demandant la bénédiction et l'aide de Dieu, tout en sachant qu'ici, sur Terre, Son œuvre doit être la nôtre.

---

1. Où se trouvait la résidence des Kennedy.

J'obtenais là avec une force inouïe la confirmation publique de ce que j'avais appris étant enfant : c'était à nous – et non à Dieu – de protéger ce à quoi nous tenions le plus : l'équité, la justice. Comme il l'a fait pour tant d'autres jeunes hommes de ma génération, j'en suis certain, le président Kennedy a renforcé en moi la conviction que nous avons l'obligation de tout faire pour rendre notre monde meilleur. C'était une question sur laquelle je méditais déjà depuis un moment.

Comme beaucoup d'adolescents, j'avais nourri quelques rêves abracadabrants durant mes années de lycée – deux, en l'occurrence. Je voulais d'une part devenir joueur de football professionnel et, d'autre part, être une personnalité publique reconnue qui accomplirait de grandes choses et gagnerait sa place dans les manuels d'Histoire – du côté des gentils, bien sûr. Il m'aurait fallu jouer à pile ou face pour déterminer lequel de ces deux objectifs était le plus aberrant ; en première, je ne pesais encore qu'une soixantaine de kilos, tandis que les relations politiques de mes parents se limitaient au conseil académique local.

Néanmoins, si ces faits me rappelaient la dure réalité, ils ne tempéraient en rien mon ardeur d'adolescent. Un jour, à Archmere, peu avant la fin de ma première, lors d'une période d'étude, je me rendis à la bibliothèque et me saisis du Répertoire du Congrès. Désireux de mieux connaître les hommes et les femmes qui s'étaient frayé un chemin jusqu'à Washington, j'entrepris de lire leurs biographies. Comment s'étaient-ils débrouillés pour se hisser si haut ? En parcourant ces récits personnels, je me rendis compte avec étonnement que ces personnalités étaient en grande majorité issues de familles fortunées et installées de longue date dans les rangs des décideurs. Quant aux rares individus parvenus à ces sommets grâce à leurs seuls efforts, il s'agissait presque exclusivement d'avocats. Voilà qui m'indiquait clairement la voie à suivre.

Le début de ma première année à l'université fut probablement un peu trop consacré au football et à la rencontre de nouvelles filles, je l'avoue. Il faut dire que celles-ci étaient nombreuses. Après la sévérité du régime en vigueur à Archmere, l'université me faisait l'effet de la belle vie. Quoi qu'il en soit, mes résultats scolaires n'eurent rien d'époustouflant. Quand les notes du premier semestre tombèrent, mes parents m'annoncèrent que je ne jouerais pas au football au printemps suivant. Mon père refusait que je ruine mon avenir.

— N'oublie jamais que tu dois à tout prix suivre des études supérieures, Joey, me rappelait-il, reprenant sans cesse les mêmes mots. Personne ne te reprendra ton diplôme.

Un après-midi, il se présenta dans ma chambre d'étudiant et me trouva affalé sur mon lit, une casquette sur la tête. Un désordre sans nom régnait dans la pièce, qui était jonchée de panneaux de signalisation chipés ici ou là. Bien entendu, il n'y avait pas le moindre manuel scolaire ouvert à l'horizon.

— C'est donc ça, la vie à l'université… lâcha-t-il en secouant la tête.

Durant les deux premières années, je fus incapable de me mettre sérieusement au travail. Je fus même mis à l'épreuve après avoir arrosé un conseiller d'orientation avec un extincteur. En ce temps-là, je passais un temps fou avec mes amis au foyer du lycée, où il était facile de lancer une discussion passionnée. Nous abordions la politique, le mouvement des droits civiques, la baie des Cochons, la rencontre Kennedy-Khrouchtchev, la crise des missiles de Cuba, l'avenir du monde libre… tout en songeant avant tout à notre propre futur. Un jour, je posai cette question :

— Si vous aviez le choix, après l'obtention de votre diplôme, entre un emploi assuré chez DuPont, avec un salaire de départ très intéressant et un poste garanti à vie, tout en sachant que jamais vous ne gagnerez plus de quarante mille dollars par an (ce qui était déjà une belle somme, en 1962), et un emploi deux fois moins bien payé, sans aucune garantie, mais dans lequel votre salaire aurait la possibilité d'exploser, que décideriez-vous ?

La plupart de mes camarades optèrent pour la voie la plus sûre.

— Vous réagissez en ingénieurs, rétorquai-je. Moi, je serais prêt à prendre des risques.

Je passais beaucoup de temps à argumenter ainsi au foyer, au lieu d'étudier, mais il me semblait qu'il me suffisait de me débrouiller pour obtenir mon diplôme en quatre ans puis ne pas trop mal m'en sortir à l'examen d'admission de la faculté de droit pour intégrer celle-ci. Je me savais suffisamment intelligent pour cela. Mais à quoi me servirait de maîtriser le calcul infinitésimal ? Ou les sciences physiques ?

Quelques inquiétudes me tenaillèrent au cours du premier semestre de ma troisième année universitaire. Je n'étais plus certain, au vu de mes relevés de notes, d'être admis dans une bonne faculté de droit. Je demandai conseil à un jeune professeur de science politique, David Ingersoll, qui me répondit qu'à ce stade, mon unique chance de faire bonne impression sur ces établissements était de leur prouver mes capacités. Je m'étais moi-même fourré au fond d'un trou, et il ne me restait que trois semestres pour m'en extirper. Je n'avais d'autre choix que de m'imposer de grosses charges de travail et de tenir la cadence.

Je pris cet engagement, sans jamais y renoncer. Durant les deux semestres suivants, je suivis trente-sept heures de cours par semaine, obtenant des notes honnêtes, tout en réintégrant l'équipe de football. Bien que n'ayant plus touché le ballon depuis deux ans, je surpris les coachs en me hissant rapidement parmi l'équipe première. Après le match de printemps, en avril, il apparut que j'avais de bonnes chances de me voir confier un poste de *defensive back*. Impatient de voir arriver le mois de septembre, je voyais presque la saison automnale défiler dans ma tête. J'étais donc en pleine confiance quand je me rendis en Floride pour les vacances de printemps, après notre dernier entraînement. Ce voyage changea ma vie.

Avec quelques amis, nous avions décidé de passer quelque temps à Fort Lauderdale. Mes finances étant limitées, je m'arrangeai pour loger dans la maison louée par un groupe de filles de l'université du Delaware. Or, après deux jours passés sur la plage, je m'ennuyai ferme. La moitié du campus était là ; je fréquentais les mêmes personnes que pendant l'année scolaire, au détail près qu'elles étaient plus légèrement vêtues et plus alcoolisées. Et moi, je ne buvais pas. Le deuxième jour, je discutais sur la plage avec Fred Sears, un ami de Wilmington sur le point de décrocher son diplôme, et un gars de l'équipe de football. Fred s'ennuyait tout autant que moi :

— Es-tu déjà allé à Nassau, Joe ?

— Euh… non.

Pour tout dire, je n'avais jamais mis les pieds dans un avion.

— Caribe Air propose des allers-retours là-bas pour vingt-cinq dollars.

Le restant des quatre-vingt-neuf dollars que j'avais perçus en remboursement d'impôt me brûlant les poches, j'acceptai la balade. Si nous ne trouvions pas d'endroit où loger gratuitement à Nassau, nous n'aurions qu'à y passer la journée à nous promener, puis rentrer en Floride. Le lendemain matin, un avion nous déposa aux Bahamas et nous nous retrouvâmes sur Paradise Island.

Sur le chemin de l'aéroport, nous avions croisé un autre groupe d'étudiants qui avaient accepté de nous loger dans la maison qu'ils louaient – mais nous n'allions guère y traîner. Notre premier réflexe, dès notre arrivée, fut de profiter de la plage. Si Paradise Island offre de splendides étendues de sable blanc, nous n'avions accès qu'à la plage publique. Nous y étions les seuls étudiants, et juste à côté, séparé de notre espace par une clôture grillagée se prolongeant jusqu'à la mer, se dressait le British Colonial Hotel, élégant bâtiment rose. À travers la clôture, nous distinguions des dizaines de magnifiques jeunes étudiantes bronzant sur la plage privée de l'établissement. Seuls les résidents de l'hôtel y avaient accès, bien entendu, mais ce détail n'entamait en rien notre détermination à nous y faufiler. Un plan fut mis au point avec mes deux compagnons : chiper des serviettes de l'hôtel mises à sécher sur la clôture, nous en vêtir comme de pagnes autour de la taille, de façon que le logo du British Colonial soit bien en vue, et franchir l'entrée principale comme si de rien n'était, sous le regard des vigiles. Notre ruse fonctionna sans aucun souci.

Jamais je n'avais fréquenté un tel endroit – à mes yeux l'Archmere des loisirs. Après avoir traversé une cour balayée par une légère brise, nous nous dirigeâmes vers le fond de l'hôtel où se trouvait une piscine surplombant la plage. Tandis que des étudiants traînaient un peu partout, nos regards furent attirés par deux jeunes filles installées au bord du bassin, sur les chaises longues les plus proches de la plage. L'une était brune, l'autre blonde.

— Je prends la blonde, décrétai-je.

— Non ! protesta mon ami footballeur. Elle est pour moi !

— J'ai une pièce, intervint Sears. Tirez à pile ou face.

Sans attendre le résultat, je m'approchai de la blonde. Mon camarade se dirigea vers la brune. Celle-ci se révélant très séduisante dans son maillot de bain à motifs peau de léopard très près du corps, il ne me parut pas trop déçu. Quant à moi, je m'assis au bout de la chaise longue de la blonde. Dans mon dos, mon ami se prit un vent monumental :

— Je m'appelle Mike.

— Tu me fais de l'ombre, Mike.

— Bonjour, dis-je à la blonde. Je m'appelle Joe Biden.

— Bonjour, Joe. Neilia Hunter.

Lorsqu'elle tourna la tête vers moi, je découvris son beau sourire et ses fantastiques yeux verts. Bien qu'éclairée par l'éclat sans pitié du soleil de l'après-midi, elle ne présentait pas la moindre imperfection. En un mot, je suis tombé raide amoureux dès la première seconde. Il était qui plus est très facile de discuter avec elle. Étudiante à l'université de Syracuse, dans l'État de New York, tout près de Skaneateles, sa ville natale, Neilia, à seulement deux mois de l'obtention de son diplôme, espérait enseigner dans un collège de Syracuse dès le mois de septembre. La discussion s'orienta vers ses parents – son père était propriétaire de restaurants – puis vers nos frères et sœurs – comme moi, elle était l'aînée de sa fratrie. Tandis que nous parlions de tout et de rien, je vis du coin de l'œil un imposant bateau approcher et s'immobiliser à hauteur de la plage du British Colonial. Jamais je n'en avais vu d'une telle taille – il devait avoisiner les douze mètres de long. C'était sans doute ce qu'on appelait un yacht, me dis-je. Tout en décrivant à Neilia mon passé, ma famille et ma maison, je restais fasciné par le yacht. Mon esprit était focalisé sur Neilia, bien entendu, mais je ne pouvais m'empêcher de jeter des regards en direction de ce type qui jetait l'ancre à une quarantaine de mètres du rivage. Il mit à la mer un canot pneumatique et y embarqua, puis il pagaya vers la plage avec une aisance manifeste. Parvenu sur le sable, il s'approcha de la piscine de l'hôtel. J'aurais juré qu'il se dirigeait vers moi. Tout de blanc vêtu, coiffé d'une casquette de yachtman. Pieds nus et les jambes de son pantalon relevées, il remonta la plage d'un pas lourd. Il était de plus en plus évident qu'il marchait vers moi. Un instant plus tard, il se dressait de toute sa taille près de nous, les yeux plissés en raison du soleil.

— Salut, Neilia, dit-il.

Mon cœur se déchira. C'était fichu pour moi. Ses paroles suivantes confirmèrent mon mauvais pressentiment :

— On se voit ce soir ?

Neilia leva les yeux vers lui, puis me jeta un regard avant de répondre :

— Oh non, John, je suis désolée. Je te présente Joe.

— Salut, Joe.

Il avait à peu près notre âge, peut-être un peu plus.

— Salut, John.

— Je suis navrée, vraiment, mais je dîne avec Joe ce soir, expliqua Neilia, dans un murmure qui nous obligea à nous pencher pour l'entendre.

Je crus que mon cœur allait éclater de joie ! Nous n'avions pourtant rien fait d'autre qu'échanger quelques banalités.

John s'éloigna sans poser de questions. Neilia s'excusa de nouveau, cette fois à mon intention :

— J'espère que tu ne m'en veux pas d'avoir dit ça, mais je ne tiens pas à sortir avec lui. C'est un gentil garçon – nous avons fait nos études ensemble – mais je n'avais vraiment pas envie de passer la soirée avec lui.

Je l'écoutais, mais en réalité, ce qu'elle avait dit quelques instants plus tôt résonnait encore dans mon esprit : « Je dîne avec Joe ce soir. »

— Eh bien… que dirais-tu de dîner avec moi ce soir ?

— Avec plaisir, accepta-t-elle, de nouveau dans un souffle, mais cette fois elle me donna l'impression d'être sincère. Il y a un petit restaurant sympathique à l'angle de la rue de l'hôtel.

Il ne me restait que dix-sept dollars, sur lesquels je comptais pour tenir jusqu'à la fin des vacances.

— Euh… ou alors des hamburgers ?

— Ce sera parfait, Joe.

Elle le pensait vraiment, c'était une évidence.

Le soir venu, je passai la prendre à l'hôtel, puis elle me guida jusqu'à un restaurant qui, Dieu merci, ne me parut pas trop chic ; il y avait des hamburgers au menu. La discussion porta de nouveau sur nos études, sur nos projets après l'université, mais il fut essentiellement question de nos familles. Quelques heures plus tard, on nous présenta l'addition. Personne ne m'avait averti des prix pratiqués dans l'île. La note se montait à vingt dollars – sans compter les boissons. Soit une fortune, en 1964. La serveuse me dominait de toute sa taille, attendant que je règle l'addition. Je sentais déjà de la sueur perler sur mon front… quand soudain je sentis une petite tape sur un genou. C'était Neilia. Je tendis le bras sous la table, et elle me remit deux billets de vingt dollars. Elle avait à coup sûr remarqué ma panique. La serveuse partie chercher de la monnaie, je présentai mes plus plates excuses à Neilia :

— Je suis vraiment gêné…

— Oh, ne le sois pas, ça arrive souvent à mon père. Ne t'en fais pas pour ça.

Ma honte se dissipa en un instant. Elle avait le chic pour mettre les gens à l'aise. Personne ne se sentait diminué en sa compagnie.

Comme nous n'avions ni l'un ni l'autre envie de nous séparer après le dîner, Neilia me proposa de nous rendre dans un club où une jeune star de Broadway faisait la promotion de son nouvel album. Nous y entrerions gratuitement, m'assura-t-elle, car son amie – celle au maillot de bain aux motifs peau de léopard – sortait avec le propriétaire des lieux. Après avoir assisté au concert dans cette petite boîte de nuit, je raccompagnai Neilia à son hôtel. J'avais la sensation de voler. La nuit était si avancée que les employés du parking avaient mis en place la chaîne qui empêchait les voitures de s'engager sur l'allée de service. Allais-je soulever cet obstacle ou passerions-nous en dessous ?

Rien de cela.

J'entrepris de sauter en ciseau… malheureusement mon pied se prit dans la chaîne et je me retrouvai les fesses par terre. Neilia s'esclaffa dans mon dos, avant de se ressaisir :

— Tu ne t'es pas fait mal ?

Je me relevai, époussetant mes vêtements.

— Non, ça va. Je me suis simplement de nouveau couvert de honte.

— Mais non, pas du tout. Il fait nuit, tu n'y voyais rien.

Comment aurais-je pu ne pas tomber amoureux de cette fille ?

Après l'avoir laissée devant l'hôtel, je gagnai la maison où je logeais, sans cesser une seconde de penser : *C'est la bonne*.

Il ne restait que quatre jours de vacances, que je décidai de passer à Nassau. Neilia et moi nous voyions tous les jours et nous retrouvions tous les soirs. Le quatrième jour, je lui fis savoir que je n'avais rien de prévu le week-end suivant.

— Je pourrais te rendre visite à Skaneateles, proposai-je.

— J'espère bien.

— Tu as conscience que nous allons nous marier ?

Elle me regarda droit dans les yeux et murmura :

— Oui, c'est plus que probable…

De retour dans le Delaware, je ne me rendis pas directement dans ma chambre du campus. Je fis avant cela un saut à la maison, à Mayfield, pour annoncer la grande nouvelle à ma famille. Si l'on en croit Val, j'ai braillé aussitôt après avoir ouvert la porte, avant même d'entrer :

— Val ! Val ! Écoute ça : je l'ai trouvée !

— Tu as trouvé qui ?

— La fille que je vais épouser !

Je parlais de Neilia à tout le monde, incapable de m'en empêcher. J'en parlais à Val, à Jimmy, à Frankie, à mes coéquipiers sur le terrain, à mes camarades d'études, à mes parents. Mon père, conscient de l'importance de ce que je vivais, me permit d'emprunter une voiture de sa concession. Le vendredi suivant, j'avalai les cinq cents kilomètres me séparant de Skaneateles pour retrouver ma nouvelle petite amie. La première fois que je me garai devant la maison de Neilia, en bordure d'un lac, je compris que les Hunter étaient très différents des Biden. Le père de Neilia avait connu une grande réussite dans la restauration. Même de nuit, je distinguais les contours de cette demeure d'une taille gigantesque – du moins selon mes standards. Le cœur battant à tout rompre, je m'approchai de la porte d'entrée et toquai. Le battant s'ouvrit. Elle était là, devant moi, en pull-over jaune avec un col en V. Il y avait de la musique en fond sonore, et Neilia me souriait. Par-dessus son épaule, j'aperçus le lac, à travers un panneau de verre. Sur les quais de la rive opposée brillaient de douces lumières. J'avais la sensation d'être Gatsby le Magnifique – mes rêves les plus fous étaient là, à portée de main.

Côtoyer Neilia chez elle se révéla aussi naturel qu'à Nassau. Il nous arrivait de bavarder toute la journée et toute la nuit, nos discussions portant de moins en moins sur le passé pour se focaliser sur l'avenir. Nous nous quittions le dimanche soir et nous retrouvions le vendredi soir suivant. Je fis la route tous les week-ends jusqu'à la fin de l'année scolaire. M. Hunter possédait un bateau sur le lac :

— J'imagine que vous savez faire du ski nautique, Joe ?

— Eh bien, je ne m'y suis jamais essayé, mais je m'en crois capable, répondis-je.

Neilia ajouta qu'elle se débrouillait « pas trop mal », ce qui, comme je m'en rendis compte assez rapidement, était un euphémisme ; sur les skis, cette fille était en réalité un vrai phénomène local.

Voilà pourquoi le week-end précédent le jour où M. Hunter avait prévu de sortir son bateau de l'hivernage fut le seul où je ne me rendis pas à Skaneateles. Une amie de Val, Jean Ferry, avait en effet accepté de m'initier au ski nautique sur le lac Harveys, dans la région des Poconos. Ce jour-là, j'ai dû consommer à moi seul une cinquantaine de litres d'essence sur l'eau, où je suis resté six heures d'affilée.

— Allez, Joe, ça suffit, non ? me criait Jean.

— Encore un peu… Quelques slaloms !

J'avais les jambes en caoutchouc, quand enfin je sortis du lac, mais le week-end suivant, à Skaneateles, je fus en mesure de slalomer. À la fin de l'été, j'étais passé aux sauts.

Si c'était moi qui me déplaçais la plupart du temps, Neilia me rendit aussi visite à Wilmington, un week-end, afin de faire la connaissance de ma famille. Pour l'occasion, mes parents organisèrent un grand barbecue, et j'invitai tous mes amis pour leur présenter Neilia. La place manquant quelque peu à la maison,

Neilia s'installa dans la chambre de Val, avec qui elle s'entendit à merveille dès les premiers instants. Et ce ne fut pas une exception ; les autres membres de la famille tombèrent tous sous le charme de ma petite amie. Même en un lieu totalement nouveau pour elle, entourée d'inconnus, Neilia évoluait avec une parfaite aisance.

— Votre barbecue est impressionnant, monsieur Biden ! félicita-t-elle mon père. Quelle soirée agréable !

Comprenant que Neilia et moi étions sincèrement amoureux – ce qui n'était pas difficile à remarquer –, mes parents étaient enchantés pour moi… pour nous. Les Hunter, à qui notre amour n'avait pas davantage échappé, ne semblaient en revanche pas aussi enthousiastes à ce sujet. Le père de Neilia m'appréciait, c'était évident, mais il subissait – me semble-t-il – la pression de sa sœur, éminente personnalité de la communauté presbytérienne d'Auburn. Un vendredi soir, après avoir effectué le long trajet depuis Wilmington, je fus accueilli par Neilia, comme toujours, mais elle m'empêcha d'entrer :

— Attends, Joey, papa ne souhaite plus que je te fréquente.

Je crus mourir sur place. Notre histoire était donc terminée ?

— Il te reproche d'être catholique, m'expliqua-t-elle. Mais je lui ai dit : « Ne m'oblige pas à faire un choix, papa… »

M. Hunter n'imposa pas cela à sa fille. Il ne fit plus jamais allusion à cet épisode, ni avec moi ni avec Neilia. Si j'avais encore nourri des doutes, j'étais à présent certain que nous allions nous marier. Je pris un job à la station-service d'une marina voisine, de façon à passer le dernier mois des vacances d'été à Skaneateles.

Il me fallut ensuite prendre une décision concernant le football.

Nous étions censés reprendre l'entraînement deux semaines avant le début de l'année scolaire, ce qui m'obligeait à quitter Skaneateles quinze jours plus tôt que prévu. D'autre part, je pris conscience que le football monopoliserait mes week-ends. Je ne verrais plus beaucoup Neilia en septembre, octobre et novembre, ni même en décembre si l'équipe se qualifiait pour la phase des play-offs.

Quelques semaines avant le début de la présaison, j'appelai le coach :

— Je ne serai pas présent à la reprise de l'entraînement.

— Qui est à l'appareil ?

— Joe Biden, coach. Je ne jouerai pas cette saison.

— Biden ! ? Tu as de bonnes chances d'être titulaire, cette année, tu es au courant ?

— Je sais, coach, mais ne comptez pas sur moi. Je ne jouerai pas cette année. J'ai rencontré une fille, étudiante à Syracuse…

Il me raccrocha au nez.

M'étant arrangé pour ne pas avoir cours le vendredi, je montais chaque week-end à Skaneateles. Quand je ne trouvais pas de voiture à emprunter, j'effectuais le trajet en auto-stop. Je mis même au point un système qui me permit de financer mes visites, à savoir le convoyage de voitures pour le compte de mon père et de quelques autres concessionnaires de Wilmington, à raison de dix dollars par voiture. Au volant d'un break, je conduisais tous les vendredis six ou sept types au centre de ventes aux enchères automobiles Manheim situé du côté de Lancaster, en Pennsylvanie, et leur versais à chacun cinq dollars pour livrer tel véhicule chez tel concessionnaire de Wilmington. Puis ils regagnaient l'université en auto-stop. J'empochais ainsi au moins trente dollars par week-end – je touchai même cent dollars au cours d'un week-end particulièrement lucratif.

Seul dans le break entre Lancaster et Skaneateles, puis sur le trajet du retour, j'avais tout mon temps – même quand je battais mon record de vitesse, couvrant les cinq cents kilomètres en cinq heures, car j'étais désormais très pressé – pour imaginer l'avenir dont Neilia et moi discutions tant. Le diplôme dans un an, la faculté de droit, le mariage, les enfants. Elle en voulait cinq, ce qui me convenait parfaitement. Elle tenait à les avoir assez tôt, de façon que nous soyons encore relativement jeunes quand ils atteindraient l'âge adulte. Nous rêvions d'une grande maison de style Tudor avec de vrais arbres dans le jardin, des « plants mûrs », pour reprendre les termes des professionnels de l'immobilier. Je tenterais de devenir avocat et de monter mon propre cabinet, puis je briguerais des fonctions officielles. Dès lors que j'eus Neilia à mes côtés, ces projets tinrent davantage d'un plan crédible que de doux rêves. Personne, en dehors de ma famille, n'avait jamais cru en moi comme elle ; me voir à travers son regard me donnait le sentiment que tout était possible. Je visualisais déjà le tableau dans son ensemble : le cabinet, ma déclaration de candidature, les discours, les déplacements, le soir de la victoire et ma prise de fonction, au service de mes concitoyens. J'anticipais l'avenir jusque dans ses moindres détails, je savais quelle allure nous aurions, Neilia et moi, ce que je dirais, ce que je souhaiterais accomplir durant mes mandats. Quand je lui précisai que je ne comptais pas me contenter de profiter de ma position, mais que j'étais réellement déterminé à m'en servir pour améliorer la vie de tous, elle abonda dans mon sens. Nous étions du même avis sur à peu près tous les sujets. Notre vie commune serait une aventure.

— Nous réussirons, disait-elle. Je te le promets.

L'étape suivante consistait à intégrer une faculté de droit. Neilia étant déjà enseignante à Syracuse, je fis une demande d'inscription à l'université de Syracuse. Neilia faisant désormais partie intégrante de mon avenir, je me concentrai plus que jamais sur mon travail. Je consacrai ma thèse de fin d'études à un membre du Congrès représentant le district de New York où vivaient les Hunter, jugeant avisé de me familiariser avec le paysage politique du nord de l'État de New York, au cas où Neilia souhaiterait demeurer dans sa région natale.

Mes notes grimpèrent au cours des deux semestres suivants, et mon examen d'admission à la faculté de droit se solda par un succès. Quand, en janvier, vint le moment d'envoyer ma demande d'inscription, je bénéficiais, en plus de mes résultats satisfaisants, de recommandations de la part de mes professeurs. « M. Biden a éclos tardivement, cependant sa dernière année scolaire laisse entrevoir de grandes promesses. » « M. Biden a fait preuve de capacités remarquables dans ses travaux récents. » « Il me semble qu'il progresse de plus en plus. » « Je n'ai cessé de revoir à la hausse mon opinion quant à ses aptitudes générales et sa maturité toujours grandissante. » « Je m'attends à le voir régulièrement progresser en faculté de droit. » « C'est un avocat-né, compétent et pugnace, qui sait défendre sa position en avançant des arguments forts et parfaitement présentés. »

Ma volonté de réussir était certainement criante. Le membre de la faculté avec qui j'eus un entretien à Syracuse, quelques semaines plus tard, me jugea admissible, certes du fait de mes résultats universitaires, mais encore plus en raison de ma soif de vaincre. « Manifestement doté d'une forte motivation », écrivit-il.

En mars 1965, je reçus le courrier tant attendu chez mes parents, à Wilmington.

« Cher monsieur Biden, nous avons le plaisir de vous faire savoir que vous êtes accepté à la faculté de droit à compter de la rentrée de septembre 1965. Vous y serez le bienvenu… »

La première mission était donc remplie. Malheureusement, en faisant mes comptes afin de déterminer combien me coûterait cette première année de droit, j'obtins une somme de trois mille six cents dollars. Mon job d'été ne m'en avait rapporté que six cents, et mon père n'avait plus un sou. Jimmy fréquentait un lycée public, mais Val était à l'université et Frank dans une école privée. En outre, papa avait encore à régler quelques factures médicales et dentaires. Je fis donc une demande de bourse, et mon père dut décrire la situation familiale :

— Après calcul, il me sera impossible de contribuer à hauteur de plus de cinq ou six cents dollars au second cycle universitaire de mon fils. Mon seul regret est de me trouver dans l'obligation d'effectuer cette requête.

Le fonds des anciens étudiants prit en charge la moitié des frais de scolarité de ma première année, et l'État du Delaware régla l'autre moitié. Cela étant, il me resterait de nombreuses autres dépenses à assumer ; par conséquent, il me faudrait également trouver un petit boulot.

Le doyen de l'université me confia un poste de conseiller auprès des étudiants de premier cycle, dont le salaire couvrait mes frais de pension complète. Je devins en outre le mentor d'un jeune étudiant de première année affublé d'un épouvantable bégaiement. Le malheureux portait hélas un nom imprononçable pour un bègue, qui, accolé au village dont il était originaire, donnait à toute présentation de sa part des allures de calvaire : « Bruce Balmuth, de Ballston Spa. » Je lui consacrai beaucoup de temps pour lui donner de l'assurance ; je le fis venir chez Neilia, par exemple, et le fis participer à nos sorties avec des amis. Je lui décrivis de quelle façon j'avais vaincu mon bégaiement, face au miroir. Quand arriva la fin du premier trimestre, Bruce citait Emerson aussi bien que moi.

Regrettant tout de même d'avoir dû renoncer au football l'année précédente, je montai une équipe composée d'étudiants en droit qui participa au championnat interne. Mes coéquipiers s'amusaient de me voir prendre cette affaire très au sérieux, comme si je préparais les jeux Olympiques, disaient-ils. Sans doute estimèrent-ils que j'en faisais un peu trop le jour où je demandai à un ami de Wilmington de m'acheter des chaussures à crampons Rydell – introuvables à Syracuse – et de me les expédier à l'université.

Notre vie sociale était merveilleusement épanouie ; la plupart de mes condisciples étaient mariés ou comme moi sur le point de l'être. Nous nous retrouvions entre couples chez les uns ou les autres tous les vendredis soir. Tous étaient exemplaires et intelligents. Je faisais de nouvelles connaissances venues des quatre coins du Nord-Est. Jack Owens, un de mes meilleurs amis à Syracuse, était catholique et originaire de Long Island. Jack, que nous surnommions Hampton Jack[1], était très élégant, au point qu'il avait des vêtements spécifiques pour chaque saison. Quand nous assistions à un match de football le samedi, il se présentait vêtu d'une veste en cachemire et poil de chameau dont la doublure était assortie à son pantalon !

Jack ne fréquentant aucune fille sérieusement, Neilia et moi, après discussion, parvînmes à la même conclusion : Jack irait parfaitement avec ma sœur Val, qui justement devait nous rendre visite à Syracuse sous peu, le temps du week-end de Homecoming[2]. Ne serait-ce pas fantastique si Jack et Val se plaisaient ? Je mis la pression sur Jack :

— Ma sœur est une fille géniale ! Super intelligente et marrante. Et physiquement, elle est à tomber par terre. Elle a été reine du bal de Homecoming à l'université du Delaware.

Jack accepta de tenter un dîner avec Val, laquelle, en revanche, se montra moins emballée à cette idée car, même si je l'ignorais à l'époque, elle fréquentait secrètement un camarade d'université. Je dus lui passer Neilia pour la convaincre :

— Tu vas l'adorer, Val, je t'assure !

— Je ne suis pas intéressée, mais je veux bien passer une soirée avec lui pendant le week-end. Attention, un seul soir, pas les deux !

---

1. Les Hamptons forment l'extrémité nord-est de Long Island.
2. Homecoming est le nom donné à des festivités étudiantes marquées par la présence d'anciens élèves au sein de l'établissement.

— Valerie, je te promets que si je devais te choisir un mec au monde, je te présenterais Jack Owens.

— Une soirée, pas plus.

Nous avions prévu de sortir assez nombreux, à cinq ou six couples de la fac de droit, de suivre le match de football de Homecoming, de dîner puis de retourner chez les parents de Neilia, au bord du lac. Jack et Val se connaissaient depuis une minute à peine lorsque les premières piques fusèrent. Jack n'était qu'un « connard arrogant », pour reprendre les termes enjoués de ma sœur. Jack me confia quant à lui par la suite qu'il distinguait encore sur le crâne de Val les marques de sa couronne de reine du bal, tant elle était imbue de sa personne. Il nous quitta dès vingt heures, en ce samedi soir, prétextant devoir travailler à la bibliothèque.

— J'ai été ravi de faire ta connaissance, dit-il à Val, avec sa politesse coutumière. J'espère que nous nous reverrons.

— Aucune chance, si je t'aperçois la première, répliqua Val.

Je ne fréquentais guère la bibliothèque le samedi soir. À mes yeux, la faculté de droit ressemblait à mon premier cycle en ce sens qu'il me suffisait de décrocher mon diplôme pour ensuite me lancer dans la vie active. Loin d'être ardu, le travail exigé était simplement barbant, ce qui entretenait en moi un dangereux mélange d'arrogance et de négligence. Je ne suis même pas certain de m'être procuré la totalité des manuels que j'étais censé posséder au premier semestre. Qui plus est, je ne mettais que rarement les pieds en cours. Une fois par semaine, je rentrais à la maison en compagnie de

Clayton Hale, qui me prêtait ses notes le temps que je les recopie.

Environ six semaines après la rentrée, je rendis un devoir si bâclé en rédaction technique qu'un de mes camarades m'accusa d'avoir plagié un article de la *Fordham Law Review* ; je m'étais en effet inspiré de ce texte, mais sans citer convenablement mes sources. En vérité, j'avais si peu suivi les cours que j'ignorais comment inclure des citations dans un texte juridique. Cette affaire fut inscrite à l'ordre du jour d'une des réunions rassemblant régulièrement les dirigeants de l'établissement ; on me somma d'y assister et de m'expliquer. Les doyens et les professeurs furent satisfaits d'apprendre que je n'avais pas triché de façon intentionnelle, toutefois ils exigèrent que je repasse cette matière l'année suivante. Avec cette sanction, ils voulaient instiller en moi la crainte des foudres de Dieu ; le message était limpide : j'avais fortement intérêt à faire preuve de davantage de discipline, sans quoi je n'irais pas plus loin que la première année. Cela dit, le doyen de la faculté de droit adressa un message au conseiller qui supervisait mes études : « En dépit de cette mésaventure, je reste convaincu que ce jeune homme est parfaitement honnête. »

J'aurais dû m'alarmer, mais mon travail m'était en très grande partie extrêmement pénible. Par ailleurs, mes notes, en fin de premier semestre, se révélèrent tout à fait convenables. Cette notation provisoire ne servait qu'à donner un bilan à la moitié de l'année scolaire. Seul l'examen de fin d'année compterait réellement. J'avais donc le travail, le football et Neilia. Je pensais pouvoir passer du temps avec elle, tenir mon rôle de conseiller auprès des plus jeunes, aider Bruce et jouer au football pendant des heures, pour ne me plonger à fond dans le travail que peu avant les examens. J'avais toujours été rapide pour réviser et, en bon romantique, j'avais toujours aimé jongler avec mille défis… Jusqu'au jour où je fus gagné par une panique totale. Dix jours avant les ultimes épreuves – les seules de l'année qui comptaient, donc –, je pris conscience que je m'étais mis dans un pétrin dont je ne pouvais plus sortir. Il ne me restait que dix jours pour assimiler le programme de l'année. Pour la première fois de ma vie, je bus du café.

Neilia mit au point la stratégie. J'avais quatre matières à passer : les contrats, la propriété, les délits et le droit pénal. Je rédigerais des fiches et des résumés sur les contrats et la propriété, tandis qu'elle en ferait autant sur les délits et le droit pénal, d'après mes notes… et celles de Clayton. Elle me remit des fiches si détaillées et me proposa des procédés mnémotechniques si astucieux que je franchis sans souci les épreuves des délits et du droit pénal. En revanche, je fus recalé en contrats. Je n'aurais peut-être pas mieux réussi en propriété, mais notre professeur passa l'arme à gauche, si bien que l'on accorda cet examen à toute la classe. Jack, qui comptait pourtant parmi les meilleurs étudiants, m'avoua plus tard qu'il aurait sans doute lui aussi échoué à cet examen.

Neilia et moi avions donc passé cette première année avec succès. Quelques semaines plus tard, notre mariage se déroula à Skaneateles ; les Hunter en firent un véritable événement. Ma famille fit le déplacement au grand complet – papa, maman, mes frères et ma sœur, oncle Boo-Boo, oncle Frank, mes cousins –, ainsi que mes meilleurs amis de la fac de droit, de l'université et d'Archmere. Deux de mes vieux copains de Scranton – Larry Orr et Charlie Roth –, furent chargés de guider les invités. Après la cérémonie, la famille et les proches furent conviés dans la grande maison des Hunter, au bord du lac, où un traiteur était installé. L'après-midi, une réception au country club fut l'occasion de recevoir davantage d'amis des Hunter. Malgré tout cela, c'est à l'église que M. Hunter m'offrit la plus grande preuve de sa générosité. Neilia, qui avait parfaitement compris combien il était important pour moi d'être marié par un prêtre catholique, l'avait accepté. M. Hunter l'approuva également, mais cela ne fut pas facile pour lui. Jamais je n'ai vu quelqu'un aussi nerveux en entrant dans une église que M. Hunter ce jour-là. Sur les films que nous avons tournés, on le voit sur le parvis dans son costume queue-de-pie, les mains dans le dos afin de masquer leurs tremblements incessants. Sa fille épousait un catholique presque sans un sou… et démocrate ! Par mille façons discrètes, M. Hunter me fit comprendre que si Neilia avait une confiance sans bornes en moi, il en ferait autant. Si elle était d'accord pour tenter sa chance avec moi, alors il nous donnait sa bénédiction.

Bien que toujours en proie à des difficultés à me concentrer sur les matières les plus fastidieuses, j'obtenais d'excellentes notes dans celles dans lesquelles je m'investissais, comme la juridiction fédérale, la législation et le droit international. Plus je m'approchais du diplôme, plus j'étais convaincu de devenir avocat. J'avais en effet remporté une compétition de plaidoirie pour étudiants à Kingston, en Ontario, et je gardais un souvenir ému du jour où j'avais été ovationné par mes camarades de classe après avoir donné une réponse parfaite en cours de délit. La faiblesse qui m'avait terrifié à l'école primaire puis au lycée devenait peu à peu mon point fort. Je me rendais compte que j'aimais m'exprimer en public. Grâce à mes exercices en citant Emerson, j'étais capable de mémoriser de longs passages sans avoir à baisser les yeux sur mon texte. Ce qui me permettait de plaider en surveillant les réactions du public. Dès l'instant où je le sentais près de lâcher prise, j'improvisais quelque chose, une plaisanterie, par exemple, ou j'interpellais un spectateur inattentif. J'adorais me savoir capable d'influer sur un jury – et voir ce basculement s'opérer sous mes yeux.

Alors que ma dernière année de droit touchait à sa fin, Neilia et moi n'avions toujours pas décidé où installer notre foyer. Par conséquent, je n'avais pas encore accepté d'emploi. Pendant les vacances de Pâques, lors d'une visite chez mes parents, à Wilmington, je me rendis compte que mon père s'inquiétait pour moi, au point de vouloir à tout prix m'aider. Un de ses amis, comme lui professionnel de l'automobile, avait un fils qui était juge en cour supérieure.

— Le juge Quillen serait ravi de te conseiller, m'annonça fièrement mon père.

Le samedi matin suivant, j'enfilai un costume et, muni de quelques CV, me rendis au bureau du juge, en centre-ville. Bill Quillen avait fait ses études de droit à Harvard, dans la promotion 1959. Il avait ensuite été l'assistant particulier de Charles Layman Terry, gouverneur du Delaware, qui l'avait nommé juge à seulement trente et un ans. Quand je fis sa connaissance, le juge Quillen n'avait pas encore atteint la quarantaine. Ce matin-là, il m'interrogea sur mes projets. Je lui expliquai que je souhaitais plaider au tribunal.

— Je vous conseille le meilleur cabinet d'avocats du Delaware : Prickett, Ward, Burt & Sanders, dit-il, avant de décrocher son téléphone. Rod Ward, un des associés, était mon colocataire à la faculté de droit Williams.

Quelques heures plus tard, j'étais attablé au Winkler's, séparé de Rod Ward par une simple nappe blanche. Je lui remis mon CV, dont il se saisit avec un grand sourire. Il faut dire qu'il avait toutes les raisons d'être heureux. Lui aussi relativement jeune, il donnait l'impression de n'avoir jamais subi de mauvaise surprise, et que jamais une telle chose ne se produirait. Il était très « *old Delaware* », avec une grande maison à la campagne.

Ward étudia longuement mon CV, sur lequel les accomplissements universitaires ne se bousculaient guère, puis il s'attarda sur ma photo, en haut à droite.

— Vous espérez obtenir un emploi grâce à votre élégante allure, visiblement, commenta-t-il. (Il souriait toujours, malgré cette pique.) Bien, dites-moi, Joe, pourquoi devrions-nous vous embaucher ?

Je lui rendis son sourire, mais fus incapable de tenir ma langue :

— Vu à quel point vous êtes épris de prestige, vous ne pouvez que souhaiter faire appel à moi.

Quelle importance ? J'étais convaincu que ces types ne voudraient pas de Joe Biden.

Plusieurs semaines s'écoulèrent, puis je reçus un courrier signé M. William Prickett, associé principal chez Prickett, Ward, Burt & Sanders. M. Prickett était réputé pour sa manie de numéroter ses paragraphes. Sa réponse ressemblait à ceci :

« (1) Monsieur Biden, malgré vos références peu impressionnantes, nous acceptons de vous donner une chance.

« (2) Nous vous proposons un poste à 5 200 dollars par an, 8 000 si vous êtes reçu au barreau.

« (3) Merci de nous tenir au courant. »

Les années passant, je me suis plus d'une fois demandé quelle raison avait poussé William Prickett à m'embaucher. Il recrutait d'ordinaire plutôt des diplômés de Georgetown, Harvard ou Yale. Pourquoi avait-il ne serait-ce qu'envisagé de prendre dans son équipe un type sur le point de sortir de Syracuse, soixante-seizième sur quatre-vingt-cinq ? Rod Ward avait-il été séduit par mon allure au Winkler's, durant notre entretien ? Mon intellect et ma volonté étaient-ils si remarquables, sans le moindre doute possible ? Probablement pas. Cependant, toute ma vie j'avais été entouré de personnes qui attendaient de grandes choses de moi ; ces espérances se traduisaient sans doute dans ma façon d'être.

Des années après cette offre d'emploi inattendue, j'eus l'occasion de consulter mon dossier de la faculté de droit et découvris des lettres de recommandations rédigées par mes professeurs. « M. Biden a prouvé qu'il possédait l'assurance et les aptitudes qui devraient faire de lui un avocat exceptionnel, écrivit le doyen Robert Miller. Il sait réfléchir vite et avec logique et exprimer ses pensées. Il est également capable d'effectuer des recherches analytiques pointues et de les formuler par écrit. »

« À l'oral, [M. Biden] affiche un intellect incisif et une connaissance parfaite du sujet abordé, écrivit le professeur James Weeks, chargé du cours de rédaction technique qui avait failli ruiner mon premier semestre. Il sait ce qu'il fait et semble posséder un sens des responsabilités extrêmement développé. Il est de la trempe de ceux à qui l'on souhaite donner leur chance, car il y a fort à parier qu'il surpassera vos attentes. »

– 3 –

Pour l'éternité

Lorsque j'ai annoncé à mes amis que je comptais accepter la proposition d'embauche à Wilmington, l'un d'eux sortit la blague classique :

— Si ces gens réussissent à faire travailler Biden, ils auront bien de la chance !

J'appréciai la plaisanterie, mais cette fois, j'étais déterminé à ne plus négliger mes obligations. J'entrais dans la vie active, la vraie vie, et j'étais prêt à sérieusement me mettre au boulot. Je bûchai comme jamais en vue d'être reçu au barreau du Delaware, avalant trois ans de droit en trois mois. Neilia était enceinte, et le bébé attendu en février 1969. Nous allions fonder une famille ; il était grand temps de songer à notre futur foyer. Cela faisait d'ailleurs un moment que je réfléchissais à la maison parfaite pour nous. À cette époque, un samedi de détente idéal consistait à sillonner la région de Wilmington en Corvette avec Neilia, et à jeter un coup d'œil aux maisons à vendre et aux terrains constructibles.

L'immobilier m'intéressait depuis mon adolescence. Quand le car scolaire me conduisant à Archmere quittait la route principale, Marsh Road, afin de récupérer les lycéens des quartiers huppés de la ville, j'étais systématiquement impressionné par la splendeur des demeures des environs. À mes yeux, Westwood Manor était certainement le plus élégant lotissement de la région. Chez moi, à Mayfield, les maisons avaient éclos quelques années auparavant sur d'anciens champs agricoles plats et dépourvus d'arbres. Il n'y avait pas la moindre zone ombragée à la ronde. Les rues étroites et lisses étaient conçues pour la vitesse, ce qui était formidable pour les courses de vélo et le *whiffle ball*[1], mais tout y était carré, comme en signe d'adoration du nouveau dieu des Angles droits des banlieues. L'uniformité était la règle, les toits avaient tous le même angle. Westwood Manor, en revanche, offrait de larges rues qui multipliaient les courbes et étaient mouchetées du matin au soir par la lumière perçant le feuillage d'ormes et de chênes culminant à une vingtaine de mètres dans leur calme majesté. Les pelouses étaient en pente, vertes et impeccablement tondues, et les maisons étaient loin des simples blocs de brique et de bois. On y voyait des toits en ardoise, des baies vitrées incurvées, des tourelles arrondies, d'immenses arches en pierre de taille et probablement des centaines de mètres carrés de stuc. Mon père rappelait fréquemment que nous n'étions que de passage dans notre maison de Wilson Road ; à l'inverse, les demeures de Westwood Manor semblaient conçues pour qu'on s'y installe pour l'éternité. Quand j'y retourne de nos jours,

1. Le *whiffle ball*, version du base-ball adaptée aux espaces relativement réduits, se pratique avec une balle perforée plus légère qu'au base-ball et une batte en plastique.

ce lieu me fait l'effet d'un charmant quartier de la classe moyenne, rien d'extraordinaire, mais en 1955, Westwood Manor donnait l'impression d'avoir un lien particulier avec l'histoire et la tradition, d'être doté d'un passé, d'incarner le refuge idéal. Pendant les hivers froids et humides, je devinais l'âtre d'une des maisons de style Tudor que je préférais, et j'imaginais ma propre famille blottie devant l'imposante cheminée de pierre, jouissant de sa chaleur et de son confort.

De retour à Wilmington en cet été 1968, Neilia et moi n'avions évidemment pas les moyens de nous installer à Westwood Manor. De plus, je n'avais pas l'intention de prendre le risque de m'endetter en achetant une maison avant d'avoir été reçu au barreau. La solution se présenta sous la forme de la location d'une petite maison jaune – une ancienne ferme – située sur Marsh Road. Cela ne nous empêcha pas de chercher sans attendre une maison à acquérir à Wilmington même, où les bâtisses du genre dont je rêvais depuis le lycée semblaient à la portée de notre bourse.

Dès mon premier jour au cabinet Prickett, Ward, Burt & Sanders, je compris que ces messieurs pouvaient se permettre de prendre le risque d'embaucher un jeune homme tout juste sorti de Syracuse avec des notes médiocres. Ils représentaient de grosses compagnies d'assurances, des sociétés de chemin de fer, de construction, sans oublier les entreprises pétrolières. Leurs clients ayant des ressources gigantesques, ils étaient en mesure de s'offrir les services de véritables équipes d'enquêteurs sur les procès d'importance. Quant à moi, je démarrai pied au plancher, déterminé à faire en sorte que leur pari me concernant soit une réussite. Je crois que M. Prickett avait décelé quelque chose en moi. Il me chargea de m'occuper de la fête de Noël que le cabinet organisait tous les ans à l'intention des Jeunes Républicains du Delaware. Certains avocats du cabinet me suggérèrent d'adhérer à ce mouvement. J'éludai la question, évitant de leur expliquer que jamais je n'intégrerais un parti dirigé par Richard Nixon. De même, je leur taisais que je n'étais guère à l'aise à l'idée de représenter les grosses boîtes qui faisaient la fortune du cabinet. Mon passage chez Prickett, Ward, Burt & Sanders fut assez bref.

L'événement qui précipita mon départ survint à la cour fédérale, située sur Rodney Square, dans le centre-ville de Wilmington, quand, un matin, M. Prickett m'invita à l'écouter plaider dans le cadre d'une action civile. Le cabinet représentait une société poursuivie en justice par un de ses employés. Le plaignant, un soudeur, avait subi une grave brûlure sur son lieu de travail. Or, dans son témoignage de la veille, cet homme avait apparemment reconnu ne pas avoir enfilé sa tenue de sécurité, afin de pouvoir se glisser dans un espace exigu.

M. Prickett n'y alla pas par quatre chemins, déclarant que le soudeur avait fait preuve de négligence. Selon la loi, son imprudence devait permettre au juge de se prononcer en faveur de notre client, sans même qu'il nous soit nécessaire de développer nos arguments face au jury. En réclamant un verdict imposé, M. Prickett interprétait la loi à la lettre, représentant notre client avec efficacité. Mais tandis qu'il s'adressait aux magistrats, mon regard ne cessait de se poser sur la famille du plaignant. Le soudeur et son épouse avaient environ mon âge et celui de Neilia. Je revois encore cette femme la tête baissée, les yeux rivés sur ses pieds, pendant que M. Prickett discourait. Le juge n'exauça pas immédiatement le souhait de mon patron, à qui il demanda de rédiger un résumé de sa plaidoirie, puis il décréta une suspension de l'audience.

Profitant de cette pause pour faire quelques pas à l'extérieur, je descendis les marches du tribunal fédéral et traversai Rodney Square, seul, l'estomac noué. J'avais conscience que M. Prickett n'avait rien commis d'immoral ou de contraire à l'éthique, il avait simplement fait son boulot, mais la vision de ce jeune ménage ne cessait de tourner en rond dans mon esprit. Il était fort possible que le plaignant estropié et défiguré à vie ne perçoive *aucune* indemnité. Je n'étais pas du genre à détourner le regard parce que la loi me l'imposait. La loi pouvait se tromper. J'avais le sentiment que j'aurais dû représenter le plaignant, que ma place était auprès de ceux qui se trouvaient en marge du système. Ma décision était prise lorsque je parvins au centre de Rodney Square : je démissionnerais du cabinet. Jouissant de cette sensation libératrice, j'étais certain que Neilia m'approuverait. Loin d'avoir l'impression de fuir quelque chose, il me semblait au contraire me rapprocher d'un objectif.

Fin 1968, il régnait une atmosphère des plus étranges dans le centre-ville de Wilmington, du fait de la loi martiale en vigueur depuis près de six mois. En avril, Charles Terry, le gouverneur démocrate, avait fait appel à la Garde nationale après que des jets de pierres et de bouteilles eurent dégénéré en pillages et incendies dans les jours qui suivirent l'assassinat de Martin Luther King. Tous les jours, en me rendant au cabinet, je passais devant d'immenses soldats blancs armés de fusils. Ils étaient là pour me protéger, me disait-on.

Sept mois après la fin des émeutes, le gouverneur Terry refusait toujours de renvoyer la Garde nationale, malgré l'insistance du maire de Wilmington. L'automne venu, les caméras des chaînes de télévision nationales tournèrent régulièrement quelques séquences montrant la seule ville du pays où la Garde nationale patrouillait encore – principalement dans les quartiers noirs. Les citoyens blancs interviewés par les journalistes étaient presque tous enchantés d'avoir ces soldats dans les rues. Ils craignaient que des émeutes n'enflamment le ghetto et ne se propagent jusqu'au centre-ville et doutaient que la police de Wilmington soit en nombre suffisant pour les contenir. Ces gens étaient effrayés de façon générale, à vrai dire, raison pour laquelle ils approuvaient le gouverneur Terry quand celui-ci expliquait que la Garde nationale était chargée de faire respecter la loi et l'ordre, et que les citoyens devraient peut-être renoncer à une partie de leurs libertés pour que cette paix soit maintenue.

Les habitants des quartiers noirs d'East Wilmington étaient tout aussi effrayés. Tous les soirs, les hommes de la Garde nationale rôdaient dans leurs rues, armes chargées. Un couvre-feu était imposé du crépuscule à l'aube. Les mères étaient terrifiées à l'idée que leurs enfants commettent une bêtise et se fassent tuer pour cela. Les locaux surnommaient ces patrouilles nocturnes les « dératiseurs ».

— Ils nous traquent dans nos rues comme si nous étions des animaux ! se plaignaient les citoyens de couleur. Ils nous arrachent notre fierté.

Les journaux du soir décrivaient la situation d'une façon telle que cela donnait l'illusion d'un dialogue entre les ethnies diverses établies à Wilmington, mais je savais pertinemment que Blancs et Noirs ne s'adressaient pas la parole. En 1968, la plupart des Blancs vivant à Mayfield, à Westwood Manor ou encore à Ardencroft n'avaient probablement jamais conversé avec une personne noire. De même, je suis à peu près certain que seul un infime pourcentage des quarante mille citoyens de couleur de Wilmington avait quelque interaction avec des Blancs. J'avais déduit cela de mon expérience à la piscine d'un quartier défavorisé où j'avais été maître-nageur.

Ce job d'été datait du début des années 1960, à l'époque où les marches pour les droits civiques, les manifestations assis à même le sol et les chiens et lances d'incendie de Bull Connor[1] commençaient à attirer l'attention du pays. Comme tout le monde aux États-Unis à cette période, je recevais de terrifiantes leçons sur la ségrégation et les droits civiques en consultant les journaux et en regardant la télévision. C'est tout de même à la piscine de Prices Run, au cours de l'été 1962 – j'étais encore un étudiant de dix-neuf ans –, que j'en appris le plus sur ce qui divise – et rassemble – les gens.

La piscine de Prices Run était toujours bondée en été. La climatisation étant encore rare à l'époque dans ce quartier, c'était le lieu idéal pour se rafraîchir quand la chaleur de l'été terrassait Wilmington. Sur la dizaine de maîtres-nageurs employés cet été-là, j'étais le seul Blanc. De même, les Blancs étaient rares parmi les centaines de personnes qui se glissaient quotidiennement

1. Bull Connor (1897-1973), commissaire à la sécurité publique de Birmingham, en Alabama, se rendit tristement célèbre par sa répression brutale des mouvements des droits civiques.

dans le bassin. Exception qui ne passait pas inaperçue, Bill Wright, vieux loup de mer de la Navy, se présentait quotidiennement pour entretenir la machinerie du bassin. Je faisais donc l'objet d'une certaine fascination à Prices Run. La plupart des gens que je côtoyais là-bas n'avaient jamais adressé le moindre mot à un Blanc.

Les plus jeunes enfants adoraient m'éclabousser les jambes pour ensuite regarder mes poils reprendre leur forme bouclée à mesure qu'ils séchaient. (Certains de ces gamins vinrent me trouver l'année suivante, alors que j'étais gardien de parc dans un quartier irlandais. Ils avaient été violemment frappés pour avoir bu l'eau d'une fontaine.) Les autres maîtres-nageurs m'invitaient de temps à autre à jouer au basket avec eux. Pour ce faire, nous traversions le pont de Third Street pour affronter les maîtres-nageurs de la piscine de Riverside. J'étais le seul Blanc sur le terrain. Mes amis me racontaient parfois qu'ils étaient relégués au balcon dans les cinémas du centre-ville dans lesquels la ségrégation était encore bien présente.

Tous les jours, à l'heure du déjeuner, nous bavardions dans le vestiaire. Ils me posaient des questions sur les Blanches ou me demandaient de leur prêter mes mocassins Bass Weejuns le temps d'un rendez-vous avec une demoiselle. J'ai surtout été marqué par leurs récits de la façon dont ils étaient traités par les Blancs au quotidien. Les malheureux étaient régulièrement – jusqu'à dix fois par jour – victimes d'insinuations plus ou moins subtiles leur rappelant qu'ils n'avaient pas vraiment leur place en Amérique. En me relatant ces faits, mes amis de la piscine me paraissaient toujours plus désorientés et blessés que réellement en colère. J'eus de nouveau l'occasion de méditer sur cette question l'année suivante, quand une lettre de Martin Luther King, rédigée dans une cellule de Birmingham, fut publiée en réponse au clergé local compatissant – composé de Noirs et de Blancs – qui lui demandait de tempérer son agressivité, de faire preuve d'un peu de patience :

« Quand vous sentirez brusquement votre langue se tordre lorsque vous essaierez d'expliquer à votre fille de six ans pourquoi elle ne peut pas aller au jardin de jeux public dont on vient juste de voir la publicité à la télévision, que vous verrez sourdre ses larmes quand elle entendra que la cité des amusements est fermée aux enfants de couleur, et que vous verrez les nuages menaçants du sentiment d'infériorité commencer à se former dans son petit champ mental et déformer sa personnalité en développant inconsciemment de l'amertume à l'égard des Blancs ; quand vous aurez à imaginer une réponse pour votre fils de cinq ans qui demande : ''Papa, pourquoi les Blancs traitent-ils si méchamment les gens de couleur ?'' ; quand, traversant le pays en voiture, vous serez contraint de dormir, nuit après nuit, dans l'inconfort de votre automobile parce que aucun motel ne vous acceptera ; quand vous serez humilié jour après jour par des pancartes agressives ''Blancs'' et ''Noirs'' ; quand votre prénom deviendra ''nègre'', puis ''boy'' (quel que soit votre âge), et que votre patronyme deviendra ''John'' et que votre épouse et votre mère ne seront jamais appelées ''madame'' ; quand vous serez harassé le jour et hanté la nuit par le fait que vous êtes un nègre, ne sachant jamais à quoi vous attendre, et que vous serez empoisonné par les craintes intérieures et le ressentiment extérieur ; quand vous combattrez à jamais un sentiment abâtardissant de ‘‘je ne suis personne’’, – alors vous comprendrez pourquoi nous trouvons difficile d’attendre. »

Grâce à mes discussions avec mes amis dans le vestiaire de la piscine de Prices Run, je compris mieux que beaucoup de Blancs le sens des mots de Martin Luther King.

Le seul problème auquel je fus confronté, en cet été 1962, se présenta au début de la saison. Deux « gangs » traînaient à la piscine, l’un d’eux se faisant appeler les Romains, d’après les propos que j’avais cru saisir. Comme tous ceux qui se mettaient de la brillantine dans les cheveux, les Romains devaient se coiffer d’un bonnet pour se baigner. Ces adolescents typiques passaient leur temps au plongeoir, au fond du bassin. Un jour, un Romain surnommé Corn Pop se mit en tête de multiplier les rebonds sur le plus haut plongeoir, ce qui était expressément interdit par le règlement. Sans doute désireux de prouver à tous que je ne comptais pas me laisser faire, j’attirai son attention d’un coup de sifflet et lui ordonnai de cesser. Comme il refusait d’obtempérer, je sifflai de nouveau et lui lançai :

— Hé ! Esther ! Esther Williams ! Descends de là, mec, et fiche le camp d’ici.

J’avais crié suffisamment fort pour que tout le monde entende ma plaisanterie (Esther Williams était une star des années 1950 réputée pour les scènes aquatiques de ses films). Sans perdre un instant, je mis le trublion dehors.

Peu après, les autres maîtres-nageurs me firent savoir que Corn Pop m’attendait de l’autre côté de la chaîne limitant l'accès à la piscine, probablement muni d'un rasoir droit, dans l'intention de m'agresser quand je me dirigerais vers ma voiture. On racontait en effet que quelques années auparavant l'ancien chef des maîtres-nageurs, un Blanc, avait été si sauvagement meurtri de cette façon qu'il avait fallu lui poser quarante points de suture dans le dos. Alors que j'envisageais de faire appel au service d'ordre du parc pour m'escorter jusqu'à ma voiture, Bill Wright, présent à ce moment-là, m'expliqua que si je réagissais ainsi, l'accès à la piscine me serait totalement impossible à l'avenir. Il s'empara d'une chaîne dans le local technique de la piscine et en coupa une section d'un peu moins de deux mètres, qu'il enroula autour de mon bras avant de la couvrir d'une serviette. Puis il me précisa :

— Quand Corn Pop s'approchera de toi, tu lui diras ceci : « Tu me blesseras peut-être, Corn Pop, mais pas avant que j'aie passé cette chaîne autour de ton cou. »

Je répétai cette invective au mot près lorsque le voyou chercha à m'agresser, près de ma voiture, mais je ne m'en tins pas là, car je tenais à éviter des entailles. D'autre part, je pensais avoir compris certaines choses, au fil de mes discussions avec mes amis maîtres-nageurs dans le vestiaire. Je savais ce que Corn Pop méritait d'entendre.

— Tant que j'y suis, je te dois des excuses, enchaînai-je, suffisamment fort que tout le monde m'entende. Je n'aurais pas dû te comparer à Esther Williams. J'ai eu tort. Et là, devant tous tes amis, je te présente mes excuses sincères. Mais attention, si je te revois faire l'idiot sur le plongeoir, je te fiche encore une fois dehors.

Nous rengainâmes nos armes. Quelque temps plus tard, Corn Pop et moi étions devenus amis. Les Romains veillèrent sur moi tout l'été.

Voilà pourquoi quand, au cours de l'été 1968, j'entendis les habitants des quartiers défavorisés se plaindre de la façon dont les traitaient le gouverneur Terry et la Garde nationale, je compris parfaitement ce qu'ils ressentaient. Bénéficiaient-ils des mêmes protections constitutionnelles que les résidents de Westover Hills ou de Mayfield ? Jouissaient-ils de la même liberté de circulation que les habitants des quartiers blancs voisins ? Avaient-ils autant que l'Amérique blanche le droit de se sentir en sécurité dans leurs rues ? À mon sens, les malheureux peuplant ces quartiers miteux méritaient tout cela au moins autant que le reste de la population. Bien que conscient qu'il m'était impossible de changer le monde de 1968, ni même seulement la situation locale, j'étais convaincu d'être en mesure d'agir avec efficacité. Je traversai donc Rodney Square et m'engouffrai dans le sous-sol d'un immeuble de trois étages, où je remplis une demande pour être intégré au bureau des avocats commis d'office. Cinq ans auparavant, la Cour suprême, à la suite du procès Gideon *v.* Wainwright, avait statué que nul prévenu ne pouvait être contraint de subir un procès sans avocat. Si l'accusé n'avait pas les moyens de s'en offrir un, l'État devait assumer cette dépense. Pour moi, une telle mission équivalait à rendre la justice divine. Plaider en tant qu'avocat commis d'office ne fut jamais facile, toutefois j'eus pour la première fois de ma vie le sentiment de vraiment faire respecter la Constitution. Les clients qui m'étaient confiés étaient pour la plupart des Afro-Américains démunis d'East Wilmington. Qu'ils soient coupables ou innocents, je ne ménageais pas mes efforts pour qu'ils soient correctement représentés durant leur procès.

Quoi qu'il en soit, ce fut pour moi dès le premier jour une leçon en justice pénale. Alors que j'en étais encore à m'intégrer à la cour, un juge m'assigna à un procès prévu le lendemain. Je lui fis remarquer que je ne faisais pas encore officiellement partie de l'équipe, que j'ignorais tout de l'affaire et que je n'aurais pas le temps de préparer la défense de mon client. Le juge se tourna vers le prévenu – accusé de vol, il avait des menottes aux poignets et des chaînes aux chevilles – et lui demanda si je lui convenais.

— Celui-là ou un autre, c'est la même chose, lâcha l'intéressé.

Je me rendis compte que rendre la justice divine n'était pas un job à plein temps, en 1969. Le tout nouveau bureau des avocats commis d'office n'étant pas encore correctement financé, il ne pouvait m'employer qu'à mi-temps. On me suggéra de m'adresser au cabinet d'avocats Arensen & Balick. Bien que considéré comme un des avocats de la défense les plus respectés de la ville, Sid Balick avait la réputation d'être plutôt bonne pâte. En effet, il lui arrivait souvent de plaider bénévolement et il n'hésitait pas à accepter des cas difficiles à défendre. En tant qu'avocat commis d'office, il m'était interdit de plaider dans des affaires pénales pour le compte d'Arensen & Balick. Cependant, ce cabinet croulait sous les litiges civils, dont la plupart ne rapportaient que des honoraires conditionnels ; en cas de victoire, la facture du cabinet était réglée, mais en cas de défaite il ne percevait rien.

C'est en observant Sid Balick que je devins un bon avocat. Les clients qui faisaient appel à lui étaient désespérés, en proie à de très sérieux ennuis. Nous représentions des individus qui n'avaient plus le droit à l'erreur, des malheureux pour qui quelque chose était allée de travers et qui se trouvaient désormais le dos au mur. Untel avait perdu sa voiture après un accident et ne pouvait plus se rendre sur son lieu de travail, la compagnie d'assurances refusant de l'indemniser. Tel autre, souffrant d'une blessure ou d'une maladie, n'était plus en état de travailler, ce qui affectait toute sa famille. La plupart de ces personnes n'avaient pas souscrit d'assurance chômage ni d'assurance accident. Ils n'avaient plus de quoi régler leurs factures. Sid m'apprit à aider ces pauvres gens englués dans la période la plus sombre de leur existence. Au-delà de leur apporter une aide juridique de qualité, il fallait les rassurer pour qu'ils dominent leur panique. Sid me montra l'importance de pleinement comprendre les clients, de les convaincre que quelqu'un les soutenait – et c'était d'autant mieux si ce soutien était un type en costume-cravate classique.

Autre enseignement d'importance, Sid m'apprit comment capter l'attention d'un jury ou d'un public. Au tribunal, il devait souvent défendre des individus dont l'aspect effrayait certainement quelques jurés. Heureusement, Sid savait faire en sorte qu'un jury se focalise sur les seuls faits, n'hésitant pas à les avertir dès l'ouverture de l'audience :

— Je vous demande de garder à l'esprit votre objectif, mesdames et messieurs les jurés. Le procureur évoquera des faits qui n'ont qu'un rapport très éloigné avec l'affaire qui nous préoccupe. Si votre regard s'attarde sur mon client, peut-être le jugerez-vous particulièrement repoussant. Et en effet, il ne vous viendrait pas à l'idée de l'inviter à dîner chez vous, et sans doute ne laisseriez-vous pas votre fille sortir avec lui. Mais là n'est pas la question. La vraie question est la suivante : a-t-il commis ce vol ? N'oubliez jamais quel est votre rôle ici. Le procureur détaillera mille raisons pour lesquelles cet individu n'est pas digne de votre estime, mais ce n'est pas pour cela que vous avez prêté serment ; ce n'est pas là que se situe votre devoir. Votre devoir consiste à déterminer si oui ou non les éléments en notre possession prouvent – en tenant compte du bénéfice du doute – que mon client est l'auteur de ce délit.

Sid Balick me fit par ailleurs intégrer le Forum démocrate, organisation qui souhaitait réformer le parti démocrate du Delaware. Ces gens estimaient que la loi martiale imposée par le gouverneur Charlie Terry à Wilmington était le symptôme d'un problème d'une tout autre envergure. Au sein de notre État, le parti ne suivait pas la ligne édictée par les démocrates au niveau national, lesquels se montraient de plus en plus progressistes sur les questions raciales. Dans le Delaware, quantité de démocrates luttaient encore contre l'intégration de tous à l'école et les facilités de logement pour les Noirs. Ainsi, tous les mercredis soir, je quittais mon bureau de Market Street et marchais sur un demi-pâté de maisons jusqu'au Pianni Grill, où je retrouvais un groupe de personnes convaincues d'être en mesure de rénover le parti démocrate du Delaware. Je défendais des causes en lesquelles je croyais en tant qu'avocat, et je m'impliquais en politique. Mes souhaits n'auraient pu être mieux exaucés.

Joseph Robinette Biden III – surnommé Beau – vint au monde en février 1969. Trois mois plus tard, Neilia était de nouveau enceinte. Le moment semblait donc venu de reprendre nos recherches de maison. Je me rendis compte que plus je m'impliquais dans l'immobilier, plus ma vie se compliquait. Tout d'abord, j'empruntai de l'argent au père de Neilia afin d'acheter une petite maison à Newark, dans le Delaware. Je comptais la louer, afin de gagner un peu d'argent avant de la revendre. Avant même que ce projet ne voie le jour, Neilia et moi dénichâmes une maison sur Woods Road, à Wilmington. Ce n'était pas la demeure Tudor de nos rêves et peut-être était-elle un peu trop chère, mais il nous parut dommage de laisser passer une telle occasion. J'en parlai à mon père ; il fut décidé qu'il achèterait cette demeure et y emménagerait avec ma mère. Quant à moi, je lui rachèterais la maison familiale de Wilson Road, à Mayfield, dans laquelle Neilia et moi nous installerions, économisant ainsi le loyer de notre location de Marsh Road. Mes parents déménagèrent comme prévu à Woods Road. Or, avant même de prendre la direction de Mayfield, j'eus vent d'une occasion en or : il s'agissait d'un cottage situé sur un terrain de près de sept hectares, qu'il était possible d'occuper gratuitement ! Le propriétaire demandait seulement à ses locataires de gérer le club privé de natation situé sur ce terrain. Je louai la maison de Mayfield à un médecin et son épouse et pris en charge la gestion du club privé et de la piscine.

Le cottage se révélant quelque peu exigu, notamment après la naissance de Robert Hunter Biden, en février 1970, j'obtins du conseil d'administration du club de natation l'autorisation de l'agrandir – à mes frais. Les revenus locatifs de Newark et de Mayfield me permirent ainsi de faire bâtir une extension. Malgré cela, Beau devait encore dormir dans un réduit, si bien que nous étions toujours en quête de la maison idéale. Et plus nous cherchions, plus Neilia et moi souhaitions disposer d'un grand terrain. Voilà pourquoi nous bondîmes sur l'occasion lorsque se présenta la chance d'acquérir une ancienne ferme située à vingt-cinq minutes de là du côté d'Elkton, dans le Maryland. Nous tenions enfin notre grande propriété : trente-cinq hectares où nous vieillirions ensemble, avec un étang de deux mille mètres carrés et une longue route de terre menant à une vieille maison de pierre, splendide malgré ses dimensions modestes. Celle-ci exigerait quelques travaux – beaucoup de travaux, pour être honnête… –, mais il y avait là la place de créer le domaine du clan Biden. Je prévoyais déjà de planter des arbres de chaque côté de la route, de façon qu'elle soit surplombée d'une canopée similaire à celle d'Archmere. Val aurait tout loisir de faire construire sa propre demeure sur cet immense terrain, tout comme Jimmy, Frankie et mes parents, qui y trouveraient l'endroit idéal pour jouir de leur retraite. Nous versâmes cinquante-cinq mille dollars pour cette ferme, ce qui était sans doute un peu exagéré, mais je revendis environ douze hectares à un vieux copain de lycée qui souhaitait monter une entreprise de sapins de Noël. Jimmy effectua quelques travaux de peinture et un grand ménage, afin que l'endroit soit habitable en attendant que je réunisse la somme nécessaire pour lancer la grande rénovation. Entre-temps, Jimmy avait déniché un groupe d'étudiants cherchant une maison à louer, et notre nouvelle acquisition se trouvait à deux pas de l'université du Delaware.

Neilia et moi disposions désormais de trois revenus locatifs destinés à financer la future rénovation de la ferme d'Elkton. Mon épouse était enseignante dans une école primaire catholique des environs, et nous logions toujours gratuitement dans le cottage dont le loyer nous était offert en échange de la gestion de la piscine. J'étais probablement le seul avocat du Delaware qui jouait les maîtres-nageurs le samedi.

Si je rentrais le plus tôt possible chez moi tous les soirs ou presque, afin de retrouver Neilia et les garçons, je m'efforçais de ne pas manquer les réunions du Forum démocrate, le mercredi au Pianni Grill. J'y participais suffisamment pour donner l'impression d'être un membre utile, j'imagine, car un jour un de ses dirigeants vint me trouver à mon bureau et me proposa de me présenter au conseil du comté de New Castle. Il m'expliqua que le district dans lequel j'étais installé, quoique républicain à soixante pour cent – le très chic quartier de Westover Hills en faisait partie –, comprenait quelques places fortes dans les circonscriptions peuplées de travailleurs. Mes compagnons du forum estimaient que j'y ferais un séduisant candidat.

Un poste au conseil du comté ne m'intéressait guère, en réalité, à tel point que je n'étais même pas certain de précisément savoir de quoi il était question. D'autre part, j'avais déjà fait part à Neilia de mon envie de monter mon propre cabinet d'avocats.

— Il m'est impossible d'accepter cela, répondis-je à l'émissaire du Forum. Jamais je n'aurai le temps de multiplier des allers et retours à Dover.

Car je supposais que le conseil se réunissait dans la capitale de l'État.

Il me considéra comme si j'avais voulu plaisanter, puis il s'approcha de la fenêtre, écarta le rideau et désigna un immeuble visible depuis mon bureau.

— Le conseil du comté de New Castle se réunit les mardis et jeudis soir dans ce bâtiment, de l'autre côté.

— Oh…

Ce soir-là, de retour à la maison, je fis savoir à Neilia que j'étais tenté d'accepter cette proposition, non sans préciser que je ne serais probablement pas élu, puisque nous nous trouvions dans un État majoritairement républicain. Néanmoins, je rendrais ainsi service au parti, sans compter que cette expérience m'apprendrait beaucoup. Tout cela n'était pas à négliger pour quelqu'un souhaitant briguer des fonctions plus importantes par la suite. Neilia ne me posa qu'une seule question, comme toujours :

— Tu t'en crois capable, Joey ?

— Oui.

— Moi aussi, je pense que ce défi est à notre portée. Allons-y.

Quand je proposai à ma sœur Val de diriger ma campagne, elle me répondit :

— Le conseil du comté ? J'ignorais son existence !

Valerie Biden n'était pas du genre à s'élancer au départ d'une course pour le seul plaisir d'y participer. Organisatrice méthodique, clle sc procura les statistiques électorales des précédentes élections, dressa des fiches pour chaque quartier et entreprit de recruter des responsables de secteur. Quant à moi, je passai la majeure partie de mon temps à parcourir des circonscriptions majoritairement démocrates telles que

Elsmere, Newport ou encore Stanton. Je consacrai en outre de nombreuses journées à faire du porte-à-porte dans les quartiers de la classe moyenne similaires à celui dans lequel j'avais grandi. Ces secteurs étaient largement républicains, en 1970, mais je savais quels mots employer pour m'adresser à ces populations. J'avais conscience de l'importance que ces gens accordaient à un gouvernement sérieux, à l'austérité fiscale et surtout à l'environnement. Je leur promis de surveiller les promoteurs immobiliers et de tout faire pour les empêcher de détruire trop d'espaces verts. Cette classe moyenne se révéla déterminante. Les élections de novembre 1970 se soldèrent par un véritable fiasco pour les démocrates du Delaware, à une exception près : je fus élu au conseil du comté avec deux mille voix d'avance sur mon rival.

Neilia et moi avions conscience que notre vie s'accélérait, que tout se produisait plus tôt que prévu, mais je ne comptais pas pour autant appuyer sur le frein. Le conseil du comté me prenait deux soirées complètes par semaine, et le travail préparatoire exigeait de plus en plus de temps à mesure que je m'impliquais dans des questions qui me tenaient à cœur et sur lesquelles je pensais pouvoir agir. Le comté de New Castle connaissait depuis des décennies une croissance démographique galopante. À la télévision, la *Caméra cachée* avait récemment tourné quelques scènes amusantes à propos de notre État : « La population du Delaware a pris des mesures pour contrer l'expansion démographique », expliquait le présentateur, tandis qu'à l'écran on voyait deux acteurs costumés en agents de police postés à la frontière nord du Delaware. Ces messieurs brandissaient une pancarte géante sur laquelle on lisait : « LE DELAWARE EST FERMÉ AUJOURD'HUI. » Ils interceptaient les automobilistes à un barrage et leur demandaient de faire demi-tour : « Tentez votre chance au New Jersey, c'est ouvert », proposaient-ils. Beaucoup de conducteurs faisaient effectivement demi-tour. L'un d'eux demanda la permission d'attendre au barrage que quelqu'un sorte du Delaware pour prendre sa place – cet échange semblait honnête.

Hélas, la situation n'avait rien d'amusant en 1971. Le développement du comté de New Castle s'était effectué de façon anarchique, si bien que dans les quartiers les moins chanceux les eaux usées étaient refoulées du système d'évacuation surchargé, inondant les salles de bains et les sous-sols, et des bouches d'égout sautaient dans les rues, cédant sous la pression. Le marais de la rivière Christina risquait à tout moment d'être envahi par des rejets sauvages. La compagnie pétrolière Shell avait discrètement acheté deux mille hectares en bordure de la rivière Delaware, non loin de Delaware City, déterminée à bâtir au plus vite sa deuxième raffinerie de pétrole sur la côte. Le service des autoroutes fédérales finançait d'immenses projets visant à métamorphoser les grandes routes en autoroutes géantes. Alors que le développement de transports en commun qui réduiraient la pollution de l'air ne bénéficiait que de très faibles subventions fédérales, l'État n'hésitait pas à détruire des cabanes dans les arbres, des trottoirs, des jardins fleuris et des épiceries pour construire une autoroute à dix voies devant permettre aux poids lourds en provenance de Pennsylvanie et du New Jersey de traverser plus vite le Delaware pour gagner le Maryland et d'autres destinations.

Au cours de ma première année au conseil du comté, j'acquis la réputation du type qui affronte les entrepreneurs en bâtiment et les grosses compagnies. J'étais tout à fait favorable aux projets qui créaient des emplois et des richesses, toutefois j'estimais que les entreprises qui en tiraient profit devaient exposer en toute franchise leurs coûts réels.

— Shell doit nous prouver qu'ils ne saccageront pas notre environnement, insistais-je. S'ils en sont incapables, nous les flanquerons dehors !

Des années plus tard, mes prises de position m'auraient valu d'être qualifié de « précurseur de la croissance intelligente ». En 1971, on me traitait plutôt de « connard inefficace entravant la marche du progrès ».

Tandis que le conseil du comté me prenait du temps en soirée, je consacrais mes journées à la création de mon cabinet d'avocats. J'empruntai de l'argent à la banque qui finançait les achats de voiture de la concession où travaillait mon père, recrutai deux autres avocats et louai des bureaux sur Market Street, dans le centre-ville de Wilmington. J'étais devenu un – modeste – homme d'affaires.

Neilia, Beau, Hunter et moi logions toujours dans le cottage, sans oublier que je m'occupais encore de la piscine, même en hiver. Il nous fallut ainsi faire poser de nouveaux distributeurs d'eau, demander à la compagnie du téléphone d'installer une ligne dans la loge du gardien, trouver un entrepreneur pour remplacer les gouttières et leurs descentes, un autre pour localiser et colmater une fuite dans le bassin, encore un autre pour réparer la grille des douches du vestiaire des hommes.

Nos propriétés nous donnaient chacune des maux de tête distincts. Les locataires de la ferme d'Elkton se plaignant que le puits débordait, je dus faire intervenir quelqu'un, même si je n'avais pas les six cents dollars que coûtait cette réparation. En plus d'être endettés auprès du père de Neilia, qui nous avait avancé de quoi verser l'apport pour notre première maison, nous avions trois prêts immobiliers à rembourser. Je risquais à tout moment d'être noyé sous ces charges, surtout quand les étudiants de Newark ne réglaient pas leur loyer. Tous les mois, je perdais des heures – que j'aurais pu employer de façon plus lucrative – à leur écrire : « Le fait que vous ne régliez pas ce que vous me devez me met dans une position délicate, financièrement. (Combien de fois ai-je écrit cette phrase...) Pour faire court, j'ai besoin d'argent très rapidement. Merci de m'appeler ce week-end, afin que nous trouvions une solution pour me faire sortir du pétrin dans lequel je suis embourbé. »

Si notre famille s'était quelque peu dispersée, Neilia et moi restions convaincus que ce n'était que provisoire. Et nous avions voulu cette aventure, après tout. Nous bâtissions quelque chose de grand et de durable ; je me démenais comme un fou pour tout mettre en place. Quand un samedi sans contrainte s'offrait à nous, nous installions Beau et Hunter à l'arrière de la Corvette, chacun dans son couffin, et partions à la recherche de la maison idéale. C'est au cours d'une de ces escapades, sur une route de campagne ventée, non loin de la frontière avec la Pennsylvanie, que nous apparut enfin la Maison de notre Avenir. Dès le premier regard, il fut pour nous évident que nous devions à tout prix mettre la main dessus. Située au 228, North Star Road, elle était bâtie sur un terrain boisé en pente d'un hectare et demi dans le village de North Star, dans le Delaware, à une vingtaine de minutes au nord-ouest de Wilmington. La propriété comprenait une vieille grange et une piscine avec ses douches, au fond du jardin. Bâtie en 1723, la maison proprement dite était de style colonial, avec une cour centrale et de hauts plafonds. Ses murs de pierre étaient couverts de stuc, et elle était immédiatement habitable. Nous n'aurions pas les moindres travaux de rénovation à effectuer. Sans hésiter, Neilia et moi fîmes une proposition d'achat la dernière semaine du mois de février 1971. Les documents du prêt immobilier nous parvinrent au début du mois de mars.

Notre achat était assombri par deux pépins majeurs. Premièrement, je n'avais d'autre choix que de vendre en toute hâte une partie de mes propriétés d'Elkton, de Mayfield et de Newark, afin de pouvoir verser l'apport demandé pour la maison de North Star. D'autre part, North Star Road était située hors du district du comté dont j'étais l'élu. Par conséquent, il ne nous serait pas vraiment possible de nous y installer avant le terme de mon mandat.

Pas une seconde nous ne regrettâmes notre décision. Au cours de ce printemps, tandis que nous attendions toujours une réponse à notre offre d'achat, nous nous rendions souvent sur les lieux, pour le seul plaisir d'admirer notre future demeure. Le fond de l'allée débordait de forsythias en fleurs sous le soleil. Neilia était de nouveau enceinte ; en aucune façon il ne nous serait possible de loger trois bambins dans le cottage du club de natation. C'était donc le moment ou jamais de franchir ce pas. Rien ne nous empêcherait d'acquérir cette maison.

Pour être honnête, mon avenir politique immédiat n'avait rien de réjouissant en 1971. Le parti démocrate du Delaware était alors dans un état catastrophique, comme en témoignait le fait que, jeune conseiller du comté de New Castle – et surtout novice de vingt-huit ans –, j'étais la plus grande figure démocrate à avoir remporté un district réellement disputé lors des dernières élections. En vérité, nous avions perdu à peu près partout. Au bord du désespoir, les dirigeants mirent en place le comité pour le renouveau démocrate, qui comprenait vingt-cinq membres. Y figuraient un ancien gouverneur, d'anciens membres du Congrès, un ancien juge de la Cour suprême – les démocrates les plus en vue de l'État, en somme – … et moi.

On m'avait choisi en raison de ma jeunesse, de façon symbolique ; les autres membres du groupe étaient tous plus âgés d'au moins quinze ans. J'étais chargé de prendre des notes et d'éteindre la lumière après les réunions… Néanmoins, je prenais mon rôle au sérieux, car c'est ainsi que se comportaient mes collègues. Nous avions conscience de la nécessité de moderniser notre organisation, nos techniques de campagne et la nature même du parti. Au cours de l'hiver et du printemps 1971, furent organisées des rencontres dans tout l'État, qui nous permirent de converser avec tous les responsables démocrates du Delaware. Neilia perçut avant moi l'avantage que m'apporterait mon appartenance à ce comité. Son instinct politique était nettement plus affûté que le mien. C'est par exemple elle qui eut l'idée d'organiser des dîners de haute volée chez mes parents, dans la maison de Woods Road. En ces occasions, ma mère et ma sœur aidaient

Neilia à cuisiner et à dégager le salon afin de faire de la place pour les membres du comité.

Mon ami Bob Cunningham et quelques autres me demandèrent de les aider à trouver un candidat solide pour l'élection sénatoriale de 1972, quelqu'un à même de mener la nouvelle charge. Quelques personnalités furent sondées : Bert Carvel, qui avait été gouverneur ; le juge Joe Tunnel, enseignant à l'université Rhodes et président de la Cour suprême du Delaware ; ainsi que les quelques grands chefs d'entreprise démocrates de la région – un patron démocrate aurait été le candidat idéal pour le Delaware. Tous déclinèrent notre offre. Il est vrai que nos chances de succès étaient minces ; le sénateur sortant, le républicain J. Caleb Boggs, n'avait pas perdu d'élection au niveau de l'État depuis 1946.

J'avais en outre mes propres problèmes à régler, en ce printemps 1971. Après avoir trouvé un acheteur pour la maison de Mayfield, j'en conclus la vente la veille de la signature de l'achat de la propriété de North Star. J'avais également trouvé des acheteurs pour Newark et la ferme d'Elkton, mais ces ventes ne seraient actées que quelques mois plus tard. Notre troisième enfant était attendu en novembre. Par ailleurs, un problème de taille restait à résoudre : je ne me sentais pas à l'aise à l'idée d'être domicilié en dehors du district dont j'étais l'élu. Même si la maison de North Star nous appartenait, il me semblait prématuré de nous y installer dès à présent. J'en discutai longuement avec Neilia… et une solution nous apparut, évidente. Le week-end suivant se tint un dîner chez mes parents – dans la maison de Woods Road, au cœur de mon district. Dès que chacun fut assis à sa place habituelle – les garçons dans leur chaise haute –, je décidai de me lancer. Je jetai un coup d'œil à Neilia, mais ma mère ne me laissa pas le temps d'ouvrir la bouche :

— Que se passe-t-il, Joey ?

Rien ne lui échappait.

— C'est à propos de notre nouvelle maison, répondis-je, avant de me tourner vers mon père. Tu l'adoreras, papa. Son jardin est immense, avec sa piscine.

— Oui, c'est un merveilleux endroit, champion.

Ma mère plissait déjà les yeux.

— Le problème, papa, c'est qu'elle est située en dehors de mon district.

— Ah oui ? dit mon père, sans saisir en quoi ce détail le concernait.

— En fait, j'ai un service à te demander, papa.

— Pas de souci.

— Attends, Joe, pas de précipitation, intervint ma mère, s'adressant à mon père.

— Serais-tu d'accord pour t'installer dans la maison de North Star, avec maman ? Et Neilia et moi, nous logerions ici.

— Bon sang, Joey ! s'écria mon père, qui pourtant n'élevait la voix que très rarement. Tu viens tout juste de nous faire déménager ici !

— Je t'assure que vous seriez enchantés de vivre là-bas, papa. Ce ne serait que pour environ un an. Je dois me représenter l'année prochaine, mais les républicains ont récemment redessiné la carte des districts ; le mien est maintenant peuplé aux deux tiers de républicains. Je n'ai aucune chance de l'emporter.

— Bon, d'accord, céda mon père. Mais tout de même, Joe… bon, d'accord.

— Laisse-nous un peu de temps pour nous y faire, Joey, me demanda ma mère, qui me connaissait par cœur.

Lorsque je la lui fis découvrir, mon père tomba sous le charme de la maison de North Star. Trois jours plus tard, alors que papa était au travail, Jimmy se présenta à la maison de Woods Road au volant d'un camion de déménagement. (La famille Biden a déménagé un nombre incalculable de fois, sans jamais faire appel à des professionnels. Nous nous chargeons de tout nous-mêmes.)

— Pas le lit, Jimmy, supplia ma mère, quand celui-ci se dirigea vers la chambre. Que ton père trouve au moins son lit ce soir en rentrant du travail.

— Ne t'en fais pas, maman, nous l'installerons en priorité dans votre nouvelle maison. Vous y dormirez dès ce soir.

Maman appela mon père à la concession automobile :

— Mon Dieu, Joe ! Ne rentre pas à la maison ce soir ! Ne rentre pas à Woods Road !

— Quoi ? !

— Ne rentre pas ici, ils déménagent tout aujourd'hui.

— Foutus gamins. Quelle mouche les a piqués ?

Sa journée de travail terminée, mon père se rendit directement à North Star, où son lit l'attendait.

Neilia et moi nous étions engagés à gérer le club de natation jusqu'à la fin de l'été. Aussitôt après sa fermeture, l'automne venu, nous nous sommes installés dans la maison de mes parents, sur Woods Road. Nous avions vingt-huit ans, et notre vie se mettait déjà parfaitement en place. Nous logions enfin dans une belle et confortable maison, conformément à mes rêves de toujours. J'étais en outre certain que nous migrerions dans la propriété de North Star avant d'avoir trente ans. Neilia était pour moi un soutien inestimable, évoluant en ce monde avec une aisance totale et n'éprouvant que très rarement doutes ou inquiétudes. S'il m'arrivait de me montrer impatient, irréfléchi ou de mauvaise humeur, Neilia avait le chic pour m'apaiser. Elle s'occupait de nos trois enfants et m'aidait à gérer nos maisons et ma carrière politique. Elle rendait notre vie si simple que famille, travail et politique semblaient former un tout cohérent. N'éprouvant aucunement le besoin de cloisonner les pans de notre existence, elle les faisait coordonner sans effort apparent.

C'est en grande partie grâce à Neilia que mon cabinet d'avocats connut un vif succès. Notre première grande victoire au tribunal me rapporta un chèque de cinq mille dollars, à l'ordre de Joseph Robinette Biden Jr. Jamais je n'avais encaissé un tel montant. Cet argent, si bien entendu il ne nous mit pas définitivement à l'abri de tout tracas d'ordre financier, nous donna le sentiment de pouvoir nous offrir le monde entier. Il nous permit d'acheter dans le magasin de meubles le plus chic de l'État un lit à baldaquin, un service de table et un vaste bureau pour le cabinet. La facture fut conséquente – son montant dépassa peut-être même celui du chèque – mais les meubles étaient à la hauteur de leur prix. Le lit et le service de table étaient parfaits pour une telle maison, et l'associé principal d'un cabinet en vogue méritait un bureau digne de ce nom. Un jeune ménage plus pragmatique se serait sans doute montré plus prudent, mais nous vivions notre aventure, et Neilia n'avait aucun doute quant à notre avenir.

— Achetons des meubles que nous garderons toute notre vie, me dit-elle ce jour-là, dans le magasin.

– 4 –

Quand s'ouvrent les portes

On ne s'attend généralement pas à voir surgir une opportunité dans un endroit comme le Hub Motel. On ne peut plus banal, cet établissement situé en bord de route, non loin de Dover, dans le Delaware, n'avait rien de majestueux ou de romantique. Ma chambre comprenait deux lits protégés par des dessus-de-lit en polyester, un bureau en bois plaqué d'une fadeur totale encastré dans un mur et une salle de bains exiguë. Tel fut mon logement pendant deux jours de l'été 1971, car le Hub hébergeait la plupart des participants à la convention démocrate de l'État, en cette année sans élections. Alors que je me préparais en vue d'une réunion organisée dans un collège local – j'étais en sous-vêtements dans la salle de bains, occupé à me raser –, on frappa à ma porte. Je l'ouvris et me retrouvai nez à nez avec Henry Topel et Bert Carvel, l'un et l'autre membres éminents du parti démocrate du Delaware. Ils entrèrent d'eux-mêmes dans ma chambre et s'installèrent sur les lits, m'expliquant qu'ils avaient à me parler. Redoutant d'avoir commis quelque bourde, je les priai de patienter un instant, le temps pour moi d'enfiler un pantalon.

Ils n'en firent rien. J'étais planté devant eux, à moitié dévêtu, la main pleine de mousse à raser, mais cela ne les empêcha pas de procéder à un joli retournement de situation :

— Vous nous avez demandé à tous de nous porter candidat au Sénat, Joe, mais nous estimons que c'est à vous d'y aller. Soyez notre candidat.

Aucun membre du clan Biden n'avait ne serait-ce que fréquenté un sénateur des États-Unis ; je ne suis pas même certain que dans ma famille quelqu'un ait connu quelqu'un qui connaissait un sénateur… Ma première réaction fut de me dire que je n'étais pas assez âgé pour être autorisé à briguer un tel mandat. Un calcul s'imposait : l'élection était programmée en novembre 1972 ; j'aurais trente ans quelques semaines après le scrutin, ce qui me permettrait de prêter serment lors de l'ouverture de la nouvelle session parlementaire, en janvier 1973. C'était donc possible, à cinq semaines près.

Topel et Carvel savaient que je ne me représenterais pas au conseil du comté ; les Jeunes Turcs[1] du parti républicain avaient tout fait pour cela. Ces derniers voyaient en moi une étoile montante, me semble-t-il, raison pour laquelle ils s'étaient arrangés pour redessiner les contours de mon district à l'issue du recensement de 1970. Mon siège serait de nouveau à pourvoir en 1972, et le pourcentage de républicains y était passé d'environ cinquante-cinq à plus de soixante pour cent. Ils ne cessaient de plaisanter à ce sujet, jugeant leur astuce très amusante. Je n'avais donc qu'une alternative : soit je gravissais un échelon, soit je m'éloignais de la politique.

1. Faction dissidente du parti républicain dans les années 1960.

J'avais toutefois de nombreuses raisons de ne pas briguer un poste au Sénat : je me démenais pour monter mon cabinet d'avocats ; Neilia et moi avions trois enfants ; j'avais besoin d'un peu de temps pour arranger notre maison de North Star, où je comptais repeindre la grange, planter des arbres autour de la piscine et effectuer quelques menues réparations. J'avais assuré à Neilia que je me chargerais de la plupart de ces tâches, avec l'aide de mes frères et de quelques amis. Enfin, le simple fait de mener une campagne sénatoriale reviendrait à m'élancer à l'assaut d'un Everest. Si le républicain J. Caleb Boggs, sénateur sortant, se représentait, il serait quasiment impossible à battre. Les sondages lui promettaient tous une victoire écrasante face à Bert Carvel, qui avait pourtant été gouverneur du Delaware à deux reprises. Les deux héritiers potentiels de Boggs, Pierre S. « Pete » du Pont IV, membre de la Chambre des représentants, et Hal Haskell, maire de Wilmington, étaient également donnés favoris face aux démocrates les plus en vue. Me concernant, si j'avais noué quelques liens avec des personnalités du parti dans les comtés voisins de Sussex et de Kent, je n'avais participé qu'à une seule élection, en l'occurrence pour représenter un modeste district de la banlieue de Wilmington au conseil du comté de New Castle. Je répondis à la délégation installée sur les lits de ma chambre du motel Hub que j'avais besoin de réfléchir avant de donner ma réponse.

Or, à partir de ce moment, je fus incapable de *ne plus* penser à cette opportunité. Combien de jeunes hommes de vingt-huit ans s'étaient trouvés en position de seulement envisager une telle candidature ? Être élu sénateur me donnerait le pouvoir d'intervenir sur les questions qui m'importaient : la guerre et la paix, l'environnement, les délits, les droits civiques, les droits des femmes… Un tel poste m'offrirait certainement les moyens de contribuer à rendre meilleurs le Delaware et le reste du pays. Il me serait enfin possible de vraiment aider mes concitoyens, comme je m'estimais en devoir de le faire. J'entrepris donc de parler de mon éventuelle candidature à mon entourage. Un soir, à l'issue d'une réunion de la commission décidée à réformer le parti, je demandai à mon ami Bob Cunningham de me raccompagner chez moi. Mon aîné d'une bonne dizaine d'années, il connaissait la politique du Delaware sur le bout des doigts. Je voulais savoir ce qu'il pensait de mon projet, car j'avais toujours respecté ses opinions.

— Figure-toi que certaines personnes m'ont suggéré de me présenter à l'élection sénatoriale, Bob, lui annonçai-je dans sa voiture, tandis que nous passions à hauteur de l'hôtel du Pont. Dois-je les prendre au sérieux, d'après toi ?

Il me regarda droit dans les yeux :

— Je pense que tu dois les prendre très au sérieux.

Neilia était également convaincue que ce nouvel objectif était à notre portée. Nous ne cessions d'en discuter, depuis cette soirée au Hub, mais elle se lassa assez rapidement de parler sans agir. Au fond, elle préférait que je reste focalisé sur le cabinet, que je développe une clientèle, son rêve ultime étant de me voir nommé à la Cour suprême, mais elle savait qu'une position de juge ne m'intéressait pas. Elle avait également compris qu'il était temps pour nous de ne plus nous disperser. L'époque où nous pouvions garder toutes les options ouvertes était révolue.

— Je pense qu'il faut trancher de façon nette dans un sens ou dans l'autre, Joey. Tu passes plus de quarante heures par semaine à bâtir ton cabinet, et tu consacres autant de temps au conseil du comté. Tu vas te tuer à force de cumuler ces deux activités. Si tu es réellement attiré par la politique, vas-y… mais vas-y à plein temps.

Mon plus gros atout, durant ma campagne pour l'élection sénatoriale, fut celui dont j'avais bénéficié toute ma vie : le clan Biden. Notamment mes frères et ma sœur.

Val, qui avait dirigé toutes mes campagnes depuis le lycée jusqu'au conseil du comté, relèverait ce nouveau défi – la question ne se posait même pas. Frankie étant toujours au lycée, il mobiliserait de jeunes volontaires. Quant à Jimmy, qui effectuait sa dernière année à l'université du Delaware, il se chargerait de la tâche la plus ardue : récolter des fonds.

Lors de la réunion familiale tenue au cours de l'été 1971, ma mère fut la seule à émettre une réserve :

— Le juge Quillen dit que tu es un excellent avocat, Joey. J'espère que cette campagne ne va pas ruiner ta réputation…

Comme je le lui expliquai aussitôt, la course au Sénat était à mon sens sans risque pour moi. Seule une poignée de personnes, en dehors du cercle familial, estimaient que j'avais de réelles chances de l'emporter. Ainsi, même en cas de défaite, je serais qualifié de « jeune homme sympathique et sérieux » par le grand public. Je ne voyais vraiment pas en quoi cette aventure pouvait m'être préjudiciable, et j'étais convaincu de faire un candidat solide. En vérité, j'étais persuadé d'avoir toutes mes chances. Maman, rassurée quant à mon avenir, que je l'emporte ou non, fut prête à tout pour m'aider. Pendant les premiers mois, elle donna un coup de main pour la mise en place de « rencontres-cafés » organisées selon la vieille technique de campagne des Kennedy. Nous avions même recruté un ancien membre de l'équipe Kennedy, Matt Reese, qui avait contribué à ce projet des années auparavant. Durant les six premiers mois, avant que je n'annonce officiellement ma candidature, des centaines de rencontres-cafés furent organisées dans tout l'État, jusqu'à dix par jour deux fois par semaine. Des petits malins me demandaient :

— Pourquoi n'expliquez-vous pas à la presse ce que vous avez en tête ? Publiez donc un communiqué !

Or je tenais à rencontrer autant d'électeurs que possible, qu'ils me voient et m'entendent, avant d'annoncer ma candidature au Sénat. Jusqu'à la fin de l'année 1971 et au cours des premiers mois de 1972, les rencontres-cafés se multiplièrent en toute discrétion. Maman, Neilia, Val et moi étions sur place dès huit heures du matin. Val s'assurait chaque fois de la présence d'au moins une trentaine de femmes, plus faciles à réunir que les hommes car peu d'entre elles travaillaient à l'époque. Après avoir trouvé une hôtesse pour une rencontre, elle faisait en sorte que celle-ci nous donne le nom et le numéro de téléphone d'au moins quarante connaissances de son voisinage. Puis, à mesure que Val contactait ces personnes afin de leur proposer de participer à une rencontre-café, la rumeur circulait dans le quartier, et certaines femmes s'invitaient d'elles-mêmes. Nous fournissions le café et les beignets, que nous disposions dans le salon de l'hôtesse.

Dès huit heures du matin, je me présentais avec ma mère à la première rencontre de la journée. Ma sœur filait aussitôt mettre en place la deuxième, programmée à neuf heures, tandis que Neilia se chargeait de la troisième, prévue à dix heures. Je quittais ma mère aux alentours de neuf heures moins le quart pour rejoindre Val. Ma mère restait encore une demi-heure chez notre première hôtesse, avant de se rendre directement sur les lieux de la rencontre prévue à onze heures. Maman, Val, Neilia et moi progressions ainsi à saute-mouton, enchaînant parfois une dizaine de rencontres-cafés en une journée. Nous avions souvent nos enfants avec nous – nous les transbahutions de maison en maison comme des ballons dans des paniers. Quand nous descendions dans le sud de l'État, il n'était pas rare que je n'engage le nez du break dans l'allée de notre maison qu'aux alentours de minuit, Neilia, Beau, Hunter et Naomi, la petite dernière, dormant tous paisiblement dans la voiture. Une journée de rencontres-cafés typique me permettait de faire la connaissance de plus de trois cents personnes. En restant trois quarts d'heure dans chaque maison, j'avais vraiment le temps de parler et d'écouter ces électeurs potentiels.

Je n'oubliais pas pour autant d'inclure dans mon programme les lieux de rendez-vous prisés par la population démocrate, comme la Bibliothèque polonaise, afin de prouver aux personnalités locales que j'avais une parfaite compréhension de leurs quartiers – car Hedgeville et Browntown ressemblaient beaucoup à Green Ridge, que j'avais fréquenté à Scranton. Il m'était facile de montrer que je me sentais comme chez moi à la messe de Sainte-Hedwidge ou de Sainte-Elizabeth, et que ma famille savait ce que c'était que de travailler pour gagner sa vie. Quand les figures de ces quartiers polonais me présentaient comme si je faisais partie de leur famille – j'étais un « p'tit gars sympa », disaient-ils –, alors je savais que c'était dans la poche.

Quand les journalistes politiques du Delaware se rendirent compte du mal que je me donnais pour convaincre des électeurs, plus aucun ne qualifia ma candidature de ridicule. Je devins soudain « un jeune élément brillant du parti démocrate », « une des rares étoiles montantes dans le triste ciel démocrate », « un candidat enjoué soutenu par toute sa famille ». Ils étaient sans doute ravis d'avoir un nouveau personnage sur lequel écrire des articles. Dans le même temps, les spécialistes de la politique du Delaware ne me donnaient pas une chance de l'emporter. Il me manquait un véritable trésor de guerre, selon eux. Il fallait ajouter à cela la popularité dont jouissait depuis si longtemps le sénateur Bogg, qui, en un quart de siècle au service du Delaware, avait laissé sur le tapis un nombre incalculable de rivaux démocrates.

— Si j'étais un bookmaker, je donnerais Boggs vainqueur à cinq contre un, disais-je, tâchant d'aller dans le sens des spécialistes.

Cependant, je tenais à faire comprendre à tous que je ne visais rien de moins que la victoire : « Si je réussis à toucher la population, je peux battre Boggs. »

J'expliquais également que pour avoir mes chances je n'avais besoin que de cinq fois moins d'argent que Pete S. du Pont n'en avait dépensé pour être élu à la Chambre des représentants. Il me fallait cent cinquante mille dollars et une équipe de bénévoles pour faire connaître mon nom et propager mon message.

Mon frère Jimmy avait toutes les peines du monde à rassembler cette somme pourtant relativement modeste. Nous avions pris à nos côtés Roy Wentz pour gérer les finances de la campagne. Cet avocat d'affaires employé chez DuPont s'était rebellé en soutenant un démocrate. Roy, quoique avocat de grand talent, avait un défaut majeur pour un collecteur de fonds : il était par nature incapable de réclamer de l'argent. Jimmy se chargeait donc de cette partie du travail. Les donateurs constituaient l'instrument de mesure le plus sûr pour déterminer l'opinion de l'establishment politique à propos de ma candidature au Sénat. Aujourd'hui encore, Jimmy vous dirait que ces gens ne nous donnaient pas l'ombre d'une chance de l'emporter. Ils lui rappelaient cent fois par semaine les mêmes faits : « Boggs est imbattable. Bien que républicain, il a autrefois été soutenu par les travailleurs ! Il a été membre de la Chambre des représentants, gouverneur et aujourd'hui sénateur. Depuis sa première candidature dans le Delaware, il y a vingt-six ans, il n'a jamais été battu. » Certains faisaient en outre remarquer à Jimmy que Joe Biden n'avait que quatre ans quand Boggs avait été élu pour la première fois.

Les démocrates de l'État avaient été enchantés de me voir me lancer dans la course ; cela leur permettait de consacrer leur argent à l'élection du gouverneur, dans laquelle nous avions de réelles chances de faire tomber le républicain sortant. Selon eux, tout le monde trouvait son compte dans ma candidature pour le Sénat : le parti n'avait plus à dénicher un candidat pour une cause perdue d'avance, tandis que je faisais campagne sans gêner quiconque. J'avais compris dès le début que le parti ne mettrait pas un sou dans ma campagne.

Jim était donc chargé de trouver des financements hors de l'État, de convaincre le parti démocrate national et ses figures emblématiques de prendre un risque relatif en me soutenant. Ce gamin de vingt-trois ans, avec ses cheveux longs et sa cravate aussi large que le Potomac, avait pour mission de mendier chez des donateurs potentiels. Nous fûmes à court d'argent du début à la fin. Je perdais parfois la trace de Jimmy, puis peu après arrivait un mandat de mille dollars en provenance d'une agence Western Union du Texas, de Californie ou d'Alaska, à l'ordre de la campagne « Biden sénateur ».

Notre premier succès financier provint du comité de campagne démocrate pour l'élection sénatoriale, qui siégeait à Washington. En 1972, ce comité comprenait notamment Nordy Hoffman, qui avait été première ligne dans l'équipe de football de Notre-Dame, sous les ordres du célèbre coach Knute Rockne. Nordy était un sacré morceau ; énorme, indestructible et entêté, il n'avait peur de rien. Et il ne me donnait aucune chance de victoire. Des années plus tard, Nordy prétendrait que le comité m'avait choisi pour représenter les démocrates dans le Delaware après avoir effectué des sondages dans tout l'État, lesquels avaient fait ressortir mon nom. En vérité, la première fois qu'il nous reçut, Jim et moi, il refusa de nous donner un dollar. J'étais un mauvais investissement, disait-il, et il ne tenait pas à perdre du temps dans un combat perdu d'avance. Il n'y alla pas par quatre chemins :

— Vous êtes certainement un brave gosse, Joe, mais j'ai parlé de vous à mon dentiste – il exerce à Wilmington – et il ne vous voit pas vainqueur. Vous n'avez que vingt-neuf ans, vous n'avez pas la moindre chance. Personne, dans le Delaware, ne vous imagine élu. Et moi non plus. Mon dentiste est catégorique sur ce point.

Il poursuivit ainsi, nous agaçant de plus en plus avec son dentiste. Jimmy remarqua certainement ma mâchoire crispée et mon menton redressé. Je me levai et me dirigeai vers la porte :

— Je n'ai pas à subir vos foutaises. Et je n'ai pas besoin de vous ni de votre comité. Ah oui, autre chose : je remporterai cette élection.

Jimmy m'emboîta le pas, s'efforçant de me calmer et de me convaincre de retourner supplier Nordy de nous aider. Ce dernier nous rattrapa dans l'entrée du bâtiment et nous signifia que le comité pouvait peut-être nous aider, après réflexion, même s'il maintenait que la victoire n'était pas à ma portée. Ma vive réaction l'avait à coup sûr séduit.

Il nous suggéra également de nous adjoindre les services d'un vrai spécialiste de campagne. Le seul individu de notre connaissance ayant à son actif une campagne au niveau d'un État n'était autre que mon vieil ami Jack Owens, que j'avais connu à la faculté de droit. Après l'obtention de son diplôme, Jack s'était installé à Pittsburgh, où il s'était mis au service de Pete Flaherty, qui visait la mairie. Bien que donné perdant, Flaherty avait été élu. Après cette victoire, Jack s'était chargé de la plupart des campagnes de Milton Shapp dans l'ouest de la Pennsylvanie et l'avait aidé à devenir le premier gouverneur juif de cet État. Je proposai donc à Jack de se joindre à nous. Dès l'instant où mon ami mit les pieds dans la cuisine de notre maison de Woods Road, où nous tenions nos réunions, Val et lui reprirent leur relation au point précis où ils l'avaient interrompue après leur catastrophique rendez-vous arrangé. Quand Jack disait noir, Val disait blanc. Quand Jack disait ceci, Val disait cela.

— Lorsqu'il est apparu à la porte de la cuisine, nous nous sommes regardés et nous avons tous les deux pensé : « Oh non… » ; ça se lisait sur notre visage ! se souvient Val. Un autre jour, je lui ai ordonné, je ne sais plus à quel propos : « Tiens, note donc ça, Jack ! » Il m'a fusillée du regard. Je n'étais pas très aimable avec lui, je l'avoue. Nous avons continué à nous envoyer des vacheries.

Jack nous avait rejoints depuis deux mois le jour où Val vint me trouver :

— Il faut que tu choisisses, Joe. Je ne veux plus travailler avec ce type. Il n'y a rien à faire, on ne s'entend pas.

— Ne t'en fais pas, Val, le problème est réglé, lui répondis-je. Jack m'a annoncé hier soir qu'il nous quittait. Il m'a dit avoir compris que les liens du sang sont plus forts que ceux de l'amitié.

Suivant le conseil donné par Nordy, je pris pour conseiller de campagne John Marttila. Ce jeune homme originaire de Boston s'occupait également de la campagne de John Kerry, qui, cette année-là, briguait un siège à la Chambre des représentants.

Un jour, peu avant l'annonce officielle de ma candidature, en sortant de mon cabinet, je fus abordé sur Market Street par une connaissance, un avocat assez âgé, qui me tint ces propos :

— Je suis démocrate, Joe, mais je vous garantis que jamais vous ne battrez Caleb Boggs.

À cet instant précis, comme si elle avait attendu ce moment pour surgir, la voiture du sénateur Boggs – avec ses plaques d'immatriculation personnalisées – passa à notre hauteur. L'avocat poursuivit :

— Laissez-moi vous parler un peu de Caleb Boggs, Joe.

Il évoqua une soirée poker organisée chez lui peu auparavant. À un moment donné, les joueurs n'avaient pas su se mettre d'accord pour désigner la main gagnante.

— Vous savez ce qu'on a fait ? On a appelé Caleb Boggs pour qu'il règle la question.

Même si nous n'étions que peu de cet avis, les Biden étaient convaincus que je pouvais l'emporter, ce qui, dans les premiers temps, était suffisant. Quand je me sentis prêt à annoncer ma candidature, en mars 1972, j'avais toujours ces mots à la bouche :

— Je suis déterminé à remporter l'élection.

Il était prévu que j'annonce ma candidature à l'hôtel du Pont, situé dans le centre-ville de Wilmington, après quoi nous descendrions dans le sud de l'État, où un deuxième meeting se tiendrait dans le comté de Sussex, puis un autre dans celui de Kent. Personne n'avait jamais agi de la sorte avant moi. Même si nos finances restaient fragiles, nous nous appuyions sur une organisation solide et nous avions un message à délivrer. Mettre tout cela en place constitua une des plus merveilleuses périodes de ma vie. Neilia, Val, Jimmy et moi planifions toute la campagne depuis notre salon. Le dimanche soir se tenaient des réunions en compagnie d'experts sur un sujet ou un autre, avec qui nous discutions des heures afin de le maîtriser à fond. Nous abordions notamment les questions qui m'étaient les plus chères – les droits civiques, les droits des femmes, l'environnement, les délits, la guerre du Viêtnam…

J'étais mû par la volonté de contribuer – à ma modeste échelle – à la marche du monde. J'avais par ailleurs conscience qu'il m'était indispensable de faire preuve d'une belle assurance sur les questions que j'évoquais en public. Car qui va vous juger crédible, quand vous n'avez que vingt-neuf ans ? Avoir des idées ne suffisait pas ; je devais maîtriser les faits et les chiffres, faire preuve d'autorité dès la minute où je me lancerais. Tel était le défi qu'il me fallait relever. Neilia préparait des spaghettis, en ces dimanches soir, et nous invitions des professeurs de l'université de Pennsylvanie ou du Delaware, non sans leur avoir précisé au préalable les questions que nous souhaitions approfondir. Puis, le moment venu, nous discutions code fiscal, guerre du Viêtnam, environnement, délits, réinsertion… Ces soirées à la maison réunissaient des individus intelligents et dévoués à leur tâche. Bob Cunningham avait été soutenu par le programme Fulbright[1] ; Arlen Mekler, en plus d'être avocat, était titulaire d'un doctorat en génie chimique ; Jack Jacobs fut par la suite juge à la Cour suprême du Delaware, et son épouse Marion était tout aussi brillante que lui. Toutes ces personnes étaient désireuses de m'aider à affûter mes connaissances sur ces diverses questions.

Je me sentais parfaitement à l'aise quand vint le moment de prononcer mon discours de candidature. Je savais ce que je comptais faire et je le fis savoir en détail. Je n'avais pas le moindre doute. J'ai récemment relu cette allocution, et je dois dire qu'aujourd'hui encore je me sens dans le même état d'esprit qu'en

1. Système de bourses d'études extrêmement sélectif en fonction du mérite.

1972. Ce jour-là, j'ai dit ce en quoi je croyais, ce que la vie m'avait inculqué. Je n'avais que vingt-neuf ans, mais mon expérience était déjà longue. J'avais fréquenté des bureaux de juges mais aussi travaillé à la piscine d'un quartier noir défavorisé de Wilmington, ainsi que dans les parcs des zones blanches les moins aisées de la ville. J'avais grandi dans une maison typique de la classe moyenne. J'avais pleinement conscience de la taille des gouffres qui séparaient les diverses populations du Delaware, sans rien ignorer de leurs espoirs communs.

— La femme au foyer de Brandywine Hundred et la mère de famille d'East Wilmington souhaitent l'une comme l'autre se sentir en sécurité, que leurs rues soient sûres et leurs enfants instruits, expliquai-je lors de ma déclaration de candidature, à l'hôtel du Pont. Les parents du comté de Sussex s'inquiètent autant que l'ouvrier employé sur une chaîne de production à Newark des drogues qui menacent leurs enfants. Le tissu de notre société complexe est si serré que tout ce qui touche une partie de la population affecte le reste de cette population.

Après ce discours à Wilmington, je m'installai en toute hâte sur le siège copilote d'un Piper Apache qui s'envola aussitôt en direction du comté de Sussex, suivi par deux autres avions. Même alors que je filais à huit cents mètres d'altitude dans le ciel du Delaware, toute ma famille me suivait. Maman, papa, Val, Jim et Frank étaient présents. Bien qu'encore affiliés au parti républicain, la famille de Neilia était descendue de Skaneateles pour me soutenir.

À Georgetown, je prononçai le même discours qu'à Wilmington, face à quatre cents personnes. Je comptais me focaliser sur le droit de vote, les délits, les droits civiques, la propreté de l'eau et de l'air, la protection des retraites, les services de santé et la guerre du Viêtnam. En ce jour de 1972, je réclamai l'établissement d'un programme de santé exhaustif empêchant que des familles se ruinent en soins médicaux en cas de maladie grave.

— Nous ne pouvons plus laisser la nation la plus riche du monde figurer parmi les pays les moins avancés en matière de soins accordés à ceux qui en ont besoin.

Et par-dessus tout, ajoutai-je, je croyais encore en notre système, et je tenais à le faire fonctionner efficacement. On pouvait me faire confiance pour essayer, en tout cas.

Car telle était l'essence même de ma campagne, depuis le premier jour : regagner la confiance des électeurs. Pour ce faire, je me tenais au principe premier édicté par grand-père Finnegan : « Dis-leur ce que tu penses vraiment, Joey, et advienne que pourra. »

— Peut-être n'êtes-vous pas d'accord avec moi, mais au moins vous savez quelle est ma position, martelai-je ce jour-là comme les suivants.

J'étais convaincu que les électeurs du Delaware partageaient mes opinions, que leur désir le plus cher était d'entendre quelqu'un leur détailler la situation en toute transparence. Une publicité improvisée en pleine campagne rendit fous les hommes politiques professionnels : descendu de Boston muni d'un micro perché sur un manche et d'un magnétophone, John Marttila me suivit au centre commercial de Prices Corner.

— Enregistre tout, John, lui intimai-je, avant de m'adresser à la foule. Je m'appelle Joe Biden et je suis le candidat démocrate pour la prochaine élection sénatoriale. Me faites-vous confiance ?

Les clients me dévisageaient, les mains sur leurs chariots, comme si j'étais un extraterrestre.

— Euh… non ! Pourquoi on vous ferait confiance ? me répondit-on.

Nous reproduisîmes la scène avec dix ou quinze personnes, pour ensuite enregistrer un spot publicitaire dans lequel je déclarai :

— Voici ce qui ne va pas en Amérique aujourd'hui. Je vous promets que si vous m'élisez, vous connaîtrez précisément mes prises de position. Vous serez en mesure de m'accorder votre confiance.

Marttila ne cessait de protester :

— Tu ne vas tout de même pas diffuser à la radio une publicité dans laquelle les gens affirment qu'ils ne te font pas confiance !

J'étais certain que cette stratégie fonctionnerait – ce n'était d'ailleurs pas compliqué à deviner. La population avait le sentiment de perdre tout contrôle. Nixon n'avait pas inventé les problèmes sécuritaires ; on trouvait partout dans le Delaware des quartiers dont les habitants redoutaient franchement la criminalité. On nous affirmait que la guerre du Viêtnam touchait à sa fin, pourtant le Delaware ne cessait de voir des victimes rapatriées. Toutes les semaines, la morgue de la base de l'Air Force de Dover réceptionnait de jeunes Américains enveloppés dans des sacs mortuaires. Combien de mères ne trouvaient plus le sommeil la nuit, se demandant dans quel état leurs fils leur seraient rendus, et pour quelle raison, précisément, ceux-ci risquaient leur vie ?

Je passais mon temps à rappeler à mes auditeurs que Caleb Boggs était quelqu'un de bien mais qu'il n'avait jamais osé prendre de décision radicale, quel que soit le sujet. Peut-être avions-nous maintenant besoin de quelqu'un capable de tenir tête à Nixon quand celui-ci ordonnait de poser des mines dans des ports nord-vietnamiens, quand il intensifiait les opérations militaires après avoir promis de retirer nos troupes. Je ne criais pas que la guerre du Viêtnam était immorale ; elle était simplement stupide. Cette épouvantable perte de temps, d'argent et de vies avait été déclenchée par des hypothèses erronées. Nous dépensions un milliard de dollars toutes les deux semaines, mettant en péril notre stature internationale. Nous gaspillions tant d'énergie en Asie du Sud-Est que nous négligions des questions vitales. Le Président répétait à n'en plus finir que l'honneur des États-Unis était en jeu, ce qui m'irritait au plus haut point. Si ce n'était que pour notre honneur que nous combattions au Viêtnam, faisais-je remarquer, je ne comprenais pas que cela justifie que des soldats donnent leur vie.

Mon message n'aurait été que du vent sans une campagne solidement organisée. La politique ne se résume pas aux paroles d'individus inspirés imaginant de grandes idées et les façons de les vendre aux électeurs. Une véritable campagne, c'est de l'organisation. Et l'organisation requiert des efforts. Tous les jours. Ma campagne exigeait de moi la persévérance que mon père m'avait enseignée. Elle m'imposait d'y travailler quotidiennement – les bons jours, bien entendu, mais surtout les mauvais jours. Dans mon équipe, nous avions tous quelques notions des principes de base d'une campagne électorale. En 1970, Val avait mis en place la campagne très moderne qui m'avait permis d'être élu au conseil du comté. Nous possédions encore les registres d'immatriculation et les listes électorales, triés au pâté de maisons près. Nos fiches détaillaient le moindre lotissement, la moindre rue, la moindre maison. Nous avions recruté des volontaires pour chaque secteur. Ce modèle fut reproduit pour ma candidature au Sénat – il est vrai que le Delaware n'est pas si vaste ; il ne comprend qu'un seul district congressionnel[1]. Je fis appel aux très efficaces bénévoles du parti démocrate dont j'avais fait la connaissance grâce au comité pour le renouveau du parti, auxquels j'ajoutai quelques jeunes motivés. En effet, en cette année 1972, les jeunes voteraient pour la première fois dès dix-huit ans. Val monta une véritable armée composée de milliers d'entre eux.

Je mis également un point d'honneur à me rendre dans des lycées pour discuter avec des élèves. Nombre d'observateurs crurent que j'agissais ainsi en raison de l'abaissement de l'âge du droit de vote, jugeant généralement que je perdais mon temps, mais je savais compter aussi bien qu'eux. Il ne m'avait pas échappé que seule une poignée de lycéens avaient dix-huit ans ou plus, évidemment, mais je croyais en une théorie – qui ne séduisait que moi, manifestement : j'étais convaincu que les adolescents de quinze, seize ou dix-sept ans avaient davantage d'influence sur leurs parents que ces derniers sur eux. Il y avait selon moi de bonnes chances que ces lycéens, à la table familiale, au cours du dîner, parlent de moi à leurs parents :

— J'ai fait la connaissance d'un type très intéressant, aujourd'hui. Il s'appelle Joe Biden, il m'a beaucoup plu.

---

1. Chaque État est doté d'un certain nombre de districts congressionnels, en fonction de sa population.

Et même si ces parents étaient de fervents républicains, ils ne manqueraient pas d'accorder un certain respect à l'opinion de leurs enfants. Et peut-être s'intéresseraient-ils d'un peu plus près à Joe Biden. Voilà pourquoi je me rendis essentiellement dans les lycées des secteurs républicains.

À l'approche du scrutin, quand les électeurs s'intéressèrent de plus en plus aux candidats, la campagne « Biden sénateur » avait un message solide à transmettre : nous avions une position claire sur tous les sujets et nous étions parfaitement organisés. Quelques dons nous parvinrent même de la part de contributeurs inattendus, à savoir les personnes que j'avais agacées quand, au conseil du comté, je m'étais opposé au développement anarchique de certaines industries. Ces gens me savaient à l'origine de l'arrêté du conseil ayant empêché Shell de lancer sans attendre la construction de sa nouvelle raffinerie à Delaware City et qui, quelques années plus tard, permettrait à la législature de l'État de freiner pour de bon ce projet avec l'adoption de la loi sur les zones côtières. Ils n'ignoraient pas davantage que j'avais initié la législation qui couperait net le financement fédéral des travaux censés détourner la route 141 et élargir l'autoroute de Concord. Les syndicats de construction m'en voulaient beaucoup et prétendaient que mes décisions leur coûtaient des emplois. Quant à l'Association des Entrepreneurs, elle était carrément furieuse. Pour ces raisons, Val ne comprenait pas ce qui avait poussé quelques constructeurs à envoyer un chèque à la campagne « Biden sénateur ».

— Nous sommes prêts à tout pour que votre frère fiche le camp du comté de New Castle, lui expliquèrent-ils.

Deux mois avant le scrutin, les sondages me donnaient largement perdant face au sénateur Boggs, qui recueillait 47 % des intentions de votes, et moi seulement 19 %. J'avais donc près de trente points de retard sur mon concurrent quand, en ce Labor Day[1] 1972, nous nous sommes retrouvés pour la première fois dans la même pièce, à l'occasion d'un débat organisé par l'association juive Hadassah. J'étais certain d'être à la hauteur de cet éminent personnage. Brave homme aux airs avunculaires, Caleb Boggs était un individu correct, aimable et honorable qui avait bien servi son pays, cependant je ne l'imaginais pas une seconde capable de créer une différence, d'être efficace dans l'avenir qui se profilait pour la nation. Auprès de lui durant ce premier débat, je ne fus aucunement intimidé, convaincu de faire un meilleur sénateur que lui. À vrai dire, je me suis même demandé s'il tenait réellement à livrer ce combat. À l'époque où je n'en étais qu'à envisager de me lancer dans la course, des rumeurs avaient prétendu que Boggs comptait prendre sa retraite. D'un autre côté, les patrons du GOP[2] craignaient qu'une primaire opposant Pete du Pont à Hal Haskell, les deux candidats potentiels les plus en vue, ne se révèle sanglante, ruineuse et blessante.

J'appris plus tard que Boggs avait bel et bien envie de ne pas briguer un nouveau mandat, et que son épouse souhaitait vivement ne plus subir la vie publique. Mais le président Nixon s'était déplacé en personne dans le Delaware et avait signifié à Boggs qu'il avait besoin

1. Fête fédérale célébrée le premier lundi de septembre.
2. Grand Old Party, surnom du parti républicain.

qu'il se représente, pour le bien du parti républicain. Selon moi, Boggs accepta en partie parce qu'il jugeait l'élection gagnée d'avance. Cela étant, d'autres rumeurs laissaient entendre qu'il céderait sa place à du Pont après la victoire. J'ignorais si ces racontars étaient fondés, à l'époque, mais j'étais persuadé de ne pas rester trente points à la traîne si les électeurs me voyaient dans la même pièce que Boggs. Ce débat constituait donc pour moi une première brèche dans laquelle m'engouffrer. Le sénateur étant en retard, je dus jouter contre un de ses seconds un bon moment, puis Boggs se présenta enfin.

Lors de la séance de questions-réponses clôturant la rencontre, quelqu'un dans l'assistance pria Boggs de préciser sa position sur la Convention pour la prévention et la répression du crime de génocide. Ce traité avait été rédigé en réaction à l'Holocauste mais la John Birch Society, association conservatrice d'extrême droite, en avait bloqué la ratification des années durant. Selon ces individus, cette convention menaçait notre souveraineté nationale. Il s'agissait là d'une question essentielle aux yeux de la communauté juive ; en ces lieux, la réponse à donner était donc évidente. Malgré cela, Boggs resta confondu :

— Veuillez me pardonner, les détails de ce traité ne me sont pas très familiers. Je vous répondrai après m'être penché dessus.

L'intervenant proposa que je réponde à cette question, même si cela allait à l'encontre des règles établies pour ce débat. Le modérateur accéda à cette demande. Je maîtrisais parfaitement les termes du traité, ainsi que la réponse à donner. Je me voyais donc offrir l'occasion de porter un coup sévère à mon adversaire.

En vérité, j'étais plus que surpris de découvrir qu'un sénateur des États-Unis – élu puis réélu – en sache si peu sur cette convention. Je n'eus même pas besoin de réfléchir pour répondre ; sans doute avais-je alors un instinct politique plus affûté qu'aujourd'hui. Comme tout homme politique fort de plusieurs décennies d'expériences, j'ai appris à me défendre, à réagir ; dans une telle situation aujourd'hui, je remporterais peut-être la bataille de cette question, mais il est probable que je perdrais l'élection pour m'être trop acharné sur mon rival en l'assommant avec les faits. En 1972, je savais pertinemment que personne, dans cette salle, ne souhaitait voir Boggs ridiculisé – cela aurait été comparable à frapper l'oncle préféré de la famille. Je répondis donc :

— Je ne suis pas certain de maîtriser cette question. Moi aussi, je vous promets de vous donner une réponse très bientôt.

J'avais beau me démener, la question de mon âge me collait à la peau.

— Hé ! Je vais voter pour votre père, me lançait-on assez souvent dans les meetings.

— Oui, moi aussi ! répondais-je du tac au tac, jouant le jeu.

Un journaliste du Delaware adorait souligner que le sénateur Boggs avait probablement des chaussures plus âgées que moi.

Ces boutades étaient bon enfant, mais le problème était réel. Le jour du scrutin, je ne serais même pas encore en âge de prêter serment au Sénat, ce qui constituait un obstacle monumental. Il nous manquait le soutien des sénateurs démocrates de Washington, qui donnerait à notre campagne le sérieux dont elle avait besoin. Val voulait inclure leur photo dans une de nos brochures publicitaires, avec en gros titre : « Joe Biden n'est pas encore au Sénat, mais il fait déjà sensation ! » Mike Mansfield, le chef de la majorité au Sénat, se montra réticent ; selon la tradition, un sénateur ne devait pas faire campagne contre un autre sénateur, même s'il appartenait au parti d'en face. S'il accepta finalement de prononcer quelques paroles flatteuses à mon égard, il refusa de dire le moindre mot contre Boggs. Mansfield, Frank Church, Adlai Stevenson, Fritz Hollings, Ted Kennedy et Henry « Scoop » Jackson acceptèrent finalement d'être pris en photo avec moi… et de se fendre de quelques mots gentils.

Je me rendis en voiture à Washington, accompagné de Val et d'un photographe. Mansfield nous retrouva dans la salle de réception voisine de la salle des séances du Sénat. Il se montra sympathique mais, ayant un programme chargé, nous pria de nous presser. Tandis que le photographe nous mitraillait, Mansfield et moi, Val rompit le silence :

— Oh, mon Dieu ! Mais c'est génial !

Mansfield avait sursauté.

— Qu'y a-t-il, Val ? m'enquis-je.

Elle nous désigna les tableaux suspendus au mur, dans notre dos – les portraits d'anciens sénateurs.

— Henry Clay ! s'écria-t-elle. Henry Clay avait moins de trente ans quand il a été élu sénateur ! À partir de maintenant, quand on te fera remarquer que tu n'es pas assez âgé pour être sénateur, tu répliqueras que tu comptes être le plus jeune sénateur élu depuis Henry Clay, de façon à laisser entendre que c'est un exploit !

Il nous apparut peu après que deux ou trois autres sénateurs avaient également été élus à ce jeune âge, mais il nous sembla plus pertinent d'invoquer la figure du Grand Pacificateur[1]. Et ce fut efficace.

La campagne « Biden sénateur » ne roulait pas sur l'or, loin de là. Dans ce domaine, nous étions mêmes surclassés par mon rival, car Big John Rollins, le premier soutien financier de Nixon dans le Delaware, versait des sommes faramineuses à Boggs et au GOP de l'État. Nous n'avions d'autre choix que de jouer sur nos points forts. Nous avions pour nous la jeunesse et l'énergie, et nous savions improviser quand l'argent venait à manquer. Une opération publicitaire postale à l'échelle de l'État coûtait trente-six mille dollars, dépense que nous ne pouvions pas nous permettre. De nombreux exemplaires de la première brochure de campagne que nous avions fait imprimer moisissaient sur nos étagères. C'est alors que Val inventa la distribution postale Biden. Une fois par semaine, le samedi ou le dimanche, notre journal de campagne privé était livré à domicile par l'armée de bénévoles de ma sœur à environ quatre-vingt-cinq pour cent des foyers de l'État. À la mi-octobre, les habitués attendaient les gamins livreurs dès le samedi matin. S'il pleuvait ou si un retard quelconque perturbait la distribution, certains n'hésitaient pas à s'en plaindre en nous appelant au quartier général de la campagne. De très légers signes nous indiquaient que nous commencions à percer.

1. Henry Clay (1777-1852) fut l'auteur des compromis du Missouri, qui, en 1820, apaisèrent les dissensions faisant rage dans le pays au sujet de l'esclavage. Cela lui valut le surnom de Grand Pacificateur (*Great Compromiser*).

Un membre de l'équipe eut ainsi au téléphone une dame qui souhaitait savoir si elle était autorisée à voter – juste une fois – pour un démocrate, ou si son appartenance au parti républicain l'obligeait à lui donner sa voix.

Les dons nous parvenaient au compte-gouttes, en quantité suffisante pour financer les publicités que nous faisions passer à la radio, mais la situation restait très fragile. L'assèchement de notre trésorerie mettrait assurément un terme à la campagne.

J'avais par ailleurs du mal à ne pas surveiller Jimmy. Au début de la campagne, je ne cessais de le harceler. Il se démenait jour et nuit, pourtant, mais ses résultats ne me satisfaisaient pas.

— Ce n'est pas bon, Jim, lui disais-je. Tu n'y arrives pas, je vais devoir faire appel à des professionnels.

Neilia finit par craquer et m'apostropha en présence de Jim :

— Laisse-le respirer, Joey ! Si tu veux qu'il fasse son boulot, laisse-le tranquille. Sinon, remplace-le par quelqu'un d'autre. Mais fiche-lui la paix. Fais ton boulot et laisse Jim faire le sien.

Quelques semaines après Labor Day, Jimmy nous fit savoir qu'il avait de bonnes nouvelles de la part du syndicat international des machinistes – depuis neuf mois, il se présentait aussi consciencieusement que régulièrement au quartier général national, situé à Washington. Le président du syndicat le faisait attendre des heures, lui demandait de repasser un autre jour, parfois à trois ou quatre reprises, avant de lui ouvrir la porte de son bureau, pour en fin de compte se contenter de glousser en commentant notre score dans ses sondages internes. Or celui-ci grimpa fortement au cours des quelques semaines précédant le scrutin ; le président changea alors son fusil d'épaule :

— Bon, d'accord, Jim. Je vous donne cinq mille dollars, mais je veux rencontrer votre frère.

— Oh, je ne sais pas si c'est indispensable, Bill. Il est vraiment bon, je vous ai fait lire ses arguments.

— Oui, je sais, Jimmy, mais pour cinq mille dollars, je veux le voir. Je veux lui remettre le chèque en main propre.

Jimmy craignait la suite, car il me savait capable de tout ruiner. Il disait toujours que la meilleure chose à faire, pour lever des fonds en mon nom, était de me tenir éloigné des donateurs. Mais ce type insistait pour me donner le chèque lui-même. Jim me conduisit donc à Washington pour le rencontrer. Aujourd'hui encore, Jim n'a rien oublié de cette rencontre :

— Nous sommes entrés et nous sommes assis face à son bureau. Ce type gigantesque fumait un cigare, et le chèque de cinq mille dollars était là, posé devant lui. Il a dit : « Écoutez, Joe, vous vous lancez dans un combat perdu d'avance. Boggs semble imbattable. Je ne sais même pas pourquoi je vous donne cet argent. Enfin, vous me plaisez. Mais permettez-moi de vous poser une question. Imaginons que la question du renflouement de Lockheed revienne sur le tapis au cours de la prochaine session parlementaire, et que vous soyez sénateur. Mes gars perdent leur boulot, vous le savez pertinemment, Joe. Alors, quel sera votre vote ? » Joe m'a regardé, et j'ai lu dans ses yeux son envie de me planter un poignard dans le cœur, puis il a tourné la tête vers le patron du syndicat et lui a dit, au mot près : « Si vous tenez à savoir quel sera mon vote sur une question spécifique, vous pouvez garder votre chèque et le mettre où je pense. » Joe s'est levé et s'est dirigé vers la porte, alors que nous avions désespérément besoin d'argent ! Et moi, comment pouvais-je m'en aller en laissant ce chèque de cinq mille dollars sur le bureau ? J'avais l'impression d'être Fredo dans *Le Parrain*, dans la scène de la chambre d'hôtel. J'ai empêché Joe d'entrer dans l'ascenseur, puis j'ai regagné en courant le bureau du président à qui j'ai dit : « Joe n'est pas un mauvais bougre. Il ne pensait pas ce qu'il a dit. Et je sais que vous non plus, vous ne pensiez pas ce que vous avez dit. » Puis j'ai couru jusqu'à l'ascenseur, où j'ai supplié Joe de faire demi-tour. Nous sommes retournés dans le bureau. « Veuillez-vous excuser, je vous en prie, ai-je conseillé au président. Mon frère se vexe facilement. » Ils se sont finalement réconciliés. Le gars a tendu le chèque à Joe… qui n'a pas voulu s'en saisir ! J'ai dû le prendre.

L'argent de la campagne passait essentiellement dans la diffusion de publicités radiophoniques. Tant que nous avions les moyens de nous les offrir, j'avais le sentiment que nous comblions notre retard sur Boggs, avis qui me semblait unanime. Tard le soir, après avoir passé ma journée à prononcer des discours, je passais au bureau de la campagne, sur Market Street, à Wilmington, où je trouvais systématiquement mes jeunes bénévoles qui préparaient le prochain prospectus ou se démenaient au téléphone. Et quand je repassais le lendemain matin, avant de prendre la route pour les réunions du jour, le bureau bourdonnait encore d'activité. J'attendais le jeudi matin avec impatience ; ces matins-là, en arrivant à mon quartier général, mon premier réflexe était de réclamer les chiffres du sondage hebdomadaire de l'institut Cambridge Research, de Boston, qui en réalité se résumait au seul Patrick Caddell, brillant stratège et analyste de données de seulement vingt-deux ans. En cet automne, ses projections indiquaient que nous rattrapions chaque semaine un peu plus notre concurrent, état de fait que me confirmait l'ampleur des foules qui m'écoutaient et le nombre de nouveaux bénévoles qui surgissaient spontanément à Market Street afin de proposer leurs services. Le jeudi de la première semaine d'octobre, Bob Cunningham m'intercepta à mon arrivée au quartier général et me fourra dans la main les derniers résultats. Un seul regard à ces chiffres suffit à dresser les poils de ma nuque. J'étais furieux :

— Bon sang ! Ce n'est pas possible !

— Qu'est-ce qui te prend, Joe ? s'étonna Bob. Nous avons deux points d'avance !

— Il doit y avoir une erreur. Il faut lancer un nouveau sondage ; celui-ci est forcément faussé.

Le lendemain, les principaux candidats républicains de la région, de Claymont à Delmar, se déchaînèrent contre moi, car leurs chiffres étaient comparables aux nôtres ; nous étions plus ou moins à égalité. Le parti républicain du Delaware s'était tellement focalisé sur l'élection du gouverneur qu'il ne m'avait pas vu venir. D'autre part, les conseillers de Boggs lui serinaient depuis le début que la course était gagnée d'avance, qu'il n'aurait même pas à quitter Washington pour l'emporter. Ces mêmes messieurs le pressaient à présent de se montrer dans le Delaware pour donner un dernier élan à sa candidature. Certains des Jeunes Turcs républicains qui m'avaient indirectement chassé du conseil en redessinant la carte du comté entreprirent d'expliquer aux journalistes que je ne comptais me servir du Sénat que pour me propulser vers… la Maison Blanche. Je compris combien l'équipe de Boggs était inquiète quand elle lança la distribution massive d'une nouvelle brochure publicitaire – assez similaire à la nôtre. En couverture figurait un évier de cuisine, avec pour gros titre : « Voici la seule chose que Joe Biden ne vous a pas promise. »

À dix jours du scrutin, alors que nous étions toujours à égalité dans les sondages, Jimmy nous annonça une mauvaise nouvelle :

— Les radios vont cesser de diffuser nos messages publicitaires, Joe. Il faut à tout prix trouver de l'argent pour qu'ils passent encore sur les ondes la semaine prochaine.

Ces spots nous coûtaient vingt mille dollars par semaine, hélas nous n'avions plus un sou. Si leur diffusion était interrompue, nous n'avions plus aucune chance de victoire.

Val eut l'idée de faire appel à son ami Ted Kellner, employé dans une société chargée de gérer la fortune de clients richissimes. Selon Ted, il était possible que certains conseillers en investissements et leurs clients acceptent de m'écouter, voire de participer au financement de ma campagne. Ted organisa une rencontre et Jimmy me conduisit à Centerville – la société d'investissement était installée dans l'élégant bâtiment d'une banque de cette charmante bourgade du Delaware. Jimmy et moi étions à peine assis lorsque ces messieurs nous offrirent à boire. Nous n'avions pas affaire aux donateurs auxquels nous étions habitués ; ces gens-là valaient des millions. Tous républicains et vivant dans la zone résidentielle huppée de Greenville, ils avaient soutenu le sénateur Boggs. Cela ne les empêcha pas de se montrer extrêmement courtois, nous donnant même l'impression qu'ils souhaitaient nous aider. Jimmy et moi avions parfaitement saisi qu'ils avaient les moyens de sauver notre campagne radiophonique ; d'après mon frère, il leur était possible de débloquer vingt mille dollars du jour au lendemain. Alfred I. du Pont Dent affirma être en mesure de réunir cette somme à lui seul, si besoin. Cependant, au cours de la discussion, ils souhaitèrent connaître ma position à propos des plus-values. Peut-être abordaient-ils cette question sans arrière-pensée, dans l'élan de la conversation, mais elle avait de l'importance à mes yeux. Je crus revivre la scène vécue dans le bureau du président du syndicat des machinistes.

Nixon réclamait une réduction des impôts sur les plus-values. C'était une question essentielle, en 1972, et je m'étais prononcé contre ce projet. Ces messieurs espéraient-ils que je leur confie en privé ce que, peut-être, je préférais éviter d'exprimer en public ? Je savais pertinemment quelle réponse ils souhaitaient entendre, tout comme je savais que cette « bonne réponse » ferait un bien fou aux finances de ma campagne. Il me suffisait de promettre de réfléchir au problème… mais j'en fus incapable. Je n'avais même pas à l'esprit les aspects macro-économiques du problème, pas plus que je ne cherchais à rester fidèle à une certaine éthique ; non, en vérité, je me sentais incapable de leur mentir, tout simplement.

— Je suis opposé à une réduction des impôts sur les plus-values, leur répondis-je. Si je suis au pouvoir, je ne changerai rien.

Après avoir vidé notre verre de limonade, Jimmy et moi avons regagné la voiture en silence. Mon frère faisait grise mine ; cet argent nous était indispensable, jugeait-il, et il pensait que j'avais ruiné la chance qui s'offrait à nous. Il s'installa au volant et ne décrocha pas un mot jusqu'à Wilmington. Peu avant de parvenir à destination, il sortit enfin du silence :

— J'espère que ta position sur les impôts sur les plus-values te tient vraiment à cœur, Joe, parce que tu viens de perdre l'élection.

En réalité, la plupart des personnes que nous avions rencontrées ce jour-là se muèrent en donateurs. Ils m'offrirent leur argent malgré mon obstination. Toutefois, afin d'être certain d'avoir les moyens d'acheter des espaces publicitaires sur les radios, je pris un risque. En dehors de ma famille, je ne possédais qu'un seul bien de valeur : la maison de North Star. Je la mis en gage. Roy Wentz, notre directeur financier, accepta de cosigner une note qui me permit d'emprunter vingt mille dollars et ainsi de maintenir nos spots publicitaires sur les ondes au cours des sept derniers jours de campagne. La chance fut en outre de notre côté. Une grève des journaux éclata la semaine précédant le scrutin et empêcha la distribution du dernier prospectus de Boggs – sur lequel figurait une photo de la Lune, avec ce slogan : « La seule chose que Joe Biden ne vous a pas promise. » Quarante-huit heures avant le grand jour, quand je reçus une fiente de mouette sur le crâne en prononçant une allocution à Bowers Beach, je choisis d'y voir un signe de victoire.

Les parents de Neilia nous rejoignirent pour nous aider durant les derniers jours de campagne. À vrai dire, M. Hunter nous aidait déjà depuis le début. Le plus difficile, au cours de cette campagne, je l'avoue sans détour, avait été de remplir nos assiettes. Bien que percevant de maigres rentrées du côté de mon nouveau cabinet d'avocats, nous devions nous serrer la ceinture. Le père de Neilia, quoique fervent républicain, soutint discrètement notre famille. Quand il ne nous restait plus rien ou presque, Neilia plongeait la main dans sa poche et en extirpait cent dollars.

— Où as-tu trouvé ces billets, Neilia ? ! m'étonnais-je, bien qu'ayant deviné la vérité.

J'étais fier de la confiance que m'accordait son père. Six ans après avoir tremblé de tous ses membres sur le parvis de l'église catholique de Skaneateles, M. Hunter était de nouveau prêt à me donner ma chance.

Le jour de l'élection se déroula comme dans un rêve. En cette belle journée, la participation fut élevée, ce qui joua en notre faveur. Au moment d'entrer dans la suite de l'hôtel du Pont, où était organisée la soirée d'après-scrutin, j'étais à peu près certain d'avoir repris le poste de sénateur à Boggs et aux républicains. Les premiers résultats parvenus étaient prometteurs ; j'avais fait beaucoup mieux que prévu dans le comté de Sussex, dans le sud de l'État, où les électeurs se fiaient davantage à l'impression personnelle donnée par les candidats qu'à leurs prises de position. J'avais également surpassé mes attentes à Brandywine Hundred, où les républicains étaient largement majoritaires. Les scores restaient tout de même serrés, et l'on attendait encore les résultats finaux d'un quartier ouvrier polonais et d'une partie de mon district. Cela faisait trois ans que je faisais du porte-à-porte dans ces rues. Tout le monde me connaissait, là-bas, ainsi que Neilia, en qui les parents voyaient la fille idéale. Jamais je n'oublierai que ce sont ces quartiers qui m'ont donné la victoire. Je l'emportai avec une large avance à Browntown et à Hedgeville. Je fus déclaré vainqueur avec trois mille voix d'avance sur deux cent trente mille suffrages exprimés. Je me trouvais encore dans ma suite, dans les étages, en compagnie de ma famille et des parents de Neilia, lorsque le sénateur Boggs m'appela pour reconnaître sa défaite :

— Belle campagne, Joe.

À ces mots qui officialisaient ma victoire, ma réaction ne ressembla en rien à celle que j'avais imaginée. Alors que j'étais censé être aux anges, je sentis des larmes se former dans mes yeux et ma gorge se serrer en écoutant mon concurrent malheureux. Comme si mon bon vieux bégaiement était de retour. Sur le moment, je me crus incapable d'articuler le moindre mot.

— Vous avez mené une excellente campagne, Joe, poursuivit Boggs.

— Je suis désolé, monsieur le sénateur, répondis-je. Vraiment désolé.

Je m'imaginais déjà à ses côtés deux jours plus tard, durant le Returns Day. Le Returns Day est une ancienne coutume toujours en vigueur dans le Delaware : le jeudi suivant le scrutin, les deux partis se rassemblent sur la grande place de Georgetown, où un crieur public proclame les résultats de l'élection depuis le balcon du palais de justice. Une petite hache est ensuite enterrée, de façon symbolique, puis le vainqueur et le vaincu des deux scrutins – Sénat et Chambre des représentants – font le tour de la place à bord d'une calèche tirée par des chevaux. Je voulus faire annuler ce défilé, prétextant une bronchite, mais Boggs n'avait pas accumulé les victoires électorales pendant vingt-six ans sans savoir deviner le fond de la pensée de ses interlocuteurs.

— J'ai souvent défilé en tant que vainqueur, Joe, me dit-il. Je serai fier d'apparaître à votre côté.

Je raccrochai. Dans la chambre, personne n'osait ouvrir la bouche. Nous étions tous abasourdis ; tout cela nous semblait irréel. Enfin, le père de Neilia rompit le silence :

— Bon, si ma fille doit être l'épouse d'un démocrate, autant qu'il soit sénateur des États-Unis…

Autour de moi, les réactions furent bienveillantes et franches. Big John Rollins, le principal soutien financier de Boggs, me félicita au téléphone, de sa voix traînante :

— Vous avez gagné, sacré gamin ! Si j'avais su que vous aviez vos chances, j'aurais dépensé beaucoup plus d'argent pour vous battre !

Jimmy était fou de joie. Ce soir-là, il répondit à des appels téléphoniques des quatre coins du pays. J'avais soudain beaucoup plus de soutiens :

— Vous avez reçu mon chèque, Jimmy ? … Non ? Je ne comprends pas ce qui s'est passé… Je l'ai posté il y a une semaine… Il devrait vous parvenir d'ici quelques jours, j'imagine.

Je suppose que, ce soir-là, je me sentis tout-puissant, car je signifiai à Jimmy que je refusais l'argent d'individus qui prenaient le train en marche et ne nous rejoignaient qu'après notre victoire.

— Nous sommes en déficit, Joe ! me supplia mon frère. Et je te rappelle que tu as mis en gage ta maison. Nous avons besoin de cet argent.

— Qu'ils aillent tous au diable. Dis-leur que nous le leur renverrons.

Jimmy m'écouta sans protester mais, Dieu merci, il ne renvoya pas les chèques.

Je ne crois pas être resté très tard à la soirée de victoire. Neilia et moi avions prévu d'adresser nos remerciements près d'une arche végétale de Delaware City assez tôt le lendemain matin, ce qui nous incita à regagner notre suite alors que la fête battait encore son plein. Comme nous ne trouvions pas le sommeil, ce fut pour nous l'occasion, dans l'obscurité et l'intimité de notre chambre, de visualiser notre avenir. Une toute nouvelle vie nous attendait à Washington, où il nous faudrait trouver une nouvelle maison, dans laquelle nous organiserions des réceptions, bien sûr. Une nouvelle école pour les garçons. Nous nous éloignerions de ma famille et de Wilmington. Prendrions-nous une baby-sitter pour notre fille ? Le plus agréable, dans ces échanges, fut d'imaginer ma vie de sénateur. Je serais enfin en mesure d'agir, de mettre en pratique tout ce dont nous parlions depuis des mois. Loin de nous contenter du vote des électeurs, nous serions leur voix. Une question me titilla ce soir-là, sans que je l'exprime à haute voix : qu'avais-je fait pour mériter un tel succès ?

Avec le recul, j'aurais probablement dû être intimidé à l'idée d'entrer au Sénat des États-Unis, de faire mes premiers pas dans la fosse, de débattre avec William Fulbright ou quelque autre sommité. Or je n'éprouvais rien de tel. Bien au contraire, je me sentais surexcité et impatient, exactement comme autrefois, sur le terrain, quand, juste avant la quatrième et ultime possession de balle, je prenais la mesure du *linebacker* qui me faisait face, me sachant capable de le bloquer.

Le sénateur Church me présenta à Wes Barthelmes, qui devint mon directeur de cabinet. Wes avait été attaché de presse de Bobby Kennedy et éditeur local au *Washington Post*. Quand Katharine Graham, la patronne du journal, avait besoin de quelqu'un pour régler un conflit opposant les journalistes du *Post* à la direction, elle faisait appel à Wes. Celui-ci connaissait Washington et le Sénat comme sa poche. Il avait par ailleurs été parachuté au-dessus de la Normandie en 1944, au sein de la 82e division aéroportée, ce qui lui conférait un sens des priorités très affûté. La première était de monter une équipe. Nous avions environ trente-cinq postes à pourvoir – et deux mille cinq cents postulants, pour la plupart issus de Harvard ou des universités de Chicago ou de Stanford. En principe, je n'étais même pas censé découper une feuille de papier. Fallait-il que j'embauche un diplômé de l'université Rhodes pour répondre au téléphone ?

On m'octroya des bureaux perdus au fin fond du sixième étage du bâtiment Dirksen. (Certaines personnes ignorent jusqu'à l'existence d'un sixième étage dans le bâtiment Dirksen. Peut-être ont-ils vaguement perçu des rumeurs à son sujet, mais ils n'y ont jamais mis les pieds.) Je ne pouvais pas m'attendre à grand-chose, étant bon dernier de l'ordre protocolaire, lequel est déterminé en fonction du plus haut poste occupé par les sénateurs nouvellement élus – et si cela ne suffit pas, par la taille de l'État qu'ils représentent. En tant qu'ancien membre du conseil du comté, j'étais placé derrière les anciens membres de la Chambre des représentants, gouverneurs, législateurs d'État et maires. J'aurais sans doute devancé les responsables de fourrière municipale, mais c'était à peu près tout. Pire encore, il me faudrait attendre quelques mois et la prochaine session parlementaire pour emménager dans mon bureau. Heureusement, Robert Byrd, sénateur de Virginie-Occidentale, me céda une pièce de ses immenses appartements du Capitole, ce qui me permit de disposer d'un endroit où recevoir les candidats désireux d'intégrer mon cabinet.

Quand cette tâche ne me monopolisait pas, j'abordais des sénateurs ici ou là entre deux séances, afin de leur présenter mes respects. Telle était la tradition, et je tenais à leur signifier combien j'étais honoré de les rejoindre. Tant en raison de mon éducation que de mon jeune âge, je ne me permettais aucune familiarité avec mes nouveaux collègues. Je ne m'imaginais pas un instant appeler le sénateur Church « Frank », le sénateur Magnuson « Warren » (encore moins « Maggie ») ou le sénateur Jackson « Scoop ». Je ne m'adressais à ces messieurs qu'en leur donnant du « Monsieur le sénateur », voire du « Monsieur le président », le cas échéant.

C'est ainsi qu'un jour je me présentai dans le bureau du sénateur John Stennis, du Mississippi, afin de lui présenter mes respects, donc. L'allure impressionnante dans ses vêtements toujours impeccables, Stennis était sénateur depuis plus de vingt-cinq ans et présidait la Commission des forces armées du Sénat. En un temps où je fréquentais encore l'école primaire, Stennis s'était dressé dans la salle des séances du Sénat et avait héroïquement tancé le sénateur Joe McCarthy, lui reprochant de priver les citoyens de leurs libertés constitutionnelles, alors qu'il avait autrefois lui aussi été partisan de la ségrégation raciale. Installé au bout de l'immense table de conférence en acajou qui lui servait de bureau, il tapota le fauteuil voisin du sien :

— Venez donc, asseyez-vous ici… Dites-moi, quelle raison vous a décidé à vous présenter à l'élection sénatoriale ?

— Les droits civiques, monsieur, répondis-je du tac au tac, avant de subitement me rappeler le passé ségrégationniste de cet homme.

Sur le moment, je craignis d'être allé trop loin, mais il se contenta de sourire :

— Les droits civiques ? Bien… Bien, bien… Je suis ravi de vous avoir parmi nous.

Et ce fut tout.

Si je n'ai depuis jamais souhaité que le temps s'accélère, j'avais hâte d'avoir trente ans, l'âge requis par la Constitution pour intégrer le Sénat. Pour mon anniversaire, une grande fête fut organisée le 20 novembre au Pianni Grill, à Wilmington, deux semaines et demie après mon élection. Atteindre la trentaine fut un véritable événement pour moi ; ma victoire dans les urnes était enfin officialisée. Neilia m'aida à couper le gâteau, comme lors de notre mariage, si ce n'est que Beau et Hunter étaient cette fois avec nous – ainsi qu'une équipe de télévision et des photographes de presse. Le lendemain, un article, dans un journal local, affirmerait que j'étais en route pour la Maison Blanche. Alors que je n'avais pas encore prêté serment au Sénat ! Je me rappelle avoir pensé que cet emballement n'avait rien de bon, que cet enthousiasme me porterait forcément préjudice. Peut-être n'était-ce que mes nerfs cédant enfin sous la pression, mais je n'en avais pas moins la sensation de voir mon avenir me bondir au visage avec violence, et je n'étais pas certain d'être prêt pour cela. Jamais je ne devais oublier cette étrange impression ressentie en coupant mon gâteau d'anniversaire avec Neilia.

Mon élection au Sénat m'ayant imposé de quitter mon siège au conseil du comté, il nous était désormais possible d'emménager dans la maison de North Star. Après avoir loué deux camionnettes, Jimmy et moi nous chargeâmes nous-mêmes du déménagement. Rapatrier les affaires de mes parents dans la maison de Woods Road nous prit un certain temps, mais transporter les nôtres, à Neilia et moi, à North Star ne présenta aucune difficulté. Nos seuls meubles dignes de ce nom étaient notre lit à baldaquin et une immense bergère qui fut disposée dans le salon, face à la cheminée, sans oublier notre service de table. C'en était même un peu ridicule. L'immense salon – cinq mètres par neuf – était doté d'un haut plafond, d'un parquet brillant (nous n'avions pas encore de tapis), d'une cheminée en pierre et donc de la bergère. Rien de plus. Mais nous n'avions pas le temps de le remplir. Nous n'avions même pas trouvé un moment pour effectuer nos achats de Noël et installer un sapin. Je multipliais les allers et retours à Washington ; pendant les trois semaines qui suivirent mon anniversaire, Neilia m'y accompagna autant que possible. Dès que se présentait une pause dans les entretiens en vue de constituer mon cabinet, nous nous lancions en quête d'une maison. Car nous comptions nous installer à Washington, sans pour autant renoncer à North Star. Rembourser les prêts de deux demeures avec un salaire de sénateur de quarante-deux mille dollars par an n'aurait rien d'évident, certes, mais il nous fallait une maison à Washington, ainsi qu'une école pour les garçons. Le père de Neilia, qui avait proposé de verser l'apport de cette seconde maison, fut enchanté de nous aider quand notre choix se fixa sur une petite demeure de style colonial située non loin du rond-point de Chevy Chase, à deux pas d'une église presbytérienne où les garçons seraient scolarisés en maternelle. Notre offre d'achat fut acceptée le vendredi 15 décembre. La signature de l'acte était prévue en milieu de la semaine suivante. Le week-end venu, Neilia et moi, de retour à North Star, avions la sensation d'enfin toucher à l'avenir que nous envisagions depuis si longtemps. La maison de Washington serait agréable, bien sûr, mais nous nous sentions déjà chez nous à North Star – nous y fêterions tous les ans Thanksgiving, Noël et Pâques, ainsi que les anniversaires de la famille. Nous comptions d'ailleurs y passer la plupart de nos week-ends. Pour Beau, Hunter et Naomi, North Star serait leur véritable foyer. Ce dimanche soir, les enfants endormis à l'étage, Neilia et moi, assis sur notre bergère, face à la lueur du feu de cheminée, jouissions d'un moment de repos proche de la perfection qui dépassait de très loin mes rêves romantiques de jeunesse. J'étais sénateur des États-Unis à seulement trente ans, et notre famille était unie dans une merveilleuse maison. Les portes s'ouvraient tout juste sur le reste de notre vie. Neilia et moi avions accompli cet exploit stupéfiant ensemble, et il nous restait tant de choses à accomplir. Nous ne savions pas vraiment ce que nous réservait la suite de notre vie, mais nous avions hâte de le découvrir.

– 5 –

Six mois

Le lendemain matin, je repris la route de Washington, pour y recevoir de nouveaux postulants. Neilia préféra rester à Wilmington, car il ne restait plus qu'une semaine avant Noël et nous n'avions pas eu le temps de préparer quoi que ce soit. Elle avait prévu de prendre le petit déjeuner en compagnie de Jimmy, puis de faire de monstrueuses courses ; elle était déterminée à ne pas rentrer à la maison sans sapin.

Val et moi nous trouvions dans le bureau prêté par le sénateur Byrd lorsque Jimmy appela de Wilmington. Il demanda à parler à Val, puis celle-ci raccrocha, le visage soudain blême.

— Il y a eu un petit accident, apparemment, dit-elle. Rien de grave, mais nous ferions mieux de rentrer à Wilmington.

Est-ce la curieuse tonalité de sa voix qui me mit la puce à l'oreille ? Ou la moue crispée qui ne la quittait pas ? Quoi qu'il en soit, je fus instantanément gagné par une sensation d'une violence bouleversante, plus forte qu'une prémonition, une agression physique qui me donna l'impression que l'on m'avait enfoncé une aiguille en pleine poitrine. Je sentais déjà que Neilia était partie.

— Elle est morte, c'est ça ? balbutiai-je.

Val ne répondit pas. Je me revois encore sortir du bureau du sénateur Byrd, me retrouver sous l'immensité de la rotonde du Capitole. Sous ce dôme démesuré, je me sentis… minuscule.

Rentré à Wilmington par avion, je n'obtins pas d'informations certaines avant mon arrivée à l'hôpital. Tout au long du trajet, je n'avais cessé de me dire que tout irait bien, que je me laissais emporter par mon imagination, mais dès l'instant où, à l'hôpital, je découvris le visage de Jimmy, je compris que le pire était advenu. Beau, Hunter et Naomi se trouvaient dans la voiture avec Neilia quand l'accident était survenu. Neilia et notre fillette étaient mortes. Les garçons étaient tous deux vivants, mais Beau souffrait de nombreuses fractures et Hunter était blessé à la tête. Les concernant, les médecins n'excluaient pas des séquelles définitives. Incapable de prononcer la moindre parole, j'étais écrasé par ce creux qui grandissait dans ma poitrine, comme aspiré par un trou noir intérieur.

Les quelques jours qui suivirent, je fus constamment en proie à des vertiges, comme quand on rêve qu'on chute… au détail près que cette chute ne s'arrêtait pas. Dans mes périodes de sommeil agité, j'avais la vague conscience de l'infime possibilité que je me réveillerais bientôt, pour me rendre compte que rien de tout cela ne s'était produit. Hélas, dès que j'ouvrais les yeux, mon regard se posait sur mes fils dans leurs lits d'hôpital – Beau totalement couvert de plâtre – et le cauchemar s'imposait de nouveau à moi. Reprenant peu à peu conscience, je sentais toujours une présence dans la pièce – Val, ma mère ou Jimmy. Pas un instant ils ne me laissèrent seul. Je n'ai aucun souvenir de m'être trouvé physiquement seul.

Bien qu'ayant, la plupart du temps l'esprit engourdi, je connaissais parfois de terribles instants lors desquels la souffrance me poignardait aussi sûrement qu'un éclat de verre. Je comprenais comment le désespoir poussait certaines personnes à en finir ; le suicide devenait une option *raisonnable*. Mais alors je considérais Beau et Hunter ; si je commettais un tel geste, quelles terreurs nouvelles hanteraient leurs rêves, et surtout qui leur expliquerait que j'étais moi aussi parti ? Je n'avais d'autre choix que de rester en vie.

Je ne quittais plus la chambre de mes garçons – je n'en étais sorti que pour assister aux obsèques – et ma vie se limitait à m'occuper d'eux. En me focalisant sur leurs moindres besoins, minute par minute, peut-être trouverais-je la force d'échapper au trou noir qui menaçait de m'engloutir. En guise d'avenir, je ne voyais plus que le prochain pas à effectuer, puis le suivant, tout horizon ayant disparu de ma vue. Washington, la politique, le Sénat… tout cela n'était plus rien à mes yeux. J'étais censé prêter serment au Sénat deux semaines plus tard, mais imaginer cette scène sans Neilia à mes côtés m'était insupportable. Décidé à faire preuve de la plus grande franchise sur ce point, je fis savoir autour de moi que si le Delaware pouvait toujours se trouver un autre sénateur, mes garçons ne pourraient se trouver un autre père. Puis j'avertis Mike Mansfield, le chef de la majorité au Sénat, que je ne serais finalement pas des leurs. Le sénateur Hubert Humphrey, ancien vice-président des États-Unis, m'appelait presque quotidiennement, simplement pour prendre de mes nouvelles. Il ne passait que rarement le barrage formé par Jimmy, qui filtrait mes appels, sachant que je ne souhaitais parler à personne en dehors de la famille. Jimmy échangeait également avec le gouverneur du Delaware, tout juste élu, à qui il reviendrait de nommer un nouveau sénateur en cas de désistement de ma part.

Le sénateur Mansfield, refusant de renoncer à moi, multipliait lui aussi les appels afin de s'enquérir de mon état. Il me rappela notamment qu'il m'avait intégré au comité directeur démocrate, groupe chargé de composer les diverses commissions – à l'époque une première pour un sénateur fraîchement élu. Or un conflit faisait rage à propos d'un poste à attribuer à la Commission des finances, et les membres du comité avaient besoin de mon aide. Je me moquais éperdument de ces tracas.

Les médecins nous apportèrent de bonnes nouvelles : Beau et Hunter se remettraient totalement de leurs blessures. Les os de Beau se ressouderaient, et le cerveau de Hunter était intact. Tandis que mes fils étaient encore hospitalisés le jour de Noël, je sentais se développer en moi de la colère. Quand les garçons dormaient, quand Val ou ma mère restaient à leur chevet, je sortais de l'hôpital pour marcher dans les rues voisines. Jimmy m'accompagnait et je l'entraînais sans un mot dans les quartiers les plus miteux possible. J'aimais sortir de nuit, estimant avoir alors davantage de chances de provoquer une bagarre ici ou là. C'était une obsession. Jamais, jusqu'alors, je ne m'étais cru capable de nourrir une telle rage. On m'avait volé mon avenir, je l'avais bien compris, mais j'avais également le sentiment d'avoir été privé de mon passé.

Les fondements même de ma vie avaient été sciés sous moi… et en méditant sur cela, je ne pensais pas uniquement à la perte de Neilia et de Naomi. Toute ma vie durant, on m'avait répété que nous vivions protégés par un Dieu bienveillant. Un Dieu clément et juste, conscient que les hommes commettent parfois des erreurs. Un Dieu tolérant. Un Dieu qui nous laisse la liberté de douter. Un Dieu aimant, prompt à réconforter.

Je ne voulais plus entendre parler d'un Dieu miséricordieux. Nulle parole, nulle prière, nul sermon n'avait le pouvoir de m'apaiser. J'avais le sentiment que Dieu m'avait joué un sale tour, et je lui en voulais terriblement. L'Église ne m'apportait aucun réconfort. Voilà pourquoi j'arpentais les rues sombres, cherchant à laisser éclater ma rage.

Le sénateur Mansfield s'acharnait, infatigable. Il appelait tous les jours à l'hôpital, me rappelant qu'il avait besoin de moi et me tenant au courant de l'évolution de la situation au comité directeur. En ces moments, je me rappelais que quelques semaines auparavant ma propre nomination à diverses commissions me semblait d'une importance vitale. Serais-je en mesure de convaincre le président Fulbright de m'inclure dans la Commission des Affaires étrangères ? En tant que sénateur tout juste élu, serais-je envisagé pour la Commission judiciaire ? À présent, tout cela ne m'intéressait plus du tout. Mansfield continuait de parler : la lutte qui opposait Lloyd Bentsen à Adlai Stevenson pour l'attribution du nouveau poste à la Commission des finances était dans l'impasse ; il fallait à tout prix prendre une décision. Or ma voix serait celle qui ferait basculer le verdict du comité directeur d'un côté ou de l'autre. Le président de la Commission des finances, Russell Long, originaire de Louisiane, défendait les candidats venus d'États producteurs de pétrole et de gaz, tandis que les sénateurs progressistes du Nord-Est estimaient que la Commission des finances devait comprendre davantage de représentants d'États consommateurs de ces énergies, tel l'Illinois de Stevenson. Ce n'était pas une question anodine, d'autant qu'un choc pétrolier semblait imminent. Si le vote allait dans son sens, le sénateur Long n'aurait aucune difficulté à étouffer les projets de loi qu'il jugerait néfastes pour ses électeurs de Louisiane. Mansfield, sans se lasser, me détaillait la situation, ne ménageant pas ses forces pour focaliser mon esprit sur autre chose que la chambre d'hôpital, mais rien ne me semblait avoir de l'importance. Je me moquais éperdument de la Commission des finances du Sénat !

Mansfield ne s'avoua pas vaincu. Un soir, alors qu'assis sur le rebord de la fenêtre de la chambre, les garçons endormis et mon attention pas trop distraite, je l'écoutais pour la énième fois, le chef de la majorité au Sénat me fit remarquer que je devais à la mémoire de Neilia d'accepter de compter parmi les mille six cent quatre-vingts individus à avoir jamais été investis au Sénat. Mon épouse avait travaillé trop dur pour que je renonce à cet objectif. Je lui devais bien cela. Et je le devais à mes fils.

— Accordez-moi six mois de votre vie, Joe, insista le sénateur Mansfield.

Je finis par céder.

Six mois, pas davantage.

– 6 –

Un bon début

Dès mon premier jour au Sénat, j'eus la sensation de n'y être venu qu'en tant qu'observateur. Je ne percevais pas le moindre lien me reliant à cette institution. Mes collègues nouvellement élus avaient prêté serment dans la salle des séances, en présence du vice-président, mais j'avais quant à moi refusé de m'éloigner de Beau et Hunter. En toute franchise, je n'avais aucune envie de me rendre à Washington. Le sénateur Mike Mansfield prit soin d'envoyer le secrétaire du Sénat à l'hôpital général de Wilmington, où celui-ci me fit prêter serment. La 93e législature du Congrès était déjà lancée depuis près d'une semaine quand enfin je me présentai à Washington pour mon premier jour de travail en tant que sénateur des États-Unis.

Accident ou pas, il me restait toujours le même problème à résoudre : mon âge. Je n'avais pas l'allure d'un sénateur. Je fus plus d'une fois interpellé alors que je me dirigeais vers l'ascenseur spécial qu'empruntaient mes collègues lors des votes, quand celui-ci était actionné par un liftier que je n'avais pas encore croisé : « Cet ascenseur est réservé aux sénateurs, jeune homme. »

De telles scènes se reproduisirent pendant des années. Jamais je n'oublierai ma première rencontre avec Henry Kissinger. Je dois préciser que, dans les années 1970, le Sénat était beaucoup plus protocolaire. Un jour, je reçus une invitation – quelques lignes imprimées en relief – à une réunion de la Commission des Affaires étrangères réservée à ses membres – sans aucun assistant, était-il précisé – au cours de laquelle le secrétaire d'État exposerait sa « vision du monde ». Déterminé à préparer au mieux cet événement, je réfléchis aux quelques questions que je souhaitais poser au secrétaire d'État, puis me présentai avec cinq minutes d'avance dans la salle de réunion habituelle de la Commission des Affaires étrangères, dans le bâtiment Dirksen. Dix minutes plus tard, j'étais toujours seul dans la pièce. J'appelai mon bureau, qui me révéla que la réunion était programmée au Capitole même, salle S-116, que je n'étais pas certain de situer avec exactitude. Je regagnai à toutes jambes le Capitole et m'élançai dans les couloirs, mon regard passant d'un numéro de porte au suivant. En ce temps où les pièces n'étaient pas sécurisées comme aujourd'hui, il n'était pas rare que de la musique soit diffusée dans les couloirs, au niveau des salles de réunion dont les occupants ne souhaitaient pas qu'on entende leurs conversations de l'extérieur. Or je ne percevais pas la moindre note de musique. Quand enfin je trouvai la salle S-116, j'étais déjà très en retard, en sueur d'avoir tant couru. En me voyant me ruer vers la porte, un agent de sécurité armé m'agrippa par l'épaule, me retourna et me plaqua contre le mur :

— Tu vas où comme ça, mon pote ?

J'extirpai mon badge de sénateur, et l'agent de sécurité me présenta ses excuses les plus fleuries. J'étais dans un tel état d'excitation que je fis une entrée un peu trop brusque dans ce sanctuaire : la poignée de la porte m'échappa et le battant se fracassa bruyamment contre une armoire remplie de dossiers. Quelques sénateurs se levèrent d'un bond, puis se rassirent, stupéfaits, tandis que je me précipitais auprès du Dr Kissinger.

— Veuillez me pardonner pour mon retard, bafouillai-je.

Quelle entrée ! Je me frayai ensuite un chemin vers l'unique siège libre – ce qui donnait vraiment l'impression que j'étais là pour boucher les trous – mais Kissinger avait quasiment terminé son allocution quand enfin je m'installai. Mike Mansfield présidait la réunion, ce jour-là. Dès qu'il déclara ouverte la séance de questions, je levai la main.

— J'ai une question, monsieur le président, dis-je, avant de me tourner vers Kissinger, prenant le ton le plus sénatorial possible. Monsieur le secrétaire…

— Je croyais que les assistants n'étaient pas admis à cette réunion, monsieur le président, m'interrompit Kissinger, s'adressant à Mansfield.

Je vis un adjoint de Kissinger griffonner quelques mots à la hâte sur une feuille de papier, qu'il tendit à son patron : « Biden, démocrate, Delaware. »

— Oh, pardonnez-moi, sénateur Bid-den, dit Kissinger, après avoir lu cette note, et non sans affreusement écorcher mon nom.

— Il n'y a pas de mal, monsieur Dulles[1], répondis-je du tac au tac.

Averell Harriman, le diplomate le plus chevronné parmi les démocrates de Washington, était un ami proche à l'époque, ce qui ne l'empêchait pas de me lancer presque à chaque réunion :

— Dites-nous ce que pensent les jeunes de cette question, Joe.

Je passais mon temps à tenter de faire comprendre à mes collègues que mon âge ne me donnait pas le pouvoir de m'exprimer au nom de toute la jeunesse du pays.

L'autre problème était que les sénateurs étaient tous au fait de ma « tragédie personnelle », pour reprendre l'expression tant prisée par les journaux. Certains ne savaient pas vraiment quoi me dire, c'était évident, mais d'autres se donnaient du mal pour me faire participer aux affaires traitées au sein du Sénat, pour me donner la sensation d'être accepté par cette communauté. Le sénateur Mansfield me demandait de le rejoindre dans son bureau au moins une fois par semaine, afin de faire le point sur la façon dont je gérais mes affaires au Sénat. Il s'efforçait de donner l'illusion d'agir de la sorte avec tous les nouveaux, mais je savais à quoi m'en tenir : il prenait mon pouls. Le sénateur Hubert Humphrey m'agrippait parfois dans la salle des séances du Sénat et, avec son enthousiasme et ses mots débités à un rythme de mitraillette, me répétait qu'une grande carrière se dessinait devant moi. Il lui arrivait également d'entrer dans mon bureau

1. Joe Biden fait ici allusion à John Foster Dulles (1888-1959), légendaire secrétaire d'État sous Eisenhower, de 1953 à 1959.

à l'improviste, ce qui ne se fait que rarement au Sénat. Il s'installait alors sur mon canapé et me demandait comment je me sentais, réclamait des nouvelles de mes garçons, de ma famille. Je le vis même parfois verser quelques larmes, tant il était navré pour moi, si bien que c'était à moi de le consoler. Il mit un point d'honneur à m'inclure à la délégation du Sénat qui se déplaça au château de Ditchley Park[1], près d'Oxford, en Angleterre, puis il s'arrangea pour que mon frère Jimmy me rejoigne là-bas, en guise de surprise. Humphrey avait au préalable demandé à Jim de m'emmener cinq jours en vacances n'importe où.

Teddy Kennedy se rendait lui aussi assez régulièrement jusqu'à mon bureau perdu dans un recoin du bâtiment Dirksen. Après s'être glissé dans l'antichambre trop exiguë, il passait la tête dans l'entrebâillement de la porte de mon bureau. Un jour, par exemple, il me proposa de l'accompagner à la salle de sport du Sénat. Je lui répondis que je ne me sentais pas en état de soulever de la fonte. Il m'expliqua que cette salle de sport ne comprenait pas d'haltères ni de poids ; en réalité, c'était plutôt un endroit « pour vieux messieurs », où l'on pouvait se faire masser ou se détendre dans un sauna. Ces précisions ne m'attirèrent pas davantage : je ne m'étais jamais fait masser, et je n'étais pas certain d'être tenté par cette expérience.

Teddy insista, soulignant que c'était le lieu idéal pour nouer des liens avec des collègues que je n'avais pour la plupart pas encore rencontrés :

1. Organisation britannique privée, la Fondation Ditchley a pour vocation le développement des relations entre la Grande-Bretagne et les États-Unis.

— Allez, suis-moi, je t'emmène !

Je finis par céder. La porte de la salle de sport à peine franchie, nous sommes tombés nez à nez avec trois sénateurs légendaires. Je les connaissais de vue, d'après des photos, et je lisais depuis des années leurs faits d'armes dans les journaux. Sans me laisser le temps d'ouvrir la bouche, Teddy prit les devants :

— Permets-moi de te présenter à ces messieurs, Joe.

Il y avait là Jacob Javits, républicain représentant l'État de New York et expert reconnu en matière de politique étrangère, ainsi que Stuart Symington, démocrate du Missouri que l'on voyait depuis des années candidat potentiel à l'élection présidentielle. J'avoue avoir oublié qui était le troisième. Ils étaient là, à moins d'un mètre, la main tendue pour me saluer, nus comme au jour de leur naissance. Je fis de mon mieux pour soutenir leur regard, même si je n'avais pas la moindre idée de ce que j'étais censé dire. Si eux semblaient tout à fait à l'aise, j'avais la sensation d'évoluer dans ce genre de cauchemar dans lequel vous vous visualisez nu comme un ver devant toute la classe.

Malgré les aimables attentions de mes collègues, je doutais toujours de mon envie de poursuivre ma carrière au Sénat. Je n'avais par moments qu'un désir : m'éloigner de tout. Je me lançai alors à la recherche d'une maison à acheter dans le Vermont, où il me serait possible de me remettre de l'accident, de prendre un nouveau départ en un lieu où nul ne nous connaîtrait, mes fils et moi. Je ne voyais aucun intérêt à nouer des relations personnelles avec les journalistes, les membres de mon cabinet ou encore mes collègues à Washington. Durant mes journées de travail, je pensais sans cesse au moment où enfin je quitterais le Capitole et rentrerais chez moi. Alors que mes collègues déjeunaient presque tous les jours dans une des salles à manger des lieux, j'avalais un casse-croûte dans mon bureau, profitant de cette pause pour appeler mes garçons, Val ou ma mère.

D'après Wes Barthelmes, mon directeur de cabinet, mon comportement asocial risquait de me valoir une réputation peu flatteuse chez les journalistes et parmi mes collègues. Il m'expliqua qu'à Washington les réputations naissaient très vite et qu'il était ensuite très difficile de s'en défaire. Il était selon lui indispensable que je sorte pour le déjeuner, que je me montre dans les salles à manger. Celles-ci étaient au nombre de trois. La première, située au Capitole, était réservée aux sénateurs – ces derniers avaient tout loisir d'y bavarder en toute tranquillité, me précisa Wes ; c'était là que l'on avait vent des dernières rumeurs. De l'autre côté du couloir se trouvait la deuxième salle à manger, moins formelle, à laquelle les membres des cabinets avaient accès. Enfin, une troisième était située au rez-de-chaussée du bâtiment Dirksen, accessible aux sénateurs et à leurs équipes. D'après la rumeur, le sénateur McClellan, président de la Commission du budget, avait demandé aux architectes de prévoir une salle à manger dans le bâtiment Dirksen afin de ne pas avoir à marcher jusqu'au Capitole pour déjeuner.

Wes avait raison, bien entendu, mais il lui fallut plusieurs semaines pour réussir à me traîner hors de mon bureau. Quand enfin j'eus cédé, je précisai que je n'acceptais que de faire une tentative dans la salle à manger du bâtiment Dirksen ; je n'étais pas encore prêt à m'aventurer dans l'espace exclusivement réservé aux sénateurs.

Les tables se vidaient déjà car il était assez tard. Alors que je m'apprêtais à m'asseoir, Wes m'agrippa le bras et me désigna un type en costume gris.

— C'est le sénateur McClellan, me souffla-t-il. Vous devriez le saluer.

Je n'avais pas encore fait la connaissance de McClellan, qui, avant l'accident, figurait sur la liste des sénateurs avec qui il était important que je tisse des relations. William Fulbright, lorsque j'étais allé le trouver pour le convaincre de m'intégrer à la Commission des Affaires étrangères, m'avait donné un conseil :

— Si vous souhaitez peser sur les Affaires étrangères, prenez contact avec le sénateur McClellan. Il est originaire de l'Arkansas, comme moi, et il préside la Commission du budget.

Par ces mots, Fulbright avait voulu me faire comprendre que les intérêts américains et leur rayonnement dans le monde dépendaient de la répartition de notre budget.

— Bonjour, monsieur le président, lançai-je, avant de me présenter. Joe Biden.

— Ah oui, vous êtes le gars du Delaware, répondit McClellan sans se lever – sans même lever la tête, si ma mémoire ne me trahit pas. Vous avez perdu votre femme et votre fille, c'est ça ?

Il n'y avait pas la moindre compassion dans sa voix. Si cette approche inédite avait presque un côté rafraîchissant, je me sentis agressé par la violence de ses paroles. J'eus envie de le frapper, de gifler ses joues roses, mais il enchaîna :

— Il n'y a qu'une chose à faire : vous noyer dans le travail.

Me voyant sans réaction, il devina que je n'appréciais guère son conseil.

— Vous m'en voulez, fiston, n'est-ce pas ? Mais je sais ce que vous traversez.

Il me raconta alors son histoire. Son épouse était décédée d'une méningite cérébro-spinale au cours de son premier mandat à la Chambre des représentants. Huit ans plus tard, le même mal lui avait pris un fils. Et depuis, il avait perdu deux autres fils.

— Le travail, conclut-il. Il n'y a que ça pour s'en sortir. Le travail, le travail et encore le travail.

Je mentirais si je prétendais avoir aussitôt relevé mes manches pour me jeter à corps perdu dans le travail. Le fait est que les sénateurs fraîchement élus ne se voyaient guère offrir beaucoup d'occasions de mener des débats, en ce temps-là, et ils n'étaient que rarement acceptés dans les commissions qu'ils souhaitaient intégrer. La liste d'attente pour accéder à la Commission des Affaires étrangères était déjà bien remplie. Hubert Humphrey, de retour au Sénat après avoir été vice-président, y siégeait. Les nouveaux n'avaient pas l'ombre d'une chance. Je fus tout de même nommé dans des commissions en lien avec les grandes industries du Delaware, à savoir les banques et les travaux publics. Dans les premiers temps, il me fut presque impossible de rester attentif durant les longues réunions au cours desquelles était exposé le fonctionnement nébuleux des intérêts des crédits renouvelables, par exemple. Malgré cela, n'ayant jamais perdu de vue l'abnégation dont mon père avait fait preuve autrefois dans un cadre professionnel peu enthousiasmant, je mettais un point d'honneur à assister quotidiennement à ces séances, à participer aux scrutins qui comptaient et à suffisamment m'informer pour voter au mieux. J'étais résolu à faire mon travail du mieux possible, en véritable professionnel, mais je faisais le minimum syndical. J'avais la sensation d'être un ouvrier sur une chaîne de montage. Je faisais correctement mon boulot, mais si je constatais une déficience sur la ligne voisine, je ne me donnais pas la peine de me déplacer pour régler le problème.

Un homme meilleur que moi aurait géré une telle situation avec davantage d'élégance ; il aurait trouvé la force de faire la part des choses entre sa vie personnelle et sa carrière politique. Or l'absence de Neilia était comme une compagne qui jamais ne s'éloignait de moi. Il m'arrivait tout de même d'oublier ce vide pendant quelques minutes, des heures, voire toute une journée, si bien que je me sentais parfois presque… normal. Puis soudain, accablé de culpabilité, je me reprochais de vouloir être normal. À d'autres moments, mon désespoir et la sensation d'être rongé par le trou noir coincé dans ma poitrine étaient aussi forts que le jour de l'accident. Ces rechutes s'expliquaient parfois, et c'était bien normal, par l'approche des vacances ou d'une date mémorable, comme l'anniversaire de Neilia, mais ce désespoir me pétrifiait de temps à autre sans raison aucune.

Mes collaborateurs les plus proches lisaient en moi des signaux que je n'étais même pas conscient d'émettre. Jusqu'à quatre, cinq, six mois après le début de mon mandat au Sénat, ils devinaient, en me voyant me présenter portant à l'auriculaire la bague de lycée de Neilia, que je ne leur adresserais pas la parole ce jour-là, que je resterais enfermé dans mon bureau, bavardant au téléphone avec mes fils ou Val. S'il fallait voter quelque chose, je me traînais jusqu'à la salle des séances, déposais mon bulletin et regagnais en toute hâte mon antre pour appeler Jimmy ou ma mère. Et je m'en cachais à peine. J'appris par la suite que les paris allaient bon train dans les autres cabinets : combien de temps Biden tiendrait-il à son poste ?

La perte de Neilia et de Naomi m'avait privé de ma joie d'être sénateur des États-Unis – ma vie, de façon générale, ne comprenait plus une once de joie. Même dans mes meilleurs jours, je n'avais pas le cœur à imaginer mon avenir, qu'il soit au Sénat ou ailleurs. Aucune visibilité sur quelque horizon que ce soit. La tête baissée, je me contentais de poser un pied devant l'autre. J'avais retrouvé l'état d'esprit adopté à Archmere au cours des sprints fractionnés, lors des entraînements de football. Même si j'en avais vingt à accomplir, je ne pensais qu'au suivant : *Un seul sprint !* Puis, *encore un* ! Et ainsi de suite. Chaque journée au Sénat équivalait à un sprint supplémentaire, et c'était un triomphe suffisant à mes yeux. Je faisais mon travail, puis je sautais dans la voiture et rentrais à North Star. M'occuper de Beau et Hunter était mon obsession, même si j'avais conscience qu'agir de la sorte servait au moins autant à me soigner.

Quand enfin mes fils furent sortis de l'hôpital, Val et son mari Bruce s'installèrent avec nous à North Star. Nous n'en n'avions jamais vraiment parlé avant que cela se fasse, mais ma sœur n'avait pas oublié la règle de la famille Biden : « Si l'on en arrive à devoir réclamer de l'aide, c'est qu'il est déjà trop tard. » Sans que j'aie eu à le lui demander, Valerie tint de son mieux un rôle de figure maternelle vis-à-vis de Beau et de Hunter, qui n'avaient que quatre et trois ans. Beau était encore totalement plâtré, avec une barre fixée entre les genoux afin de faciliter son transport. En plus d'avoir été privés d'un repère essentiel, mes fils avaient subi un traumatisme physique. Quand je quittais North Star à destination de Washington, je sentais parfois de la terreur en eux.

— Tu pars, papa ? Tu t'en vas ?

Ils voulaient que je leur promette que je *reviendrais*. Tenant quoi qu'il advienne à leur prouver que je serais toujours auprès d'eux, je rentrais sans faute tous les soirs à la maison.

Val leur permettait généralement de rester debout jusqu'à mon retour, même s'il était tard. Ils prenaient alors leur dessert pendant que j'attaquais mon dîner. Puis je les portais dans leur chambre et m'allongeais avec eux, une main sur chacun. Et je leur parlais. Nous récitions nos prières ensemble, sans oublier les trois Je vous salue Marie préconisés par grand-père Finnegan. Et quand ils se réveillaient, le lendemain matin, j'étais encore présent dans la maison.

Je leur avais en outre accordé le droit de me joindre à tout moment et sans délai. Si l'envie leur prenait de me parler, ils avaient l'autorisation de m'appeler au téléphone, et je répondais systématiquement. Même si j'étais en pleine réunion avec Henry Kissinger, mon cabinet avait pour instruction de me transférer l'appel. Je fis même installer un des tout premiers téléphones mobiles dans ma voiture, de façon à être joignable même sur la route entre North Star et Washington.

L'autre règle était tout aussi importante :

— Vous avez tous les deux droits à un joker renouvelable, leur avais-je expliqué. Chaque fois que vous voudrez venir avec moi au travail, ce sera d'accord, vous n'aurez pas à vous justifier. Il vous suffira d'entrer dans la chambre, le matin, et de me dire « Joker ! ».

Tandis que Beau et Hunter s'habituaient à notre nouvelle routine, je me sentais de moins en moins crispé loin d'eux et de plus en plus à l'aise au Sénat. Mes collègues continuaient de se donner du mal pour multiplier les petits actes de bonté à mon égard. Un groupe de sénateurs avait pour habitude de dîner chez l'un ou l'autre une fois par mois, avec leurs épouses. (En ce temps-là, démocrates et républicains s'appréciaient sincèrement.) Quand ils me proposèrent de me joindre à eux, je crus qu'ils ne m'invitaient que pour être aimables avec moi et pour éviter d'être en nombre impair à table. Fritz Hollings, de Caroline du Sud, et Tom Eagleton, du Missouri, insistaient. Fritz m'attrapait au vol dans le vestiaire du Sénat, voire dans la salle des séances :

— Mercredi soir, Joe… Pas d'excuse, cette fois… Peatsy compte sur vous.

Peatsy Hollings ne manquait pas d'appeler mon bureau peu après, pour s'assurer que j'avais bien noté l'heure et l'adresse. Si, en cette première année, je dus décliner une dizaine d'invitations diverses par semaine, ces dîners avec mes collègues furent les seules que je finissais par accepter. Jamais je n'oublierai l'amitié que m'offrirent Tom et Barbara Eagleton, Fritz et Peatsy Hollings, Ted et Ann Stevens, Bill et Dolly Saxbe, Frank et Bethune Church, sans oublier Stuart Symington, lui aussi veuf depuis peu. Avec le recul, j'ai conscience de la chance qui fut la mienne de travailler en un endroit où tant de personnes se démenaient pour m'éviter de sombrer.

Je nouai peu à peu des relations avec de vieux démocrates du Sud ; les deux représentants du Mississippi m'intéressaient particulièrement ; en 1973, John Stennis et James O. Eastland cumulaient déjà à eux deux plus de cinquante ans de présence au Sénat. Après être resté fidèle à la ligne ségrégationniste rigide durant les années 1950 et au début des années 1960, Stennis semblait désormais s'en éloigner. À l'inverse, James O. Eastland restait un ségrégationniste impénitent ; sa position ferme sur les droits civiques lui donnait un crédit politique beaucoup plus fort que celui de son collègue, dans leur Mississippi, où il ne manquait jamais de défendre Stennis.

— C'est comme ça, Joe, m'expliqua-t-il. Quand nous sommes dans le Mississippi, John s'occupe de ma conscience et moi de sa politique.

Ma relation avec Stennis décolla vraiment dès lors que je me fus décidé à fréquenter – en de rares occasions – la salle à manger privée du Capitole. De nos jours, la quasi-totalité des sénateurs ne déjeunent qu'avec des collègues du même parti. Les démocrates s'attablent en compagnie d'autres démocrates afin de mettre au point la stratégie qui leur permettra de prendre le dessus sur les républicains dans le débat du jour, pour réfléchir à la meilleure façon de défendre un collègue mis sous pression, ou encore pour recevoir leurs feuilles de route et connaître les montants – au dollar près – que nous sommes tous censés lever pour la prochaine élection. *Idem* chez les républicains. À mesure que les deux partis se sont écartés l'un de l'autre, les relations amicales entre les deux camps se sont faites de plus en plus rares. En 1973, dans leur salle à manger privée, la plupart des sénateurs se mêlaient volontiers le temps d'un déjeuner.

Ces repas faisaient l'objet d'un rituel. Les deux immenses tables – une pour les démocrates, l'autre pour les républicains – se remplissaient à partir de midi trente. Nul sénateur ne disposait d'une place attitrée, mais chacun savait où était sa place, sans que cela soulève la moindre discussion. Les démocrates du Sud – le Sud était encore largement démocrate, en 1973 – se sentaient sans doute chez eux dans cette grande pièce, comme au Sénat de façon générale. S'ils avaient perdu leur mainmise sur la nation, ils dominaient encore le Sénat. En effet, le parti démocrate y bénéficiait d'une confortable majorité de cinquante-six sièges contre quarante-deux (à ces messieurs s'ajoutaient un sénateur indépendant et un autre, conservateur, ce qui donnait un total de cent représentants de la nation au Sénat) et contrôlait tous les leviers du pouvoir institutionnel. L'ancienneté primait, au Sénat, et dès lors qu'un candidat remportait le siège sénatorial d'un État du Sud, il était difficile de l'en déloger. Le plus ancien et le plus imposant de ces vieux taureaux n'était autre qu'Eastland, le président de la Commission judiciaire, tout juste élu président *pro tempore*[1] du Sénat. Selon la tradition, ce titre revient au sénateur de la majorité en poste depuis le plus longtemps ; Eastland avait été élu sénateur deux semaines avant ma naissance… En 1973, les démocrates du Sud présidaient la majorité des

1. Le président *pro tempore* du Sénat préside celui-ci en l'absence du vice-président des États-Unis.

commissions permanentes, notamment les plus importantes. Qui plus est, par le biais de la Commission des lois, ils contrôlaient le menu de la salle à manger du Sénat. En plus de la célèbre soupe de haricots du Sud, on y dégustait de temps à autre du chou, ainsi que de nombreuses variétés de thé sucré. En entrant dans cette pièce, je me trouvais ainsi immergé dans une atmosphère typique du Sud.

Lors d'une de mes premières incursions en ce lieu, je m'étais assis sur la seule chaise disponible à la table des démocrates – en bout de table. Alors que j'avais à peine entamé mon repas, j'aperçus le sénateur Stennis qui cherchait une place libre.

— J'ai terminé, monsieur le président ! lui lançai-je en me levant, prêt à m'en aller. Prenez donc ma place.

Je repartis donc sans avoir avalé la totalité de mon déjeuner. Cela n'avait pas échappé à Stennis ; l'après-midi même, un huissier du Sénat me remit une enveloppe scellée en provenance du bureau de Stennis. Dans celle-ci, je découvris un feuillet à en-tête en relief, sur lequel le sénateur avait rédigé à la main ces quelques mots : « Votre amabilité n'est pas passée inaperçue et ne sera pas oubliée. »

Le jour où je prononçai mon premier discours – d'une banalité inégalable – dans la salle des séances du Sénat, Stennis figura parmi mes collègues qui avaient pris la peine de venir m'écouter. Si je n'ai gardé aucun souvenir de mon propos, je me rappelle parfaitement mon émotion au moment où je me suis levé pour m'exprimer. J'étais sidéré. C'est à cet instant précis que j'ai réellement pris conscience que j'étais sénateur – et cela me semblait inapproprié. Par quel miracle Joe Biden, après avoir vécu à Scranton, Clayton et

Mayfield, prenait-il place en ce lieu qu'avaient arpenté Calhoun, Clay, Webster, Harry Truman, John F. Kennedy ou encore Lyndon Baines Johnson ? J'en avais la chair de poule. Je me rendais compte que je parlais, mais je ne suis pas certain de m'être écouté. J'avais la sensation d'être en dehors de mon propre corps, en observateur. Je n'ai aucun souvenir de la conclusion de mon discours, ni de ma sortie de la salle, mais je me rappelle avoir reçu un peu plus tard dans la journée un nouveau message signé John Stennis, cette fois tapé à la machine : « Je vous ai écouté aujourd'hui. Vous avez parlé la tête haute, solide comme un roc – comme Stonewall Jackson[1]. »

Mes relations avec Jim Eastland connurent des débuts moins chaleureux. Je m'opposai d'emblée à lui – à propos de la réforme du financement des campagnes. Ce fut une des rares questions sur lesquelles je me plongeai corps et âme durant ma première année au Sénat. Depuis toujours, le grand public se plaint de voir des fonctions publiques attribuées grâce à l'argent et l'influence des grosses entreprises. C'est une inquiétude légitime. En 1973, les sénateurs progressistes réclamaient une réforme, et notamment l'établissement de limitations strictes des dons dont bénéficiaient les campagnes, tant de particuliers que d'entreprises. Avec Dick Clark, sénateur de l'Iowa comme moi nouvellement élu, je défendais le projet de rendre le financement des élections intégralement

1. Stennis fait un jeu de mots entre *stone* (pierre, roc) et Stonewall. Thomas Jonathan Jackson (1824-1863), général confédéré durant la guerre de Sécession, fut surnommé Stonewall, littéralement « mur de pierres », suite à sa défense obstinée lors de la première bataille de Bull Run, en 1861.

public. Mansfield me demanda de préparer un discours sur notre proposition et de le prononcer au cours de la convention démocrate. Ce que je fis, même s'il était rare que des petits nouveaux prennent la parole lors d'une primaire. Une fois lancé, je n'eus qu'à me laisser aller naturellement. Le processus électoral se décrédibilisait un peu plus à chaque scrutin, rappelai-je à mes collègues démocrates. Le scandale déclenché par le financement de la campagne de réélection de Nixon avait fait chuter la confiance des électeurs plus bas que jamais. Rendre publics ces financements était à mon sens un moyen de reconquérir cette confiance. De plus, une telle loi nous permettrait de ne plus avoir à nous inquiéter de la nature de nos donateurs, et surtout des éventuels délits graves ou infractions mineures dont ils s'étaient peut-être rendus coupables par le passé. Nous serions tous soulagés d'un poids et ne serions plus redevables à aucun individu, à aucun groupe d'intérêts. Nous n'aurions à répondre que devant les électeurs, devant le peuple américain. Notre proposition était simple : le gouvernement financerait toutes les élections de membres du Congrès. Un sénateur en exercice, comme nous tous dans cette pièce, recevrait une certaine somme avec laquelle il lui faudrait se débrouiller. Du fait des avantages évidents des candidats sortants, les challengers percevraient le même montant augmenté de dix pour cent. Un prélèvement infime – quelques dollars – sur chaque feuille d'impôts suffirait largement à financer les élections fédérales, détaillai-je. J'avais fait mon boulot et tous les calculs nécessaires pour l'argumenter. Quand j'en eus terminé, je me rassis dans un silence de cathédrale.

— Des commentaires ? s'enquit Mansfield, à l'intention de l'assistance.

Toujours un silence de mort. Personne n'ouvrit la bouche. À la table d'honneur, la plus proche de l'estrade, les figures du parti – Bob Byrd, Daniel Inouye et Eastland – étaient figées comme des pierres. Eastland mâchonnait violemment son cigare. Plus tard, ce jour-là, au vestiaire, Warren Magnuson me passa un savon :

— Biden, nom de Dieu ! Approchez une seconde... Je vous ordonne d'arrêter vos conneries. Fermez-la, à partir de maintenant. Je n'ai pas passé trente ans au Sénat pour abandonner mon siège à un petit con pleurnichard qui a touché plus d'argent que moi pour sa campagne.

Après l'interminable silence ayant succédé à mon allocution, Eastland – et lui seul – prit enfin la parole.

— Il paraît que vous êtes le plus jeune sénateur américain de l'Histoire, grommela-t-il, sans cesser de mordiller son cigare. (Je n'étais que deuxième, dans ce classement, mais le moment me parut peu propice à une rectification.) Continuez à prononcer des discours comme celui-là et vous serez aussi le plus jeune sénateur à ne pas avoir été réélu.

Sur ces mots, Mansfield décréta une suspension de séance.

Je me rappelle encore avoir eu la sensation de me retrouver sur un terrain de football, ce jour-là, et d'avoir encaissé mon premier gros choc de la saison. Il me fallait à présent prouver que j'étais capable de me relever. Le jeu continue. Je respectais mes collègues, bien entendu, mais ils ne m'intimidaient pas. J'avais pleinement conscience qu'il était hautement improbable que mon projet de financement public des campagnes soit adopté : qu'un conservateur du Sud aussi enragé qu'Eastland et un progressiste de l'Ouest comme Magnuson soient d'accord sur un point avec une telle énergie réduisait à peu près à néant les chances que d'autres sénateurs me soutiennent. Néanmoins, je m'accrochai, résolu à défendre ma position. Quelques semaines plus tard, devant la sous-commission des lois et de l'administration sur les privilèges et les élections, je témoignai avec une franchise totale. Je décrivis dans ce cadre officiel mon expérience avec le syndicat des machinistes et les investisseurs fortunés du Delaware, précisant que leurs dons à ma campagne m'avaient donné le sentiment de s'accompagner de contreparties. J'expliquai aux membres de la sous-commission que le système actuel décourageait les donateurs potentiels sincèrement désireux de soutenir tel ou tel candidat :

— Il me semble que le donateur modeste typique estime que son apport ne fera aucune différence, si les démocrates sont financés par de puissants syndicats et les républicains par de grosses entreprises.

J'ajoutai que nous autres élus pâtissions également de ce système :

— La pression qui nous pousse à prostituer nos idées, pour ne pas dire notre intégrité, est immense – au moins dans une certaine zone géographique.

Je croyais alors dur comme fer qu'une véritable réforme du financement des campagnes serait la façon la plus rapide de faire en sorte que le grand public retrouve un peu de confiance dans le système. Rien ne pouvait mieux rapprocher les politiques du citoyen moyen que la garantie d'élections propres. Près de cinquante ans plus tard, j'en suis toujours convaincu.

Quand le délai de six mois que j'avais accepté toucha à son terme, je n'y pris même pas garde. Si je n'étais toujours pas certain d'aller jusqu'au bout de mon mandat, j'appréciais le fait d'avoir l'esprit focalisé sur mon travail, au moins épisodiquement. J'étais parfois moi-même surpris par ce qui retenait mon attention. Un jour, en juillet 1973, alors que je traversais la salle des séances du Sénat pour gagner le bureau de Mansfield, je me rendis compte que quelqu'un prononçait une allocution ; quelques mots suffirent à m'arrêter net. Apparemment, Jesse Helms, républicain conservateur de Caroline du Nord, cherchait à faire capoter un projet d'augmentation de la rémunération des sénateurs. Nouvellement élu comme moi, Helms avait déjà une réputation de nuisible au Sénat. Il agaçait Mansfield, en partie parce qu'il semblait prendre un grand plaisir à saboter le travail de ses collègues.

Sur le fond, je n'avais rien à redire à ce qu'avançait Helms ; il n'était sans doute guère judicieux de nous accorder une augmentation, en cette année 1973 où la plupart des travailleurs américains peinaient à joindre les deux bouts. Cependant, sur la forme, Helms employait des mots qui dévalorisaient le Sénat, qui mettaient en cause sa légitimité. Il prétendait que mes collègues *ne méritaient pas* d'indemnités correctes pour services rendus, ce qui me hérissait le poil. Sur le moment, je me fis la réflexion que si Jesse Helms ne méritait pas un bon salaire, nous autres y avions tous droit. Je fis donc halte et demandai à m'exprimer :

— Monsieur le président, [...] il me semble que nous devrions expliquer sans détour au peuple américain que nous méritons notre salaire. Les Américains le comprendraient, car ils sont beaucoup plus intelligents que nous ne le pensons. […] Je doute que beaucoup de personnes, parmi celles qui sont installées en ce moment même dans la galerie des visiteurs ou qui se trouvent à l'extérieur du Capitole, souhaitent voir le Sénat occupé par des hommes ne méritant pas un salaire élevé.

En 1973, les revenus extérieurs des sénateurs n'étaient pas plafonnés. Certains encaissaient de gros chèques en tant qu'associés au sein de cabinets d'avocats ; d'autres possédaient leur propre affaire. En outre, ils détenaient à peu près tous – sauf moi – des actions en Bourse. (En 1972, lors d'un meeting de campagne, je m'étais engagé à ne jamais posséder d'actions ni d'obligations afin de ne jamais être tiraillé par un conflit d'intérêts lors d'un vote.) Si je m'en sortais à peu près correctement sur le plan financier, quelques collègues avaient toutes les peines du monde à assumer les frais de deux logements – un à Washington, l'autre dans l'État qu'ils représentaient. Pour remédier à cela, il me semblait logique de nous octroyer un salaire qui rendrait inutiles les revenus extérieurs.

— Si nous voulons vraiment évoquer le salaire des sénateurs, pourquoi ne pas le faire franchement, par exemple en interdisant tout revenu extérieur ? J'en serais ravi, pour ma part.

Sans surprise, mes propos me valurent quelques commentaires dans la presse du lendemain. William Loeb, chevalier au service de la droite, fit paraître un éditorial en une de son journal, le *Manchester Union Leader* : « Les électeurs du Delaware qui ont porté ce crétin stupide et vaniteux au Sénat devraient lui donner un bon coup de pied aux fesses pour lui remettre les idées en place, et ensuite se donner des claques pour avoir élu un idiot pareil. » Je fis encadrer et suspendre ce texte dans mon bureau du Sénat. Neilia l'aurait adoré.

En tant que sénateur de trente ans, j'étais une curiosité, ce qui me valait d'être très demandé. J'étais très souvent invité à prononcer un discours. J'eus ainsi l'occasion de m'exprimer aux côtés de William O. Douglas, légendaire juge à la Cour suprême, et de Jonas Stalk, biologiste devenu un véritable héros à la suite de sa découverte du vaccin contre la poliomyélite. Un de mes premiers discours en tant que sénateur se déroula lors d'un meeting démocrate organisé dans le comté de Cook, dans l'Illinois, en compagnie de quatre collègues. Hubert Humphrey serait la star de la soirée, mais personne ne m'avait averti. L'équipe de Dan Walker, le gouverneur de l'Illinois, m'avait laissé entendre que je serais chargé de prononcer le discours inaugural. Or Walker ne s'entendait pas avec Richard J. Daley, le maire de Chicago, lequel avait invité Humphrey afin qu'il prononce le grand discours de la soirée. En plus d'être le maire le plus puissant du pays, Daley était un éminent membre du parti démocrate. Quand il présenta à l'assistance les élus installés à la table d'honneur, le maire évoqua « le sénateur Hubert Humphrey… et les autres sénateurs l'ayant accompagné depuis Washington ». C'est à cet instant que je compris que Daley n'avait pas vraiment l'intention qu'un jeune sénateur du Delaware prononce un long discours d'inauguration.

Quand vint pour moi le moment de lancer la soirée, je décidai de briser la glace en me tournant vers Daley :

— À vrai dire, monsieur le maire, c'est Hubert Humphrey qui m'accompagne, et non moi qui l'accompagne.

Daley resta de marbre. En voyant la foule sans réaction, je compris que personne ici ne savait qui j'étais. J'expliquai donc à tous ces gens quelle chance ils avaient d'entendre un discours de quelqu'un d'aussi important que moi. Toujours le silence ; je décidai de prendre un risque. Me tournant de nouveau vers le maire, je lui signifiai que s'il souhaitait s'offrir un avenir politique aussi brillant que le mien, il avait tout intérêt à s'activer sans attendre. Ce fut enfin efficace.

Après m'avoir observé quelques instants, le maire se tourna vers le public et lâcha un « Ha ! » qui fit réagir la foule. Puis il rit plus franchement, ce qui entraîna les nombreuses personnes présentes, jusqu'à réellement s'esclaffer, là encore suivi par le public. Ce fut la meilleure leçon que je reçus jamais sur le pouvoir d'un maire d'une grande ville sur ses administrés.

Il s'avéra que je me débrouillais plutôt bien sur le circuit des dîners politiques. Sans me laisser intimider par les foules indisciplinées, je prononçais de bonnes allocutions, aidant ainsi les candidats à récolter des fonds. Les invitations se multipliaient, donc. Quant à mes fils, ils étaient de plus en plus assurés de mon retour à North Star, tous les soirs ; il m'arrivait parfois de m'absenter une nuit ou deux, quand j'étais en déplacement, mais cela ne les troublait plus grâce à la présence constante de Val auprès d'eux. Quand le directeur du comité de campagne démocrate pour les élections au Congrès me proposa de sillonner les routes pour les candidats se présentant en 1974, j'acceptai sans hésiter.

Au cours des huit mois précédant les élections, je me rendis à Mobile, en Alabama ; à Boston ; à Johnstown, en Pennsylvanie ; à College Park, dans le Maryland ; à Philadelphie (pour soutenir John Murtha, challenger candidat à la Chambre des représentants) ; à Honolulu ; à San Antonio ; à Birmingham ; à Martinsburg, en Virginie-Occidentale ; à Syracuse, dans l'État de New York ; à New Haven, dans le Connecticut (pour soutenir Joe Lieberman, candidat au Sénat) ; à Chicago ; à Spokane ; à Salt Lake City ; à Scranton ; à Albuquerque ; à Bakersfield ; à Atlanta : à Saint-Louis ; à Evansville, dans l'Indiana ; à Carbondale, dans l'Illinois (pour Paul Simon) ; à Harrisburg, en Pennsylvanie ; à Columbus ; à Detroit ; à Miami ; et à Burlington, dans le Vermont (pour Patrick Leahy). Même en ces premiers temps, certains observateurs murmuraient que je bâtissais les fondations nationales de ma future campagne présidentielle. Personne ne savait qu'en réalité ces déplacements me permettaient avant tout de rattraper mon sommeil en retard, plutôt que de remplir mon carnet d'adresses.

Car dormir m'était très difficile à la maison. Quand je redescendais au rez-de-chaussée, après avoir mis les garçons au lit, mon frère Jimmy ou un de mes vieux amis m'attendait dans la cuisine. Ma famille et mes amis complotaient pour faire en sorte que je ne sois jamais seul. Ils m'emmenaient au cinéma ou restaient tard chez moi, jusqu'à ce que je n'aie plus la force de repousser le moment de me rendre dans la chambre partagée avec Neilia durant nos quelques semaines de vie commune à North Star. La dernière trace physique me restant d'elle, à savoir son odeur, s'était évaporée de la pièce. Le sommeil était comme un fantôme que j'étais fatigué de traquer.

Aussi curieusement que cela puisse paraître, je ne jouissais d'un relatif sentiment de paix qu'en déplacement. Dès le décollage, il me semblait qu'on ôtait un poids de mes épaules. Et quand l'avion prenait de l'altitude, je sombrais enfin dans le sommeil. Au retour, dès l'instant où les roues de l'appareil touchaient le sol, je me sentais de nouveau écrasé par ce fardeau. Cette sensation n'a jamais été aussi bien décrite que dans ce vers de John Milton : « Je marchais, elle s'éloignait, et le jour fit retomber la nuit sur moi[1]. »

Peu à peu, au cours de ces innombrables voyages, je fis la paix avec Dieu et avec moi-même. Je dois avouer que je me lassais de me morfondre dans ma tristesse. La rage que j'avais éprouvée à l'encontre de Dieu m'apparaissait désormais comme une forme d'égoïsme inconvenant. Qu'y avait-il de plus égocentrique que de croire que Dieu ait pris la peine d'intervenir dans ma modeste vie ? J'ai conservé sur mon bureau un dessin humoristique en deux parties : la première case représente un type frappé par la foudre. Carbonisé, il brandit le poing vers Dieu en criant : « Pourquoi moi ? ! » Dans la seconde case, Dieu répond, en haussant les épaules : « Pourquoi pas toi ? »

Pourquoi pas moi ? Exactement. Pourquoi pas moi ?

Les malheurs sont chose courante. Des millions de personnes ont connu pire que moi. *Relève-toi et va de l'avant*, ne cessais-je de me répéter. *Reste en vie*.

Ce que je fis, me consacrant à mon travail et à mes enfants, que je bordais tous les soirs. Je me permis même une première et timide tentative de rendez-vous galant. Et je continuais de sillonner les routes, faisant campagne pour soutenir des candidats au saut dans l'arène publique. Au cours des derniers jours avant

---

1. Ce vers est extrait du sonnet 23 de John Milton, « *Methought I saw my late espoused saint* ».

les élections, je me rendis en Californie et dans le New Jersey, avec une demi-douzaine d'escales en chemin, mais le jour du scrutin, j'étais de retour à North Star pour l'anniversaire de Val.

Valerie Biden est la pierre angulaire qui m'a donné la force de m'occuper de ma famille, puis de la reconstruire. Après la mort de Neilia, j'avais en ma sœur une confiance aveugle vis-à-vis de mes fils. Quand Hunter fut autorisé à sortir de l'hôpital, Val et son mari, Bruce, l'accueillirent chez eux, me permettant de rester auprès de Beau. Quand, quelques semaines plus tard, mon aîné sortit à son tour de l'hôpital, Val et Bruce s'installèrent avec nous dans la maison de North Star. Elle démissionna de son poste d'enseignante à l'école Friends pour s'occuper au quotidien de Beau et de Hunter. Quand Beau fut scolarisé, je le conduisais à l'école le matin, mais c'était Val qui allait le chercher. Elle se chargeait de la cuisine, des courses, de la lessive, de conduire les enfants ici ou là. Tandis que je travaillais à Washington ou me trouvais en déplacement, Val était présente au quotidien. Elle connaissait et aimait mes fils comme si c'étaient ses propres enfants. Assez indépendant, Hunter était toujours trop fier pour demander de l'aide. Durant la première année de scolarisation de Beau, Hunter restait parfois seul dans son coin pendant des heures, jouant sagement avec ses petits soldats. Beau, à l'inverse, avait besoin de contact humain :

— Et si tu me lisais une histoire, tante Val ? Tu veux bien ? Ou alors si on faisait un puzzle ?

Val se faisait un devoir de se tenir à l'écoute de leurs besoins, communs ou individuels, si bien qu'elle passait ses journées et ses nuits à s'occuper d'eux. J'étais souvent à la maison avec elle, mais nos discussions ne portaient que sur mes fils… et sur moi. Nous parlions de leur école, de leurs amis, de leur appétit, de leur sommeil, de la meilleure façon de leur parler de leur mère. Val tenait également à savoir comment j'allais, ce qu'elle pouvait faire pour moi. Pas une fois elle n'évoqua ses propres problèmes, qui pourtant n'avaient rien de négligeable. En effet, même avant que Bruce et Val n'emménagent avec moi, leur histoire était plus ou moins terminée. Ils s'étaient mariés jeunes, à peine quelques années après qu'elle eut obtenu son diplôme à l'université du Delaware. Bruce, quant à lui, était tout juste de retour du Viêtnam. Tous deux comprirent quelques années plus tard qu'ils avaient fait une bêtise. Bien qu'unis par une affection sincère, ils ne partageaient pas beaucoup de centres d'intérêt. Durant la courte période au cours de laquelle Bruce vécut avec nous à North Star, Val et lui vivaient déjà séparés.

L'éventualité d'un divorce était trop douloureuse pour Val, notamment parce qu'une telle extrémité était à l'époque sévèrement jugée par l'Église. Cela la tortura pendant plus d'une année avant qu'elle s'en ouvre à moi.

— Je savais que ma vie en tant que Valerie Biden était terminée, me confia-t-elle par la suite, quand je m'étonnai qu'elle ne se soit jamais ouverte à moi sur ce problème. J'avais vraiment tout fichu en l'air. J'allais me couvrir de honte, sans parler de ma famille et de l'Église. Tous mes rêves volaient en éclats. J'avais commis une grave erreur, mais ta vie était en morceaux. Tu étais dans un état pitoyable. Alors je te soutenais de mon mieux, je faisais bonne figure pour toi et pour les garçons.

La maison de North Star était autant la sienne que la mienne à mes yeux. C'est pour cela qu'un jour je pris la peine d'appeler Val depuis un aéroport, avant de prendre l'avion pour rentrer au terme d'un déplacement, pour lui demander si elle était d'accord pour que j'invite un ami à dîner le soir même. D'autant plus que je devinais qu'il lui faudrait un peu de temps pour me donner une réponse positive.

— Je sais que tu ne l'apprécies pas, Val, et cette maison est la tienne, mais je me sens très gêné de le maintenir à l'écart. Il m'a vraiment été d'un grand réconfort. Serais-tu d'accord pour que j'invite… Jack Owens à dîner ?

Il y eut un long silence au bout du fil. Quelques mois après mon élection au Sénat, Jack m'avait racheté mon cabinet d'avocats et s'était installé à Wilmington. Avec Jimmy, Jack avait bien souvent été celui qui m'attendait dans la cuisine pour m'emmener à une séance de fin de soirée au cinéma. Mais Jack et Val prenaient toujours grand soin de s'éviter. Aucun d'eux n'avait oublié le catastrophique rendez-vous arrangé à Syracuse, pas plus que les affrontements épiques les ayant opposés pendant ma campagne sénatoriale. Je craignais donc que Val n'impose son veto. Après ce long silence, ma sœur me répondit enfin :

— Bien sûr, Joe. Invite qui tu veux. C'est *ta* maison.

À notre arrivée – Jack et Jimmy m'accompagnaient –, les blancs de poulet préparés par Val étaient prêts. En cette fin de journée d'été assez chaude, j'avais hâte de profiter d'une soirée de détente. Au moment de passer à table, je reçus un appel du Sénat.

Je me rendis dans la bibliothèque pour répondre. Jimmy ayant rendez-vous avec une demoiselle, il dévora son poulet en quelques minutes et détala comme un lapin. Quant à Beau et Hunter, ils se levèrent rapidement de table pour une chasse aux lucioles. Voilà comment, en quelques instants, Jack et Val se retrouvèrent face à face à table… et seuls.

— Très bon, ton poulet, dit Jack, pour meubler.

— Laisse tomber, Jack, on dirait du caoutchouc. Je suis nulle en cuisine.

— Tu as vraiment un problème, Val, tu sais, se lâcha Jack. Je m'efforce d'être sympa avec toi, c'est tout. Et il se trouve que j'ai vraiment apprécié ce foutu poulet – peut-être parce que j'étais affamé, je ne sais pas, mais il était bon. Tu saisis ?

Val se radoucit :

— D'accord. Bon, eh bien, ça me fait plaisir que tu aies apprécié ce foutu poulet.

Et Val s'esclaffa, aussitôt imitée par Jack. Quand enfin je revins à table, vingt minutes plus tard, ils riaient encore. Jack et Val étaient devenus amis. Au fil de l'année qui suivit, leur relation évolua peu à peu vers autre chose que de la simple amitié ; ils tombèrent amoureux. Si Val finit par être séduite par Jack, ce fut en partie en se rendant compte quel ami parfait il avait été pour moi après la mort de Neilia. Ma mère disait toujours qu'un malheur peut toujours aboutir à un bonheur quand on se donne la peine de le chercher. De façon plutôt étrange, la mort de Neilia a réuni Jack et Val. Ma sœur n'avait jamais oublié les paroles de Neilia, quand celle-ci avait tenté de la convaincre d'accepter le rendez-vous arrangé à Syracuse : « Valerie, je te promets que si je devais te choisir un mec au monde, je te présenterais Jack Owens. »

Vivre dans la maison de North Star ne fut jamais facile pour moi, après la mort de Neilia. Non en raison de trop nombreux détails me rappelant sa présence, mais précisément parce qu'ils étaient trop rares – ce qui ne faisait que souligner la perte de nos rêves. Toujours chichement meublée, cette vaste demeure était pour moi un rappel de tout ce qui n'adviendrait jamais. Je finis par contacter Bert DiClemente, un vieux camarade de lycée devenu agent immobilier, et lui fis savoir que je souhaitais acheter une maison suffisamment vaste pour accueillir deux familles qui pourrait chacune jouir de leur intimité. En effet, un mariage se profilait à l'horizon du côté de Jack et Val. Bert me fit visiter de nombreux biens. Mon emploi du temps était si chargé qu'il se contentait parfois de me donner une adresse, à laquelle je me rendais en coup de vent sur le chemin de Washington ou en regagnant Wilmington.

C'est ainsi que par un samedi soir de janvier 1975 je fis halte quelque part sur Montchanin Road, à Greenville. Je me rendais à une soirée de gala à Philadelphie, j'étais d'ailleurs en retard, mais Bert m'avait signalé que cette maison était prometteuse. Celle-ci n'était pas visible depuis la route, dissimulée par un talus de terre de près de cinq mètres de haut – les routes d'un lotissement futur étaient en construction. J'engageai ma voiture sur le sentier boueux… et découvris une immense maison d'au moins trois niveaux – il était difficile de l'affirmer car il faisait nuit. Après avoir éteint les phares, je sortis de mon véhicule, m'introduisis par une fenêtre du rez-de-chaussée dans la maison, que je parcourus à fond de train, avant de gravir l'escalier en colimaçon. Le palier du premier étage donnait sur deux vastes ailes, à l'arrière. J'en fis rapidement le tour ; c'était parfait : une aile pour Val, l'autre pour moi. Quand enfin je m'immobilisai, j'avais le sang gorgé d'adrénaline. Cet endroit était fantastique.

Je serais en retard à Philadelphie, c'était certain, mais je devais à tout prix ajouter une escale supplémentaire à ma route. Sachant que Bert dînait chez ses parents le samedi soir, je me rendis chez eux. Pendant des années, ils raconteraient encore l'histoire de ce soir où j'avais fait irruption chez eux en smoking et dégoulinant de sueur, interrompant un dîner de famille.

— Bonsoir, monsieur et madame DiClemente. Veuillez me pardonner de passer à l'improviste. Je l'achète, Bert !

— Tu plaisantes ? réagit mon ami, à qui il ne fallut que quelques secondes pour me percer à jour. Tu y es entré en douce, je parie !

— Je voudrais faire une offre.

En temps normal, cette ancienne propriété de la famille du Pont aurait été hors de prix pour moi, mais nous étions au cœur de la récession due au premier choc pétrolier. Personne ne voulait d'une si grande demeure. Un promoteur immobilier avait acheté l'ensemble de la propriété, soit une vingtaine d'hectares, avec pour projet de détruire la maison pour ensuite créer plusieurs lots. Pour l'heure, il avait simplement vendu une grande partie du terrain, ne laissant qu'un peu plus de quatre mille mètres carrés autour de la maison. Je vendis la maison de North Star pour une somme équivalente au prix de cette grande bâtisse et d'un terrain adjacent de deux hectares. J'étais enfin prêt à aller de l'avant.

C'est un vendredi soir du mois de mars 1975 que mon regard se posa pour la première fois sur Jill Jacobs. Pour être plus précis, ce jour-là, je vis pour la première fois des *photos* de Jill Jacobs. Cela se produisit à l'aéroport de Wilmington. Je multipliais toujours les allers-retours à Washington, généralement en voiture, parfois en train, mais je profitais occasionnellement du vol de quarante minutes qui reliait l'aéroport national de Washington à celui de Wilmington. En ce vendredi 7 mars 1975, une nouvelle campagne d'affichage vantait les mérites des parcs du comté de New Castle. On y voyait de somptueux panoramas de divers parcs, avec la même fille sur quelques-unes de ces affiches. Elle était blonde, magnifique, à tel point que je me demandai qui pouvait bien s'intéresser aux arbres de l'arrière-plan. Je me fis également une autre réflexion : *Voilà le genre de femme que j'aimerais rencontrer.*

De retour à la maison de North Star, ce soir-là, toute la famille m'attendait dans la bibliothèque. Une sortie de groupe était prévue, chacun avec son conjoint, et ma présence était souhaitée. Frank me donna même le numéro de téléphone d'une fille susceptible de me servir de cavalière.

— Elle te plaira, Joe, me précisa-t-il. Elle a horreur de la politique.

Ayant plus ou moins décidé de renoncer aux rendez-vous galants, je déclinai la proposition de mon frère.

Le lendemain après-midi, sans vraiment savoir pourquoi, je composai le numéro transmis par Frankie.

— Bonjour, hmm… Joe Biden à l'appareil, bredouillai-je.

Avant toute chose, cette femme voulut savoir comment je m'étais procuré son numéro de téléphone. Je lui parlai de Frank, puis enchaînai, sans perdre de temps en banalités :

— Que diriez-vous de prendre un verre ce soir ?

— Impossible, je suis prise.

La partie n'était pas gagnée, c'était une évidence.

— Je ne suis en ville que jusqu'à demain matin, insistai-je, ce qui n'était pas tout à fait faux. Ne pourriez-vous pas annuler ce rendez-vous ?

— Rappelez-moi dans une heure, le temps que j'y réfléchisse, me répondit-elle, sans rien me promettre.

Une heure plus tard, elle était libre. Quand elle m'ouvrit la porte de chez elle, je me trouvai nez à nez avec la jeune femme qui posait sur les photos des parcs, à l'aéroport ! La soirée se poursuivit avec un dîner dans un restaurant, puis un film à Philadelphie. Jill avait accepté mon invitation sur un coup de tête ; ce n'est pas tous les jours qu'un sénateur des États-Unis vous invite à dîner. Cela étant, elle ne s'attendait pas à se trouver beaucoup de points communs avec un homme d'un âge avancé. J'avais trente-deux ans, et elle vingt-quatre, ce qui avait sur moi un effet rafraîchissant. Il était rarissime pour moi de me trouver en compagnie de personnes craignant que je ne sois trop âgé ! Au restaurant, ce soir-là, Jill ne manifesta aucun intérêt pour la politique. Elle ne me posa pas une seule question sur ma carrière, sur Washington, ni sur les célébrités que j'avais côtoyées. Je ne tenais d'ailleurs pas à aborder ces sujets. La conversation porta essentiellement sur nos familles et nos amis communs dans le Delaware, sur les livres et la vraie vie.

Ce soir-là, pour la première fois depuis que Neilia était partie, j'éprouvai quelque chose qui ressemblait à de l'attirance – mêlée de bonheur. Nous n'avons pas une seconde cessé de discuter.

En déposant Jill chez elle aux alentours d'une heure du matin, je lui serrai la main et lui dis que je serais ravi de la revoir… le lendemain, par exemple. Elle accepta. Je promis de l'appeler dans la journée. Après avoir refermé la porte, comme elle le raconte encore aujourd'hui, elle appela sa mère :

— Maman, je crois que j'ai enfin rencontré un gentleman.

Après une nouvelle sortie ensemble le dimanche, la scène d'au revoir se reproduisit, sur le pas de sa porte.

— J'aimerais beaucoup te revoir, répétai-je.

Comme la veille, elle accepta.

J'étais déjà totalement épris d'elle, à ce stade, mais j'avais tout intérêt à ne pas commettre de gaffe, à ne pas me montrer trop… insistant. Je sortis mon agenda de ma poche et, tout en feuilletant les pages, je me mis à parler à toute allure :

— Voyons, samedi prochain… non, impossible, je serai occupé toute la soirée. Vendredi… Non plus, j'ai des réunions prévues. Disons vendredi dans deux semaines… Ah non, je serai en déplacement tout le week-end.

Je levai la tête un instant, espérant déceler une trace de déception sur son visage. Difficile à dire…

— Eh bien… si on disait demain soir ? conclus-je.

Jill m'avoua plus tard qu'à cet instant précis, elle s'était dit : « Tu viens de te trahir, mon gars. »

Elle accepta tout de même mon invitation, ce qui nous permit de nous retrouver dès le lendemain soir. Elle ne cessait de préciser – et répéterait bien des fois par la suite – qu'elle n'était pas en quête d'une relation amoureuse. Mariée assez jeune, elle était désormais séparée, en instance de divorce. Jill appréciait sa nouvelle vie de femme célibataire et était impatiente de prendre son premier poste d'enseignante, à l'automne suivant. Par-dessus tout, elle n'avait aucune envie de se mettre en couple avec un homme politique, et encore moins un sénateur. Il ne fallait donc espérer de notre relation qu'un plaisir partagé, rien de plus. Le lendemain matin, au réveil, j'étais aux anges. Je n'avais pas connu un tel bonheur depuis plus de deux ans. J'éprouvais déjà largement le plaisir que Jill avait évoqué. En me rendant à Washington, le mardi matin, je pensais en permanence à elle.

Je finis par trouver le cran de l'appeler depuis la salle de sport du bâtiment Dirksen, où étaient installées des cabines téléphoniques.

— Jill ? Joe Biden à l'appareil. Il faut que je t'avoue qu'en tant que sénateur, beaucoup de monde m'observe, note mes fréquentations et mes activités. J'ai un service à te demander. Tu me plais beaucoup, tu le sais. J'aimerais que tu ne fréquentes personne d'autre que moi.

— D'accord, me répondit Jill, après tout de même une seconde de silence. Je veux bien essayer. Mais j'ai un rendez-vous à l'exposition florale de Philadelphie le week-end prochain, que je ne peux pas annuler.

Elle maintint ce rendez-vous. Aujourd'hui, elle prétend que je n'ai jamais digéré ce rendez-vous supplémentaire, comme le prouve le fait qu'il lui a fallu des années pour me convaincre de faire un tour à cette exposition florale de Philadelphie. C'est peut-être vrai. Peut-être étais-je un peu jaloux. En tout cas, j'avais conscience que la séduire ne serait pas facile. Mais enfin, elle avait accédé à ma demande. C'était un bon début.

– 7 –

Jill

Si je n'avais jamais considéré le poste de sénateur comme mon destin absolu, j'en avais tout de même régulièrement rêvé. Je me souviens très précisément de ma première entrée dans la salle des séances du Sénat, presque vide en ce matin tranquille. Je m'étais garé au pied des marches du Capitole et étais entré dans le bâtiment sans que quiconque m'en empêche. Il n'y avait ni panneau interdisant le passage ni barrière, et aucune porte n'était verrouillée. Je franchis l'arche du Capitole, traversai la réception et passai entre les portes de verre donnant sur l'antichambre. Seul dans un long et large couloir, derrière la salle des séances, j'aperçus des téléscripteurs crachant un son haché qui livrait des dépêches de l'Associated Press et de la United Press International. Comme je l'apprendrais plus tard, sur ma droite se trouvait le bureau du vice-président, qui, suivant la Constitution, était également président du Sénat. Poursuivant ma progression, je passai la tête dans l'entrebâillement de la porte de la Salle des marbres, qui exhalait une odeur de cuir et de fumée. Les sénateurs s'y installaient sur d'immenses fauteuils relax pour lire les journaux – chacun avait le droit de s'y faire livrer un quotidien de son État. Le silence de la Salle des marbres n'était jamais troublé, si ce n'est par quelques ronflements occasionnels.

Un peu plus loin dans le couloir, je parvins à hauteur d'une nouvelle double porte, cette fois sur ma gauche. Personne ne m'en empêchant, je poursuivis mon chemin, franchis une nouvelle porte et émergeai dans la grande salle. La séance précédente s'était probablement conclue peu de temps auparavant, à en juger par les lumières encore allumées. Je me rendis compte que j'étais absolument seul dans ce vaste espace. Hébété, je grimpai sur l'estrade et m'assis sur le siège du président de séance, d'où j'embrassai d'un seul regard l'ensemble de la grande salle. Après être resté fasciné un bon moment, je vis ma rêverie interrompue lorsqu'une main se posa sur mon épaule. Un agent de sécurité m'avait vu entrer. Nous étions en 1963, et je n'étais qu'un étudiant de vingt et un ans.

— Je suis étudiant à l'université du Delaware, me défendis-je. Je suis venu rendre visite à un camarade qui habite à Georgetown[1]. Comme tout le monde dort encore chez eux, j'ai décidé de visiter le Capitole. Personne ne m'a empêché d'entrer. Personne ne m'a dit que je n'avais pas le droit d'être ici.

L'agent de sécurité me conduisit au sous-sol du Capitole, pour me donner une petite frayeur, puis me libéra peu après. Il était sans doute évident que je n'étais rien d'autre qu'un jeune homme émerveillé. Il prit mon nom et mon adresse, mais je doute qu'il les ait enregistrés dans une base de données.

---

1. Georgetown est un quartier de Washington.

Moins de dix ans plus tard, je fis ma première entrée dans la salle des séances en tant que sénateur des États-Unis. À cet instant précis, un agent de sécurité m'interpella :

— Sénateur Biden. Vous vous souvenez de moi ?

— Non, monsieur, répondis-je en l'observant attentivement. Vous m'en voyez navré.

— C'est moi qui vous ai fait sortir de cette salle il y a dix ans, me révéla-t-il avec un grand sourire. Je prends ma retraite demain, mais soyez le bienvenu, sénateur. Je suis heureux de vous voir de retour ici.

À mesure que l'accident s'éloignait, je me rendais compte que j'étais heureux au Sénat, que je m'engageais pleinement dans mon travail. Les questions qu'il nous fallut traiter au cours de mon premier mandat n'eurent rien d'anodin : la démission d'un vice-président[1], la procédure de destitution lancée contre Nixon, la guerre du Viêtnam, les délits, le *busing*[2]. Par ailleurs, les lignes de fracture séparant divers pans de la population à propos de problèmes d'ordre culturel commençaient tout juste à se deviner. Je venais d'intégrer le Sénat lorsque la Cour suprême s'en prit aux lois d'État pénalisant l'avortement, donnant ainsi aux

1. Spiro Agnew (1918-1996), vice-président de Richard Nixon, démissionna en octobre 1973, rattrapé par des accusations de corruption passive et d'évasion fiscale datant de l'époque où il était gouverneur du Maryland.

2. Mis en place au début des années 1970, le *busing* consistait à brasser écoliers blancs et noirs par le biais du système de transport scolaire, imposant de fait aux enfants une scolarisation dans des établissements parfois très éloignés de leur domicile. Cette mixité forcée, ou déségrégation scolaire, donna lieu à de nombreux troubles.

femmes concernées et à leurs médecins le droit – jusqu'à une certaine limite – d'interrompre une grossesse. Pour mon premier vote, je dus donc me prononcer sur l'avortement ; je me souviens très précisément de ce moment. À peine sorti du métro qui relie les immeubles de bureaux du Sénat au Capitole, je me dirigeais vers l'escalator quand Abe Ribicoff m'agrippa l'épaule. Ce sénateur progressiste représentait le Connecticut depuis longtemps, bien avant que les républicains les plus radicaux ne donnent une connotation péjorative au qualificatif « progressiste ».

— Qu'allez-vous voter, Joe ?

— Ce n'est pas une décision facile à prendre, répondis-je.

— Je le sais bien, mais répondez-moi ; quelle est votre position sur cette question ?

— Eh bien, je suis contre l'avortement, à titre personnel, mais je ne me sens pas le droit d'imposer au reste de la société mon point de vue sur une question que je considère sous l'angle de ma foi. J'y ai beaucoup réfléchi, et ma position ne plaira sans doute à personne. À mon avis, le gouvernement ne devrait pas s'impliquer dans ce problème.

— Que voulez-vous dire ? s'étonna mon collègue, tandis que nous nous dirigions vers les couloirs du Capitole.

— Je ne voterai pas pour que le jugement de la Cour suprême soit cassé ; je ne voterai pas pour priver une femme du droit d'avorter. D'un autre côté, je ne voterai pas non plus pour que les avortements soient financés par des fonds fédéraux.

— C'est une position difficile à défendre, gamin, me dit Ribicoff, sur l'escalator.

— Oui, je sais. Je contrarierai tout le monde – sauf moi. Mais je suis intellectuellement et moralement satisfait de mon opinion sur cette question.

Avant même que j'eus terminé ma phrase, un grand sourire se dessina sur le visage du sénateur.

— Puis-je me permettre de vous donner un conseil ? Choisissez un camp. Vous vous en sortirez mieux, politiquement. Prenez parti, peu importe de quel côté.

Ribicoff avait raison, bien entendu. C'était un bon conseil en 1973, et ça l'est toujours aujourd'hui. La bonne vieille plaisanterie, quelque peu douteuse – Pourquoi ne trouve-t-on pas beaucoup d'hommes politiques au milieu de la chaussée ? Parce que c'est là qu'on a le plus de chances de se faire écraser[1] – se vérifie encore de nos jours. Sur cette question, je suis resté fidèle à ma position « au milieu de la chaussée » depuis près de cinquante ans. Aujourd'hui encore, je vote contre l'avortement postnatal et contre le financement fédéral de tout avortement. J'aimerais imaginer des façons d'aider les futures mères apeurées à ne pas choisir d'interrompre leur grossesse. Parallèlement à cela, je vote également contre tout amendement constitutionnel visant à priver une femme du droit de faire son choix. Cette prise de position m'a valu la méfiance de certaines associations féministes et l'inimitié totale de mouvements pour le droit à la vie.

Je me suis compliqué la vie en privilégiant cohérence intellectuelle et principes personnels à toute

1. L'expression *to be in the middle of the road*, littéralement « se trouver au milieu de la chaussée », peut se traduire par « ne pas prendre parti ».

forme d'opportunisme. Je suis tout à fait capable de faire preuve d'efficacité politique sur des questions qui ne me semblent pas fondamentales, en particulier quand un collègue en qui j'ai confiance a besoin de mon aide, mais globalement je suis mon instinct, sans m'excuser d'être difficile à cerner. À mes débuts, la presse de Washington me décrivit comme une sorte de cousin des Kennedy, en moins fortuné : j'étais irlandais, catholique, jeune, séduisant… Les journalistes étaient convaincus que j'étais progressiste, tandis que les sénateurs Hubert Humphrey et Ed Muskie ne doutaient pas que je défendrais à leurs côtés toutes les causes progressistes. Les électeurs ayant tendu l'oreille durant ma campagne dans le Delaware, en 1972, savaient que je n'avais rien d'un idéologue. J'avais soutenu George McGovern – candidat démocrate battu par Nixon à la présidentielle de 1972 – sur une répartition plus juste des impôts, la protection de l'environnement et la fin du carnage au Viêtnam. Ce dernier point n'était pas, à mon sens, une question d'ordre moral, mais plutôt une volonté de mettre un terme à un gaspillage d'argent et de vies dû à des hypothèses de départ mal interprétées. J'avais par ailleurs clairement fait comprendre que malgré l'estime que je portais aux objectifs du *New Deal* de Roosevelt, du *Fair Deal* de Truman et de la *Great Society* de Johnson, je n'avais aucune intention de soutenir les yeux fermés des programmes qui ne fonctionnaient plus.

Je m'étais en outre nettement écarté de l'aile McGovern. En effet, le *busing* ne me semblait pas une solution efficace pour lutter contre la ségrégation qui régnait *de facto* dans les établissements. Je me faisais aussi parfois violemment critiquer par les jeunes démocrates qui appréciaient peu mon opposition à la légalisation de la marijuana et à l'amnistie pour les citoyens refusant d'effectuer leur service militaire – mais franchement, combien de personnes étaient réellement touchées par ces deux problèmes ?

J'avais pour objectif de travailler sur des questions concernant l'ensemble de la population, comme la sécurité nationale et la sécurité personnelle, surtout dans les lieux où celles-ci étaient étroitement liées ; si nous donnions de l'argent à la Turquie, par exemple, il me semblait logique d'exiger que le gouvernement turc mette un terme à son export massif d'opium à destination des États-Unis. La première responsabilité du gouvernement américain consistait à s'assurer que chaque quartier du pays soit sûr pour ses habitants, avançais-je. Les discussions pour s'en prendre aux causes sous-jacentes des délits noyaient la question plus basique de la sécurité publique. J'étais extrêmement motivé à l'idée de m'attaquer à des problèmes tels que la pauvreté, le chômage et les inégalités scolaires. Je restais convaincu que le système judiciaire avait obligation de défendre les droits des prévenus et de tout faire pour réinsérer les condamnés – mais il était tout aussi important d'enfermer les auteurs de crimes et agressions violentes.

Quelques jours avant l'élection sénatoriale de 1972, j'avais été invité à une réunion d'un comité démocrate dans un quartier où les « progressistes limousine[1] »

1. On pourrait comparer ces hommes politiques progressistes dont les actes n'étaient pas forcément fidèles aux idées généreuses exprimées dans leurs discours à notre « gauche caviar ».

étaient attendus en nombre. Il y avait environ soixante-quinze personnes dans la salle, et la responsable locale, qui m'appréciait énormément, avait fait venir beaucoup de journalistes. Après m'avoir présenté à l'assistance, face aux caméras, elle me demanda de me rétracter sur quelques-unes de mes prises de position anti-McGovern les plus rigides. Peut-être estimait-elle m'offrir une chance de consolider ma position avant le scrutin, mais j'y vis plutôt une embuscade. Je répondis que je croyais toujours fermement à tout ce que j'avais défendu depuis mon entrée en politique.

— Le problème des progressistes est qu'ils réagissent comme des moutons de Panurge, précisai-je. Tous les deux ans, ils se jettent du haut d'une falaise, que cela soit nécessaire ou non. Quant à moi, je m'efforce de chercher des solutions aux problèmes du quotidien des Américains moyens – des problèmes que Nixon exploite avec démagogie et que les progressistes ignorent complètement.

Je me sentais plus proche des vieux progressistes du Sénat et admirais des sénateurs tels que Humphrey, Phil Hart, Mansfield ou encore Muskie, qui se battaient depuis si longtemps pour la justice sociale, l'égalité et la justice économique. Toutefois, il m'était impossible de les suivre aveuglément. Humphrey était un des rares sénateurs à réellement me faire confiance – jamais je n'oublierai le voyage en Europe qu'il organisa pour mon frère Jim et moi –, mais je pense l'avoir rendu fou de rage à quelques reprises.

Un jour, au cours de mon premier mandat, Humphrey m'aborda dans le bureau que j'occupais au dernier rang de la salle des séances du Sénat. Conscient que ses chances d'être candidat à l'échelle nationale étaient passées, il cherchait en permanence à me faire bénéficier des leçons apprises au fil de sa carrière. Cette fois, il m'expliqua que si je souhaitais devenir une figure politique d'envergure nationale – ce dont il était convaincu, précisa-t-il –, il avait un bon conseil à me donner :

— Choisissez une problématique et faites-en votre cheval de bataille. C'est ainsi que vous pousserez vos collègues à se ranger derrière vous, Joe. Cela vous donnera des références pour la suite. Ne soyez pas une mouche du coche intervenant ici ou là… Vous pourriez être M. Logement, par exemple. Le problème du logement se posera de plus en plus, à l'avenir. Vous seriez le meneur d'une nouvelle génération offrant des logements décents aux classes moyennes et aux plus démunis.

Il me demanda ensuite si j'avais des idées sur la question. Je répondis par l'affirmative. Il me semblait important de mettre en place une loi relative à la propriété qui donnerait aux ouvriers et aux plus pauvres une chance d'être propriétaires de leur logement. Il fallait pour cela modifier le système d'allocations fédérales de façon à imposer un éparpillement des logements à loyer modéré et cesser d'entasser les pauvres dans des tours, comme dans la cité de Cabrini Green, à Chicago, car cela n'apportait que pauvreté et chaos et n'aidait personne. Je m'étais rendu dans de tels quartiers, à Philadelphie, et j'avais discuté avec les habitants ; j'avais également rencontré les occupants de logements sociaux à Wilmington. Leur message était partout le même : cela ne fonctionnait pas. La première chose à faire, déclarai-je au Patron (tel était son surnom), était de mettre un terme au programme de logements sociaux concentrés dans d'immenses tours.

— Holà, holà, non, non, non, Joe, vous ne pouvez pas tout recommencer, protesta Humphrey.

— Mais ça ne marche pas, Patron. Il est indispensable de régler ce problème, sans quoi tout volera en éclats. La classe moyenne nous abandonnera, or c'est grâce à elle que les plus démunis bénéficient d'un soutien politique.

Humphrey posa la main sur mon bras pour attirer toute mon attention.

— Avez-vous idée des efforts qu'il a fallu déployer pour atteindre ce résultat ? dit-il, presque suppliant. Avez-vous idée à quel point ce fut difficile d'en arriver là ?

— Mais, Patron… fis-je en prenant à mon tour un ton implorant, il faut bien reconnaître que ça ne fonctionne pas. Les citoyens veulent toujours qu'on aide les plus pauvres, mais ils voient bien que ça ne marche plus.

— Si vous reconnaissez publiquement que le programme de logements sociaux n'est plus efficace, nos adversaires nous dévoreront tout crus, Joe, prédit Humphrey. Et ils le réduiront en miettes.

Je l'avais déçu, c'était évident, et il fut ensuite certainement blessé de lire mes propos repris dans des magazines nationaux : « Nous autres, les nouveaux démocrates progressistes, n'adhérons pas à la théorie défendue par nos collègues plus expérimentés, selon laquelle tout problème peut être résolu pourvu qu'on y injecte suffisamment d'argent. » À mes yeux, la longue période prolifique dont nous jouissions depuis la fin de la Seconde Guerre mondiale touchait à son terme. La Grande-Bretagne, l'Allemagne, la France et le Japon redevenaient de grandes nations productrices. Quant aux États-Unis, ils vivaient leur premier déclin économique depuis une génération ; les citoyens avec qui je m'entretenais dans le Delaware se rendaient parfaitement compte que leur salaire ne suivait pas le rythme de l'inflation. Il était donc grand temps de surveiller les dépenses gouvernementales. Les bonnes intentions et finances nationales devaient trouver un point d'équilibre. Ainsi, chaque fois que l'on me demandait de voter pour un programme, je demandais à mon équipe de me préciser son coût et la façon dont la facture serait réglée. Je me joignis à l'effort bipartite dont l'objet était de contraindre le Congrès à de nouveau autoriser une réévaluation des programmes fédéraux tous les quatre ans, ce qui nous imposerait d'évaluer en permanence les véritables revenus de la population.

— Dès lors qu'un programme fédéral est lancé, il est très difficile de l'interrompre et même de modifier sa portée, indépendamment de son efficacité passée, expliquai-je publiquement. Il est temps de réclamer que les administrateurs de ces programmes comme les législateurs qui les font adopter les réexaminent de façon régulière et permanente avec soin et dans les détails.

Ces déclarations me firent me découvrir des âmes sœurs politiques en la personne de nouveaux sénateurs tels que Fritz Hollings, de Caroline du Sud, et Lawton Chiles, de Floride, mais je suis à peu près certain que mes propos firent de nouveau grimacer le Patron ; si vous offrez la moindre opportunité aux conservateurs, ceux-ci détruiront tout de fond en comble, du dôme étincelant qu'est la Guerre contre la pauvreté initiée par Johnson aux fondations bâties par Roosevelt avec son *New Deal*. Des sénateurs comme Barry Goldwater – qui s'était déclaré opposé à la toute-puissance du gouvernement quand il avait représenté les républicains à l'élection présidentielle de 1964 – seraient enchantés d'abattre leur masse sur l'édifice.

J'étais si occupé à défendre ma position que je ne prenais pas toujours le temps d'envisager le problème en me mettant à la place de Humphrey. Celui-ci défendait l'accès au logement pour tous, les aides sociales et l'égalité pour tous depuis le début des années 1940, en un temps où ces causes ne soulevaient guère de passions. Il n'avait pas cédé quand on l'avait qualifié de traître à sa race et accusé d'être attiré par le communisme. L'idée qu'il avait de lui-même avait été façonnée au fil de ces combats. À l'instar de la plupart de ses camarades qui s'étaient battus pour améliorer le pays, Humphrey était déterminé à tout faire pour ne pas céder un centimètre du terrain conquis au prix de tant d'années d'efforts. J'aurais dû comprendre que, avec lui, je prêchais dans le désert. Le problème était que Hubert Humphrey, comme beaucoup de ses collègues, s'était personnellement investi dans ces programmes.

Plus je me familiarisais avec le Sénat, découvrant ses traditions, ses règles, les arcanes du régime parlementaire –, plus je me rendais compte que les interactions personnelles étaient le moteur déclenchant jusqu'à ses plus infimes mouvements. J'avais été frappé par l'intimité de la salle des séances, ainsi que par la façon dont l'histoire s'y trouvait condensée. Certains bureaux dataient de 1819. En 1975, l'aile démocrate se fit encore plus intime car nous avions gagné quatre sièges supplémentaires aux élections de 1974. Par conséquent, quatre vieux bureaux avaient été déboulonnés du côté républicain pour être fixés du côté démocrate. Mes fils auraient pu faire du patin à roulettes entre les bureaux républicains, largement séparés les uns des autres, tandis que nous autres démocrates étions massés les uns contre les autres.

Avant qu'on ne m'octroie un bureau permanent dans cette salle, je fus brièvement installé entre un collègue d'un État du Sud et un autre du Nord. Ces bureaux se transmettant généralement d'un sénateur à son successeur au même siège, j'en avais déduit – mais je n'ai jamais su si c'était la vérité – que j'étais assis entre un bureau ayant autrefois été occupé par John C. Calhoun, défenseur enragé des droits des États vis-à-vis du gouvernement fédéral et sécessionniste en puissance, et celui qu'avait occupé Daniel Webster, clairon du pouvoir fédéral et de l'union indissoluble. Cent quarante ans auparavant, dans cette antique salle du Sénat, Webster et Calhoun s'étaient affrontés lors d'une joute verbale épique au sujet de la nature de la Constitution et de la nation, ainsi que sur la nature de l'Union en tant que telle ; ces deux messieurs cherchaient à déterminer si notre gouvernement fédéral était établi « par, pour et à partir du peuple » ou si ce n'était qu'une convention entre plusieurs États. Les débats opposant Webster à Calhoun firent rage pendant des années ; il n'existait à peu près aucun sujet sur lequel les deux hommes se retrouvaient. Il est à mon sens remarquable que, quand la situation s'envenima, l'intervention de quelques collègues suffit à ériger une passerelle sur l'océan séparant Calhoun de Webster ; cela permit de garder le pays uni près de trente ans de plus. Quand les efforts de ces sénateurs pour maintenir la paix échouèrent, six cent mille Américains furent massacrés, et des millions d'autres mutilés.

Assis à ce bureau provisoire, je me rendis compte qu'en prenant appui sur mon pied droit, je n'avais qu'à tendre le bras pour poser la main sur le bureau qui, dans mon esprit, avait été celui de Webster, et aussitôt après, prenant appui sur mon pied gauche, poser ma main gauche sur celui qu'avait peut-être occupé Calhoun. Je voyais dans ces gestes une métaphore qui n'avait rien d'anodin et illustrait pleinement les pouvoirs d'un sénateur des États-Unis : en de rares occasions, l'intervention d'un homme ou d'une femme de bien suffisait pour combler des abîmes que tant d'autres jugeaient définitifs.

Non que mes débuts au Sénat fissent de moi un candidat crédible à une telle distinction. En vérité, je me montrais plutôt sévère avec mes amis assis dans la partie gauche de la salle, avec lesquels j'étais généralement d'accord, et je l'étais bien davantage avec les sénateurs installés à droite, avec qui je n'étais que rarement d'accord. Par-dessus tout, j'avais en horreur les sénateurs qui faisaient encore de la démagogie sur les questions raciales.

Dans un premier temps, Jesse Helms, républicain de Caroline du Nord, me rendit fou. Élu comme moi en 1972, Jesse était opposé au communisme, aux minorités, aux homosexuels, à Martin Luther King et à quiconque s'en prenait à ce qu'il jugeait être les prérogatives données par Dieu aux Blancs. Je fus profondément agacé la première fois que je l'entendis prononcer un discours dans la salle des séances du

Sénat. Peu après, je profitai d'une rencontre avec Mike Mansfield pour laisser libre cours à ma colère :

— Je n'arrive pas à croire qu'il existe des gens comme Helms. Ce type n'a pas de cœur. Il…

Mansfield me coupa la parole :

— Écoutez, Joe, tous les hommes qui sont ici ont un bon côté. Leurs électeurs ont vu quelque chose de bon en eux.

Puis il me révéla que Helms avait adopté un enfant de neuf ans atteint de paralysie cérébrale. D'après ce qu'en savait Mansfield, un journal local avait publié un message de ce garçon, dans lequel il demandait un papa et une maman pour Noël. Jesse Helms et son épouse l'avaient accueilli dans leur foyer.

— Votre boulot, ici, consiste à trouver le bon chez vos collègues, poursuivit Mansfield. Vous devez percevoir ce que leur État a vu en eux – et non vous focaliser sur leurs défauts.

Je répondis que j'avais compris le message.

— À propos, Joe, ne vous en prenez jamais aux motivations de quelqu'un, car vous en ignorez tout.

Suivre le conseil donné par Mansfield n'avait rien de difficile. Dans la famille Biden, même à l'époque où nous étions encore enfants, il avait toujours été normal de voir le bon côté des choses. Les Biden sont dotés de fortes personnalités, et nous vivons en contact étroit. Comme nous faisons chacun partie de la vie des autres depuis plus de soixante-dix ans, les vexations et autres blessures d'ego ont été nombreuses dans la famille. Malgré cela, un article de foi que nous partageons nous a toujours gardés unis : jamais un membre du clan Biden n'a intentionnellement causé du mal à un autre. Nous partageons par défaut une bienveillance mutuelle les uns envers les autres. Avec son propos, Mansfield m'avait rappelé qu'il devait en être de même au sein de la famille du Sénat. C'est probablement le conseil le plus important qu'on m'ait donné au cours de ma carrière.

Aujourd'hui encore, quand j'ai besoin d'aide sur une question à laquelle j'attache une grande importance, faire appel à mes alliés politiques n'est pas toujours suffisant. J'ai parfois besoin du soutien de personnes qui sont en désaccord avec moi sur quatre-vingts pour cent des problèmes que nous avons à traiter. Sans aller jusqu'à compter sur eux pour qu'ils m'aident pour la seule raison que mon souci me tient à cœur, je peux au moins espérer qu'ils me prêtent une oreille attentive, si j'ai fait preuve de respect à leur égard, tenu ma parole quand je l'avais donnée, sur d'autres questions, et si j'ai pris soin de ne pas remettre en question leurs motivations.

J'ai beaucoup appris en observant Daniel Inouye, mon collègue démocrate représentant Hawaï, homme d'une probité peu commune. Jamais je ne l'ai entendu exiger un soutien politique en avançant l'appartenance au même parti ou l'amitié, et pas une fois il n'est revenu sur une promesse. Nous votions de la même façon sur la plupart des sujets, et s'il avait besoin de mon soutien sur un problème qui lui était cher, il lui était acquis. Les rares fois où il m'était impossible de le suivre, je lui en expliquais les raisons en toute franchise :

— Je suis désolé, Danny, mais ça irait contre mes principes.

Jamais il n'insistait, jamais il ne m'en voulait. Le sénateur dont il était le plus proche était Ted Stevens, républicain d'Alaska. Leur amitié s'est étendue sur plus de quarante ans et dépassait la politique. C'était une confirmation supplémentaire de la puissance du conseil donné par Mansfield.

La méthode Mansfield me fit nouer des relations pour le moins inattendues. James O. Eastland, par exemple, s'il était probablement le sénateur dont j'étais le plus éloigné sur la question des droits civiques, était d'autre part président de la Commission judiciaire, laquelle était chargée de l'ensemble de la législation pénale. Or j'avais très envie d'en faire partie. Pour ce faire, j'avais besoin de la bénédiction d'Eastland. Je me mis donc en devoir de mieux le connaître, de l'interroger sur sa vie. Fier de son statut de plus ancien sénateur en activité et de sa réputation de gardien de la flamme institutionnelle, il fut flatté, me semble-t-il, par ma déférence à son endroit. Je fus bien souvent surpris par ses réponses à mes questions.

Un jour, je lui demandai quel était l'homme le plus puissant qu'il ait côtoyé au Sénat. J'étais curieux de connaître sa réponse : allait-il me citer Richard Russell – qui, avant son décès en 1971, avait été sénateur près de quarante ans, gérant plus ou moins l'ensemble du Sénat depuis les années 1940 – ou Lyndon Johnson, le protégé de ce dernier ? Après que Johnson eut dupé Eastland et les autres sénateurs du Sud en imposant sa législation sur les droits civiques, plus jamais ceux-ci n'avaient confié tant de pouvoirs au chef de la majorité. Au début des années 1970, les présidents de commissions originaires du Sud – Eastland, Stennis, McClellan, Herman Talmadge et Fulbright, entre autres – s'octroyaient généralement la plus grosse part des pouvoirs. Le chef de la majorité était quant à lui allé encore plus loin, à tel point qu'aucun sénateur n'était aussi puissant que Russell. Eastland disait que quand Richard Russell déposait un bulletin au Sénat, cela équivalait à trente-six voix. Tout au long de mon premier mandat, je vis les présidents de commissions du Sud imposer leurs vues d'un bloc. Quand Russell Long faisait savoir aux autres présidents qu'il avait besoin d'eux sur un vote, ils obtempéraient sans poser de questions. La puissance au Sénat était un sujet de curiosité permanent pour moi. Quel était donc le sénateur le plus puissant que Eastland ait côtoyé ?

— Kerr, me répondit-il sans même hésiter.

Industriel pétrolier originaire d'Oklahoma, Robert Kerr, décédé en 1963, était resté associé dans la mémoire collective à une multitude d'exonérations d'impôts au bénéfice des producteurs de pétrole ; en dehors de l'industrie pétrolière, personne n'avait grande estime pour cet homme.

— Kerr est le seul homme de ma connaissance à avoir transféré le golfe du Mexique en Oklahoma, se justifia Eastland.

Par ces mots, je compris que Kerr avait probablement obtenu que les lois favorables concernant les forages pétroliers en mer soient appliquées pour ses amis producteurs de pétrole d'Oklahoma, État pourtant totalement enclavé. D'anciens compagnons aimaient raconter comment ce dernier s'achetait la reconnaissance d'autrui avec des actions. Kerr abordait par exemple un collègue dans le métro du Sénat, lui donnait une tape sur le genou et se lâchait :

— Ça fait six mois que je dois vous donner ceci.

Il sortait alors de sa poche de poitrine une enveloppe remplie de certificats d'actions, qu'il glissait dans celle de l'autre sénateur.

— Je savais que vous seriez intéressé ; c'est une sacrée bonne affaire. Exactement ce que vous cherchez. Je vous en ai pris pour trois mille dollars. Appelez ma secrétaire et envoyez-lui un chèque.

En général, les actions contenues dans l'enveloppe valaient à ce moment-là déjà dix fois les trois mille dollars demandés pour leur achat.

En d'autres circonstances, je demandai à Eastland quel était le changement le plus significatif auquel il ait assisté depuis qu'il travaillait à Washington.

— La climatisation.

— Pardon ?

— La climatisation, Joe. Autrefois, dès le mois d'avril, la température montait jusqu'à soixante degrés dans la salle des séances, quand le soleil cognait. Dès qu'on en arrivait là, chacun rentrait chez soi. Et un beau jour, ils ont installé la climatisation. Aujourd'hui, on peut rester à Washington toute l'année… et vraiment mettre le bazar dans le pays.

Alors que la fin de mon premier mandat approchait, Eastland me confia une place au sein de la Commission judiciaire. Il m'offrit également de se rendre dans le Delaware pour soutenir ma campagne à venir :

— Je peux faire campagne pour vous ou contre vous, Joe ; dites-moi ce qui vous arrange.

J'envisageais de briguer un deuxième mandat, et c'était grâce à Jill Jacobs. Elle m'avait ramené à la vie ; sa présence auprès de moi me laissait peu à peu espérer retrouver une famille complète. Travailler au Sénat me passionnait, et c'était évidemment une nouveauté. Après avoir craqué pour Jill, je me sentais de nouveau normal ; peut-être même serais-je en mesure de me lancer dans une nouvelle campagne électorale. Quelle ironie, quand on sait que Jill ne voulait pas entendre parler de politique et surtout pas être l'épouse d'un sénateur.

Jill se méfiait. J'avais huit ans de plus qu'elle et deux fils à ma charge, tandis que sa carrière professionnelle débutait à peine. Les choses avaient été plus simples pour elle au début de notre relation, quand la question du mariage ne se posait pas. Nous étions tous deux ravis de retrouver les joies de la vie à deux, sans plus, et elle tenait à conserver cette insouciance. Pour cette raison, j'attendis un certain temps avant de présenter Jill à mes fils ; mais quand ce fut chose faite, ils s'entendirent merveilleusement dès la première seconde, à tel point que Jill était ravie qu'ils nous accompagnent lorsque nous nous retrouvions. Elle esquiva toutefois plusieurs propositions de sorties en couples avec Val et Jack.

Un soir, alors que nous roulions en direction de North Star, je fis un crochet par Greenville pour lui montrer ma future maison. Il nous fallut nous frayer un chemin sur l'allée, dans la boue. Même de nuit, il était évident que des travaux étaient nécessaires sur l'extérieur de la bâtisse. Une fois à l'intérieur, j'eus un léger doute ; peut-être avais-je commis une erreur en faisait découvrir à Jill la maison de mes rêves. Subitement, celle-ci me semblait caverneuse… vide… et un peu ridicule. Elle m'avouerait par la suite ne pas avoir compris pourquoi j'achetais une si grande maison. Jill est une femme pragmatique. Là où j'imaginais une demeure peuplée d'enfants et de petits-enfants, elle ne voyait que les fuites du toit et quatre-vingt-sept fenêtres mal isolées. Sans doute avait-elle déjà deviné que je dépenserais davantage en chauffage qu'en remboursement de prêts au cours de ma première année en ces lieux.

Le sens pratique dont était dotée Jill comptait parmi ses qualités que j'appréciais le plus – en dehors du simple fait que mon cœur s'emballait chaque fois que mon regard se posait sur elle. Elle était splendide, modeste, sûre d'elle et solide comme un roc. Elle n'était pas du genre à vous laisser tomber et n'avait pas de temps à perdre avec des prétextes. Dès les premiers temps de notre relation, je compris qu'elle porterait sa part de n'importe quel fardeau, et avec élégance, qui plus est. Mais par-dessus tout, jamais Jill ne s'effacerait devant quiconque…

Le jour de ma première rencontre avec sa famille, elle fut saisie d'une soudaine appréhension et me demanda finalement de déjeuner avec Beau et Hunter dans une pizzeria et de ne me présenter chez ses parents qu'un peu plus tard dans l'après-midi. Quand enfin je la rejoignis là-bas, je me sentis immédiatement comme chez moi. Le grand-père de Jill était installé dans le fond du jardin, parmi ses plants de tomates, entouré d'enfants qui s'agitaient. Dès qu'elle m'aperçut avec mes fils, une des grands-mères de Jill m'agrippa le bras :

— J'ai travaillé avec Franklin Roosevelt à la WPA[1], vous savez, mon petit.

Jill n'apprécia guère cette intervention, peu désireuse que les membres de sa famille tombent sous mon charme au point de lui mettre la pression quant à notre

1. La *Work Projects Administration* fut une agence fédérale américaine spécialisée dans les grands travaux.

relation. Je me sentis rapidement à l'aise parmi les proches de Jill : toute la famille se réunissait le dimanche, et on servait des spaghettis le soir de Noël, exactement comme chez les Biden. Après avoir débuté en tant que simple employé de banque, le père de Jill s'était hissé jusqu'à la présidence d'un organisme d'épargne. Il travaillait dur toute la journée, rentrait à temps pour le dîner et emmenait ses filles rendre visite à leurs quatre grands-parents tous les dimanches. Chez les grands-parents italiens de Jill, on avait droit à des pâtes et des boulettes de viande faites maison, à des *pasta e fagioli* (des pâtes aux haricots) ou encore à une soupe de mariage (spécialité italienne composée de légumes verts et de viande). Chez ses autres grands-parents, il y avait du rôti, de la purée et du chou au menu. Ils se rendaient dans ces deux maisons chaque week-end, dans la mesure du possible. Étant lui-même quelqu'un sur qui l'on pouvait compter, le père de Jill appréciait cette qualité chez autrui. Je lui plaisais car je souhaitais prendre soin de sa fille, bien que celle-ci ait parfaitement fait comprendre qu'elle n'avait pas besoin qu'on s'occupe d'elle. Elle avait même averti son père et sa famille de ne pas se bercer de trop d'illusions ; cette histoire avec un sénateur risquait fort de ne pas durer.

Jill s'était déjà intégrée à notre vie quand se présentèrent les vacances. Même quand j'étais coincé à Washington, elle passait à la nouvelle maison de Montchanin Road – que nous avions surnommée la Station – et dînait avec Val, Jack et les garçons. C'est Jill qui nous proposa une petite escapade, pour Thanksgiving 1975. Wes Barthelmes nous suggéra de faire un tour du côté de l'île de Nantucket. Nous nous sommes entassés à quatre dans la voiture et avons filé plein nord pour un long week-end. Pendant l'aller, Jill aida les garçons à rédiger leur liste de Noël. Quand arriva le moment de Noël, Jill fit tout pour qu'une ambiance festive règne à la Station.

Jill avait d'étranges petites manies qui me charmaient. Quand elle s'activait dans la cuisine, elle laissait presque systématiquement une porte de placard ouverte, et il était rarissime qu'elle ferme correctement un couvercle. Elle ressemblait étonnamment à Neilia, en ce sens. Bien que suffisamment rationnel d'esprit pour savoir à quoi m'en tenir, une infime part de moi-même voulait croire que Neilia m'avait envoyé Jill – comme l'indiquaient ces minuscules signes.

Un matin, l'année suivante, alors que je me rasais, Beau et Hunter me rejoignirent dans la salle de bains. Ils avaient quelque chose d'important à me demander, à en croire leur expression. Beau avait alors tout juste sept ans, et Hunter six. Ils eurent un peu de mal à se lancer.

— Vas-y, dis-lui, lança Beau à son frère.

— Non, toi ! répliqua Hunter.

Hunter se décida enfin :

— Beau pense qu'on devrait se marier.

— Comment ça ? Qu'est-ce que tu veux dire par là, Beau ?

— On pense qu'on devrait se marier avec Jill. Qu'est-ce que tu en penses, papa ?

— Je pense que c'est une très bonne idée.

Jamais je n'oublierai le bonheur qui fut le mien en cet instant.

— Mais, papa, tu crois qu'elle sera d'accord ? souleva Beau, avec le plus grand sérieux.

Mes fils étaient dotés d'un sacré sens de l'observation.

Alors que je pensais vraiment que Jill accepterait, elle déclina ma première demande en mariage, m'expliquant qu'elle n'était pas prête. Les problèmes évoqués précédemment restaient présents. Elle n'était pas certaine de vouloir devenir mère de famille à plein temps. S'occuper des garçons était un enjeu trop important à ses yeux. Quant à la politique, elle ne souhaitait pas assumer un rôle de personnage public. Je renouvelai ma demande à de nombreuses reprises, mais plus j'insistais, plus elle résistait. En revanche, elle semblait se rapprocher de moi chaque fois que je battais en retraite. Il fut finalement convenu de laisser cette question en suspens. Cela ne nous empêchait pas d'être ensemble quasiment en permanence. Une blague courait à l'époque parmi mon équipe, à propos de son sénateur introuvable :

— Où est-il passé, encore ?

— Aucune idée. Tu as jeté un coup d'œil dans la Salle des marbres ?

— Oui, il n'y est pas.

— Aux vestiaires, peut-être ?

— Non plus.

— Bon, il doit être avec Jill.

Je renouvelai ma demande à cinq reprises, si l'on en croit les souvenirs de Jill, qui chaque fois déclina mon offre. Je fis preuve de toute la patience dont j'étais capable, jusqu'à ce jour de 1977 où, sur le point de m'envoler à destination de l'Afrique du Sud pour une grosse semaine, je finis par craquer :

— Bon, j'ai assez patienté. Je n'attendrai pas plus longtemps. Soit tu acceptes de m'épouser, soit notre histoire se termine là. Je suis trop amoureux de toi pour me contenter d'être ton ami.

Je conclus mon propos en lui suggérant de réfléchir à tout cela en mon absence.

Ces dix jours en Afrique du Sud me parurent durer une éternité. J'avais connu pire, bien entendu, mais j'avais conscience qu'un refus de la part de Jill me ferait atrocement souffrir. J'en étais même arrivé au point d'imaginer de lui faire une proposition : si elle acceptait de m'épouser, je ne briguerais pas un deuxième mandat au Sénat.

À mon retour d'Afrique, Jill m'avoua qu'elle ne pouvait se résoudre à renoncer à moi. Si elle n'avait le choix qu'entre un mariage ou la fin de notre histoire, alors elle était prête pour le mariage. Je lui promis d'oublier le Sénat, si tel était son souhait. J'étais alors censé me représenter en 1978, et le moment était venu d'officialiser cette décision. Un après-midi, dans la bibliothèque de la Station, elle me demanda si j'étais vraiment sérieux en parlant de renoncer au Sénat. Je lui répondis que je lui avais donné ma parole, que j'étais on ne peut plus sérieux. J'avais même déjà conseillé à quelques personnalités de l'État de se préparer à une éventuelle candidature au Sénat, en cas de désistement de ma part. Mais là, je m'adressais à Jill ; il fallait que je lui prouve que je pensais ce que je disais. Je décrochai le téléphone et composai un numéro.

— J'appelle Bill Frank et je lui dis que je ne suis pas candidat à ma propre succession.

Frank était le rédacteur en chef du service politique du *Wilmington News Journal*. Lui annoncer cette nouvelle m'écarterait définitivement de la course au Sénat de 1978. La sonnerie retentit à l'autre bout du fil, puis fut remplacée par le signal « occupé ». Jill avait posé la main sur le support du combiné, coupant la communication.

— Ne fais pas ça, dit-elle.

Elle m'expliqua plus tard la raison de son geste :

— Si tu avais renoncé à ton rêve, je n'aurais pas épousé l'homme dont j'étais tombée amoureuse.

– 8 –

Transitions

Jill et moi avons été mariés par un prêtre catholique à la chapelle des Nations unies, à New York, en juin 1977. Nous n'avions prévenu que nos familles et nos plus proches amis, de façon à éviter la présence de journalistes. Seuls les membres de nos familles assistèrent à la cérémonie en elle-même, mais cela faisait tout de même près de quarante personnes. Beau et Hunter étaient près de Jill et moi, devant l'autel. Dans leur esprit d'enfant, nous nous mariions tous les quatre, ensemble. Reconnaissante que je lui aie évité un événement public, Jill se montra tout de même nerveuse avant la cérémonie. Ce jour-là, elle s'éveilla à cinq heures du matin, en proie à une légère panique. Heureusement, ses doutes s'envolèrent aussitôt les vœux de mariage échangés. S'ensuivit une grande réception au Sign of the Dove. Entre deux toasts portés par les invités, je m'attardai avec mes parents et ceux de Jill ; ils étaient infiniment heureux pour nous.

La réception terminée et les invités rentrés chez eux, il fut temps de songer à notre lune de miel. Jill et moi avions prévu de nous offrir un long voyage à deux plus tard, quand mon emploi du temps le permettrait, mais, puisque nous étions quatre à nous marier, nous avions décidé de partir en lune de miel avec les garçons. Nous avions réservé deux charmantes chambres d'hôtel, et les garçons furent autorisés à choisir celle qui leur plaisait le plus. Le soir venu, nous avons assisté à une représentation de la comédie musicale *Annie* à Broadway. Jill repéra Jackie Kennedy dans le public. Nous avions prévu d'enchaîner avec un dîner au restaurant, mais les garçons étaient si fatigués que la soirée se conclut finalement par des hamburgers achetés chez Blimpie puis dévorés à l'hôtel.

Ce soir-là, j'eus enfin la sensation que ma vie était relancée. J'étais fou amoureux de Jill, et je savais qu'elle ferait une merveilleuse mère pour les garçons. D'un autre côté, il ne m'échappait pas que cette étape demandait un certain effort de sa part. Peu avant notre mariage, je lui avais demandé par quel miracle elle avait accepté de m'épouser, sachant combien j'avais aimé Neilia. Elle m'avait répondu sans hésiter :

— C'est précisément pour cette raison que je t'épouse. Toute personne capable d'aimer à ce point peut de nouveau éprouver ce sentiment.

C'est à cet instant que je me rendis vraiment compte de ce que m'avait apporté l'amour de Jill : il m'avait donné la permission de redevenir celui que j'étais. Qu'elle qu'ait été la force de mon amour pour Neilia, je n'étais pas doué pour ériger des murs protecteurs autour de mon cœur. Toute ma vie durant, j'avais été guidé par mes passions – pour le meilleur comme pour le pire –, comme si j'avais besoin de prendre un risque pour me sentir en vie quand une décision importante se présentait à moi. Jill m'a fait comprendre que la passion restait l'émotion qui contrôlait mon existence.

Si sa transition vers un rôle de mère pour mes fils se déroula globalement sans encombre, elle ne fut pas exempte de quelques cahots. Ma mère, qui aidait Val à s'occuper de Beau et de Hunter depuis trois ans, eut du mal à reprendre un rôle de grand-mère plus classique. Dans les premiers temps, elle appelait Jill presque quotidiennement pour aimablement – et parfois moins – lui rappeler tel ou tel détail.

— Si Beau se plaint de la gorge, il faut immédiatement faire venir un médecin.

Ou encore :

— Les garçons vont avoir besoin de nouvelles chaussures pour la saison de base-ball.

Jill était surtout blessée par le ton de ma mère qui donnait le sentiment de ne pas tout à fait lui faire confiance pour s'occuper de ses petits-fils. Je savais ce qu'il me restait à faire – et non sans ironie, c'était une leçon que j'avais reçue de ma mère, précisément. Jill était ma femme, et de ce fait il me revenait de la soutenir à cent pour cent. Je fis donc savoir à ma mère qu'il était temps qu'elle prenne un peu de recul ; je n'avais pas le moindre doute concernant Jill.

Je fus émerveillé par la façon dont elle laissa les garçons venir à elle. Je n'aurais sans doute pas eu une telle patience, à sa place. Il me fallut attendre un moment pour assister à cette scène, mais jamais je n'oublierai mon émotion le jour où je vis pour la première fois Jill ouvrir grands les bras et se préparer à encaisser une fougueuse étreinte de Beau et Hunter. Je faisais tout pour être de retour à la maison à l'heure prévue, implorant bien souvent le chef de la majorité au Sénat de programmer les scrutins de telle sorte qu'il me soit possible d'attraper le train de dix-sept heures à Union Station. D'autre part, j'étais enchanté que mon bureau de la salle des séances soit situé au dernier rang ; cela me permettait de m'esquiver en toute discrétion. C'était tout de même Jill qui se présentait à l'école des garçons pour servir des hot-dogs lors d'une kermesse ou donner un coup de main à la bibliothèque. Elle les conduisait au sport, aux louveteaux et préparait leurs repas. Il était fréquent qu'ils dînent tous les trois. À mon retour à la maison, je trouvais Jill riant encore de la proposition sérieuse de mes fils, qui lui offraient leur aide pour s'occuper de la maison. Quelques jours après son installation avec nous, Beau lui avait demandé :

— Tu ne comptes pas faire la lessive, Jill ?

— Pourquoi cette question, Beau ? Je la fais une fois par semaine, en général.

Jill n'avait pas encore conscience de la quantité de linge sale produite par deux garçons.

— Il vaudrait peut-être mieux que tu en fasses tous les jours, lui expliqua aimablement Beau.

Tous trois partagèrent également des aventures d'infiltration. Quelques années plus tard, Jill, pensant être enceinte, fit grimper Beau et Hunter dans la voiture et se rendit au drugstore Eckerd pour acheter un test de grossesse. Peu désireuse d'être reconnue dans la boutique, ce qui risquait de lui valoir un article dans un journal, elle couvrit d'une écharpe sa chevelure blonde caractéristique, enfila une paire de lunettes de soleil et demanda aux garçons de l'attendre dans la voiture le temps qu'elle effectue son achat clandestin. Mes fils surent avant moi que Jill attendait un bébé ;

profondément émue par leur enthousiasme ce jour-là, elle leur offrit, le moment venu, le soin de choisir le prénom de leur petite sœur. Beau et Hunter optèrent pour Ashley.

Un jour, à une station-service, le pompiste demanda à Jill :

— Je vous en mets pour combien, chérie ?

Quand l'employé s'éloigna pour remplir le réservoir, Beau signala à Jill :

— M'man, s'il t'appelle encore une fois « chérie », je sors de la voiture et ça va chauffer.

Voilà l'autre détail qui me stupéfiait. Alors que Jill et moi n'avions jamais abordé cette question, ni seuls ni avec les garçons, je me rendis compte un jour qu'ils ne l'appelaient plus « Jill », mais « m'man ». Neilia resterait pour toujours « maman », et Jill était désormais « m'man ». Je suis habitué à prendre les choses en main, mais là, Jill et les garçons prirent les devants pour dessiner les contours de notre nouvelle famille. Alors que dans les premiers temps je ne savais comment réagir par rapport aux photos de Neilia dans la maison, Jill me facilita la tâche en m'expliquant qu'en s'unissant à moi et mes fils, elle s'unissait à tout ce qui avait fait notre vie. Presque tous les ans, les garçons rendaient visite aux parents de Neilia, à Skaneateles, à Pâques et pendant l'été. Si j'étais coincé au Sénat ou en campagne, Jill les y conduisait. Elle n'hésitait pas davantage à appeler les Hunter pour leur signaler avec fierté qu'un de leurs petit-fils avait récolté une excellente note à l'école ou très bien joué au cours d'un match. Jill respectait la mémoire de Neilia et disait toujours que s'il devait lui arriver quelque chose, il me reviendrait d'entretenir son souvenir dans l'esprit de mes fils.

— Tu ne vas quand même pas écarter Neilia ? se braqua-t-elle, un jour. Neilia est ici, avec nous, et je suis heureuse qu'elle fasse partie de la maison. Elle m'a donné deux merveilleux enfants. C'est étrange, je sais, mais j'ai parfois la sensation qu'elle nous regarde.

Quelques années plus tard, une journaliste m'appela au Sénat, paniquée car elle devait rendre un article sur notre famille en urgence, et surtout saisie d'un doute. Elle avait lu le tragique récit de l'accident, mais apparemment, quand on leur avait parlé de leur « belle-mère », Beau et Hunt avaient répondu :

— Oh, mais on n'a pas de belle-mère.

Pour Beau et Hunter, Jill était « m'man » depuis longtemps.

— Elle te plaira, Joe, m'avait assuré Frank lorsqu'il m'avait donné le numéro de téléphone de Jill. Elle a horreur de la politique.

Jill reçut son baptême du feu en politique lors de la campagne sénatoriale de 1978, qui fut lancée par un meeting géant au cœur de l'été 1977, peu après notre mariage. Un pique-nique fut organisé dans un lycée des environs, à l'intention de tous les bénévoles de ma première campagne. Des milliers de partisans de Joe Biden se rassemblèrent ce jour-là, et tous voulurent faire la connaissance de Jill. Le simple fait de tous se retrouver les transportait cinq ans dans le passé, comme si ces retrouvailles ravivaient les braises pas tout à fait éteintes de l'improbable victoire de 1972. Non sans une certaine compassion à l'égard de ma nouvelle épouse, je vis ainsi les bénévoles se succéder sans fin pour la saluer. Bien souvent, ils racontaient avoir connu Neilia, soulignaient combien c'était une femme merveilleuse. Jill encaissait tout cela avec élégance.

— Je suis navré, ma chérie, lui dis-je, après le pique-nique. Ces gens ne pensaient pas à mal.

Elle me répondit qu'elle comprenait leur réaction.

Tandis que mon premier mandat touchait à sa fin, j'en étais enfin arrivé à considérer mon siège au Sénat comme ma propriété. Je m'y sentais bien et j'étais fier de ce que j'avais déjà accompli. En 1975, j'avais été nommé à la Commission des Affaires étrangères, fait rarissime pour un sénateur fraîchement élu. Les chefs d'État étrangers et les problématiques internationales m'étaient de plus en plus familiers, en particulier en Europe, mais également dans le reste du monde. Manifestement, j'avais suffisamment impressionné les dirigeants du parti démocrate pour me voir confier un siège à la Commission permanente nouvellement créée afin de superviser les agences de renseignement américaines. Cette commission était née de la Commission Church, qui avait autrefois enquêté sur les opérations secrètes et souvent illicites menées par la CIA. Celle-ci avait mis en place des opérations louches dans le but de déstabiliser des gouvernements étrangers, ainsi que des projets d'assassinat pour le moins curieux, comme celui ayant visé Fidel Castro au moyen d'un cigare explosif. La Commission Church avait recommandé une supervision musclée de la part du Congrès et proposé la création d'une commission permanente parfaitement bipartite au sein de laquelle les deux partis seraient l'un et l'autre représentés par un coprésident et le même nombre de sénateurs. Le lendemain du scrutin par lequel le Sénat au grand complet avait donné naissance à cette commission, Ted Kaufman, mon ami et assistant de confiance, devina mon désarroi à la seconde où j'entrai dans mon bureau.

— Il est question que j'intègre la Commission du renseignement, lui expliquai-je.

Faire partie d'une commission en lien avec le renseignement reviendrait à subir une ordonnance de non-publication permanente. Chris Dodd, qui fut mon collègue par la suite, la surnomma la « Commission Pac-Man », car ses membres avaient pour ordre « d'avaler sans jamais régurgiter » tout ce qui se disait dans la salle sécurisée S-407. Or il était fréquent que l'on y évoque des informations sues de tous. Les membres ayant prêté serment et juré de ne rien divulguer, il leur était parfois ainsi interdit de commenter des faits relatés dans les journaux et dont tout le monde parlait. Environ quatre-vingts pour cent de tout ce qu'on nous révèle sous le sceau du secret ne mérite pas d'être classifié.

— Écoute, si tu ne veux pas en faire partie, dis-le à Mansfield, tout simplement, me suggéra Ted.

Un peu plus tard ce jour-là, dans le vestiaire des démocrates, le sénateur Sam Nunn me félicita pour ma nomination à la Commission du renseignement. Sans perdre une seconde, je traversai comme une flèche la salle des séances et me glissai dans le bureau du chef de la majorité à qui je signifiai qu'il m'avait suffisamment accordé de faveurs. Quand je lui eus précisé que je ne souhaitais pas faire partie de la Commission du renseignement, Mike Mansfield me prit par l'épaule et me confirma que j'en faisais dorénavant bel et bien partie. Il ajouta qu'il ne m'avait pas désigné pour me faire une fleur ; il comptait sur moi pour m'y exprimer sans détour. Il n'était plus question pour lui de me choyer. Il m'expliqua que la Commission du renseignement devrait sous peu prendre des décisions difficiles et qu'il me faudrait faire preuve de fermeté et prendre plus au sérieux que jamais mon rôle de sénateur des États-Unis.

Il n'avait pas tort. Les écoutes furent un des premiers problèmes qu'il nous fallut traiter. Les découvertes de la Commission Church ayant été relayées dans les journaux, le grand public était scandalisé – à juste titre – par la quantité de mises sur écoute orchestrées par le FBI et la NSA. Bien souvent, le FBI espionnait des citoyens américains grâce à des mandats secrets, voire sans aucun mandat. Une vague grossissait clairement à l'horizon – le grand public exigeait que l'on mette un terme à *toutes* les écoutes – et tout portait à croire qu'elle déferlerait sur la Commission du renseignement. Mais nous étions encore en pleine guerre froide, et mes collègues de la salle S-407 et moi-même avions régulièrement vent d'informations très précieuses recueillies grâce à l'écoute de conversations entre des individus établis aux États-Unis – pas nécessairement américains – et des agents étrangers en poste dans des villes telles que Moscou ou Téhéran. Il revenait au Congrès d'imaginer une façon de mettre un terme aux écoutes anticonstitutionnelles sur notre territoire, tout en conservant un mécanisme légal nous permettant d'intercepter des informations lors d'échanges internationaux. Ce système devait respecter notre Constitution et nos valeurs fondamentales tout en protégeant la nation des véritables dangers. Nous avions pour mission de concevoir une façon de permettre à nos services de renseignement d'agir très rapidement si nécessaire, pour seulement ensuite obtenir un mandat. La solution ne fut ni évidente ni simple à mettre en place ; la *Foreign Intelligence Surveillance Act* – la loi sur la surveillance des renseignements étrangers – de 1978, ou FISA, fut le fruit d'un véritable casse-tête pour équilibrer droits civiques et sécurité publique. Je ne m'étonne guère que, près de quarante ans plus tard, avec l'avènement de nouvelles situations et de nouvelles technologies, mes collègues et moi-même ayons été assaillis de demandes de réévaluation de ce fragile équilibre.

En 1977, avec la bénédiction de James Eastland, son président, je fus nommé à la Commission judiciaire, comme j'en avais émis le souhait. Je voulais commencer par réfléchir à des lois qui rendraient nos rues plus sûres et le système pénal plus juste. Trouver comment garantir la sécurité à la population tout en protégeant les droits des individus suspectés de délits est une des tensions fondamentales de la Constitution, une des missions essentielles de tout gouvernement. Les circonstances évoluant constamment sur le terrain, la Commission judiciaire avait à mon sens le devoir de rester en permanence sur le qui-vive, de façon à s'assurer que cet équilibre reste toujours juste.

J'avais rassemblé quelques idées intéressantes datant de ma brève carrière d'avocat commis d'office. À l'époque, j'avais soutenu avec énergie le *Speedy Trial Act* – la loi du délai raisonnable de jugement ; en effet, j'estimais que les prévenus attendaient beaucoup trop longtemps avant d'être jugés. D'un autre côté, j'avais remarqué que ce modèle de jugement donnait lieu à des conséquences imprévues. Comme beaucoup d'erreurs, celle-ci était le fruit des meilleures intentions qui soient en ces temps progressistes, quand la réinsertion des délinquants était un des grands espoirs du système judiciaire. À l'époque où je fréquentais les tribunaux en tant qu'avocat, la question déterminant la durée de la peine d'emprisonnement était la suivante : combien de temps faudra-t-il à tel condamné pour se réinsérer ? Les juges étaient censés deviner à quel rythme un accusé progresserait sur le chemin de la réinsertion. Pour ce faire, ils avaient toute latitude pour piocher dans une vaste gamme de sentences. Un condamné instruit bénéficiant du soutien d'une famille unie et investi dans sa communauté avait de bonnes chances de bénéficier d'une liberté conditionnelle. À l'inverse, un individu sans famille, solitaire et analphabète risquait fort d'écoper d'une peine de dix ans d'emprisonnement pour le même délit. Par ailleurs, et c'était quasiment une règle tacite, les Noirs étaient condamnés à des peines plus lourdes que les Blancs. Le système avait donc abouti à une nouvelle aberration : il était devenu discriminatoire.

En outre, les individus inculpés savaient prendre des risques dans la rue comme au tribunal. Quand j'étais avocat commis d'office, il n'était pas rare qu'un client rejette une proposition de peine clémente.

— Ils te tiennent, mon gars, expliquai-je, par exemple. Deux vols avec effraction. Le procureur a deux témoins solides. Et tu as oublié tes chaussures dans une des maisons.

— Qu'est-ce qu'ils me proposent ?

— Un an de prison.

— Je risque combien, si je vais au procès et que je perds ?

— Jusqu'à cinq ans. Entre zéro et cinq ans de détention.

— Ah oui ? Je peux m'en sortir sans faire de prison ? Allez, je tente ma chance !

Le système fonctionnait mal, donc, et il était temps d'envisager un nouveau modèle. Selon moi, il était possible d'obtenir de meilleurs résultats avec un système privilégiant responsabilité personnelle, cohérence et certitude. On pouvait notamment imaginer le Congrès décréter que les individus ayant commis un même crime fédéral seraient sans exception condamnés à la même peine d'emprisonnement. En réduisant les options offertes aux juges, les coupables d'un même délit seraient tous tenus de payer le même prix. Nous jugerions le délit, donc, et non le prévenu.

D'autres problèmes d'importance réclamaient notre attention. Les agressions liées à la drogue se multipliant dans les années 1970, il était nécessaire de faire adopter des lois plus sévères sur les stupéfiants – et de tenter de vider les rues des armes qui y pullulaient, pour les remplacer par des patrouilles de policiers. Le Congrès allouait suffisamment d'argent aux organismes chargés de faire respecter la loi, cependant il existait certainement une façon de s'assurer que les gouvernements locaux utilisent bel et bien ces fonds fédéraux pour embaucher davantage de policiers. Ne l'ayant quitté que peu de temps auparavant, j'étais bien placé pour savoir que le gouvernement du comté ne consacrait pas systématiquement les subventions fédérales à leur objectif théorique.

Or, à l'époque de mon intégration à la Commission judiciaire, toutes ces questions semblaient mises de côté par un problème capital et extrêmement clivant qui accapara une bonne partie de mon temps et de mon énergie au Sénat comme en campagne. Il m'était impossible d'entrer dans une épicerie ou un restaurant du nord du Delaware sans subir les foudres de citoyens mécontents.

Jamais je n'oublierai le Festival du poulet de 1978, qui attira des foules immenses dans le sud du Delaware. Tout juste arrivé sur place, je traversais le parking, faisant halte ici ou là pour serrer la main à quelques partisans, quand une femme m'interpella en braillant :

— Sénateur Biden ! Sénateur Biden !

Elle se trouvait à une trentaine de mètres de moi, mais se rapprochait à grands pas. Cette séduisante blonde d'environ mon âge traînait deux petits garçons dans son sillage. Quand elle m'eut rejoint, un grand sourire aux lèvres, elle s'adressa à ses fils :

— Je vous présente le sénateur Biden, les garçons ; regardez-le bien, c'est lui qui a ruiné votre vie, dit-elle, la voix chargée de colère, me désignant du doigt. C'est à cause de lui que vous devrez aller à l'école loin de chez vous.

— Madame… tentai-je de répliquer, car j'avais beaucoup à dire sur la question du *busing*.

— Ne m'adressez pas la parole ! me cracha cette femme, avant de s'éloigner.

En réalité, j'aurais plutôt dû avoir la réputation du type qui faisait tout pour *éviter* que les enfants de cette dame ne soient contraints d'aller à l'école dans un autre district que celui où ils étaient domiciliés. En 1978, au moment de lancer ma campagne pour ma réélection, je m'étais attiré les foudres des défenseurs acharnés des deux camps opposés sur ce problème dont tout le monde parlait dans le Delaware.

Le *busing* n'avait été qu'une problématique mineure six ans plus tôt, au cours de ma première campagne. Je m'y étais tout de même opposé, car si j'étais profondément convaincu de la nécessité de mêler les élèves d'origines diverses à l'école, je jugeais la mesure décrétée contre-productive. La pression poussant à se servir des transports scolaires pour mieux mêler enfants noirs et blancs dans les établissements publics s'était développée à la fin des années 1960 ; malheureusement, cette méthode produisait des effets diamétralement opposés à ses bonnes intentions. Les Blancs retiraient leurs enfants des écoles publiques et s'installaient de plus en plus massivement dans les banlieues des villes, dans le nord comme dans le sud du pays. À Atlanta, Detroit, Louisville ou Indianapolis, à Richmond, en Virginie, comme à Wilmington, dans le Delaware, le pourcentage d'enfants noirs avait grimpé de façon spectaculaire dans les centres-villes – les écoles d'Atlanta, par exemple, n'accueillaient plus que trente pour cent de Blancs, contre quatre-vingts auparavant –, tandis que les districts de banlieue devenaient blancs jusqu'à quatre-vingt-quinze pour cent. Au début des années 1970, les tribunaux fédéraux avaient ordonné des scolarisations d'enfants dans d'autres districts que ceux où ils vivaient afin de restaurer la mixité.

En 1974, le sénateur Ed Gurney, de Floride, présenta une loi imposant que les enfants soient scolarisés dans l'établissement public le plus proche de chez eux ; les tribunaux fédéraux n'auraient alors plus la possibilité d'imposer du *busing* pour remédier à la ségrégation scolaire. Quand il apparut clairement que l'amendement Gurney serait adopté, Mansfield et Hugh Scott, le chef des républicains au Sénat, s'agitèrent. Conscients que ce débat intervenait exactement vingt ans, à une semaine près, après l'héroïque arrêt *Brown* v. *Administration de l'éducation*, par lequel la Cour suprême avait à l'unanimité jugé la ségrégation raciale dans les établissements scolaires publics inconstitutionnelle, les deux chefs de parti présentèrent leur propre amendement, selon lequel il fallait tout faire pour que les écoliers aient la possibilité d'être scolarisés au plus près de chez eux, tout en laissant aux tribunaux le soin de régler le problème de la constitutionnalité du *busing*.

Dans la mêlée du Sénat, un assistant de Mansfield me héla :

— Nous savons que vous êtes contre le *busing*, Joe, mais vous n'êtes pas du genre à priver la Cour suprême de ses pouvoirs. Vous la respectez, comme vous respectez la Constitution. Le projet de loi de Gurney est irresponsable. Notre intervention ne se résume à rien d'autre que dire que, par définition, nous ne souhaitons pas faire appliquer une loi anticonstitutionnelle. Alors pourquoi ne le criez-vous pas avec nous ?

Mike Mansfield avait raison. Les tribunaux devaient être en mesure de s'opposer à la ségrégation imposée par les gouvernements locaux.

Je votai en faveur de l'amendement Mansfield-Scott, qui fut adopté grâce à une majorité… d'une seule voix. Ce scrutin historique prit peu après encore davantage de résonance, quand les tribunaux fédéraux ordonnèrent à l'académie du comté de New Castle, dans le Delaware, de mettre un terme à la ségrégation scolaire – et pour ce faire d'imposer un *busing* interdistricts.

Le *busing* était une véritable catastrophe progressiste créant des fractures dans la société. La qualité des établissements scolaires de Wilmington et de sa région en souffrait déjà et ne s'en remettrait jamais. Des enseignants seraient mutés dans d'autres districts sans avoir été consultés. Certains seraient même contraints de subir une baisse de salaire. Le comté de New Castle abritait environ les deux tiers de la population de l'État en âge d'être scolarisée ; désormais, tous ces enfants seraient orientés vers de nouveaux établissements, en fonction de la mixité à respecter. Un grand nombre d'entre eux devraient changer d'école – parfois jusqu'à plusieurs dizaines de kilomètres de chez eux – à la rentrée scolaire de septembre 1978. Les parents blancs étaient terrifiés à l'idée de voir leurs enfants envoyés dans les quartiers les plus en difficulté de Wilmington, tandis que les parents noirs l'étaient tout autant en imaginant leurs enfants cibles de violences dans les écoles de banlieue. Par ailleurs, au vu des distances, une réunion parents-professeurs leur coûterait à tous une demi-journée de travail. Et que faire en cas d'urgence ? Nombre des habitants des quartiers défavorisés de Wilmington ne possédaient pas de véhicule, et on ne pouvait guère compter sur les transports publics. Personne n'était satisfait, en somme. Je passais mon temps à tenter de faire modifier la loi afin que le *busing* soit l'ultime recours, à n'imposer que dans les districts ayant activement œuvré en faveur d'une ségrégation dans leurs établissements – l'ayant imposée *de jure*. Je déclarai à un journaliste :

« Si l'on assiste aujourd'hui à des réactions si virulentes au sujet du *busing*, dans les communautés noires comme dans les blanches, c'est parce que nous ne faisons plus preuve de bon sens. Le bon sens du citoyen américain moyen lui fait dire ceci : ‘‘Voir en moi un pourcentage racial dans une classe, plutôt qu'un élève, est une aberration.'' En outre, le *busing* est également préjudiciable en ce sens qu'il oblige à dépenser dans les transports de l'argent qui pourrait être mieux utilisé en achats de manuels scolaires ou autres améliorations pédagogiques. Les gens estiment absurde de ne pas être autorisés à scolariser leurs enfants dans l'établissement situé au bout de la rue. Tout cela ne fait qu'accentuer les tensions. Les Blancs disent : ``Ces décisions ont été prises à cause de foutus défenseurs des droits civiques.'' S'ensuivent des troubles, de l'absentéisme, des enseignants qui ne se présentent plus à l'école, et pour finir, ça dégénère en : ``C'est la faute des Noirs.'' »

Mes amis et partisans de la communauté noire déchiffraient sans mal les propos de certains membres du lobby anti-*busing*. Face au même journaliste, j'ajoutai :

« Je pense que mes électeurs noirs redoutent que le rejet par la nation du *busing* ne trahisse un état de fait qui va bien au-delà de la mixité forcée. Les personnes de couleur ont été témoins de ce qui s'est produit dans ce pays au cours des huit dernières années. En ce qui concerne le logement, l'emploi et l'accès à une éducation de qualité, les Noirs ont de nouveau été mis à l'écart. Et ils le savent. Ils craignent qu'un rejet clair du *busing* de leur part n'incite les institutions politiques à moins s'investir dans la lutte contre le racisme. »

Tandis que dans le comté de New Castle, les procédures légales lancées contre les ordres de *busing* se frayaient un chemin jusqu'aux cours d'appel fédérales, je proposai un amendement visant à limiter le *busing*. William Roth, sénateur républicain du Delaware, fut coauteur de ce projet de loi. S'ensuivirent des semaines d'auditions d'experts en éducation devant la Commission judiciaire. Mes efforts en vue de restaurer un minimum de bon sens me valurent quelques piques de la part de certains collègues, qui me demandèrent depuis quand j'étais « dans le camp des racistes ». Lors d'une audition, je fus accusé de chercher à nous « ramener à la politique ségrégationniste des années 1950 ». Clarence Mitchell, brillant avocat qui avait autrefois été un des plus proches conseillers de Martin Luther King, semblait profondément déçu par ma prise de position. J'admirais cet homme. Je fus donc très gêné quand il me signifia que j'avais été dupé par des individus très malins ne partageant pas ma volonté d'améliorer le sort de la communauté noire. Or il évoquait là mes amis progressistes. La vérité est que j'étais ébranlé. Je ne parvins pas à obtenir les cinquante et un votes nécessaires pour faire adopter le projet de loi Biden-Roth. J'avais de plus en plus le sentiment que le *busing* risquait de me coûter ma réélection.

En gros, j'étais ballotté des deux côtés. Le *busing* devant prendre effet deux mois avant l'élection, il était difficile de parler d'autre chose. Un jour, tandis que la campagne battait son plein, Ted Kaufman et moi, dans le train à destination de Washington, avons réfléchi à la stratégie idéale pour un républicain déterminé à prendre ma place au Sénat. Comment un concurrent s'y prendrait-il pour vaincre Joe Biden ? Cela n'avait rien de compliqué ; il suffisait de pointer du doigt mon engagement marqué en faveur des droits et libertés civiques, rappeler ses déclarations dans lesquelles j'affirmais m'être engagé en politique en grande partie pour défendre les droits civiques. Mon concurrent expliquerait à la population que j'étais un progressiste actif, et que ma campagne visant à limiter le *busing* n'était qu'un cheval de Troie. Dès que je serais élu au Sénat pour six années supplémentaires, je tirerais le tapis sous les pieds du lobby anti-*busing*. En sortant du train, Ted Kaufman et moi étions convaincus que la défaite n'était pas à exclure.

Eastland et Herman Talmadge, sénateur de Géorgie, me suggérèrent de filer dans mon État « régler cette merde avec un peu de bonne vieille démagogie ». Mais élargir les fractures et exciter les émotions ne m'intéressait pas ; les gens étaient suffisamment en colère comme ça. Les contestations légales ayant retardé son application, le *busing* ordonné par les tribunaux ne fut pas mis en place en septembre. Il faut dire que la rentrée scolaire n'eut pas lieu, car les enseignants étaient en grève, protestant contre ce projet. Ils n'avaient toujours pas repris le travail quand arriva le mois d'octobre. La frustration de la population du Delaware allait grandissant. La colère des électeurs avait quelque chose d'animal, à l'approche du scrutin, et les discours les plus rationnels qui soient n'y changeraient rien. Ils me feraient confiance pour me montrer le plus juste possible, ou ils ne me suivraient pas.

J'avais compris d'instinct, me semble-t-il, que ma mission la plus importante était de me muer en cible. Les gens cherchaient à évacuer leur fureur, et ce serait d'autant mieux s'ils pouvaient la lâcher sur un sénateur des États-Unis. En 1978, je pris conscience que le rôle d'un représentant de la nation était en partie d'absorber la colère des citoyens ne sachant pas vers où la diriger. Si je n'étais pas en mesure de résoudre leur problème, je devais au moins leur servir d'exutoire.

Le meeting qui se déroula dans le gymnase d'une école d'une ville de la classe ouvrière, non loin de Wilmington, fut inoubliable. Les gradins remplis jusqu'au plafond, la salle accueillait sans doute deux fois sa capacité. Certains étaient debout dans les allées ; il faisait chaud et l'ambiance était tendue. En entrant, j'avais constaté une forte présence de policiers. En me frayant un chemin vers l'estrade, j'entendis des murmures :

— Le voilà !

— C'est ce foutu Biden !

— Il faudrait descendre ce salopard !

Ces gens étaient pourtant mes électeurs – des démocrates de la classe ouvrière.

Dès l'instant où je me fus hissé sur l'estrade, tout le monde, dans la salle, me cria de préciser ma position sur le *busing*. Je m'efforçai d'expliquer mes tentatives au Sénat, m'attardant sur la différence entre ségrégation *de facto* (non intentionnelle) et ségrégation *de jure* (ordonnée par le gouvernement local). Le public se fit pressant, exigeant de ma part un *mea culpa* complet et que je crie haut et fort que le *busing* me faisait horreur. J'eus soudain très chaud, mais je tenais à ce que tous sachent clairement quelle était ma position. Je dis que j'étais contre le *busing* en tant que remède à la ségrégation *de facto* due à la nature même des quartiers et au confort communautaire, mais qu'en cas de ségrégation intentionnelle, je serais prêt à affréter moi-même des hélicoptères pour transporter les enfants à l'école. Des huées s'élevèrent de la foule.

Même si je suis resté fidèle à cette opinion, c'était probablement le moment le plus idiot pour la proclamer. Dans cette salle déjà en ébullition, mes propos n'avaient guère aidé ma cause. Dans mon dos, les élus locaux reculèrent de quelques pas. En cet instant, je me sentis physiquement menacé ; cela m'incita à réclamer des questions et des suggestions de la part des individus les plus agités. Je restai un bon moment sur cette estrade, laissant ces gens me crier dessus jusqu'à ce que leur colère s'épuise d'elle-même.

L'école reprit quelques semaines plus tard, dans le comté de New Castle. Peu avant la fin du mois d'octobre, une décision de la Cour suprême permit la mise en place du *busing*. En dépit de mes meilleurs efforts, ce système fut appliqué quelques semaines avant les élections sénatoriales de 1978.

Les sondages me donnaient alors vainqueur, mais d'une courte tête. Je pense qu'en définitive cette élection s'est jouée sur la confiance. Les électeurs du Delaware me croyaient quand je leur affirmais que j'agissais au mieux, que je ne prenais pas parti d'un côté ni de l'autre. Je fus facilement réélu – 58 % contre 42 % – mais j'eus tout de même la sensation d'avoir frôlé la défaite, d'avoir fui avec succès un problème plutôt que d'en avoir triomphé.

Quantité de mes collègues démocrates n'eurent pas cette chance. Le mouvement conservateur connut cette année-là ses premiers grands succès. Floyd Haskell fut vaincu dans le Colorado, Dick Clark en Iowa, William Hathaway dans le Maine, Tom McIntyre dans le New Hampshire, et Wendell Anderson dans le Minnesota. Cela dit, la perte de l'autre siège du Minnesota, qu'avait autrefois occupée Hubert Humphrey, décédé d'un cancer en janvier 1978, fut pour moi la surprise la plus monumentale.

J'adorais Hubert Humphrey, le Patron. Homme politique hors du commun, il aurait peut-être remporté l'élection présidentielle de 1968 s'il ne s'était associé à la désastreuse guerre du Viêtnam décidée par Lyndon Johnson. Bien qu'opposé à la politique d'escalade prisée par ce dernier, Humphrey, en tant que vice-président, avait défendu les prises de position du Président, fidèle à son devoir et à son sens de l'honneur. Cet homme d'une générosité extraordinaire s'était bien souvent trompé dans ses calculs politiques. Quand, à l'époque où j'étais au trente-sixième des-sous, au début de mon premier mandat, il m'avait offert quelques jours de vacances en Europe avec mon frère Jimmy, je lui avais demandé :

— Mais les votes, Patron ? Une séance est programmée la semaine prochaine.

Il m'avait dit de ne pas me faire de souci : il avait vérifié le calendrier du Sénat et réservé nos billets d'avion de sorte que je ne rate rien. Or une obstruction parlementaire fut déclenchée pendant ma semaine d'absence ; je manquai donc plus de soixante-dix votes. Les républicains du Delaware souhaitant prendre ma place ne manqueraient pas de rappeler ce fait.

Quand Mike Mansfield prit sa retraite, Humphrey me demanda de soutenir sa candidature au poste de chef de la majorité. Il m'était impossible de refuser. Et lorsqu'il me demanda d'annoncer sa candidature lors de la convention démocrate, j'en fus honoré. Peu après, Bob Byrd, son principal adversaire, me fit la même demande. Je lui répondis que je m'étais déjà engagé auprès de Humphrey. Voterais-je pour lui en cas de second tour ? insista-t-il. Je lui répondis que ma voix resterait pour Humphrey. Et si Humphrey se désistait ?

Il me fallut alors avouer que dans ce cas j'avais promis à Fritz Hollings de le soutenir. Byrd ne lâchait jamais.

Malgré cela, la convention venue, Byrd fut sans doute surpris lorsqu'il me vit me lever et proposer le nom de Humphrey, le sien ayant déjà été avancé. Suivant le protocole formel, je demandai à être entendu par le président de la séance, qui se trouvait être Inouye.

— Le sénateur Biden, du Delaware, dit-il.

— Je propose la candidature de Hubert Humphrey au poste de chef de la majorité au Sénat des États-Unis, déclarai-je.

Alors que je m'apprêtais à me lancer dans tout un discours vantant les mérites de Humphrey et énumérant les raisons pour lesquelles il serait notre meneur idéal, Humphrey en personne demanda la parole :

— Je vous adore, Joe ! Jamais je ne vous remercierai assez pour ce que vous faites… Vous êtes merveilleux.

Puis il nous révéla s'être entretenu avec Byrd juste avant la convention, avant de prononcer une phrase qui me choqua :

— Je propose que nous choisissions à l'unanimité Bob Byrd pour être notre prochain chef.

Byrd fut donc déclaré chef de la majorité par acclamation, sans passer par un vote. J'en étais bouche bée. Humphrey n'avait même pas pris la peine de me prévenir qu'il avait conclu un accord avec Byrd. Presque toute la salle se gaussait de ma méprise. Ainsi était le Patron : héroïque, généreux et égocentrique à la fois. Pas une seconde il n'avait songé au tort que me causerait la situation. Il n'y avait pas une once de méchanceté en cet homme ; il n'avait simplement pas résisté au plaisir d'entendre quelqu'un qui l'admirait proposer sa candidature. Hélas, tout le monde, dans la salle, connaissait aussi bien que moi Bob Byrd ; mon geste ne m'avait pas rendu service vis-à-vis de notre nouveau chef. En sortant de la salle de réunion, John Culver m'aborda – il riait encore :

— Les bonnes actions sont toujours punies, Joe !

Humphrey me laissa libre d'agir à ma guise lors d'une campagne d'envergure. J'étais descendu à Atlanta pour prononcer un discours, en 1974, et le gouverneur de Géorgie m'avait proposé de loger chez lui. Bien que loin d'être une figure nationale, il me confia envisager de se présenter à la présidence. Il avait écouté quantité de démocrates de premier plan évoquer ouvertement leur candidature à l'élection de 1976, et aucun d'eux ne l'avait impressionné. Il me demanda conseil sur la façon de mener une campagne en n'étant pas favori – et de loin. Je lui expliquai qu'il lui faudrait surmonter de nombreux obstacles. Il était originaire du Sud, ne possédait aucune expérience en politique étrangère et ne savait pas grand-chose des questions nationales. Cela étant, il l'emporterait certainement s'il parvenait à convaincre ma sœur d'organiser sa campagne, conclus-je en plaisantant.

De retour à Washington, je demandai à Humphrey s'il comptait tenter sa chance à l'élection présidentielle de 1976. Il me répondit par la négative. C'est ainsi qu'en 1976, je fus le premier élu en dehors de la Géorgie à soutenir Jimmy Carter en vue de l'élection présidentielle. À l'époque, je voyais en lui une figure de transition nécessaire pour le parti démocrate, qui perdait régulièrement des voix de travailleurs de la classe moyenne. Carter saurait combler les gouffres apparus au sein du parti, estimais-je. Ce démocrate du Sud avait adopté une position progressiste sur les questions raciales, parlait équilibre budgétaire, était engagé du côté des idéaux de la guerre contre la pauvreté – sans pour autant soutenir aveuglément l'instauration d'un État-providence –, se disait prêt à négocier une limitation des arsenaux avec les Soviétiques, et projetait de placer les droits de l'Homme au cœur de notre politique étrangère.

Malheureusement, Jimmy Carter, après son élection, fut incapable de s'en sortir, de vaincre l'orthodoxie du parti démocrate, de se dépasser lui-même. J'entrevis des problèmes dès les premiers mois de son mandat. Carter n'avait pas passé beaucoup de temps à Washington au cours de sa campagne de 1976, en partie parce qu'il ne s'y était jamais senti le bienvenu. L'ancien gouverneur de Géorgie n'avait tissé que très peu de relations avec les sénateurs démocrates, dont beaucoup n'avaient vu qu'une plaisanterie dans sa candidature. Les affronts réels ou imaginaires le visant l'avaient en réalité aidé à sortir vainqueur des primaires démocrates, car il avait été considéré comme le candidat s'opposant à l'establishment du parti. Peu avant son investiture présidentielle, les sénateurs démocrates l'invitèrent à s'exprimer au Sénat. En cette occasion, on me demanda de le présenter. Alors que je patientais en compagnie du président élu dans l'antichambre, attendant qu'on nous fasse signe d'entrer dans la salle des séances, je fus frappé par sa nervosité ; le buste penché en avant en une position certainement peu confortable, il avait les mains saisies de tremblements. Cette vision me rappela l'angoisse du père de Neilia, le jour de notre mariage. Ce comportement était compréhensible, mais également triste à voir.

Carter avait du mal à pardonner, à oublier, et cela se reflétait sur son équipe à la Maison Blanche qui n'accordait sa confiance qu'à très peu de personnes à Washington. Les membres de mon cabinet et moi-même, qui pourtant comptions parmi les collaborateurs les plus proches de la Maison Blanche, sur toute la colline du Capitole, étions incapables de les faire se détendre. Peu après l'investiture de Carter, le conseil d'État de Pennsylvanie de l'AFL-CIO[1] contacta mon bureau pour mettre en place une rencontre à la Maison Blanche. Du temps de Johnson, le conseil d'État s'était vu offrir une visite de la Maison Blanche et une entrevue avec le Président. Ils demandèrent donc à Ted Kaufman, mon directeur de cabinet, d'organiser une rencontre similaire, précisant qu'il n'était pas indispensable de faire perdre du temps au président Carter, mais qu'un moment en compagnie de Walter Mondale, le vice-président, serait apprécié.

Mon équipe joignit donc la Maison Blanche, qui donna rapidement sa réponse : l'AFL-CIO de Pennsylvanie n'aurait rien du tout, sous prétexte, nous dit-on, que le regroupement de syndicats n'avait pas soutenu Carter lors des primaires. De fait, il avait jeté tout son poids dans la balance du côté de Humphrey, en un dernier effort pour contrecarrer la nomination de Carter. La Maison Blanche de Carter ne l'avait pas oublié.

Carter se comportait même de telle façon qu'il me donnait le sentiment de ne pas me faire confiance,

---

1. L'*American Federation of Labour – Congress of Industrial Organizations* (Fédération américaine du travail – Congrès des organisations industrielles) est le principal regroupement syndical américain.

alors que j'avais pris un risque certain en le soutenant contre nombre de mes collègues sénateurs. J'avais en outre fait campagne pour lui dans près d'une trentaine d'États, en 1976. Malgré cela, quand je me présentais à la Maison Blanche, je pouvais m'estimer heureux si j'étais reçu dix minutes. Et lors de ces entrevues, il n'était pas rare qu'il tourne le bras (il portait sa montre-bracelet vers l'intérieur du poignet) et relève la manche de son gilet pour consulter l'heure.

Ne consacrant guère de temps à écouter les conseils extérieurs, cet homme ne sut jamais établir des relations avec des inconnus. Cela lui valut des problèmes, en particulier avec nos amis européens. Carter se donnait du mal pour reconstruire les relations américano-soviétiques, mais il se mettait également à dos des alliés tels que Helmut Schmidt, le chancelier allemand. Il faut toutefois reconnaître qu'il n'était pas évident de nouer des liens avec Schmidt. Lui et moi sommes partis du mauvais pied dès notre première rencontre. Arrivé à Bonn après un long voyage, je dormis plus longtemps que prévu et me présentai en retard à notre rendez-vous.

— Pas étonnant que le monde soit dans un état si lamentable, pesta Schmidt. Vous autres, les jeunes, êtes des incapables.

— En tout cas, monsieur le chancelier, nous n'abîmerons certainement pas ce monde autant que votre génération l'a fait, répliquai-je sans me laisser impressionner.

Schmidt fut visiblement séduit par ma repartie, et nos relations furent ensuite cordiales. Il avait beaucoup à me dire, ce jour-là. Il était notamment inquiet de voir Carter envoyer des messages contradictoires ;

le Président avait-il l'intention de trahir ses alliés d'Europe occidentale ? Carter souhaitait conclure un accord de limitation de l'armement avec les Soviétiques, ce qui protégerait les Américains des frappes de missiles à longue portée, mais il ne semblait pas s'inquiéter des missiles à moyenne portée soviétiques susceptibles de menacer les populations européennes. Il avait demandé à Schmidt de soutenir publiquement le développement de la bombe à neutrons ; le chancelier avait pris ce risque, mais à présent Carter hésitait à lancer ce projet.

Alors que j'avais prévu de profiter d'un nouveau voyage en Europe, six mois plus tard, pour revoir le chancelier Schmidt, je dus annuler ce déplacement quand le sénateur Gary Hart me demanda de prendre la parole au dîner de charité du Jefferson-Jackson Day[1], dans le Colorado. Je fis donc savoir à Schmidt que mon séjour en Europe était reporté.

Le lendemain, l'ambassade d'Allemagne de l'Ouest m'appela pour me dire qu'ils tenaient vivement à ce que je rencontre le chancelier Schmidt. Une heure et demie plus tard, un coursier du Département d'État se présenta à mon bureau et me remit une enveloppe sur laquelle mon nom était rédigé à la main. Ce message, dont l'auteur était Ed Muskie, le secrétaire d'État de Carter, était le suivant : « Appelez-moi ! »

Ce que je fis. Il m'expliqua que nous avions un gros problème sur les bras. Schmidt, qui n'appréciait pas Carter, était sur le point de rencontrer Leonid Brejnev, le secrétaire général du parti communiste soviétique, sans s'être au préalable entretenu avec les États-Unis ni avec d'autres alliés. Muskie ignorait quels accords

1. Célèbre gala de charité annuel organisé par les démocrates.

Schmidt prévoyait de conclure avec les Soviétiques, et le chancelier allemand refusait de répondre à notre ambassadeur, à Muskie ou même à Carter. Mais, conclut Muskie, il était d'accord pour me parler.

Je m'envolai donc à destination de l'Allemagne de l'Ouest, accompagné de Ted Kaufman et d'un membre de la Commission des Affaires étrangères du Sénat. Schmidt fuma comme un pompier du début à la fin de la réunion, tout en nous exposant ce qu'il prévoyait de dire à Brejnev. Il nous promit de ne pas trahir l'Occident et me demanda de transmettre ce message à la Maison Blanche. Toutefois, il tenait également qu'il soit clairement établi qu'il était furieux de la façon dont Carter avait annulé le projet de bombe à neutrons. Carter avait en effet pris cette décision sans même consulter Schmidt – et c'était après que le président américain eut demandé au chancelier allemand de soutenir ce programme. Il exigeait de Carter qu'il se montre désormais clair et déterminé dans sa politique européenne. Il tapa même du poing sur la table, au sens propre.

— Vous ne comprenez pas, Joe, tonna-t-il dans un nuage de fumée. Chaque fois que l'Amérique éternue, c'est l'Europe qui s'enrhume. Les présidents devraient comprendre que les paroles comptent.

Jimmy Carter était un homme de principes et de bonnes manières, mais c'était insuffisant. En cette occasion, je pris conscience pour la première fois qu'apprendre le métier de président sur le tas était dangereux.

Durant la présidence Carter, on assista à une transition de grande importance en politique – mais qui ne concerna pas le parti démocrate. Le parti républicain s'était mué en quelque chose de nouveau, métamorphose qui devait avoir une profonde influence sur la nation et sur le Congrès. D'une part, la *Moral Majority* et le NCPAC[1], alors en pleine expansion, visaient en particulier les démocrates progressistes. Mais là n'était pas le plus notable. Le changement le plus marquant fut plus fondamental. C'est aux alentours du mi-mandat de l'administration Carter que je pris pour la première fois conscience de la portée potentielle de cette évolution. Sur le chemin du retour après un meeting qui s'était déroulé à Rochester, dans l'État de New York, je conversais avec un sénateur républicain et un représentant de la Chambre, également républicain, à propos des dépenses gouvernementales et des déficits budgétaires. Je pensais que ces deux messieurs, braves bourgeois on ne peut plus ordinaires, partageaient mon opinion sur ces questions. Selon moi, il était indispensable de garder les budgets sous contrôle et ne pas dépenser à tort et à travers. Or mes collègues avaient une tout autre vision du problème ; ils regrettaient une époque ancienne et très différente de celle à laquelle nous vivions. Le sénateur nous détailla à quel moment son parti s'était selon lui écarté de la bonne voie :

« Le véritable moment charnière est la période qui va de Taft à Eisenhower[2]. Taft n'a cessé de s'opposer

---

1. La *Moral Majority* (Majorité morale) et le *National Conservative Political Action Committee* (Comité d'action politique conservateur national) furent deux courants politiques ancrés à droite apparus à la fin des années 1970.

2. Willam Taft (1857-1930) fut président de 1909 à 1913, et Dwight Eisenhower (1890-1969) de 1953 à 1961.

au principe du *New Deal*, mais Eisenhower a fini par dire que les partisans du *New Deal* l'avaient emporté. Il a expliqué son point de vue au parti républicain : ''Moi aussi je pense comme eux, mais de façon moins plus modérée. Moi aussi je pense comme eux, mais de façon moins excessive.'' À la fin des années 1940 et au début des années 1950, le parti républicain a renoncé à se chicaner à propos du rôle du gouvernement. Nous nous sommes rangés du côté de la sécurité sociale, principe que nous avions pourtant combattu tant d'années. Nous avons fini par adopter Medicare[1], là encore après nous être opposés à ce projet. Nous sommes devenus le parti de la responsabilité budgétaire – moi aussi j'ai évolué en ce sens, mais pas de façon aussi excessive que mes collègues, comme aurait dit Eisenhower – car nous étions parvenus à la conclusion que jamais nous ne serions en mesure d'éliminer politiquement ces programmes. De 1952 à aujourd'hui, nous n'avons rien fait d'autre que dépenser toute notre énergie à tout faire pour les ralentir, Joe. Toutefois, j'en suis aujourd'hui arrivé à la conclusion qu'on peut accepter des déficits. J'inverse les données du problème : notre parti doit être celui des déficits, et le vôtre celui de la responsabilité budgétaire. Parce que figurez-vous que la seule façon de convaincre le grand public qu'il faut renoncer à ces programmes accablants consiste à leur expliquer que nous n'avons plus d'argent à dépenser, que l'on sombre dans les déficits. Il ne reste ensuite plus qu'à défendre la hausse des

1. Système d'assurance-santé destiné aux plus âgés et aux plus fragiles, entré en vigueur en 1965.

impôts afin de combler les déficits et de financer l'aide sociale. »

J'entendis de nouveau parler de ce concept en termes très directs lors de ma campagne de réélection, en 1978, dans le Delaware. Mon concurrent prit l'exemple de Morris, le chat difficile qui refuse de toucher à sa nourriture dans une célèbre publicité de l'époque :

— Je sais comment forcer Morris à avaler sa pâtée : il suffit de l'affamer. Affamez-le, privez-le de nourriture, et ensuite il acceptera n'importe quoi. C'est ainsi qu'il faut procéder avec le gouvernement.

Couper les vannes des recettes du gouvernement fédéral, des impôts et affamer les programmes gouvernementaux jusqu'à les faire mourir. Tel était le nouveau plan. Les républicains s'en prirent ensuite à l'aide sociale de la façon la plus hypocrite qui soit : ils ne s'y attaquèrent pas directement, pas plus qu'ils n'évoquèrent son élimination, mais ils firent circuler sans interruption des rumeurs décrivant des fraudes aux aides sociales et soulignant combien le gouvernement fédéral gaspillait l'argent pris aux contribuables qui travaillaient dur.

Bien qu'intéressé, ce message eut un écho retentissant dans le pays, il faut bien reconnaître cela aux républicains. Ils avaient opté pour la solution de facilité ; en effet, critiquer le gouvernement nécessitait moins d'énergie, d'intelligence et de compétence que de proposer de meilleures méthodes de gouvernement. Cependant, on assista à une sorte de retour de flamme au Congrès : le respect pour l'institution et la courtoisie entre ses membres eurent tendance à s'effriter.

Les derniers jours de Hubert Humphrey marquèrent pour moi l'apogée des bonnes manières entre les deux camps. Hubert Humphrey était encore sénateur à l'heure de sa mort. Au cours de ses derniers mois au Capitole, il avait été rongé par le cancer, sous les yeux de tous. Il avait perdu ses cheveux et terriblement maigri. Trop affaibli pour réellement prendre part aux débats, il faisait encore l'effort de se présenter dans la grande salle pour voter. Il aimait véritablement le Sénat.

— Le Sénat est un lieu empreint de bonne volonté et de bonnes intentions, avait-il dit un jour. Si la route de l'enfer en est pavée, c'est qu'elle fait un sacré détour.

Durant ses derniers jours, il donnait l'impression de refuser de quitter le Sénat. Il restait dans la salle des séances jusque très tard le soir ; avec son ami, le sénateur Barry Goldwater, ils discutaient de tout ce qu'ils avaient accompli ensemble ou chacun de leur côté en ces lieux. Politiquement, ces deux hommes n'auraient pu être plus éloignés l'un de l'autre. Humphrey avait figuré sur le ticket démocrate en 1964, au côté de Johnson, dont il avait été plus tard le vice-président, alors que Goldwater était le candidat républicain. Le discours du Patron à la convention démocrate, cette année-là, fut un coup de semonce adressé au goldwaterisme. Il avait énuméré les nombreux programmes pour lesquels les républicains modérés du Sénat avaient voté, concluant chaque exemple par « sauf le sénateur Goldwater ». Quelques semaines plus tard, en pleine campagne, ils s'étaient croisés par hasard dans un aéroport et avaient pris le temps de se saluer chaleureusement. Au moment de repartir chacun de son côté, quelqu'un entendit Goldwater dire à Humphrey :

— Continue à cogner, Hubert.

Fin 1977, il était de plus en plus évident que le Patron nous quitterait bientôt. Un jour, dans la salle des séances, Barry Goldwater traversa l'allée centrale et étreignit Hubert Humphrey. Goldwater était si imposant et Humphrey si frêle que ce dernier disparut presque de la vue des témoins de la scène. Les deux hommes restèrent ainsi un long moment, serrés l'un contre l'autre. Tous deux pleuraient sans chercher à s'en cacher.

Quand arriva le moment de lancer la campagne pour l'élection présidentielle de 1980, je savais que nous autres, démocrates, étions dans de sales draps. Tout ce que Carter touchait semblait se réduire en poussière : la crise énergétique, la récession, l'inflation, la crise des otages en Iran. Ses triomphes dans le processus de paix au Moyen-Orient faisaient pâle figure au regard de ses nombreux échecs. Même quand il présenta sa politique globale pour lutter contre la crise pétrolière, en 1979, il livra en préambule une interminable réflexion sur la crise de confiance aux États-Unis : « L'érosion de notre confiance en l'avenir menace de détruire le tissu social et politique de la société américaine. […] Notre peuple perd cette confiance à l'égard du gouvernement, il perd aussi sa confiance en lui, pour ce qui concerne sa propre capacité à rester maître de notre démocratie. »

Ce discours, resté célèbre comme le « discours du malaise », valut à Carter une réputation durable de défaitiste et de houspilleur dans l'esprit des citoyens. Cette étiquette lui colla à la peau car il avait toujours eu des manières de pasteur.

Bien qu'ayant vivement soutenu Carter durant deux campagnes électorales, j'ai toujours estimé qu'il avait une dangereuse tendance moralisatrice.

— Si vous brandissez encore une fois votre Bible pour nous donner une leçon de morale, je vous laisse tomber, le menaçai-je un jour.

Je n'étais pas le seul démocrate à ne pas me sentir à l'aise avec Jimmy Carter, tant s'en faut. À l'approche de l'élection présidentielle de 1980, un petit groupe de consultants politiques démocrates me rendit visite à la Station et me lança l'idée de tenter ma chance à l'investiture démocrate. Bob Squier était du nombre, ainsi que John Marttila, qui avait aidé Val à diriger mes campagnes sénatoriales. Carter était déjà mal parti, selon eux, entre autres parce que Ted Kennedy avait déjà annoncé sa candidature. Ces consultants s'accordaient à penser que Kennedy et Carter s'écharperaient, si bien que ni l'un ni l'autre ne l'emporterait. J'étais à leurs yeux le candidat de compromis idéal. En réalité, une organisation s'était déjà mise en place dans le New Hampshire, avec pour mission de dénicher un nouveau visage.

Quand ils se lancèrent dans leur argumentaire, je me rappelle avoir songé que je n'avais aucun droit à me porter candidat à la présidence. J'avais trente-sept ans et il m'arrivait parfois encore, en fin de soirée, de me figer sur place en méditant sur ma vie. Statufié sur le palier de l'escalier en colimaçon de la Station, je considérais par la fenêtre les deux monstrueuses ailes déployées sur l'arrière de la bâtisse, effrayé par la taille de mon domaine. *Doux Jésus, est-ce bien moi qui vis ici ? N'ai-je pas commis une erreur ? Ne me serais-je pas trop approché du soleil ? Ne tenterais-je pas un peu trop le destin, par hasard ?*

Et voilà que l'on évoquait ma candidature à la Maison Blanche !

Ces messieurs installés dans mon bureau étaient des cerveaux, et je les respectais. Leur proposition me flattait. Devant le feu de cheminée, nous avons évoqué les primaires de l'Iowa et du New Hampshire. Il n'était pas du tout impossible que je les emporte, que le succès de 1972 se reproduise. Soudain, John Marttila rompit le charme :

— Ce n'est pas parce que tu as des chances de l'emporter que tu dois être candidat à la présidence, Joe. Tu dois te demander pour quelles raisons tu souhaites tenter le coup et ce que tu feras quand tu seras élu. Te déclarer candidat sans avoir les réponses à ces questions serait une erreur.

– 9 –

Ça ne peut pas nous faire de mal

Le 9 juin 1987, jour de l'annonce officielle de ma candidature à l'investiture démocrate en vue de l'élection présidentielle, la *Scranton Tribune* consacra sa une et quelques autres pages à l'histoire du sénateur Joseph R. Biden Jr., le petit gars de Scranton qui avait réussi. Le journal relatait évidemment mon discours prononcé à Wilmington, ainsi que le long trajet en train à destination de Washington avec ma famille, mes amis, des partisans et des journalistes de la presse nationale. Contrairement aux journaux du reste du pays, la *Scranton Tribune* ne s'éternisait guère sur mes chances dans les deux premiers États appelés aux urnes – l'Iowa et le New Hampshire – ni sur mes résultats dans les sondages, lesquels n'avaient rien pour réjouir les locaux voyant en moi le prodige tant attendu. Ce jour-là, j'étais le grand espoir de Scranton. Le journal avait longuement interviewé mes vieux copains avec qui je courais autrefois le long de la rivière – Charlie Roth, Larry Orr, Tommy Bell et Jimmy Kennedy, entre autres. La veille, ces derniers s'étaient présentés à l'improviste à la Station – on aurait dit les

Rois mages avec leurs présents, notamment de la sauce pour spaghettis de chez Preno, le meilleur restaurant de Scranton. J'étais resté le même, ce bon vieux Joe, assuraient-ils aux lecteurs de la *Tribune*.

Le summum de cette série d'articles sur moi fut sans doute la photographie floue dénichée dans quelque dossier enterré par Tommy Phillips, un vieil ami de grand-père Finnegan ayant longtemps été journaliste politique à la *Tribune*. Ce cliché avait été pris lors du défilé d'une lointaine Saint-Patrick, dans le centre-ville de Scranton. Ce jour-là, la fête était présidée par Harry Truman, l'ancien président récemment retiré de la vie politique, qui paradait juché sur une énorme voiture décapotée. En arrière-plan de cette photo, parmi la foule massée au bord de la chaussée, on devinait la silhouette d'un gamin nommé Joe Biden. Ma tête avait été cerclée en gras. Cette photo avait figé… l'*Instant*, disait le journal, ce que confirmaient mes copains de Scranton : « Biden révéla plus tard à ses camarades que la vision d'un ancien président avait fait naître en lui des ambitions présidentielles. »

Si j'ai pensé ou confié cela à mes amis à l'époque, je n'en garde aucun souvenir. Mais c'était une merveilleuse histoire pour Scranton : un gamin issu de la classe moyenne de Green Ridge se lançait dans la course à l'investiture démocrate – en outsider donné perdant par les sondages, ce en quoi se reconnaissaient d'autant mieux les habitants de la ville. L'*Instant* évoquait la puissance d'un mythe, et la population locale avait besoin de ce genre de rêve.

Les rédacteurs de journaux et magazines décrivant l'annonce de ma candidature n'avaient eu que l'embarras du choix pour raconter mon ambition de longue date.

— Il envisageait déjà de devenir président au lycée, affirma mon ami Dave Walsh aux journalistes.

Quant à mon beau-frère Jack Owens, il décrivit à un rédacteur de *Life* notre première rencontre à la faculté de droit, dans le vestiaire où nous avions chacun droit à un casier :

— Il m'a dit : « Je compte épouser Neilia, ma fiancée, rentrer dans le Delaware, devenir avocat pénaliste et ensuite sénateur du Delaware. »

Jack, quand il racontait cet épisode, ajoutait parfois :

— Je ne sais plus s'il a évoqué la présidence, mais c'est fort possible.

L'autre anecdote qui circulait abondamment était en revanche authentique à coup sûr, car je m'en souvenais parfaitement. Elle datait de seulement quelques années, à l'époque de mon premier mandat au Sénat. Lors d'une rencontre avec une classe de primaire, un élève me demanda si je souhaitais devenir président. J'entrepris d'expliquer que j'étais déjà enchanté d'être sénateur et que je n'avais aucune intention de m'installer à la Maison Blanche. Soudain, la religieuse et maîtresse de la classe se leva, au fond de la salle :

— Vous savez pertinemment que ce n'est pas vrai, Joe Biden.

Sur ces mots, elle sortit des plis de sa robe une rédaction que j'avais écrite en primaire. J'y indiquais que je rêvais d'être élu président une fois adulte. C'est ainsi que je fus pris la main dans le sac, coupable d'avoir exprimé mes rêves de gamin. Il faut tout de même reconnaître que mon devoir n'avait certainement rien d'extraordinaire. En effet, les gosses de douze ans sont nombreux à courir après de telles chimères.

Bien que sénateur des États-Unis depuis plus de dix ans, je m'imaginais mal être porté à la présidence, en particulier parce que je n'avais pour ainsi dire accompli aucun travail préparatoire. J'avais, bien sûr, prononcé des discours dans des centaines d'universités mais jamais je n'avais pris le temps d'y recueillir les noms et numéros de téléphone d'étudiants motivés à l'idée de participer à une éventuelle campagne présidentielle. Je n'avais pas davantage consacré de temps à répondre aux interviews des journalistes locaux, pas plus que je n'avais cherché à lier connaissance avec les rédacteurs en chef influents des grandes villes. Je ne restais jamais assez longtemps sur place pour rencontrer les personnes en mesure de lever les fonds monstrueux qu'engloutit toute campagne à l'échelle nationale. En somme, ma première pensée au réveil n'était pas de me demander comment faire pour être élu président des États-Unis, loin de là. Ma carrière n'était pas une course vers le Bureau ovale. Ma première tentative dans la course à l'investiture démocrate se serait peut-être mieux déroulée si tel avait été le cas.

Ceux qui m'avaient pressé de me présenter en 1980 remontèrent au créneau à l'approche de l'élection de 1984, avec le renfort de nouveaux partisans. Mon vieil ami Pat Caddell, le jeune et brillant stratège politique qui avait tenu un rôle essentiel dans ma campagne de 1972, menait la charge. Nul ne devinait mieux que Pat les enseignements dissimulés dans les chiffres des sondages. Or il disposait de nouvelles données prédisant ce que nous réservait l'élection présidentielle de 1984. Walter Mondale, l'ancien vice-président de Jimmy Carter, avait toutes les chances d'être investi par les démocrates, mais jamais il ne battrait Ronald Reagan, le président sortant. Les électeurs souhaitaient voir apparaître un nouveau visage porteur d'idées nouvelles – quelqu'un comme moi, précisait Pat, qui n'était en rien lié à la politique ancienne et fatiguée de l'aile progressiste du parti démocrate issue de la *Great Society*. Pat et moi estimions tous deux que la génération du baby-boom était la force capable de redynamiser le parti. Tout nouveau candidat en mesure d'incarner cette puissance aurait toutes ses chances d'être élu président et de changer le pays. Si la façon dont il faudrait s'y prendre restait encore floue, il était en revanche évident que je pouvais être ce candidat, selon Pat. Mes experts de campagne avaient des idées de stratégie, de tactique et surtout du message – un message qui attirerait la génération du baby-boom, la génération qui était dans l'attente.

Au cours de l'été 1983, je réfléchissais justement au meilleur message susceptible de redynamiser le parti démocrate, non pas pour me déclarer candidat à la présidence, mais dans le but de mettre à mal les politiques peu généreuses de l'administration du moment. Nous avions permis à Ronald Reagan et à la droite radicale de contrôler les éléments de langage dans les débats sur les droits civiques, l'aide sociale, l'éducation et les impôts. Les républicains reprenaient ainsi le vocabulaire du *busing*, avec des termes tels que « quotas raciaux » et « fraude aux aides sociales » pour diviser les électeurs démocrates. Les partisans de Reagan dressaient avec succès les Blancs contre les Noirs, les patrons contre les travailleurs, la classe moyenne contre les plus démunis.

Quelque part en cours de route, les démocrates s'étaient recroquevillés, ne songeant plus qu'à défendre des tactiques ordonnées par des groupes d'intérêt. Ils avaient perdu leur force stimulante, à savoir leur volonté de travailler de concert afin d'offrir éducation de qualité et soins médicaux à nos enfants, une part honnête des profits économiques du pays à chaque travailleur, et les mêmes chances pour tous, indépendamment de l'origine, de la religion ou du genre. Selon moi, il était temps de rappeler aux démocrates la nécessité de retrouver leur volonté de sacrifier une petite partie de leur confort personnel pour le bien du plus grand nombre, de se réapproprier le débat sur la politique sociale avec des termes reliant les citoyens les uns aux autres. Aidé de Pat et de Mark Gitenstein, je repris un discours que j'avais écrit à la volée, au dos d'une enveloppe, à l'occasion de la convention nationale de l'opération PUSH[1] organisée par Jesse Jackson cet été-là. M'appuyant sur ce texte, je rédigeai un nouveau discours, dans l'intention de le prononcer lors de la convention démocrate du New Jersey, à Atlantic City, en septembre 1983, quelques mois avant la première élection primaire. Si la plupart des candidats déclarés firent le déplacement à Atlantic City, je fus manifestement la surprise de la convention. « Les délégués ont longuement commenté l'art oratoire de la jeune génération après la proclamation des résultats du sondage non officiel de mardi, écrivit le *Washington Post*.

---

1. Association militante défendant la justice sociale et les droits civiques, l'opération PUSH (*People United to Save Humanity*, soit Le peuple uni pour sauver l'humanité) fut fondée par Jesse Jackson en 1971.

Le sénateur Joseph R. Biden (Démocrate – Delaware) [...] a fait se lever les mille cinq cents délégués quand il a juré que les autres jeunes démocrates et lui étaient prêts à se dédier aux valeurs grâce auxquelles le parti démocrate a dominé la politique nationale ces cinquante dernières années. »

Ce jour-là, en prononçant mon discours sur l'estrade, j'eus conscience de poser la première pierre d'un message solide. J'avais répété ma croyance de longue date :

« Le parti démocrate n'a pas réussi à garder à l'esprit ce qui nous a portés si haut ni la façon dont nous y sommes parvenus : indignation morale, honnêteté instinctive, un sens du sacrifice partagé et de la responsabilité mutuelle, et une série de priorités nationales mettant l'accent sur nos valeurs communes. [...] Autrefois moteur de l'intérêt national – modelant nos intérêts pluralistes en un nouveau contrat social convaincant qui a bien servi la nation pendant cinquante ans –, le parti est aujourd'hui vu comme à peine plus qu'un négociant au service d'intérêts étriqués. Au lieu de nous considérer comme américains en premier lieu, démocrates en deuxième lieu et membres de groupes d'intérêts en troisième lieu, nous faisons aujourd'hui passer des intérêts particuliers avant le bien commun. [...] Nous avons laissé nos adversaires s'emparer de l'ordre du jour et définir les problématiques à gérer. »

Je fis également remarquer qu'il était temps de sublimer nos programmes aux vues étriquées pour nous focaliser sur l'intérêt général public. Nous formions un grand parti politique constitué de diverses tendances, composé de syndicalistes, de militants des droits civiques, de défenseurs des droits de la femme, d'enfants et de petits-enfants d'immigrés s'étant frayé un chemin au sein de la classe moyenne, mais aussi de jeunes gens aisés nés dans les années 1960 et attirés par nos luttes pour l'égalité et la fin de la guerre du Viêtnam. J'étais déterminé à m'adresser à toutes ces personnes, à demander quelque chose à chacun d'entre eux. Pat et Mark m'avaient aidé à enrober mon discours d'évocations de héros de la génération précédente tombés au combat – John F. Kennedy, Martin Luther King, Bobby Kennedy – et de la conviction que nous avions tous aujourd'hui l'opportunité de marcher dans leurs traces.

« Ce défi s'offre aujourd'hui à ma génération. L'avenir proche nous mettra à l'épreuve : sommes-nous dotés de courage moral, de réalisme, d'idéalisme, de ténacité et de la capacité à sacrifier une partie de notre confort actuel afin d'investir dans le futur ? [...] Je suis convaincu que cette génération se hissera à la hauteur de ce défi. [...] Les spécialistes prétendent que, à l'image du parti démocrate lui-même, les électeurs de moins de quarante ans sont prêts à vendre leur âme pour un peu de sécurité, qu'elle soit réelle ou illusoire. Ils nous sous-estiment. Ce n'est pas parce que nos héros politiques ont été assassinés que le rêve ne vit pas toujours en nous, au fond de nos cœurs brisés. »

J'entends encore la réaction de la foule, au moment où j'ai prononcé cette dernière phrase ; je me suis senti physiquement balayé par son enthousiasme. Parmi les personnes rassemblées, j'en voyais quelques-unes qui pleuraient. Le sénateur Bill Bradley, qui avait lui aussi prononcé une allocution sur l'estrade, m'avoua plus tard avoir été au bord des larmes. Je conclus mon discours par une citation de Robert Kennedy – que Pat adorait –, dont je me servis pour rappeler à ces démocrates notre héritage et le défi qui nous attendait :

« Ses mots résonnent encore et nous rappellent que seuls notre idéalisme, notre engagement et notre énergie nous permettront d'espérer accomplir le destin que l'histoire nous présente. Non pas en tant que Noirs ou Blancs, non pas en tant que travailleurs ou patrons, non pas en tant que riches ou pauvres, non pas en tant qu'hommes ou femmes, pas même en tant que démocrates ou républicains, mais en tant que peuple de Dieu au service du rêve américain. »

La foule entassée dans cette salle d'Atlantic City n'était pas exclusivement composée des cols blancs instruits curieusement devenus l'incarnation du baby-boom ; elle était aussi diverse que la génération elle-même, à laquelle d'ailleurs elle ne se limitait pas. À cette convention assistaient des membres du parti, des travailleurs, des syndicalistes, des défenseurs des droits civiques ou des droits des femmes. Beaucoup d'entre eux étaient parents de baby-boomers mais me suivaient à chaque mot, je le sentais dans mes tripes. Qu'ils aient seize ou soixante ans, tous étaient connectés à mon message, qu'ils savaient destiné à chacun d'entre eux. Je n'avais pas suffisamment compris combien chaque personne présente dans l'assistance donnerait à mes paroles sa propre signification, avec sa propre interprétation, percevant peut-être un message différent de celui que je souhaitais transmettre.

Après tout, nous avons tous des secrets divers enfouis au fond du cœur. Cependant, ce jour-là, à Atlantic City, je sentis que le public était touché par mes propos, au point de se joindre à mon combat.

Les spécialistes, emballés, multiplièrent les venues à Wilmington, me poussant tous à me présenter. Caddell sortait de son attaché-case des feuillets crachés par une imprimante montrant les résultats des derniers sondages, puis il m'expliquait avec énergie pourquoi j'avais toutes les chances de l'emporter en 1984, pourquoi c'était le moment idéal pour me lancer. Pat me harcelait sans discontinuer. Dans la bibliothèque de la Station, cet hiver, juste avant la date limite pour se déclarer candidat, j'avais toujours la même réaction :

— Bon sang, Pat, je n'en ai pas envie.

Mais il insistait. Il me suggéra même de signer les documents officiels de candidature à la primaire du New Hampshire, « au cas où ». Ce que je fis, presque pour plaisanter, mais je fis savoir à toute l'équipe présente dans la pièce que ces papiers devaient rester en possession de Val. Nul autre n'avait le droit d'y toucher. Si je décidais de tenter ma chance, ma sœur n'aurait qu'à sauter dans un avion et filer vers le nord pour les déposer dans le New Hampshire. Sur ce, je m'offris quelques jours de vacances avec Jill.

Je n'avais aucune intention de me lancer dans la course à l'investiture démocrate de 1984, et mes proches le savaient pertinemment, mais cela ne nous empêcha pas, Jill et moi, d'avoir une discussion très sérieuse à bord de l'avion qui nous transportait vers les îles. La perspective d'une défaite ne m'effrayait guère, car personne ne me donnait vainqueur, tant mes chances étaient réduites. Mais quelle serait ma réaction, au cas improbable où je l'emporte ? Je n'avais toujours pas déterminé de réponse aux questions essentielles : *Pourquoi me porter candidat ? Et que faire, en cas d'élection ?* J'étais incapable de m'imaginer gérant la bureaucratie du gouvernement fédéral, convaincu de ne pas en savoir assez sur son fonctionnement – je n'étais même pas certain de savoir à qui faire appel pour constituer mon équipe. Même après onze années au Sénat, je ne connaissais pas assez et n'avais pas assez confiance en les personnes qui comptaient, lesquelles me le rendaient bien. Qui choisirais-je pour gérer le budget ? Qui nommerais-je secrétaire d'État, au Trésor, à la Défense ? Contrairement à Sam Nunn et quelques autres sénateurs, je ne connaissais aucun général personnellement. À mon sens, je n'étais pas prêt à être président.

Quand notre avion se posa dans les îles, j'avais pris ma décision. Je joignis Val :

— Ne transmets pas ces documents, je ne me présente pas.

Après la réélection du président Reagan, en 1984, la question de ma candidature se posa de nouveau. Sans président sortant et sans candidat indiscutable du côté démocrate, l'élection de 1988 s'annonçait extrêmement ouverte. J'étais à peu près certain que Mario Cuomo, gouverneur de l'État de New York et sans doute le démocrate le plus puissant, ne se lancerait pas. Et quand je m'attardais sur les candidats probables – Gary Hart, Richard Gephardt, Jesse Jackson –, je me sentais à la hauteur. Je n'avais que quarante-deux ans, mais après une dizaine d'années au sein de la Commission des Affaires étrangères et presque autant à la Commission du renseignement, je maîtrisais mieux que la plupart des hommes politiques le vaste monde et la place qu'y occupaient les États-Unis. Mon expérience en la matière s'était forgée non seulement au fil des auditions dans ces commissions, mais également en accumulant des déplacements dans le monde entier et en rencontrant de nombreux chefs d'État. S'il est important de lire les rapports et d'écouter les spécialistes, il est encore plus essentiel de savoir décrypter les pensées des individus qui exercent le pouvoir. L'écoute attentive de ces derniers m'avait initié comme peu de gens à l'intimité de la diplomatie internationale. Je me rappelle une entrevue, des années auparavant, avec Golda Meir, à l'époque Premier ministre d'Israël. Devinant mon désespoir quant aux chances de paix et de sécurité en Israël, elle m'avait remonté le moral et m'avait donné une leçon inoubliable sur la force et la faiblesse de la position de son pays : « Nous autres Juifs possédons une arme secrète, dans notre combat contre les Arabes : nous n'avons nulle part ailleurs où aller. »

Lors de mon premier déplacement en Chine après la normalisation de nos relations avec ce pays, je fus aux premières loges pour percevoir la possibilité d'exploiter la crainte réelle qu'inspiraient les Soviétiques à Deng Xiaoping, leader de la République populaire de Chine, pour le convaincre de nous apporter une certaine aide en termes de renseignement.

Mon expérience m'avait également appris que la modestie ne vaut pas la franchise, quand on s'exprime au nom des États-Unis. Les chefs d'État du monde entier sentaient la moindre faiblesse et étaient tous dotés d'un radar détectant le manque de sincérité.

Parler franchement et afficher sa force était la meilleure façon de gagner la confiance de leaders tels que Helmut Schmidt. J'avais même le sentiment d'avoir acquis le respect – quoique réticent – d'Alexis Kossyguine, l'ancien président du Conseil des ministres soviétique, peu avant sa mort, quand j'avais mené une délégation de sénateurs à Moscou pour discuter contrôle des armements. En cet été 1979, le second traité sur la limitation des armements stratégiques – SALT II – signé par le président Jimmy Carter et Leonid Brejnev, secrétaire général du parti communiste soviétique, sur lequel le Sénat devait se pencher sous peu, était de plus en plus critiqué. Il subissait notamment les attaques de sénateurs de la guerre froide tels que Henry « Scoop » Jackson, Barry Goldwater et Jesse Helms. Celles-ci étaient d'autant plus efficaces que Franck Church, président de la Commission des Affaires étrangères et le plus ardent défenseur du traité, était occupé à lutter pour sa survie politique dans son État, l'Idaho, où l'élection proche était indécise. Quand le grand public découvrit avec stupéfaction les photos satellites confirmant la présence de militaires soviétiques à Cuba, Church fut contraint de prendre position publiquement : le traité SALT II serait annulé si les Soviétiques ne retiraient pas leurs troupes de Cuba. Conscient que son traité était mal en point, le président Carter redoutait que les nouveaux démocrates du Sénat ne cèdent à la pression des républicains. Il suggéra donc que je mène une délégation de jeunes sénateurs au Kremlin, avec pour objectif d'obtenir l'assurance que les Soviétiques se plient aux nouvelles conditions exigées par le Sénat. Accompagné de cinq collègues, je franchis le rideau de fer à destination de Moscou, pour quelques discussions avec les dirigeants soviétiques.

La réunion se déroula dans une salle joliment décorée du Kremlin. Mes collègues et moi installés d'un côté d'une longue table de conférence, Brejnev et Kossyguine nous rejoignirent et s'assirent face à nous. Ils nous parurent enhardis à la vue de notre délégation, qui comprenait notamment Bill Bradley, lequel, à trente-cinq ans, était le nouveau sénateur du New Jersey. Âgé de seulement six mois de plus que Bradley, je menais les pourparlers côté américain. Brejnev était quant à lui grisâtre ; nous l'ignorions mais il était déjà mourant. Après les présentations, il s'excusa et laissa le vieux radical Kossyguine mener la réunion. Ce dernier s'était déjà publiquement enorgueilli d'avoir contraint le Sénat américain à reporter la ratification de SALT II ; je revois encore son regard pénétrant, quand il se mit à parler. Nous nous entretenions par l'intermédiaire d'interprètes – Carter nous avait pour l'occasion pourvus du meilleur et du plus chevronné des nôtres, en poste au Département d'État, celui auquel il avait précédemment fait appel pour discuter avec Brejnev. Assis face à moi, Kossyguine ne me quitta pas des yeux lorsqu'il imposa les règles de la réunion :

— Que les choses soient claires, sénateur. Premièrement, je parle au nom de l'URSS, et vous au nom des États-Unis. Je parle, vous parlez, et personne d'autre. (Je n'eus pas besoin de lui préciser que n'importe quel sénateur aurait accepté ces conditions.) Deuxièmement, vous êtes jeune, sénateur, mais sachez que j'occupais un poste aussi important que le vôtre à votre âge.

Il m'expliqua qu'à mon âge, il avait été chargé d'assurer l'approvisionnement de Leningrad lors du siège infernal imposé par les nazis au cours de la Seconde Guerre mondiale. Par ces mots, il tenait à me faire comprendre que j'étais jeune et que je n'avais pas encore connu l'épreuve du feu – à l'image de mon pays. Il nous rappela également le prix exorbitant consenti par nos alliés soviétiques pendant la Seconde Guerre mondiale. Onze millions de soldats de Russie et de ses pays satellites avaient trouvé la mort, auxquels il fallait ajouter seize millions de civils – dont environ un million avaient succombé durant le seul siège de Leningrad. Kossyguine et ses compatriotes avaient prouvé qu'ils savaient survivre à une telle dévastation humaine.

— Encore une chose, sénateur, poursuivit-il. Nous ne nous faisons pas confiance convenons-en, et nous avons de bonnes raisons pour cela. Vous autres les Américains croyez que jamais vous n'emploierez l'arme atomique, que jamais vous ne tirerez les premiers sur nous, mais j'espère que vous comprenez pourquoi nous vous en pensons tout à fait capables.

Je voulus réagir, mais il enchaîna :

— Vous êtes la seule nation dans l'histoire de l'humanité à avoir largué des bombes nucléaires sur un territoire ennemi. Ce n'est pas une critique de ma part, c'est un fait. Vous devez donc comprendre que nous vous croyons capable de recommencer. Et n'oubliez pas que vous avez fait débarquer des troupes américaines dans notre pays, pour combattre au côté des Russes blancs, en 1917. Alors que nous, nous n'avons jamais posé le pied sur votre territoire, et nous n'avons jamais lâché la moindre bombe sur une de vos villes.

Kossyguine avait clairement fixé les conditions de nos discussions. Ses arguments étaient légitimes ; il les avait énoncés pour nous intimider, pour nous embrouiller l'esprit. Cela étant, son rappel n'était pas inutile ; quelles que soient les bonnes intentions de notre pays, nous ne pouvons pas nous attendre à ce que les autres nations nous fassent naturellement confiance. Supposer que la partie adverse est animée de bonnes intentions n'est pas un principe fréquemment observé en diplomatie internationale.

La réunion dura trois heures et se résuma presque essentiellement à un monologue de Kossyguine. À un moment, il tenta de me lancer sur la question des effectifs militaires américains et soviétiques en Europe. La question d'une réduction mutuelle et équilibrée des armements fut également abordée. J'avais étudié les chiffres des armes conventionnelles et nucléaires de l'URSS, aussi, lorsque Kossyguine me cita un nombre de chars soviétiques si faible que c'en était risible, je ne laissai pas passer ce mensonge :

— Dans mon pays, nous avons une expression qui convient à la situation, monsieur Kossyguine : ne racontez pas de conneries à quelqu'un qui est habitué à en distribuer.

Ma repartie sembla lui plaire. Plus tard, un de mes collègues de la délégation me confia avoir demandé à l'interprète du Département d'État s'il avait fidèlement traduit mes propos. Apparemment, notre homme avait fait preuve d'un peu trop de diplomatie et avait dit quelque chose comme : « Ne plaisantez pas avec quelqu'un qui sait le faire aux dépens d'autrui. »

Même si Kossyguine monopolisa la parole, j'obtins son accord tacite que les Soviétiques accepteraient probablement les modifications du traité à l'étude au Sénat. Car eux aussi voulaient le voir adopté.

Kossyguine mourut l'année suivante, puis Brejnev deux ans plus tard. La génération de chefs d'État formée dans l'amertume des révolutions et des guerres mondiales – et divisée par des idéologies intransigeantes – disparaissait de la scène. Tandis que Reagan entamait son second mandat, il était de plus en plus évident que Mikhaïl Gorbatchev, le nouveau numéro un soviétique, était en quête d'un partenaire avec qui signer la fin de la guerre froide. Or, selon moi, personne, parmi les candidats placés sur la ligne de départ de la course à l'élection présidentielle de 1988, ne tiendrait mieux que moi ce rôle.

Malgré cela, je ne visais toujours pas la Maison Blanche, en 1986. Je ne me sentais pas contraint de changer le monde, pas plus que je ne jugeais mon heure arrivée. J'avais déjà décidé qu'un jour je serais candidat à la présidence des États-Unis, certes, mais j'étais également conscient qu'il me serait impossible de faire éternellement patienter mes équipes. Les hommes et les femmes qui m'accompagnaient étaient les meilleurs dans leurs spécialités respectives et avaient hâte de se lancer à l'assaut. Si je ne passais pas à l'action sans tarder, ils me délaisseraient pour soutenir des candidats déclarés pour 1988. Le moment était donc venu de leur prouver que mes intentions étaient sérieuses, de m'atteler aux bases de ma future campagne. Il me fallait donc rencontrer des présidents de comté en Iowa, des maires et des conseillers municipaux dans le New Hampshire. Je devais également faire connaissance avec le président de l'AFL-CIO, avec les P-DG des cinq cents plus grosses entreprises nationales et avec quantité de gros donateurs un peu partout dans le pays. Les experts politiques estimaient que dix millions de dollars seraient nécessaires, au minimum, pour seulement emporter les primaires – alors que je n'avais jamais levé le moindre million pour une campagne.

La situation n'était pas comparable aux débuts de ma première campagne sénatoriale. À l'époque, même quand je ne faisais rien d'autre que paraître à huit rencontres-cafés par jour, je visualisais ma course jusqu'au soir de la victoire, je me voyais sénateur et j'imaginais ce que j'accomplirais à ce poste. J'étais en revanche totalement aveugle concernant la course à la présidence, sans parler de mes décisions en tant que chef de la nation. Néanmoins, j'étais convaincu de suivre la bonne marche. Mon exploration en vue de la présidence me faisait plutôt l'effet d'un effort de collecte de matériaux divers, qu'il me faudrait ensuite assembler pour former l'appareil qui me conduirait un jour à la Maison Blanche. Mais dans mon esprit, ce but ne serait atteint que d'ici de nombreuses années.

Si l'on m'avait fait passer au détecteur de mensonges en 1986, en me demandant si je serais officiellement candidat à l'élection présidentielle de 1988, j'aurais répondu par la négative. En revanche, si l'on m'avait demandé si j'envisageais de bâtir les fondations d'une campagne présidentielle programmée pour 1992 ou 1996, je l'aurais confirmé sans hésiter.

— Ce n'est qu'un essai, ne cessais-je de répéter à Ted Kaufman, mon ami et chef de cabinet de longue date, à mesure que nous empilions les briques de cet édifice.

J'avais pleinement conscience de m'adresser à moi-même autant qu'à ceux qui m'écoutaient.

Jill était plus sceptique que moi et plus inquiète quant au prix personnel que nous imposerait ma candidature. Lors d'un cocktail, peu après la campagne de 1984, elle avait discuté avec Lee, l'épouse de Gary Hart, qui avait surpris tout le monde en manquant de peu de battre Walter Mondale pour l'investiture démocrate. Hart était désormais le favori pour 1988, mais Lee était loin de s'imaginer à la Maison Blanche. Lors de cette soirée, elle était apparue toute de blanc vêtue, tel un ange gardien.

— Joe veut se lancer dans la course à la présidence ? avait-elle questionné Jill, sur le ton de la confidence. Vous n'avez pas idée comme c'est dur.

Jill n'était pas du genre à oublier ce genre de commentaire. Je tentai de la rassurer en lui expliquant que même si je me déclarais candidat, j'avais tout loisir de renoncer avant les élections. Mon intention première était de multiplier les déplacements, rencontrer les personnes qu'il était important de connaître, séduire en tant que candidat potentiel, faire en sorte que l'on parle de moi. C'était l'occasion rêvée pour nouer des relations avec les personnes dont j'aurais besoin à l'avenir et qui m'aideraient à lever des fonds.

— Allons-y, et nous verrons bien, conclus-je. Ça ne peut pas nous faire de mal.

Les deux questions essentielles soulevées par Marttila – Pourquoi tu te présentes ? Que feras-tu une fois élu ? – restaient d'actualité, tel un poids au-dessus de ma tête, mais je les gardais de côté pour le moment, entre autres parce que des problématiques plus personnelles, d'ordre pratique, réclamaient mon attention. Serais-je en mesure de rester le mari et le père que je souhaitais être, tout en me portant candidat à la présidence ? Serais-je en mesure de rester le sénateur que je souhaitais être ? Nous avions repris la majorité au Sénat à la suite des élections de mi-mandat de 1986, et cela posait des problèmes immédiats. Je savais que Bob Byrd, notre chef de la majorité, n'était guère enthousiaste à l'idée de voir des sénateurs démocrates se lancer dans la course à la présidence, car cela compliquait sa tâche. Même si seule une poignée d'entre eux faisait campagne en Iowa et dans le New Hampshire, Byrd aurait plus de mal à rassembler les votes nécessaires et à établir un agenda. Lorsque je lui fis savoir que j'envisageais sérieusement de viser l'investiture démocrate, il ne sauta pas de joie, mais je lui promis de ne pas l'abandonner, pas plus que mon travail au Sénat :

— Au cours des deux années à venir, si vous avez besoin de moi pour un vote que vous jugez important, je reviendrai aussitôt à Washington, où que je sois dans le pays. J'annulerai mon meeting et je serai de retour à temps au Sénat.

Le problème le plus épineux était la Commission judiciaire. Le sénateur Ted Kennedy serait prioritaire pour sa présidence en janvier 1987, quand le nouveau Congrès se réunirait. Un jour, il m'appela alors que j'étais en pleine réunion d'organisation politique à la Station :

— J'aimerais te nommer président de la Commission judiciaire, Joe, mais j'ai besoin de plus de monde dans mon équipe.

C'était une manœuvre classique au Sénat. Kennedy étant également membre dirigeant de la Commission du travail, il avait le choix entre présider l'une ou l'autre de ces commissions. Il comptait opter pour la

Commission du travail, mais profiter de son ancienneté au sein de la Commission judiciaire pour s'octroyer davantage de personnes.

— Non merci, répondis-je. Je ne tiens pas à présider une commission.

— Je ne plaisante pas, Joe.

— Moi non plus.

Le sénateur Kennedy me confia tout de même la présidence de la Commission judiciaire, présidant pour sa part la Commission du travail. Même en des temps relativement calmes, gérer la Commission judiciaire n'est pas de tout repos. Son effectif et son budget comptent parmi les plus importants au Sénat, et les nombreuses lois controversées sont autant d'obstacles qui se présentent sur son chemin. En tant que président, je devrais en outre mener les auditions de confirmation de tous les hommes et femmes nommés dans des cours fédérales. D'autre part, un problème encore plus important apparaîtrait certainement dans un avenir proche, quand on savait que la Cour suprême comprenait beaucoup de juges assez âgés, en ce mois de janvier 1987, comme Thurgood Marshall, William J. Brennan ou encore Lewis Powell. Si l'un d'eux décidait de prendre sa retraite, il était fort possible d'assister à un combat acharné au Sénat, pour défendre ou dénoncer celui ou celle que le président Reagan nommerait en remplacement du juge démissionnaire.

Reagan avait clairement exprimé son intention de nommer des juges s'écartant de l'esprit de la Cour de l'époque de Warren[1], dont la vision penchait selon

---

1. Earl Warren (1891-1974) fut président de la Cour suprême de 1953 à 1969.

lui trop du côté des droits individuels. Les soutiens les plus radicaux du Président l'avaient jugé trop timoré quand il avait nommé Sandra Day O'Connor à la Cour suprême ; cette femme se révéla être une sorte de centriste sur les questions de l'avortement et de la discrimination positive. En 1986, en nommant Antonin Scalia, fervent conservateur, Reagan avait indiqué qu'il ne commettrait pas deux fois la même erreur. Si la Maison Blanche se voyait offrir l'occasion de nommer un nouveau juge, ce dernier pencherait sérieusement à droite, c'était une évidence. Ce qui déclencherait des débats houleux au Sénat. Si j'étais assez confiant en ma capacité à gérer les contestations que provoquerait une telle nomination à la Cour suprême tout en menant ma campagne présidentielle, je n'étais en revanche absolument pas certain de donner le meilleur de moi-même simultanément dans ces deux missions.

Je fus très agréablement surpris lors de mes premières sorties de campagne. Où que je me rende, la population semblait très demandeuse d'un candidat croyant comme moi aux principes les plus fondamentaux. Les gens étaient si lassés des éternelles paroles creuses de Reagan que le gouvernement était devenu l'ennemi. Quand j'expliquais à une assemblée que, ensemble, nous avions l'opportunité de bâtir une majorité politique engagée et convaincue que le gouvernement a obligation de tenir un rôle constructif afin d'améliorer la vie de tous les Américains, je sentais ces gens se rapprocher de moi. Pat Caddell et moi avions vu juste sur au moins un point : la génération du baby-boom semblait la plus avide de renouveau. En tant qu'homme politique, je suis très à l'écoute de mon instinct ; quand je sors d'une salle de meeting, je sais si j'ai touché ou non le public. En ce début de campagne, ce ressenti était presque toujours positif ; il me suffisait de montrer qui j'étais, de décrire les valeurs qui m'étaient les plus chères pour m'en sortir correctement. Le plus facile était de détailler ce en quoi je croyais :

— Mes parents comme les vôtres nous ont donné le meilleur matériau qui soit, les plus grandes opportunités intellectuelles et la liberté personnelle la moins restreinte jamais connue sur cette planète, expliquais-je, poussant ainsi mes auditeurs à se sentir plus proches encore de moi.

Dès que j'en avais terminé, le public se massait autour de moi :

— Où faut-il signer ?

— Comme puis-je apporter mon aide ?

Ces réactions étaient revigorantes. Mes discours étaient essentiels pour moi, tant leur rédaction que le moment de les prononcer en public. J'avais participé à des milliers de votes au Sénat, et je n'avais aucun mal à expliquer chacune de mes décisions en ces occasions, mais rédiger une allocution était une façon de prendre le temps de me poser, de réfléchir à l'ensemble de ces scrutins, à ce qui donnait un sens général à mon travail au service de la population. Début 1987, mon message me semblait encore quelque peu opaque, comme si mes électeurs potentiels ne m'entendaient qu'au travers d'un voile. Je n'avais pas encore trouvé des mots me paraissant authentiques à cent pour cent. Néanmoins, j'adoptais peu à peu un certain rythme, une certaine cadence, si bien que quand j'eus la sensation que les foules adhéraient à mes propos, que mes paroles suffisaient à faire changer les choses, je pris l'habitude peu judicieuse de considérer la course à l'investiture démocrate sous le mauvais angle. Regardant autour de moi, je me jugeais en fonction des autres candidats potentiels à la nomination. J'étais convaincu d'avoir de bonnes chances de tous les vaincre.

J'avais prévu de prononcer de grands discours à l'AFL-CIO et lors de meetings démocrates géants programmés en Floride et en Californie. Le dernier jour de janvier 1987, je me rendis en avion à l'autre bout du pays, à Sacramento, pour m'exprimer dans le cadre de la Convention démocrate de Californie. Quand j'en eus terminé, trois mille démocrates californiens – tous importants, influents – se levèrent comme un seul homme et m'acclamèrent bruyamment. Ce jour-là, j'eus la certitude que rien ou presque ne pouvait m'empêcher de représenter les démocrates à l'élection présidentielle. Nous avions mis en place une équipe politique de premier ordre, et nos militants s'activaient dans les premiers États appelés aux urnes. Quant à moi, je levais les sommes d'argent nécessaires à la campagne. Il m'arriva plus d'une fois d'émettre le même genre de commentaire à l'intention de Ted Kaufman, en rentrant du New Hampshire ou de l'Iowa :

— Tout se passe très bien, là-bas. Tout le monde est très motivé.

Deux semaines après mon discours en Californie, je pris la parole à l'occasion de la convention nationale de l'AFL-CIO, l'organisation syndicale la plus puissante du pays. Réunis à Bal Harbour, en Floride, les délégués n'avaient pas encore décidé quel candidat soutenir. Si Gary Hart était le grand favori à l'investiture démocrate, son passif politique vis-à-vis des travailleurs n'emballait guère les dirigeants du regroupement syndical. Richard Gephardt, membre de la Chambre des représentants, défendait une politique commerciale rigide censée protéger les travailleurs américains, mais beaucoup de syndicalistes me semblaient douter de ses capacités à gérer le pays. Mario Cuomo, le gouverneur de l'État de New York, hésitait encore à se lancer. Quant à Michael Dukakis, le gouverneur du Massachusetts, il n'avait même pas été invité à s'exprimer lors de cette convention, qui était pourtant le plus important rassemblement syndicaliste.

Quand vint pour moi le moment de prononcer mon discours, je n'offris pas à mes auditeurs des paroles mielleuses censées les rassurer. Les politiques économiques de ruissellement mises en place par le président Reagan avaient donné aux intérêts commerciaux du pays un bon prétexte pour livrer une guerre ouverte contre les syndicats.

— Les chambres de commerce ont conscience des enjeux, rappelai-je. Elles s'activent pour que votre parole et votre part de l'abondance et de la prospérité américaines soient modifiées du tout au tout. Si vous n'avez pas compris cela, changez de métier.

Même si je leur assenais qu'ils devaient se réveiller et se battre à mes côtés, je sentais déjà leur présence auprès de moi. Quand j'en eus terminé, l'ovation qui éclata fut si forte et si longue que je descendis de l'estrade bourré d'adrénaline. J'avais alors déjà en tête une nouvelle déclaration évoquant plus que jamais ma probable candidature à l'investiture démocrate de 1988, afin de remotiver nos donateurs, mais à l'issue de ce discours de Bal Harbour, j'eus réellement la conviction que la victoire était une vraie possibilité. Ainsi, lorsque des journalistes m'interpellèrent, je leur déclarai tout net que je comptais tenter ma chance en 1988, non sans me ménager une porte de sortie :

— Seul un obstacle majeur, entre aujourd'hui et le moment d'annoncer officiellement ma candidature, me ferait changer d'avis.

Une semaine après mon discours à Sacramento, Robert Shogan, rédacteur en chef du service politique du *Los Angeles Times*, signa un long article de fond en une de l'édition dominicale du journal. J'avais consacré un peu de temps à Shogan, petit individu coriace qu'aucune parole flatteuse n'aurait embobiné. Il prenait ma candidature très au sérieux. Présent à la convention démocrate de Sacramento, il m'avait écouté et avait clairement discerné quelque chose en moi :

« En livrant aux membres du parti une rhétorique ambitieuse depuis quatre ans et partout dans le pays, Biden a non seulement contribué à raviver les esprits démocrates au cœur de l'ère reaganienne, mais il a en outre donné vie à ses propres aspirations présidentielles », écrivit-il.

Dans cet article, Shogan me dépeignit sous un jour très favorable en détaillant ma famille, ma maison, mes valeurs, ainsi que les combats que je livrais pour trouver le juste équilibre entre être un bon père, un bon époux, un bon sénateur et un candidat potentiel à l'élection présidentielle.

Il n'en écarta pas pour autant les mises en garde inévitables : selon lui, je parlais trop, je me laissais guider par mes émotions plutôt que par la raison et je ne me démenais pas assez au Sénat. Il résuma la question essentielle en un long paragraphe :

« Si nul ne met en doute la capacité de Biden à enthousiasmer un public, ce talent a contribué à cristalliser la critique la plus sévère concernant son efficacité en tant que sénateur et son potentiel en tant que président : certains estiment que les apparences (et les paroles) sont trompeuses, que cet homme offre un somptueux emballage dont le contenu est douteux, qu'il tient davantage de la vedette de spectacle que du bourreau de travail. »

En lisant ces lignes, je compris que la meute des journalistes relancerait cette question aussi longtemps que je serais en course pour l'investiture. Et y répondraient de nombreuses personnes ne connaissant à peu près rien de moi.

En janvier 1987, je n'avais pas souvenir d'avoir bavardé en privé ou ne serait-ce que partagé un café ou un déjeuner avec le moindre journaliste d'envergure nationale. Je ne connaissais personnellement aucun spécialiste de politique nationale. Je n'avais dans mon carnet d'adresses aucun grand reporter ou membre du comité de rédaction d'un grand journal que je pouvais appeler pour bavarder tranquillement ou discuter sérieusement en toute discrétion. Je ne m'étais jamais donné la peine de développer ce point, tout simplement. Sans pour autant avoir tout fait pour éviter les journalistes, je n'avais jamais pris le temps d'entretenir des relations avec eux. Il est vrai qu'une fois terminée ma journée de travail au Sénat, je ne songeais qu'à filer à Union Station pour attraper le train à destination de Wilmington. Je ne connaissais pas ces gens, et c'était réciproque. Pour tout dire, je n'étais pas certain de leur faire confiance.

Mes premiers contacts avec la grande presse ne s'étaient pas bien déroulés. À mes débuts en politique, je respectais les journalistes, dont j'estimais qu'ils rendaient service à la nation, mais dès 1972, après l'accident, j'avais fait l'objet d'une attention trop soutenue, à la limite du morbide. Du jour au lendemain, je n'étais plus un être humain mais un bon article. Les journalistes ne me lâchaient plus, me braillant leurs questions à la sortie de l'hôpital tandis que des photographes me mitraillaient :

— Combien de points de suture ont été posés sur Hunter, sénateur ?

— De combien de fractures souffre Beau ?

— Comment allez-vous, sénateur, franchement ?

— Qu'éprouvez-vous exactement ?

C'était un enfer. Ils faisaient leur boulot, j'en avais conscience, mais ils ne semblaient pas décidés à me laisser souffrir tranquille, comme n'importe quel être humain. Dix-huit mois plus tard, en un de mes mauvais jours, un journaliste s'approcha de moi :

— Quand allez-vous enfin vous remettre de tout ça, sénateur ?

Au début de ma carrière au Sénat, mes relations avec la presse étaient si mauvaises que je n'étais jamais à l'aise devant les micros tendus. Or les règles de base de la relation de longue date unissant journalistes et élus de Washington étaient clairement établies. J'avais compris, presque par osmose avec l'institution du Sénat, qu'il m'était possible de répondre aux journalistes sans craindre d'être cité, de leur donner des informations sans que mon nom y soit attaché. J'avais tout loisir de commenter n'importe quel sujet de façon officieuse. Malgré cela, je ne tenais pas à participer à ce jeu, je ne me sentais pas d'humeur à échanger des faveurs. En réalité, me confier ainsi me paraissait presque immoral. Quand j'avais quelque chose à dire, je l'exprimais sans détour, en assumant mon propos. Un jour, en sortant d'une audition à huis clos, je fus abordé par un journaliste qui couvrait depuis une éternité la colline du Capitole :

— De quoi avez-vous parlé, sénateur ?

— Je ne peux rien vous dire.

— Écoutez, sénateur : soyez sympa avec moi, je serai sympa avec vous.

Je lui répondis d'aller se faire voir.

Au cours de ma première année au Sénat, je recevais une demi-douzaine de demandes d'entretien par semaine. Il ne m'échappait pas que j'étais un sujet d'article particulièrement intéressant : plus jeune sénateur de Washington, veuf père de deux garçons, victime d'une tragédie. Refusant de répondre à des questions portant sur ces aspects de ma vie, je me vis avec amertume et à une vitesse stupéfiante passer dans la presse de l'état de « veuf éploré » à celui de « célibataire disponible ». Je ne répondais jamais aux questions sur ma vie personnelle, silence qui ne faisait qu'attiser l'appétit des journalistes. Wes Barthelmes, mon premier directeur de cabinet, me prit à part un jour et m'expliqua qu'il était important que j'accorde une interview, une seule, dans laquelle je parlerais de Neilia et de ma fille. Lui-même ancien journaliste, Wes savait comment cet univers fonctionnait. Il me suffisait de raconter mon histoire, une seule fois, pour ne plus jamais avoir à le refaire. Il choisit une journaliste jeune et inexpérimentée, mais il l'appréciait et estimait qu'elle se comporterait correctement avec moi.

Au printemps 1974, le magazine *Washingtonian* envoya donc une certaine Kitty Kelley m'interviewer à propos de ma vie au Sénat en tant que jeune veuf et père. Cette jeune femme se révéla très aimable. Quand, dans mon bureau, je lui décrivis ma vie avec Neilia et les événements liés à sa mort, je sentis qu'elle avait les larmes aux yeux. Or je ne voulais pas que mon unique interview à propos de Neilia donne un article larmoyant. D'autant que ma vie n'étant à l'époque plus aussi difficile qu'auparavant, je ne me considérais pas comme un personnage de tragédie. Je pris donc soin d'insister sur les bonheurs partagés avec Neilia, non sans préciser que j'étais remis du choc de sa mort. Quand l'entretien fut terminé, je fus soulagé d'en être débarrassé.

L'article que Kitty Kelley signa dans le *Washingtonian*, qu'elle avait surmonté du titre « La mort et l'Américain », me fit ressortir comme un homme passablement déséquilibré. Mon bureau du Sénat y était décrit comme un sanctuaire dédié à mon épouse décédée, et il était écrit que j'y avais disposé une photo de la tombe de Neilia, ce qui était inexact. Il s'agissait en réalité d'un cliché du cimetière d'Old New Castle, dans le Delaware, qui datait du XVIIe siècle, et ce n'était qu'une photo historique parmi d'autres de mon État. D'autre part, Kitty Kelley avait déformé une de mes réponses de telle façon qu'elle donnait l'impression d'être une blague antisémite. Enfin, elle avait ordonné mes propos de sorte que je passe pour un novice impudent. Cet article eut un effet dévastateur. Si jusque-là je me méfiais de la presse, désormais je la haïssais profondément.

Bien que navré de m'avoir recommandé Kitty Kelley, Wes ne cessa jamais de tout faire pour améliorer mes relations avec les journalistes. Ce même printemps, il me convainquit d'assister au dîner

Contre-Gridiron. En 1974, le dîner Gridiron était chaque année organisé par un groupe de journalistes de Washington. Le président s'y rendait presque systématiquement, et les femmes n'y étaient pas admises. En réaction à cela, un autre dîner, le Contre-Gridiron, était organisé dans une tente de l'université Marymount, où me conduisit Wes. Jamais je n'avais mis les pieds à un événement essentiellement peuplé de journalistes. Dès la première seconde, je compris que j'avais commis une erreur en cédant à l'insistance de Wes, ce qui me plongea dans une colère noire. Pendant le dîner, Wes me présenta quelqu'un qu'il appréciait et admirait :

— Voici mon ami Marty Nolan, sénateur.

Je connaissais un peu Nolan de réputation, et il faisait du bon boulot. Jeune reporter de talent au *Boston Globe*, il avait de fortes chances d'être présent à Washington encore longtemps. Wes pensait que nous nous entendrions bien, mais je ne cherchais plus à ne serait-ce que faire semblant de nouer des amitiés au sein de la presse. Ce Nolan me parut assez sûr de lui dans sa veste de treillis.

— C'est vous, le grand Marty Nolan ! dis-je, prenant soin de donner un ton ironique à ma remarque.

Wes me lança un regard gêné, puis il se tourna vers Nolan, avec un air presque désolé. Le journaliste s'adressa à Wes comme si je n'étais pas là :

— Qui l'a laissé sortir de sa cage ?

Wes avait été comme un grand frère pour moi et comprenait mes réactions en présence de journalistes, malheureusement ma colère, ce soir-là, rendit d'autant plus ardus ses efforts pour les convaincre que j'étais quelqu'un de bien. La quasi-totalité des élus en poste à Washington entretenaient soigneusement leurs relations avec la presse. Pas moi. Aux yeux des journalistes, je n'étais qu'un jeune type assez grand qui posait souvent des questions lors des auditions, qui prononçait des discours et qui ne s'arrêtait pas à leur hauteur dans les couloirs du Sénat. Ce qu'ils savaient de moi se limitait au fait que tous les soirs je me hâtais d'attraper le train pour rentrer chez moi, à Wilmington. Un jour, après un discours prononcé en ville, Wes tenta de m'expliquer le problème fondamental de ma relation avec les journalistes : ils ne parvenaient pas à lire en moi. Il me raconta que David Broder, le meilleur spécialiste de politique du *Washington Post*, à la fois ancien collègue et ami de longue date de Wes, avait dit quelque chose que j'avais tout intérêt à ne pas prendre à la légère. À l'issue de mon discours, Wes avait demandé à Broder ce qu'il en avait pensé ; celui-ci avait avoué ne pas avoir vu d'homme politique capable d'émouvoir ainsi les foules depuis Robert Kennedy. À en croire Wes, Broder n'avait qu'une question : étais-je un Robert Kennedy ou un Elmer Gantry[1] ? Cette remarque me blessa, mais à l'époque je n'avais pas le sentiment de devoir prouver ma sincérité à un journaliste, si important soit-il.

En 1987, David Broder était devenu le chef de la meute, et nous n'avions jamais eu la moindre discussion sérieuse. Si ma colère s'était émoussée, je restais méfiant et n'avais aucun ami parmi la presse nationale. Les journalistes ayant couvert de près les activités du Sénat – et donc au fait de mon travail sur le traité SALT II et de mon influence sur la loi pour la lutte

1. *Elmer Gantry le charlatan* est un film de Richard Brooks paru en 1960.

contre la criminalité de 1984 au Sénat – ne couvraient pas les campagnes électorales. Quant aux grands manitous – ainsi surnommait-on les journalistes nationaux les plus réputés –, ils ignoraient tout du Sénat. Quand ils me demandaient ce que j'avais accompli en termes de politique étrangère ou de lois pour la lutte contre la criminalité, je devinais d'instinct que je ne m'étais jamais vraiment défait de la réputation que l'on m'avait collée au début de mon premier mandat. Tout journaliste ne prenant pas le temps de discuter avec les sénateurs qui me connaissaient le mieux n'en saurait pas davantage que ce que tout le monde savait, ou plutôt croyait savoir sur moi. Biden ? C'est ce type qui n'était pas certain de vouloir rester sénateur, qui ne voulait pas assister aux auditions de la Commission du budget, qui refusait de se relever les manches pour travailler dur. Mes collègues, au Sénat, avaient depuis longtemps oublié cette image de moi, j'en étais convaincu, mais les journalistes politiques m'adressaient encore ces reproches. Étais-je une vedette de spectacle ou un bourreau de travail ?

Par une belle journée glaciale du début de l'année 1987, j'étais installé à bord d'un avion à Saint-Louis, dans l'attente du décollage, en compagnie de Paul Taylor, grand manitou en devenir au *Washington Post* et unique journaliste ayant accompagné la campagne « Biden président » tout juste lancée. Assis près du hublot, je contemplais les reflets du soleil sur l'aile argentée de l'appareil. La cabine était silencieuse, presque vide. Installé près du couloir, Taylor se pencha par-dessus le siège du milieu et me lança :

— Saurez-vous supporter la chaleur étouffante de cette campagne ?

Il n'y avait rien de menaçant dans sa voix, mais je me rappelle avoir entendu les mots « chaleur étouffante » alors que mes yeux étaient rivés sur l'aile éblouissante. Plus tard, je me fis la réflexion que Taylor, par ces paroles, avait simplement voulu me donner un avertissement amical, mais j'avais saisi le fond de sa pensée. Mes conseillers politiques m'avaient prévenu que la presse retournerait le moindre galet dans mon passé. La personnalité des candidats était une question essentielle, cette année-là, et cela me convenait. Les journalistes couvrant la campagne s'étaient hissés au sommet de leur profession ; c'étaient des gens intelligents et – croyais-je – méticuleux. J'étais donc confiant ; en fouillant dans ma vie, ils concluraient que j'étais un type honnête et honorable, droit dans ses bottes. Des journalistes compétents me suivaient depuis une quinzaine d'années dans le Delaware, et ils me jugeaient solide. Voilà pourquoi j'assurai à Taylor que j'étais en mesure de supporter cette fameuse chaleur étouffante de la campagne. Je n'étais pas certain que mon bilan au Sénat suffise à convaincre les électeurs de me porter à la présidence, pas plus que je ne pouvais affirmer qu'ils estimeraient un homme de quarante-quatre ans assez compétent pour diriger le pays, mais s'ils voulaient me juger sur mon intégrité, qu'ils farfouillent dans mon passé, cela ne me gênait aucunement, bien au contraire. Si les électeurs me jugeaient sur ma personnalité, je l'emporterais.

On peut dire sans se tromper que j'étais naïf.

Avant même l'avertissement donné par Lee Hart, Jill avait deviné les exigences d'une campagne présidentielle. À présent que l'échéance approchait, son instinct lui criait de me dissuader de me lancer dans la course. Elle n'avait de cesse de me rappeler combien notre vie était parfaite ; Beau était sur le point de décrocher son diplôme de fin d'études secondaires à Archmere, et Hunter en ferait autant l'année suivante. Quant à Ashley, elle venait d'entrer à l'école primaire. Nos enfants étaient heureux et me voyaient souvent. Je ne manquais pas un match, pas un jeu, pas un anniversaire, pas un événement d'importance. Ils avaient depuis longtemps appris à vivre avec la célébrité de leur père. Quand Jill me laissait entendre que la vie de nos enfants changerait à coup sûr si je me déclarais candidat, je restais convaincu de pouvoir viser l'investiture tout en restant un bon père.

Ne sous-estimez jamais la faculté du cerveau humain à se justifier. En réalité, si je me tenais ce raisonnement, c'était essentiellement parce que nos enfants étaient encore jeunes ; il me serait donc plus facile de me consacrer à une campagne présidentielle en 1988 que quatre ou huit ans plus tard. Huit ans plus tard, il me serait beaucoup plus difficile de protéger Ashley des pires horreurs que l'on dirait à propos de son père. Huit ans plus tard, Beau et Hunter se lanceraient dans la vie active ; on risquerait alors de leur reprocher d'avoir obtenu leur poste grâce à leur père. Voilà comment je m'étais convaincu que 1988 était le moment idéal pour la famille Biden.

Certains jours, j'avais la tête comme prise dans un étau. Sensation parfois accompagnée d'une douleur m'élançant la nuque. Jamais de ma vie je n'avais souffert de troubles physiques sérieux, si l'on excepte un peu d'asthme quand j'étais enfant, ainsi qu'une épaule déboîtée. En février et mars 1987, tandis que mes déplacements me faisaient parcourir la Californie, la Floride, l'Alabama, l'Iowa et le New Hampshire, mon assistant était systématiquement muni de paracétamol. J'en avalais six, huit, dix comprimés par jour. J'en réclamais deux ou trois toutes les quatre heures et commentais de temps à autre ces étranges maux de tête à haute voix, quelles que soient les personnes en ma présence. Jamais je n'avais connu de douleur comparable. Ma famille, mes amis et la quasi-totalité de mon équipe me répétaient que ces troubles n'avaient rien d'étonnant, quand on considérait tout ce que je menais de front. Je subissais par conséquent une pression considérable, et le stress qui s'ensuivait était à coup sûr responsable de mes maux de tête. Plus on me donnait cette explication, plus je me sentais bouillir de colère. Il me semblait que mon image était agressée ; en principe, j'étais le type capable d'encaisser la pression en toutes circonstances. Jamais le stress n'avait été un obstacle pour moi. J'avais connu pire. Mon entourage se trompait, c'était évident.

Un événement me fit douter et me demander si cette explication n'était pas la bonne, en définitive.

Le programme du 23 mars 1987 était chargé : un discours sur la politique étrangère au cours d'un déjeuner au Rotary Club de Nasua, dans le New Hampshire, une allocution de soutien de la part d'un ancien maire, une conférence de presse pour annoncer la composition de mon comité directeur d'État, et enfin un discours sur les problèmes constitutionnels prévu dans une faculté de droit. Étant désormais quasiment officiellement candidat à l'investiture démocrate, je bénéficiais même d'une modeste couverture médiatique. Les journalistes locaux étaient présents, une chaîne de télévision de Boston avait envoyé une équipe, et Paul Taylor m'accompagnerait toute la journée. D'autre part, *West 57th Street*, une émission de CBS, préparait un long documentaire sur moi ; je portais donc exceptionnellement un micro-cravate au revers de ma veste.

Le moment le plus important de la journée serait mon discours de politique étrangère au Rotary Club. Je me rendais là-bas afin d'expliquer que l'Initiative de Défense stratégique du président Reagan – son rêve de Guerre des étoiles consistant à ériger un bouclier dans le ciel afin de nous protéger d'agressions nucléaires – avait toutes les chances de déstabiliser nos relations avec les Soviétiques. Les conseillers du Président lui avaient assuré qu'il avait tout loisir de réinterpréter unilatéralement les termes du Traité de limitation des missiles antibalistiques signé par Nixon et Brejnev en 1972. Si Reagan passait à l'acte, cela remettrait en question notre volonté de respecter les traités que nous avions signés. C'était un point essentiel, et j'étais ravi que la presse se soit déplacée pour couvrir mon début de campagne.

Mon programme fut chamboulé dès mon arrivée au country club, où je devais prononcer mon grand discours. J'avais tout juste appris que Byrd risquait fort de lancer dans la journée un vote de clôture du débat sur l'aide apportée aux Contras du Nicaragua ; or je lui avais promis de regagner le Sénat toutes affaires cessantes s'il avait besoin de moi. Tandis que les membres du Rotary Club me présentaient à l'assistance, mon équipe s'occupait déjà de me réserver une place à bord d'un avion à destination de Washington. Et je souffrais d'un mal de crâne épouvantable. À l'instant précis où je pris place sur l'estrade, une douleur foudroyante me déchira la nuque. Je tentai quelques plaisanteries, qui tombèrent à plat, à en juger par l'absence de réaction du public. C'est alors que je fus victime de vertiges.

— Pardonnez-moi… dis-je, toujours sur le ton de la plaisanterie. Je crois que j'ai un petit souci. Je reviens dans une seconde… Ne vous en faites pas, ce n'est pas à cause de la nourriture.

Sous les yeux de mon public perplexe, je descendis de l'estrade et gagnai le vestiaire, au rez-de-chaussée.

Progressant presque à tâtons, je m'assis sur un banc de bois. Je voulus m'y allonger mais me rendis compte que cette position ne faisait qu'accentuer mes vertiges. J'aurais juré que ma tête était sur le point d'exploser. La douleur était à présent si violente que je fus saisi de vomissements. Dieu sait ce qu'a pensé le technicien de CBS chargé de la prise de son – j'avais oublié d'éteindre le micro-cravate. Ensuite, ce fut le trou noir, puis je revois Bert DiClemente, qui m'accompagnait ce jour-là, penché au-dessus de moi et me demandant ce qui m'arrive.

— Donne-moi juste une minute, Bert.

— Tu devrais peut-être prendre l'air, Joe, proposa mon ami, clairement inquiet.

Il ouvrit la porte du vestiaire et m'aida à sortir et à m'allonger sur un muret de soutènement. La piqûre du froid me fit du bien ; je ramassai un peu de neige et me frottai le visage.

— Je te fais sortir d'ici, déclara Bert.

J'étais certain d'avoir au moins la force de prononcer mon discours, qui devait être relayé par la presse. Que diraient les journalistes si je leur faisais faux bond ?

Une dizaine de minutes plus tard, un membre du club nous rejoignit à l'extérieur et me demanda si tout allait bien. Je lui promis de regagner la grande salle sous peu. Je me levai et, bien qu'encore quelque peu nauséeux, gravis l'escalier et prononçai l'allocution attendue. Je me crus de retour en quatrième, luttant pour maîtriser mon bégaiement. Au cours de cette prise de parole, je fus à plusieurs reprises au bord de l'évanouissement, avec la sensation d'être sorti de mon corps. Tandis que je lisais tant bien que mal les mots alignés sur mes fiches, une pensée m'obsédait : mes amis et mon équipe, qui me connaissent si bien, ne faisaient-ils pas erreur ? Y avait-il réellement quelque chose qui clochait chez moi ?

Je n'avais de toute façon pas le temps de consulter un médecin. Après avoir difficilement prononcé mon discours, je descendis de l'estrade, gobai quelques comprimés de paracétamol, expédiai la conférence de presse annonçant la création de mon comité directeur dans le New Hampshire, puis pris l'avion pour Washington afin de voter au Sénat. Quand ce fut fait, je regagnai le New Hampshire, toujours en avion, pour m'acquitter de mon allocution à la faculté de droit. Bien que diluée par les comprimés, ma douleur ne me quitta pas ce jour-là.

Dans la semaine, un sondage national donna Gary Hart grand favori pour l'investiture démocrate, avec quarante-deux pour cent des intentions de votes. Je n'étais crédité que d'un seul point. Dans un article, le *Washington Post* écrivit que j'esquivais mes devoirs de président de la Commission judiciaire. Un autre journal posa cette question : « Joe Biden est-il plus qu'un discours ? » Je perdis pied peu après, lors d'un modeste meeting à Claremont, en Californie. Souffrant comme un damné, j'aurais dû annuler ce déplacement.

Mes maux de crâne plus intenses que jamais, je sentais en outre une grippe se profiler. Au cours de la séance de questions-réponses suivant mon discours, j'eus le sentiment qu'un de mes propres partisans doutait de mon intelligence. Je crus que cet homme disait que je n'étais pas très futé. En cet instant, je sentis une onde de chaleur se propager dans ma nuque ; comme au Rotary Club, je me retrouvai soudain dans la peau d'un collégien dont on moquait le bégaiement. Ma réaction viscérale fit probablement grimacer mon équipe :

— Mon quotient intellectuel est certainement largement supérieur au vôtre, répondis-je à l'intervenant, le menton redressé.

Sur ma lancée, j'énumérai ensuite mes diplômes et récompenses universitaires et précisai le rang auquel je m'étais classé en faculté de droit. Je ne me sentis pas mieux après avoir lâché cette diatribe stupide et irréfléchie, que j'eus tôt fait de regretter. Pire encore, j'avais sans m'en rendre compte exagéré mon palmarès universitaire. Dieu merci, songeai-je en quittant ces lieux, peu de personnes avaient été témoins de mon éclat dans cette minuscule salle.

Tom Donilon avait sans doute compris qu'il faudrait un jour ou l'autre que l'on parle davantage de moi. Comptant parmi mes assistants politiques les plus brillants, il jugeait qu'il était temps que je fasse l'effort de nouer des relations avec les futurs grands manitous de la presse nationale. Pour ce faire, il organisa un dîner informel avec plusieurs jeunes journalistes d'hebdomadaires et des principaux quotidiens. Je me rendis donc dans un petit restaurant de Georgetown où j'eus le malheur de ruiner cette rencontre. Peut-être étais-je trop tendu. Il faut dire que cette semaine-là, Gary Hart, accusé d'avoir entretenu une liaison extraconjugale, se battait pour sa survie politique. Paul Taylor avait publiquement demandé au sénateur Hart s'il avait jamais « commis d'adultère ». Les journalistes rassemblés au restaurant abordèrent d'emblée une anecdote qu'ils tenaient de Taylor. Lors d'un précédent déplacement, j'avais tenté d'expliquer à ce dernier pourquoi je n'avais pas ouvertement protesté contre la guerre du Viêtnam quand j'étais étudiant, pourquoi j'étais loin de ces préoccupations :

— J'étais en faculté de droit, tout juste marié. Je portais des vestes de sport. Je me rappelle qu'un jour, en sortant de la fac de droit, j'ai descendu Genesse Street pour déjeuner au Varsity Pizza Shop. J'étais accompagné de deux camarades. En passant à hauteur du bâtiment administratif, nous avons remarqué des gens brandissant des banderoles SDS[1] aux fenêtres du bureau du président de l'université. Mes amis et moi avons dit quelque chose comme « Regardez ces abrutis ». C'est tout. Voilà à quoi se résume mon opposition au mouvement anti-guerre du Viêtnam ; je n'ai rien dit ni commis de plus.

Taylor avait visiblement relaté cet épisode à ses collègues, si bien que les jeunes gens présents à ma table souhaitaient davantage de précisions. Avais-je fait partie des étudiants protestataires dans les années 1960 ou non ? Je tentai d'expliquer que je n'avais jamais considéré la guerre du Viêtnam comme un problème moral essentiel – rien de comparable à la question des droits

1. *Students for a Democratic Society* (Étudiants pour une société démocratique) est une organisation étudiante américaine contestataire des années 1960.

civiques, par exemple. À mes yeux, la guerre au Viêtnam n'avait été qu'une tragique méprise due à des hypothèses de départ erronées. Par ces mots, je voulais faire comprendre à ces jeunes gens que ce conflit était avant tout un problème de stupidité, plutôt que de morale.

Il fut presque uniquement question de la guerre au Viêtnam, au cours de ce dîner. Je rappelai que durant cette période j'avais tenu tête à Nixon et à Ford, en tant que sénateur. Malgré cela, les journalistes restaient gênés par mon appel aux armes du moment, qu'ils jugeaient incohérent par rapport à mon manque d'indignation face à la guerre du Viêtnam. Je devinais clairement leur raisonnement ; tous plus jeunes que moi de cinq à dix ans, ils faisaient partie de la génération que l'on avait incitée à manifester contre la conscription. S'ils étaient assez âgés pour se rappeler la campagne anti-guerre menée par Bobby Kennedy en 1968, leurs souvenirs ne remontaient guère plus loin. En y réfléchissant plus tard, je me rendis compte que quand ils m'entendaient évoquer Bobby Kennedy dans mes discours, la rhétorique anti-guerre déclamée avec passion par ce dernier était sans doute la première chose qui leur venait à l'esprit. Je n'avais pas vraiment trouvé comment expliquer cela, quand j'évoquais la génération susceptible de revigorer la mission du parti démocrate ; je pensais autant au syndicaliste quadragénaire ayant perdu un œil au Viêtnam qu'aux manifestants sur les campus ou aux bénévoles du Corps de la paix. Je m'efforçais de dire quelque chose, mais ils entendaient autre chose. Quand ce dîner prit fin, ma seule certitude était que je n'avais pas le moins du monde convaincu ces jeunes et brillants journalistes que j'étais davantage qu'une vedette de spectacle.

Ces péripéties n'étaient que quelques heures délicates dans une campagne globalement très efficace. Loin de m'inquiéter des sondages nationaux, je me souciais avant tout de ce qui se déroulait sous mes yeux en Iowa et dans le New Hampshire. Avant même le retrait de Gary Hart de la course, en mai 1987, j'étais déjà convaincu que nous avions de réelles chances de l'emporter dans ces deux États ; je le sentais dans l'enthousiasme des foules. J'avais franchi un seuil et persuadé les électeurs de voter pour moi. Ils étaient suffisamment nombreux à croire que, en plus d'être honnête, j'étais intelligent et j'apportais des réponses. À leurs yeux, j'avais l'étoffe d'un président.

Néanmoins, l'importance de convaincre les grands manitous de l'intérêt de ma candidature ne m'échappait pas. À cette fin, je demandai à l'ensemble des membres de ma campagne de laisser tomber les formules agressives présentant Joe Biden comme le candidat de la passion, de la victoire. Je préférais désormais prendre un peu de temps pour préparer une série de discours passant en revue les grandes lignes des idées sur lesquelles serait bâtie la présidence Biden. Je rédigeai donc plusieurs allocutions sur des sujets précis tels que l'économie, la lutte contre la pauvreté des enfants ou encore la politique étrangère. Les doutes de quelques spécialistes ne m'empêchèrent pas de poursuivre dans cette voie – j'y tenais autant pour moi que pour la presse nationale. Tout était allé trop vite à mon goût ; j'avais du retard à rattraper si je souhaitais réellement tenter ma chance en 1988, et non simplement préparer une candidature future. En tant que sénateur des États-Unis, je travaillais depuis près de quinze ans sur des questions comme la guerre et la paix, les relations internationales, les délits et les condamnations, les droits et libertés civiques, les droits des femmes et une juste répartition des impôts. Ce faisant, jamais je n'avais pris de pause suffisamment longue pour réfléchir à la grande question soumise par Marttila : que comptais-je faire une fois élu président ? Mes discours dans les universités seraient pour moi l'occasion de développer une réponse à cette interrogation.

Je prononçai des discours dans diverses universités de fin mai à début juin, soit au cours des quelques semaines précédant l'annonce officielle de ma candidature. Ces apparitions furent dans l'ensemble appréciées du public et bien relayées par les médias nationaux. Malheureusement, mon discours de politique étrangère, prononcé à l'école Kennedy de l'université Harvard dans une salle bondée à craquer et face à une assistance captivée, fut descendu en flammes par le *Washington Post*. Dans sa tribune, le journal s'en prenait à moi à deux reprises. Dans son article, David Broder reconnaissait ne pas avoir assisté à mon allocution à Harvard, mais cela ne l'empêchait pas de me critiquer sévèrement. « Le discours que Biden a prononcé à Harvard laisse penser qu'il est encore loin d'avoir affiné ses expériences en une série de principes clairs – ou même en une simple prise de position suffisamment cohérente pour être crédible tout au long d'une prise de parole, écrivit le chef de la meute. Donnons-lui un ''Passable'' pour l'effort accompli, mais demandons-lui de persévérer. […] Le discours de Biden tient davantage d'une tentative de flouter le problème que d'apporter une réponse claire. »

Si le fond du texte de Broder ne me troubla guère – j'avais accompli au sein de la Commission des Affaires étrangères et de celle du renseignement des choses dont il n'entendrait jamais parler –, je fus en revanche tracassé que personne, parmi les spécialistes de politique étrangère, ne me défende publiquement, ne rappelle mes années d'expérience en relations internationales ou mon instinct sûr et mon intelligence. Averell Harriman et Jake Javits, qui n'ignoraient rien de mes talents, étaient tous deux décédés. Quant à Henry Kissinger, il était républicain. Je ne me sentais pas assez proche de quiconque, au sein de l'establishment, pour réclamer une prise de parole prenant ma défense. À moins d'une semaine de l'annonce officielle de ma candidature, j'avais compris que quoi que je dise, les grands manitous me prendraient toujours pour une vedette de spectacle.

Plus le grand jour approchait, plus j'étais à cran. Il me fallait lutter contre les pros de la campagne, qui ne comprenaient pas pourquoi je leur imposais de programmer mon annonce entre la remise de diplôme de Beau, à Archmere, et l'anniversaire d'Ashley. Ma campagne empiétait sur ma vie familiale. La Station s'était muée en quartier général de la campagne « Biden président » ; on y trouvait en permanence des membres de mon équipe, parfois des recrues récentes que nous connaissions à peine. Un matin, quelques jours avant l'annonce, je retrouvai Jill dans notre chambre après le premier rendez-vous d'une journée surchargée ; nous devions nous changer avant le meeting à venir. Jill était assise à sa table de maquillage, et des rayons de soleil obliques illuminaient la chambre. En cette splendide matinée, je pris conscience que nous menions une vie merveilleuse que l'annonce de ma candidature bouleverserait du tout au tout. Jusqu'à présent, nous avions toujours eu la possibilité de nous désister, mais dès l'instant où j'aurais publiquement déclaré mon entrée dans la course, il n'y aurait plus de retour en arrière possible.

— Je ne veux pas faire ça, avouai-je à Jill.

Elle tourna la tête vers moi et réagit sans la moindre hésitation :

— Tu le dois, pourtant. Trop de personnes dépendent de toi, désormais.

Autrefois si méfiante, Jill en était arrivée à apprécier les sacrifices consentis pour nous par nos soutiens. Un membre de notre équipe occupant des fonctions au Massachusetts s'était brouillé avec son gouverneur, Michael Dukakis, également candidat à l'investiture démocrate. Une autre avait quitté le bureau du sénateur John Kerry, lequel l'avait mal pris. Les membres actifs de ma campagne avaient tous laissé tomber un autre candidat, quitté un emploi ou délaissé une famille à Boston ou Washington pour s'installer à Wilmington. Jill n'eut pas besoin de préciser ces détails ; j'avais saisi son message. Il était trop tard pour changer d'avis.

— Trop de personnes… répéta-t-elle.

– 10 –

Combat intellectuel

Le jour où j'annonçai ma candidature à l'investiture démocrate, moins d'un électeur sur cinq connaissait mon nom. Les sondages ne se lassaient pas de claironner des chiffres, mais je n'avais pas besoin d'eux, je le savais. L'année précédente, par exemple, en m'apercevant dans la foule d'un gala de charité, à Cleveland, un reporter s'était rué vers moi, avec son cameraman, en m'apostrophant de la sorte : « Commissaire ! » Manifestement, il m'avait pris pour Peter V. Ueberroth, l'organisateur des Jeux olympiques d'été de 1984 à Los Angeles, commissaire des Ligues Majeures de base-ball. À sa question : « Qu'est-ce qui vous amène à Cleveland ? », je rétorquai : « Le dépistage des drogues… chez les journalistes. » Évidemment, il n'insista pas.

À mon grand désarroi, j'avais parfaitement conscience que, en dehors du Delaware, l'écrasante majorité ignorait que j'étais sénateur et ne savait rien de ma carrière. J'étais un illustre inconnu et j'avais six mois pour brosser mon portrait aux Américains. Si je parvenais à leur montrer mon vrai visage, alors j'avais des chances de gagner.

Ma première opportunité serait le débat programmé par la télévision publique le 1er juillet au Wortham Center de Houston, animé par William F. Buckley et retransmis dans tout le pays. Tous les candidats démocrates y participeraient. Le Public Broadcasting Service, le réseau de télévision publique, promettait dix millions de téléspectateurs, autant d' « acheteurs avisés » qui se forgeraient une première impression de chacun des candidats en lice, c'est-à-dire Michael Dukakis, gouverneur du Massachusetts, Bruce Babbitt, gouverneur d'Arizona, Richard Gephardt, représentant du Missouri au Congrès des États-Unis, le révérend Jesse Jackson, leader du mouvement pour les droits civiques, et trois sénateurs : Paul Simon de l'Illinois, Al Gore du Tennessee, et moi. Gary Hart hors course, nous étions sept ; la presse nous surnommait les Sept Nains.

Le grand public nous jaugerait ; j'étais conscient de l'importance de l'événement. Je n'avais pas oublié le débat télévisé entre le sénateur John F. Kennedy et le vice-président Richard Nixon lors de la campagne de 1960. La rencontre s'était pour ainsi dire soldée par un match nul, mais Kennedy était bronzé, fringant, tandis que Nixon avait le teint pâle et les traits tirés. Il était arrivé aux studios directement d'une longue série de meetings et paraissait négligé, alors que Kennedy avait interrompu sa campagne pour se reposer et se préparer.

Je demandai donc à mes assistants de prévoir deux journées entières dans un hôtel de Chicago pour préparer le débat. Je rentrerais de tournée, je me mettrais en condition à Chicago, et je prendrais l'avion pour Houston le matin même du débat. Là-bas, je ferais un peu d'exercice, puis je me reposerais afin d'être frais et dispos pour le soir. La nation allait découvrir Joe Biden, je devais offrir la meilleure image de moi-même.

J'aurais pu réclamer davantage de temps, mais plusieurs collectes de fonds étaient programmées en Californie et nous ne pouvions pas les reporter, car nous avions besoin d'argent pour la campagne. Le vendredi 26 juin, accompagné de Jill et de nos aides de voyage Tommy Vallely et Ruth Berry, je partis à Los Angeles. Nous étions dans l'avion quand la Maison Blanche fit une annonce qui allait modifier le cours de ma vie. Alors que nous venions tout juste d'atterrir, l'un de nos agents de campagne californiens accourut à la rencontre de Vallely pour le prévenir :

— Le sénateur doit appeler le bureau immédiatement. Le juge Powell a démissionné.

Mauvaise nouvelle pour le pays, mauvais timing pour moi. J'avais déjà du mal à conjuguer campagne présidentielle et présidence de la Commission judiciaire ; je ne voyais pas comment mener de front les auditions d'un candidat à la Cour suprême. Le fait qu'il s'agisse de Lewis Powell rendait la situation particulièrement délicate. Le juge Powell, de Virginie, avait été nommé par Richard Nixon. Bien que partisan de la libre entreprise, à cheval sur l'ordre et la loi, il avait joué un rôle déterminant dans plusieurs décisions controversées, votées à 5 contre 4, notamment sur l'avortement, la discrimination positive, et la séparation des Églises et de l'État. Powell était en quelque sorte celui qui empêchait la Cour suprême de ratifier le programme conservateur de Ronald Reagan.

Le Président manquait de soutien, tant au niveau populaire que législatif. Par conséquent, il tablait sur la Cour pour mener à bien sa révolution. Patrick Buchanan, directeur de la communication de la Maison Blanche, avait écrit en 1986 : « La nomination de deux juges à la Cour suprême ferait davantage avancer l'agenda social – prière à l'école, anti-pornographie, anti-*busing*, droit à la vie et (fin des) quotas à l'emploi – que tout ce que le Congrès pourrait accomplir en vingt ans. » La Maison Blanche de Reagan avait déjà nommé Antonin Scalia à la Cour. Buchanan avait raison, en effet, la démission de Powell représentait, pour le Président, l'opportunité de faire pencher la balance pour un certain nombre d'années.

— Appelez Mark, demandai-je à Vallely.

Quand Tommy me passa Mark Gitenstein, mon premier conseiller à la Commission judiciaire, celui-ci s'était déjà entretenu avec John Bolton, du département de la Justice de Reagan – George W. Bush le choisirait plus tard comme ambassadeur aux Nations-Unies, mais la nomination ne se déroulerait pas sans heurts. D'après Bolton, les conservateurs seraient ravis de voir Robert Bork, juge à la Cour d'appel fédérale, nommé à la Cour suprême. Mark me prévint en outre que la Maison Blanche parlait déjà de ressortir des propos que j'avais tenus l'année précédente dans le *Philadelphia Inquirer*. Il me lut le passage en question : « Admettons que l'Administration propose Bork, et qu'à l'issue d'une investigation, on constate qu'il ressemble beaucoup à Scalia… Je devrais voter pour lui. » Je me souvenais de ces paroles. J'essayais simplement de dire que je ne laisserais pas les lobbies progressistes me dicter mon vote, que ma décision ne serait basée que sur mes propres investigations.

« J'ai dit "à l'issue d'une investigation", rappelai-je à Mark. Du reste, la situation est différente. »

Scalia avait succédé à un autre conservateur ; en revanche, l'ascension du juge Bork à la Cour suprême modifierait l'équilibre idéologique de celle-ci. Libre au président de tenter de changer la couleur politique de la Cour, le Sénat avait le pouvoir de s'y opposer.

Gitenstein m'organisa une conférence téléphonique avec des spécialistes du droit constitutionnel et des experts juridiques, progressistes et conservateurs, qui connaissaient bien le parcours du juge Bork. Celui-ci n'avait rien d'un Lewis Powell, tous étaient d'accord sur ce point. Il était très conservateur, me dirent-ils et, de surcroît, très méprisant à l'égard de certaines décisions historiques de la Cour Warren concernant le droit à la vie privée, les droits des prévenus et, plus récemment, vis-à-vis des arrêts de la Cour Burger sur l'avortement et la discrimination positive. Bork, m'informèrent-ils, avait, à maintes reprises, ouvertement déclaré qu'il n'hésiterait pas à remettre en question certaines décisions.

En raccrochant, j'avais de graves doutes quant à Bork. Mais une chose était sûre : un juge choisi pour ses convictions idéologiques et sa détermination à renverser les jugements de ses prédécesseurs susciterait un bras de fer sanglant et inutile. Espérant éviter d'en arriver là, je rédigeai le communiqué suivant :

« Le juge Powell a été la voix décisive, ces quinze dernières années, dans nombre d'arrêts relatifs aux droits civiques et aux libertés individuelles. La balance de la justice ne doit pas être déséquilibrée par des biais idéologiques. Je m'opposerai à tout effort de l'Administration pour accomplir indirectement ce qu'elle n'a pas réussi à accomplir directement au Congrès, c'est-à-dire imposer un agenda idéologique sur notre jurisprudence. À la lumière du rôle déterminant que le juge Powell a joué avec brio dans plusieurs affaires d'importance considérable, j'examinerai avec un soin particulier toute candidature visant à écorner des droits garantis de longue date et devenus partie intégrante du tissu social qui nous unit en tant que nation. »

L'article II, section II, de la Constitution accorde au président le pouvoir de choisir les juges de la Cour Suprême « sur l'avis et avec le consentement du Sénat ». Il me semblait qu'il convenait de rendre un avis, si bien que j'appelai Howard Baker, le directeur de cabinet de Ronald Reagan, afin de voir s'il était encore possible que le Président renonce à la nomination de Bork. Baker avait été l'un de mes collègues, au Sénat. Républicain modéré du Tennessee, il respectait les membres de tous bords. Le Président l'avait engagé pour redresser un navire en fâcheuse posture. La Maison Blanche essuyait en effet les plâtres de l'affaire Iran-Contra – qui avait révélé comment l'administration Reagan avait trahi le Congrès et le droit fédéral en échangeant des armes contre des otages en Iran afin de financer les Contras du Nicaragua – sans parler des scandales éthiques impliquant le ministre de la Justice Ed Meese ainsi que d'autres membres de l'Administration. Les élections de mi-mandat s'en étaient ressenties, l'année précédente. Les démocrates détenaient de nouveau la majorité sénatoriale, avec une confortable avance de dix sièges, et parmi les nouveaux, plusieurs venaient des États du Sud que les républicains tenaient pour acquis. À soixante-quinze ans, le président Reagan était en perte de vitesse.

Howard Baker était doté d'un radar politique infaillible. Il devait savoir que l'Administration n'avait pas les reins assez solides pour mener une âpre bataille. Lui-même n'était pas d'un tempérament belliqueux. Il accepta de me rencontrer avant de prendre quelque décision que ce soit concernant la nomination de Bork.

C'est donc avec le sentiment d'avoir gagné quelques jours de tranquillité que je m'installai à Chicago pour préparer le débat de Houston. J'avais renoncé à jouer le gourou d'une génération ; l'appel aux armes était un message trop étriqué pour le président que je désirais être. J'étais parfaitement au clair sur ce que je voulais dire à propos du commerce, de la politique énergétique, de l'éducation, de l'environnement, du processus de paix au Moyen-Orient ou de la nouvelle donne des relations avec l'Union soviétique. Ce qui me manquait, c'était le langage simple, direct et concis pour rattacher la politique publique à mes convictions personnelles les plus profondes. J'avais besoin de temps pour réfléchir et je comptais mettre à profit ces deux journées en compagnie de conseillers éclairés. Hélas, tous n'étaient pas d'accord entre eux sur le fond du message ni sur la place de chacun dans la campagne. Pire, quelqu'un avait invité un homme d'affaires que je connaissais à peine et essayait de me convaincre de l'engager pour diriger la campagne. Cette session de travail ne s'annonçait pas très bien. Et par-dessus le marché, j'avais toujours des migraines que je tentais de calmer avec du Tylenol. À cette époque, j'en prenais au moins dix par jour. Je confiai à Ted Kaufman que je songeais à me débarrasser de tous ces gourous et à mieux m'entourer. C'est alors que Howard Baker me rappela pour m'informer que les choses se précipitaient, à la Cour suprême.

— Il faut que vous veniez, me dit-il.

— Mais je croyais qu'on devait d'abord en parler tous les deux…

— Tout à fait, mais ce serait bien qu'on en parle cet après-midi.

Je poursuivis la préparation du débat à bord d'un vol pour Washington, mais je n'avais pas la tête aux politiques commerciales ni à la réforme de l'éducation. La police nous escorta de l'aéroport national jusqu'au bureau du chef de la majorité Robert Byrd, au Capitole. Byrd, Baker et le ministre de la Justice Meese m'y attendaient. J'avais presque de la peine pour le ministre. Des pancartes et des T-shirts *MEESE IS A PIG* (Meese est un porc) fleurissaient dans tout le pays. Malgré les révélations embarrassantes sur son implication dans un scandale mêlant une entreprise new-yorkaise et le ministère de la Défense, il était d'humeur joviale et pacifique. Je savais toutefois qu'il était toujours dans les petits papiers du Président, et qu'il était pour la nomination de Bork.

Bork était le chevalier errant d'un mouvement intellectuel résolu à remettre en cause les arrêts de la Cour Warren sur les droits des prévenus, les libertés individuelles, et le champ des politiques économiques du *New Deal* de Franklin Delano Roosevelt. Le ministre de la Justice Meese était le représentant du gouvernement le plus haut placé de ce mouvement. Il tenait des discours sur ce qu'il appelait « la jurisprudence de l'intention originelle », qui en substance autorisait les

États à choisir celles des garanties constitutionnelles de la Déclaration des droits qu'ils souhaitaient offrir à leurs citoyens. Meese ne jouait pas petit bras.

Sous l'imposant lustre du bureau de Byrd, Baker et Meese nous présentèrent une liste de candidats potentiels à la Cour suprême. Byrd et moi donnions notre avis sur chacun. À propos de Bork, je soulignai qu'il risquait de déplaire aux sénateurs démocrates. Baker demanda à Byrd s'il avait lui aussi des problèmes avec Bork. Byrd répondit qu'il ne rejetterait pas sa nomination. Ce qui à mon sens revenait peu ou prou à dire qu'il le soutenait. Je me permis de faire une remarque :

— Si vous nominez Bork, l'été sera long et chaud.

Le journaliste David Broder dut avoir vent que Byrd ne partageait pas mon opinion. « Biden a le flingue sur la tempe, affirmait-il le lendemain matin dans le *Washington Post*. Le voilà soumis à un test auquel il ne peut se permettre d'échouer… S'il se met en tête de contrecarrer le choix du Président, il a intérêt à être sûr de ses électeurs… Si Biden part en croisade contre un juge, et qu'un Sénat démocrate valide la nomination de ce juge, Biden se retrouvera dans une inconfortable position. C'est un combat que le Président appréciera. » Dans l'avion pour Houston, je croisais les doigts pour que Howard Baker ne se rallie pas à Ed Meese.

En voyant la horde de reporters et de cameramen qui m'attendaient sur le tarmac, je compris tout de suite. *Que pensez-vous de Bork ? Que pensez-vous de Bork ? Que pensez-vous de Bork ?* Reagan avait annoncé sa nomination pendant que j'étais dans les airs. *Lui ferez-vous barrage ? Êtes-vous sûr de vos voix ?* Jamais je n'avais été assailli par une meute de journalistes aussi dense et aussi fébrile. Si j'en doutais encore, cette effervescence était la preuve de l'importance de cette nomination, non seulement pour la sphère politique, mais aussi pour l'avenir de la nation. Je ne pus que promettre d'accorder au juge Bork une audition en bonne et due forme. Avec ce que je savais déjà de lui, ajoutai-je néanmoins, il était peu probable qu'il obtienne mon appui.

J'avais déjà renoncé au repos et à la relaxation, je pouvais maintenant faire une croix sur les préparatifs de dernière minute, et le débat se déroula pour moi dans un grand flou. J'avais d'autres choses en tête, notamment la façon dont les comparses de Reagan essayaient de détourner l'attention de Bork pour la braquer sur moi. Ce en quoi ils étaient généreusement aidés. George Will, l'éditorialiste conservateur, apportait déjà de l'eau au moulin de la Maison Blanche, en brandissant les propos que j'avais tenus dans le *Philadelphia Inquirer* comme preuve de ma mauvaise foi. Et de commenter : « Il y a six mois, Biden… s'est vu confier la présidence de la Commission judiciaire, un exemple de l'histoire offrant à un homme la corde pour se pendre. Et voilà que Biden, le candidat à la présidentielle qui rétrécit de jour en jour, retourne complètement sa veste… Soit Biden a changé son fusil d'épaule parce que les lobbies tirent sur sa laisse, soit, pire, il se prépare à un acte de capitulation anticipée. »

À mon retour à Washington, le sénateur Ted Kennedy, démocrate numéro deux à la Commission judiciaire, avait déjà taillé une veste à Bork en assemblée : « L'Amérique de Robert Bork serait un pays où les femmes devraient se faire avorter dans des arrière-cours, où les Noirs ne pourraient pas s'asseoir aux mêmes comptoirs que les Blancs, où la police aurait le droit de fracasser les portes des citoyens, où l'on cesserait d'enseigner l'évolution aux écoliers. » Les lobbies progressistes promettaient le même assaut frontal ; certains de leurs porte-parole avaient déjà l'écume aux lèvres. Le directeur new-yorkais de la NAACP avait menacé de retirer son soutien au sénateur démocrate Patrick Moynihan s'il ne prenait pas position contre Bork. Et George Will avait raison sur un point : les lobbies essayaient de faire pression sur moi.

Avant même que Bork ne soit nommé, la direction de la Federation of Woman Lawyers[1] avait déclaré : « Joe Biden a intérêt à exercer le genre d'autorité que l'on attend du président de la Commission judiciaire du Sénat… S'il n'en est pas capable, alors il devrait avoir la sagesse d'envisager la démission. »

L'affaire prenait un tour personnel. Si les lobbies progressistes m'attaquaient, je n'imaginais que trop bien le sort qu'ils réserveraient à Bork : on le traiterait de raciste, de sexiste, d'outil des riches et des puissants. Même si c'était vrai, c'était la pire des stratégies imaginables et je ne voulais pas y être mêlé. J'en fis part à Bork, quand il vint me rendre visite à mon bureau, quelques semaines après l'annonce de sa nomination. Je m'étais entre-temps suffisamment documenté sur sa vision de la Constitution pour avoir la quasi-certitude que je rejetterais sa nomination. Je ne voyais pas comment il pourrait se justifier des positions extrêmes qu'il avait revendiquées dans un tel nombre d'articles et de déclarations. Entre autres, il refusait de reconnaître le droit à la vie privée. Néanmoins, lors de notre

1. Fédération des femmes juristes.

première et unique entrevue, je lui assurai que la Commission judiciaire lui accorderait une audition équitable et que je lui laisserais toute latitude pour plaider sa cause. J'avais déjà informé les dirigeants de la coalition pour les droits civiques qu'il n'y aurait pas de tentative d'obstruction. Le Sénat validerait ou non la nomination ; sans avoir recours aux règles et stratagèmes habituels. Et je promis en outre : « Je ne me livrerai à aucune attaque personnelle. »

Quelques heures plus tard, je rencontrai les dirigeants de divers lobbies progressistes. En préambule, je réclamai que tout ce qui se dirait au cours de cette réunion demeurerait strictement confidentiel. J'étais comme eux conscient que la nomination de Bork revêtait une importance historique, déclarai-je, et j'affirmai que nonobstant les critiques de certaines personnes présentes dans la salle, je consacrerais le temps et l'énergie nécessaires aux auditions. Je nourrissais de sérieux doutes quant à Bork, dis-je, mais je recommandai aux lobbies de calmer leurs ardeurs s'ils ne voulaient pas se couper l'herbe sous le pied. Les lobbies n'intervenaient pas dans la nomination des juges. S'il fallait bloquer celle de Bork, ce seraient les républicains et les démocrates du centre politique qui s'en chargeraient. Si nous tentions de faire de cette décision un référendum sur le droit à l'avortement, par exemple, nous perdrions.

— Écoutez, dis-je, je voudrais que ce soit clair… Je déciderai de la stratégie à adopter pour ceux d'entre nous que Bork inquiète… Si c'est moi qui mène le combat, il ne s'agira pas d'une campagne ciblée.

J'ajoutai que nous n'étions pas là pour élaborer une tactique. Je gérerais les choses à ma manière. Tout le monde semblait d'accord.

J'avais quitté la réunion depuis à peine quelques minutes que le *New York Times* appelait mon cabinet pour avoir confirmation que j'avais promis aux lobbies de « mener le combat » contre Bork. Ce n'était pas le cas, mais je ne voulais pas qu'on se figure que je m'affichais en privé contre Bork mais ne me positionnais pas en public. J'en savais assez sur le juge pour pressentir qu'il lui serait quasiment impossible de me convaincre qu'il méritait un siège à la Cour suprême. Nous n'avons donc pas infirmé. Le lendemain matin, le *New York Times* revenait à nouveau sur ma déclaration de l'année précédente dans le *Philadelphia Inquirer* et donnait l'impression – à la satisfaction de la Maison Blanche – que les lobbies me menaçaient et me mettaient la pression. Comme si j'étais à leur service. Et que l'on m'en blâmait. Un éditorialiste conservateur me traitait de « marionnette des lobbies progressistes ». La Maison Blanche colportait que ma position à l'égard de Bork n'était qu'une tactique cynique pour remporter des voix aux primaires démocrates. Selon Marlin Fitzwater, le porte-parole de la Maison Blanche, le Président trouvait « regrettable » que je « politise les auditions avec un tel parti pris ». Le lendemain, ça n'a pas manqué, le *Washington Post* s'interrogeait : « Comment Bork pourrait-il être équitablement auditionné alors que le sénateur Biden s'est déjà octroyé le rôle de plaignant quand il ne devrait être que juré ? » Quelques semaines plus tard, le sénateur du Tennessee Al Gore reprenait ces mots à son compte. Lui-même réservait son jugement et prétendait que je me comportais comme la Reine d'*Alice au pays des merveilles* de Lewis Caroll : « La sentence d'abord, le verdict ensuite. »

Bienvenue en terrain glissant… En pleine course à la présidentielle, la nomination à la Cour suprême d'un juge controversé ne pouvait pas plus mal tomber. J'avais été le premier à me prononcer et je n'avais pas beaucoup d'alliés. Les républicains de la Maison Blanche et ceux qui gravitaient autour s'agrippaient au pouvoir en usant d'attaques personnelles, fondées ou non, et je me trouvais dans leur ligne de mire. En quinze jours, depuis la démission de Powell, j'étais devenu une girouette, l'instrument des lobbies progressistes, un opportuniste sans foi ni loi, un homme totalement inapte à se mesurer au gargantuesque intellect du juge Robert Bork ou aux compétences politiques de la Maison Blanche de Reagan. Le *Washington Post* clamait à la une : « Le sénateur est vaincu d'avance. » Je n'en étais pas certain. Une chose était sûre, en revanche : j'étais victime d'une manigance politique. La Maison Blanche avait brillamment manipulé la presse et il y avait du pain sur la planche pour réparer les dégâts.

Les opinions de Bork en ces débuts de primaires paraissaient assez claires. Au fur et à mesure que l'on en apprenait sur le juge, les démocrates de l'Iowa et du New Hampshire s'élevaient contre lui. Lowell Junkins et David Wilhelm, mes dirigeants de campagne dans l'Iowa, voyaient d'un bon œil un affrontement public entre lui et moi. Junkins terminait juste un long mandat de chef de la majorité au Sénat de l'Iowa ; il connaissait la politique. Il fit le voyage jusqu'à Washington pour me recommander de frapper un grand coup contre Bork, sans tarder. « Gephardt, Dukakis et même Babbitt vont le démonter à la convention du NAACP, me dit-il. Tout le monde se demande : "Où est Biden ?" » Je rétorquai que le moment n'était pas opportun.

Cette affaire dépassait la campagne. Je mettrais la mienne entre parenthèses pour auditionner Bork et je la reprendrais ensuite.

En vérité, j'avais une stratégie. Pour commencer, j'allais remettre les points sur les i quant au processus de nomination, centré depuis un certain temps presque uniquement sur la personnalité et les qualifications. Robert Bork était un érudit. Il avait été avocat général, temporairement ministre de la Justice, éminent professeur de droit à l'université de Yale, et juge à la Cour d'appel pour le circuit du district de Columbia. Pour l'évincer, je devais dénoncer sa philosophie – ou idéologie – judiciaire. Ce n'était pas gagné d'avance. Cela faisait longtemps qu'il n'y avait pas eu de débat de ce genre au Sénat. Depuis que j'y siégeais, et même à l'époque où j'étais étudiant, il était entendu qu'à partir du moment où un juge possédait les capacités intellectuelles, une expérience suffisante du droit constitutionnel, un tempérament modéré, et s'il n'avait commis aucun crime de turpitude morale, alors le Sénat ne pouvait qu'approuver sa nomination à la Cour suprême. L'idéologie était accessoire. Le Président devait être libre de ses choix. La nomination de Scalia, le plus conservateur des juges de la Cour suprême depuis des dizaines d'années, avait été approuvée par le Sénat à 98 voix contre 0, en 1986. Même le sénateur Ted Kennedy, fervent détracteur de Bork, n'avait pas voté contre Scalia.

Dans les années 1960, quand l'idéologie des candidats à la Cour suprême prêtait à caution, on esquivait le sujet en dénonçant leur intégrité. Abe Fortas (malversations financières), G. Harrold Carswell (compétence) et Clement Haynsworth (éthique judiciaire) avaient été rejetés pour des manquements personnels alors que les véritables motifs, non dits, relevaient de l'idéologie. Dans les trois cas, les attaques personnelles n'étaient que des prétextes.

Or l'idéologie me semblait plus pertinente. J'avais l'intention d'arguer que si le Président avait choisi Bork pour sa philosophie de la Constitution, alors le Sénat se devait de décortiquer les fondements et les potentielles implications de cette philosophie. Afin d'être en mesure d'étayer mon propos, je chargeai mon équipe de se plonger dans la longue histoire du processus de nomination des juges à la Cour suprême. Et je ne fus pas surpris par ce qui ressortit de leurs recherches. Lors de la séance du Sénat du 23 juillet 1987, je pris la parole pour énumérer les précédents où l'idéologie avait présidé au choix des juges à la Cour suprême. Je remontai jusqu'à l'échec de la nomination de John Rutledge par George Washington en 1795, et aux combats acharnés pour empêcher Andrew Jackson d'installer à la Cour des juges qui l'aideraient à saper la Seconde Banque des États-Unis. Quand Franklin Delano Roosevelt avait tenté d'inciter le Congrès à augmenter le nombre de sièges à la Cour suprême, parce qu'il se trouvait en butte à son hostilité, le Sénat s'y était opposé. Et j'informai mes collègues :

« Le dernier juge à avoir été rejeté pour des seuls motifs philosophiques ou politiques était John J. Parker, nommé par Herbert Hoover [en 1930]. Le débat portait alors tout autant sur les conséquences de la nomination d'un conservateur de plus à la Cour que sur les opinions du juge Parker lui-même. Ses qualifications étaient irréprochables. Mais les républicains, gênés par l'orientation conservatrice que la Cour avait prise sous la présidence du juge William Howard Taft, ont décidé de bloquer sa nomination, pour trois raisons… Premièrement, Parker manquait de considération pour les travailleurs. Ensuite, il s'opposait au droit de vote et à la participation politique des Noirs. Enfin, sa nomination avait été dictée par des considérations politiques.

« Les jugements de Parker à la Cour d'appel avaient attiré l'attention sur ses positions vis-à-vis de l'activisme ouvrier. Il avait notamment défendu un contrat de "chien jaune" comportant une clause selon laquelle les employés s'engageaient à ne jamais adhérer à un syndicat.

« Le sénateur [William E.] Borah, de l'Idaho, a eu à ce sujet des paroles éloquentes : " [Nos juges] statuent sur ce que nous faisons. Par conséquent, il est extrêmement important que nous statuions sur ces affaires."

« Le sénateur [George] Norris, du Nebraska, a également tenu des propos remarquables, dont nous ferions bien de nous souvenir aujourd'hui. "Quand on choisit un juge, a-t-il dit, il ne s'agit pas uniquement de savoir s'il est un bon juriste, s'il est honnête – et je dois reconnaître que le nominé possède ces deux qualités –, il convient aussi de savoir comment il appréhende les grandes questions de liberté humaine."

« La nomination de Parker a été rejetée à 41 voix contre 39. »

Le siège vacant avait été attribué à un homme, rappelai-je, dont la voix fut déterminante, en 1937, pour l'instauration du *New Deal* du président Roosevelt. Et ce vote permit au président, au Congrès et aux gouvernements fédéraux de rédiger le nouveau contrat social que la nation continue d'honorer. Parker en son sein, la Cour aurait sans doute rejeté la sécurité sociale, pour ne citer qu'un exemple.

Je rappelai aussi à mes collègues l'importance de leur « avis et consentement ». Strom Thurmond, représentant des républicains à la Commission judiciaire, avait lui-même invoqué l'idéologie lors de la nomination du juge Thurgovie Marshall, premier Afro-Américain à siéger à la Cour, soulignant en ces termes l'importance de l'équilibre : « Cela implique qu'il faudra deux juges conservateurs de plus pour changer la teneur des futures décisions de la Cour suprême. »

Et j'ajoutai que Thurmond avait exprimé des sentiments similaires l'année suivante, lorsque le président sortant Lyndon Johnson avait proposé Abe Fortas pour succéder à Earl Warren à la tête de la Cour. « J'estime, avait-il dit à la Chambre, que la Cour suprême assume un rôle si conséquent dans les décisions politiques du gouvernement que le Sénat doit impérativement tenir compte des opinions de son futur président, car des questions cruciales pour le peuple américain en dépendront, ainsi que les réponses que la Cour y apportera. »

Je précisai encore qu'un sénateur avait cité les arguments de notre actuel président de la Cour suprême, William H. Rehnquist, à l'époque jeune avocat. « Déjà en 1959, expliquai-je, M. Rehnquist avait préconisé, dans le *Harvard Law Record*[1], qu'il fallait restaurer le devoir du Sénat de "scrupuleusement s'informer sur la philosophie judiciaire d'un nominé à la Cour suprême avant de lui confier un siège." »

1. Journal indépendant édité par les étudiants en droit de Harvard.

En gros, résumai-je : « Nous sommes aujourd'hui à nouveau confrontés à une tentative déterminée de la part d'un président populaire d'assujettir la Cour suprême à ses fins politiques. Personne ne peut lui enlever le droit d'essayer. Mais personne ne peut nier que le Sénat a le devoir de réagir. »

Depuis que j'étais sénateur, ce jour-là, en concluant mon allocution, j'eus pour une fois le sentiment de contribuer à faire bouger l'institution. « Alors que nous nous apprêtons à nous disputer sur le fond du débat, ne laissons personne contester les termes du débat – ne laissons personne nous dénier le droit et le devoir de considérer des questions de fond avant de nous prononcer. Car nos Pères fondateurs eux-mêmes n'en attendaient pas moins. »

Mon discours terminé, le sénateur Arlen Specter vint me trouver pour me dire qu'il n'avait encore jamais entendu de plaidoyer convaincant en faveur de l'examen de l'idéologie d'un juge nommé à la Cour suprême. Specter était un républicain modéré de Pennsylvanie, dont la voix pouvait faire pencher la balance. Sa réaction fut une première lueur d'espoir quant à mes chances de poser les règles qui présideraient aux auditions. Deux démocrates du Sud fraîchement élus se rangèrent également de mon côté, me confortant dans l'idée que j'avais gagné du poids là où il était nécessaire de peser : au Sénat.

Mon discours portait uniquement sur les prérogatives constitutionnelles du Sénat. Je n'avais mentionné le juge Bork qu'en passant, pour évoquer sa nomination. Mais pendant que je balisais la piste, les membres de la Commission constituaient des dossiers. Professeur et juge depuis des années, Robert H. Bork avait commis une somme d'écrits considérable, et il n'avait pas peur d'afficher ses idées. Je me plongeai donc là-dedans, et débutai une série de réunions avec des spécialistes du droit constitutionnel très érudits, progressistes et conservateurs, chargés de m'aider à analyser les opinions de Bork, tant sur le plan académique que judiciaire. Je ne perdis pas de temps à conjecturer en quoi la bataille Bork affecterait mes chances de remporter les primaires, mais plus j'en apprenais sur lui, plus j'étais déterminé à lui faire barrage.

En me penchant sur sa philosophie, je m'interrogeai sur mes propres convictions quant aux piliers fondamentaux de la démocratie américaine. Les opinions du juge Bork sur l'interprétation de la Constitution des États-Unis étaient à l'opposé des miennes, et je me rappelle très bien à quel moment cela m'apparut avec une clarté absolue. Je m'entretenais avec des universitaires, sur la galerie de la Station, quand Chris Schroeder, professeur de droit à l'université Duke, souleva un point qui m'interpella. Schroeder avait lu tout ce qu'il était possible de lire sur Bork, et il était fasciné par ses raisonnements. Selon lui, Bork n'allait pas aussi loin que les radicaux de l'École de Chicago persuadés que la Cour des années 1930 avait eu raison de remettre en cause la législation du *New Deal* de Roosevelt et de prôner que le gouvernement ne devait pas se mêler de l'économie de marché. « Il estime, précisa-t-il, que dans la mesure où le Congrès agit à l'intérieur de sa sphère, celui-ci peut s'opposer au marché. » En revanche, Schroeder pensait que Bork partageait la conception de l'École de Chicago selon laquelle les juges n'avaient qu'un rôle limité dans l'interprétation des lois du pays. D'après Bork, les juges ne disposaient que d'un seul instrument pour définir « ce qu'est la loi » : l'intention des législateurs qui avaient rédigé la loi.

— Tout acte législatif serait donc simplement pour Bork un contrat ou un marché conclu par les représentants du peuple à un moment particulier et devrait par conséquent être lu littéralement, comme un contrat d'affaires ? demandai-je à Schroeder.

— Exactement.

— Pour Bork, la Constitution et la loi sur les droits civils de 1965 ne sont pas différentes, disons, d'un projet de loi sur les travaux publics ? Elles ne sont pas animées d'un esprit ?

Schroeder me répondit que c'était plus profond que cela :

— Le choix individuel est protégé parce que les fins et les aspirations humaines sont censées être des questions par essence subjectives et arbitraires. Pour citer Bork, « aucun principe ne permet de privilégier une valeur humaine par rapport à une autre ».

Selon Bork, m'expliqua Schroeder, un juge n'avait pas à faire de choix subjectifs quant aux valeurs humaines méritant d'être protégées par la règle de la majorité.

— Où s'inscrivent alors les notions de condamnation des préjugés et de respect de la dignité humaine ? voulus-je savoir.

— Nulle part, à moins qu'elles ne figurent dans un article spécifique de la loi ou de la Constitution. Si ce n'est pas le cas, la Cour ne peut pas faire valoir ces droits. Les préjugés discriminatoires, la haine envers les immigrés, la tolérance, la compassion pour les victimes de la pauvreté… tout cela est arbitraire.

Schroeder me cita un article de Bork paru dans l'*Indiana Law Review*, où il affirmait qu'il n'existait aucune base légale solide sur laquelle se fonder pour prétendre que le droit d'un couple marié à recourir à la contraception différait du droit d'une entreprise électrique à polluer.

Schroeder me fit encore remarquer que, selon le point de vue de Bork :

— Un observateur doit pouvoir dire si la décision d'un juge découle loyalement des principes établis par une autorité, une source externe, et ne relève pas simplement d'une question de goût et d'opinion.

— Pour Bork et ses amis, donc, le juge n'a que deux options : les sources externes, c'est-à-dire les mots exacts de la loi ou de la Constitution, ou bien ses convictions personnelles. Et il serait censé opter pour les premières…

— Du reste, toutes les sources externes se rangeraient dans la même catégorie. Testaments, contrats, lois et constitutions seraient peu ou prou la même chose.

Je m'étais déjà bien documenté sur Bork au moment où nous avons eu cette discussion, mais cette conversation me permit de mieux cerner ce qui me dérangeait dans sa philosophie du droit, et je l'exposai ainsi :

— La Constitution de Bork est essentiellement un contrat à interpréter au sens littéral, rien de plus, rien de moins. Elle n'a pas d'esprit ; elle ne reflète pas les espoirs et les aspirations du peuple américain.

Robert Bork possédait une intelligence remarquable, mais je commençais à me dire qu'il était pris au piège de ses propres circonvolutions intellectuelles.

Je ne partageais pas l'avis de la plupart des lobbies progressistes, persuadés que Bork s'était embarqué dans une croisade personnelle contre les droits et libertés individuels. Il me semblait plutôt que sa conception limitée du rôle du juge était davantage le produit d'une réflexion purement académique, certes intellectuellement consistante, mais qui l'amenait à adopter d'étranges positions, caricaturales, qui revenaient, dans la pratique, à remettre en cause les droits et les libertés. Je savais notamment que Bork faisait des dons au *Planned Parenthood*[1]. J'en déduisais qu'il était sans doute pro-choix, mais il était intellectuellement honnête, en effet, quand il disait : *Je voterai pour un candidat en faveur d'une législation autorisant les femmes à se faire avorter. Mais je ne trouve nulle part ce droit explicite dans la Constitution, alors en tant que juge, je ne peux pas protéger ce droit juste parce que je le trouve personnellement digne d'être protégé.*

Lors de l'une de nos réunions à la Station, le juriste conservateur Philip Kurland me détailla la logique et le raisonnement sous-tendant l'argumentation de Bork. Kurland respectait les vues de Bork, et pour l'avoir côtoyé, il savait de quoi il parlait. Ce qu'arguait Bork relevait en partie d'un souci légitime : si vous laissez neuf individus nommés à vie fixer les règles, qu'est-ce qui les empêche d'établir des droits fondamentaux qui leur sont propres ? Bork réfutait qu'il puisse exister des droits fondamentaux primant sur le droit du public, par le biais de ses représentants officiellement élus, à déterminer les valeurs du pays – à moins que lesdits droits ne figurent expressément dans la Constitution.

1. Le planning familial.

Argument académique légitime, mais Lewis Powell, le juge à la place de qui Bork était nommé, avait mis en avant qu'en presque deux cents ans la Cour n'avait jamais trahi la confiance du pays. Nous devons avoir foi en la Cour, affirmait Powell. Je pensais sincèrement que Robert Bork était un homme intègre et sain de jugement, et je trouvais triste qu'il n'ait pas davantage foi en lui. Un juge se doit de faire usage de sa sagesse personnelle, son intellect, sa compassion. Même Felix Frankfurter, qui avait tendance à se plier presque systématiquement à la majorité politique, avait déclaré : « Croire que l'on peut éviter d'exercer son jugement… revient à suggérer que l'aspect le plus important des décisions constitutionnelles pourrait être confié à des machines inanimées, au lieu de juges. »

Comme presque tous les juges ayant siégé à la Cour, et comme presque tous les auteurs de la Constitution, Frankfurter estimait qu'il y avait des droits fondamentaux méritant la protection de la justice, qu'ils soient ou non cités expressément dans la Constitution. Et c'était là que mes opinions divergeaient radicalement de celles de Bork. Je suis moi aussi convaincu qu'il existe des droits naturels prévalant sur tout écrit politique ou juridique ; nous jouissons de ces droits simplement parce que nous sommes les enfants de Dieu. « Nous tenons ces vérités pour évidentes, que tous les hommes naissent égaux ; que leur créateur les a dotés de certains droits inaliénables, parmi lesquels la Vie, la Liberté et la recherche du Bonheur. Les gouvernements sont établis parmi les hommes pour garantir ces droits, et leur juste pouvoir émane du consentement des gouvernés », ont écrit les auteurs de la Déclaration d'indépendance. À mon sens, c'est là le phare qui éclaire le chemin de nos démocraties et définit la relation entre les citoyens et le gouvernement. Si la Constitution n'existait pas, les humains auraient quand même le droit d'épouser qui ils veulent. Nous aurions le droit de voir nos rejetons biologiques, le droit à la parole, et le droit de pratiquer une religion. Bork estimait pour sa part que nous jouissons de ces droits parce que la Constitution nous les accorde – jalousement. En tant que juge, il ne connaissait pas de droits humains fondamentaux autres que ceux stipulés dans la Constitution.

En fait, le débat remontait à la rédaction de la Constitution. James Madison, l'un de ses principaux auteurs, entendait protéger largement les droits et libertés individuels. Et il craignait que la Déclaration des droits ne les restreigne : si certains droits étaient nommément listés, les citoyens risquaient d'être dépossédés de ceux qui ne l'étaient pas. Le neuvième amendement de la Constitution fut pensé pour y parer : « L'énumération, dans la Constitution, de certains droits ne pourra être interprétée comme déniant ou restreignant d'autres droits conservés par le peuple. »

En 1965, lorsque la Cour suprême avait rendu ses décisions quant au droit fondamental à la vie privée, dans l'affaire *Griswold* v. *Connecticut*, le juge Goldberg avait écrit : « Considérer qu'un droit aussi élémentaire, aussi fondamental, aussi profondément ancré dans notre société que le droit à l'intimité maritale puisse être bafoué parce que ce droit n'est pas explicitement garanti par les huit premiers amendements de la Constitution revient à ignorer le neuvième amendement et à ne lui reconnaître aucun effet… Le neuvième amendement traduit la conviction des auteurs de la

Constitution qu'il existe des droits fondamentaux non expressément énumérés dans les huit premiers amendements et que la liste des droits cités ne doit pas être tenue pour exhaustive. »

Le raisonnement de Goldberg était exactement ce qui contrariait Bork. Pour lui, le neuvième amendement n'était que du verbiage vague et trompeur, susceptible d'entraîner les juges sur des terrains où ils n'avaient pas à s'aventurer. Il était allé jusqu'à dire que le neuvième amendement était un guide aussi utile pour un juge qu'une tache d'eau sur une feuille de papier et qu'il ne servait par conséquent à rien de s'y référer.

Quelques semaines après la nomination, la Maison Blanche publia un « Dossier sur le juge Bork » présentant l'intéressé comme un modéré, dans la lignée du juge Lewis Powell. Ses opinions les plus controversées n'y apparaissaient qu'obscurément. Si telle était la stratégie de la Maison Blanche, elle allait à l'encontre de l'instinct de Bork. Je ne pensais pas qu'il renierait ses convictions. Il avait des vues bien arrêtées, qu'il avait forcément peaufinées et qu'il défendrait sans doute fort honnêtement. Lui-même dirait d'ailleurs que servir la Cour était pour lui « un régal intellectuel ». Je le savais, les auditions seraient une joute intellectuelle.

Début août, je commençais à me dire que si Bork s'engageait dans un débat sur les droits fondamentaux, nous parviendrions à lui bloquer l'accès à la Cour – et le pays ne s'en porterait que mieux. Mais il n'y avait guère de place à l'erreur. Les sénateurs pro-Bork seraient nombreux. En tant que président de la Commission, je devrais l'attaquer de front. J'étais résolu à m'armer du mieux possible.

Je sacrifiais d'énormes pans de la campagne présidentielle – des déplacements de deux ou trois jours chaque fois – pour m'entretenir avec mes conseillers et continuer de me documenter sur Bork. J'avais fixé l'ouverture de l'audition au 15 septembre, ce qui me laissait encore six semaines. Les sessions s'étaleraient sur deux ou trois semaines, et il y aurait peut-être ensuite une dure bataille à livrer au Sénat. C'était moi qui présiderais le vote. Mes équipes de campagne dans l'Iowa et le New Hampshire commençaient à paniquer, à juste titre. Michael Dukakis était gouverneur du Massachusetts, dont les médias étaient en partie les mêmes que dans l'État voisin du New Hampshire. Dukakis était presque un enfant du pays. De surcroît, mon équipe du Massachusetts affirmait que sa campagne était rodée avec la précision et les ressources de l'armée prussienne. Pendant que j'affûtais mes armes contre Bork, Dukakis séduisait un à un les comtés de l'Iowa. Quant à Richard Gephardt, les premiers sondages lui donnaient de l'avance. Si je me laissais trop distancer, mes conseillers craignaient que le retard ne soit irrattrapable. J'aurais déjà dû être chez les gens, dans leur salon, m'assurer le soutien des gouverneurs d'États, des maires, des édiles locaux, des électeurs. Junkins et Wilhelm auraient voulu que je consacre le mois d'août à la préparation du caucus de l'Iowa. Si bien que je demandai à mon épouse de partir à ma place.

Jill travaillait à temps partiel, elle donnait des cours d'anglais aux enfants d'un hôpital psychiatrique. Elle était en vacances une grande partie de l'été mais, pour elle, c'était le grand saut. Jusque-là, elle s'était contentée de m'encourager dans mon rêve. La Maison Blanche ne la tentait pas vraiment ; cette perspective l'effrayait. Et je lui avais toujours assuré qu'elle n'aurait jamais à faire quoi que ce soit contre son gré. Je savais qu'elle ne tenait pas à faire campagne pour moi. Or voilà que je l'en priais. Elle accepta.

Et je pus continuer de potasser les dossiers Bork, sur la galerie de la Station, entouré de mon comité d'experts. Jill se rendait dans l'Iowa pour des périodes de trois ou quatre jours ; elle en revenait épuisée. Ashley avait six ans. Quand sa maman revenait, elle l'accaparait complètement. Et après avoir mangé pendant trois jours la seule spécialité de son père – des *pa-sghetti* –, elle avait hâte de retrouver la cuisine de sa mère. Jill rêvait, disait-elle, de pouvoir prendre une chambre à l'hôtel et passer une journée entière à dormir, afin de recharger les batteries pour Ashley et les garçons. Sitôt rentrée, néanmoins, elle veillait à rédiger ses notes de suivi à l'attention de ceux qu'elle avait rencontrés. Et malgré sa fatigue, elle s'attelait à la préparation de ses prochains déplacements.

Elle avait des assistants qu'elle aimait bien, dont notre ami Bruce Koepple, qui conduisait le van de l'équipe de ville en ville. Jill se rendait dans des *diners*, des cafés, chez les gens. Partout, on comprenait parfaitement pourquoi je ne pouvais pas être là. Les auditions Bork étaient primordiales, tout le monde était d'accord sur ce point, et je ne devais pas sacrifier leur préparation. Jill était séduite par les paysages ruraux de l'Iowa, et les habitants avaient tellement à cœur de choisir le bon candidat à la présidentielle qu'ils étaient d'un abord facile et agréable. On lui apportait parfois des biscuits maison à son motel.

Jill était toujours impatiente de me décrire les foules qu'ils avaient rassemblées à Cedar Rapids, Des Moines, Sioux City. Elle, que la politique ne passionnait guère, s'investissait comme je ne l'aurais jamais imaginé.

— Joe, me disait-elle, je crois sincèrement qu'on va gagner l'Iowa.

La deuxième semaine d'août, je m'envolai pour San Francisco, où je devais prendre la parole devant l'*American Bar Association*, l'Association américaine du barreau. Ses membres décerneraient une note à Bork, comme le voulait la tradition pour tout magistrat, et je voulais leur recommander de prendre en compte sa philosophie tout autant que ses qualifications. Je tins le même discours qu'au Sénat, en l'agrémentant de quelques exemples concrets. Tout d'abord, Bork avait déclaré, en 1981 devant la Commission judiciaire, qu'il y avait eu « des dizaines de cas » où la Cour avait mal appliqué ou mal interprété la Constitution. Certaines de ces affaires, selon lui, méritaient d'être reconsidérées. Celles que je mentionnai suscitèrent des interjections indignées parmi l'audience des avocats.

« 1. *Griswold* v. *Connecticut* (1965)

La Cour invalide une loi du Connecticut en vertu de laquelle un médecin commet un crime en informant un couple marié sur les moyens de contraception.

Le juge Bork estime qu'il s'agit d'une "décision infondée". Selon lui, rien dans la Constitution ne permet de faire le distinguo entre le désir d'un couple marié "d'avoir des rapports sexuels sans crainte de procréer" et le désir d'une usine électrique de s'affranchir d'une ordonnance sur les fumées polluantes.

« 2. *Skinner* v. *Oklahoma* (1942)

La Cour invalide une loi autorisant la stérilisation forcée des criminels.

Le juge Bork déclare que Skinner est “aussi incompétent et intellectuellement creux que Griswold”.

« 3. *Shelley* v. *Kraemer* (1948)

La Cour confirme que le quatorzième amendement interdit aux tribunaux fédéraux de s’opposer à l’acquisition de logements au nom de clauses racialement restrictives.

Le juge Bork “doute” qu’il soit possible de trouver “un principe neutre” qui “étayerait” une telle décision de la Cour.

« 4. *Baker* v. *Carr* (1962), et 5. *Reynolds* v. *Sims* (1964)

La Cour adopte le principe “un homme, une voix”.

Le juge Bork déclare : “La doctrine *un homme, une voix* imposée par la Cour Warren ne se justifie par aucune théorie honorable.”

« Le droit pour les couples mariés d’acheter des contraceptifs, *un homme, une voix*, le *Voting Rights Act* – est-il vrai, comme le suggère le juge Bork, que la Constitution ne les protège pas ?

« Les clauses discriminatoires, la stérilisation des criminels – est-il vrai, comme le suggère le juge Bork, que la Constitution ne les interdit pas ?

« Nous ne sommes pas certains que ces précédents figurent parmi les dizaines de cas sur lesquels le juge Bork entend revenir. En revanche, nous pouvons être sûrs, s’il pense ce qu’il écrit depuis trente ans, et si ses opinions venaient à prévaloir, que l'Amérique serait un pays radicalement différent de ce qu'il est aujourd'hui, et que la vie y serait très différente de ce qu'elle est actuellement. »

Tel fut mon premier discours substantiel à propos de Robert H. Bork. Lorsque j'y mis un point final, mon auditoire d'avocats très collet monté se leva pour me faire une longue ovation.

Le président de la Cour suprême Warren Burger prit ensuite la parole. « Depuis plus de cinquante ans que j'étudie et exerce le droit, dit-il, je ne crois pas que l'on ait jamais désigné homme ou femme mieux qualifié que le juge Bork… Je ne comprends pas bien où est le problème. »

En 1981, quand Robert Bork avait été nommé juge fédéral, le comité permanent de l'ABA sur la magistrature fédérale lui avait attribué la plus haute note, le jugeant à l'unanimité « exceptionnellement bien qualifié ». Cette fois, les avis étaient partagés : dix « bien qualifié », un « non opposé », quatre « non qualifié », ces derniers en raison des sensibilités judiciaires du juge Bork. J'étais quasi certain qu'ils le trouvaient trop éloigné des courants idéologiques dominants.

J'avais toutefois conscience qu'il serait plus difficile de parler de Bork au grand public qu'à une pleine salle d'avocats en exercice. Lors des auditions, il me faudrait convaincre des démocrates conservateurs de la Commission judiciaire tels que Dennis DeConcini, d'Arizona, et Howell Heflin, ainsi que le républicain modéré Specter. Si j'y parvenais, Bork n'aurait jamais les cinquante et une voix nécessaires à sa confirmation. Mais je devais aussi me faire entendre des Américains moyens, dont j'étais persuadé qu'ils seraient contre la nomination de Bork s'ils comprenaient ses positions. Par conséquent, je devais employer un langage simple et direct. Je souhaitais que tous les Américains, Blancs et Noirs, riches et pauvres, républicains et démocrates, puissent suivre le débat.

Une drôle de chose se produisit pendant que je préparais mon plaidoyer, quelque chose qui m'ouvrit de nouvelles perspectives quant à ma façon d'appréhender mes plus vieilles convictions politiques. À la base, mon argumentation portait sur le rôle du gouvernement. Bork et ses comparses pensaient que le gouvernement ne devait pas empêcher la société et les marchés d'opérer comme bon leur semblait. J'estimais pour ma part que le gouvernement avait l'obligation d'aider activement les citoyens. Le gouvernement devait servir le peuple. Les conservateurs pouvaient ricaner de « l'ingénierie sociale » s'ils voulaient, j'étais personnellement d'avis, comme beaucoup, je crois, que le gouvernement se devait d'incarner nos plus grands espoirs et de tendre la main à ceux qui en ont besoin.

Le même mois, un chroniqueur télé m'envoya une vidéo d'un discours du leader du Parti travailliste britannique, Neil Kinnock, qui se présentait contre les conservateurs de Margaret Thatcher. Ces images m'interpellèrent. J'étais suspendu aux lèvres de Kinnock.

« Pourquoi suis-je le premier Kinnock depuis un millier de générations à pouvoir aller à l'université ? s'interrogeait-il. Pourquoi Glenys est-elle la première femme de sa famille depuis un millier de générations à pouvoir aller à l'université ? Nos ancêtres étaient-ils idiots ? Manquaient-ils de talent ? Ces gens qui savaient chanter, jouer, réciter et écrire de la poésie, ces gens qui savaient faire d'étonnantes et merveilleuses choses de leurs mains ? Ces gens qui nourrissaient des rêves, des visions ? Pourquoi n'y étaient-ils pas arrivés ? Parce qu'ils étaient faibles ? Ces gens capables de travailler huit heures sous terre et de jouer au football quand ils remontaient ? Faibles ? Ces femmes qui survivaient à onze grossesses étaient-elles faibles ? Quelqu'un pense-t-il sincèrement que ces gens n'ont pas fait d'études parce qu'ils manquaient de talent, de force, d'endurance ou de volonté ? Non, évidemment. Ce qui leur faisait défaut, c'était une plateforme sur laquelle prendre appui. »

Exactement le fond de ma pensée. Exprimé en toute simplicité. « Une plateforme sur laquelle prendre appui », voilà ce que devait le parti démocrate à tous les citoyens. Les gens n'attendaient pas que le gouvernement leur fasse l'aumône ou leur promette un fabuleux avenir. Ils désiraient juste qu'on les aide à s'élever un peu plus haut. Je n'ai regardé la vidéo de Kinnock qu'une seule fois, mais je ne l'ai jamais oubliée – en partie parce qu'elle faisait écho à l'histoire de ma propre famille. L'oncle Boo-Boo ne se lassait pas de rappeler à mon père que j'étais le premier Biden à avoir fait des études supérieures. Et certains de mes ancêtres avaient travaillé dans les mines de charbon de Scranton.

Lors de mes rares déplacements dans l'Iowa et le New Hampshire, ce mois d'août, je citai les propos de Neil Kinnock, en précisant toujours qu'ils étaient de lui, bien sûr. Le message parlait aux gens, je le voyais. Ils en avaient assez d'entendre le vieux Reagan blâmer les pauvres, stigmatiser les mères qui touchaient des allocations, asséner aux ouvriers que personne ne pouvait rien pour eux si leurs emplois étaient délocalisés à l'étranger. C'était leur faute, sous-entendaient les républicains, s'ils n'avaient pas les bonnes compétences. La plupart des Américains voulaient juste un président qui soit *pour* eux. L'image de la plateforme les touchait droit au cœur.

Nulle part je ne le ressentis mieux qu'à la foire de l'Iowa, le 23 août. Après deux grosses journées de préparation des auditions à Bethany Beach, dans le Delaware, j'avais sauté dans l'avion avec deux de mes conseillers et une pile de dossiers. Pendant toute la durée du vol jusqu'à Des Moines, la conversation ne tourna qu'autour de Bork : le neuvième amendement, le quatorzième amendement, le droit à la vie privée dans les affaires *Griswold*, *Eisenstadt* et *Roe*, les opinions de Bork sur ces arrêts, la vision des droits fondamentaux selon l'ancien juge John Marshall Harlan III. Je reconnais qu'il était un peu présomptueux de ma part de ne pas prendre le temps de préparer mon intervention à la foire de l'Iowa. C'était le rendez-vous de l'été le plus important de la campagne, et j'avais négligé de le préparer. Je pensais pouvoir m'en tirer en improvisant. Quand nous nous posâmes à Des Moines, je n'avais ni introduction ni conclusion à mon allocution.

David Wilhelm nous accueillit sur le tarmac et, en route pour la foire, il me demanda comment j'allais clôturer mon discours. Je lui répondis que je ne savais pas encore. La bonne nouvelle, m'annonça-t-il, c'était que le tirage au sort avait voulu que je passe le dernier parmi les sept candidats. Ce qui n'empêchait pas qu'il me fallait une introduction et une conclusion. « Et si vous repreniez la métaphore de la plateforme ? suggéra David dans le van. Elle fait mouche. »

À la foire, chaque candidat avait une loge où se préparer. Je disposais de vingt minutes pour rédiger mon introduction et ma conclusion, mais avant même que je ne commence, on me fit savoir que Jesse Jackson voulait me parler de toute urgence. J'allai donc voir le révérend. Il désirait me rendre service. Chaque candidat poserait une question à un autre. La sienne serait pour moi et il souhaitait me donner un indice. Je lui dis que rien ne l'y obligeait. Il répliqua qu'il était las de la mesquinerie de Dukakis et des bassesses entre amis. Il s'efforçait de relever un peu le niveau éthique de la campagne. J'eus à peine le temps de regagner ma loge qu'on nous appela sur scène, et je me retrouvai assis face au public avec une feuille de papier pliée en trois où j'essayai de griffonner des bribes de conclusion.

Le débat se déroula plutôt bien et je terminai sur l'image de la plateforme de Kinnock. Mais le temps m'était compté et je devais me dépêcher : « En venant ici, je pensais… Comment se fait-il que Joe Biden soit le premier de sa famille à aller à l'université ? » Je répétai toute la tirade, de mémoire. *La famille de mineurs. Manquaient-ils d'intelligence ? Étaient-ils faibles ? Non... Il leur manquait une plateforme sur laquelle prendre appui.* J'étais en verve. Tout le monde m'écoutait dans un silence religieux. Une femme au premier rang ne put retenir ses larmes.

Alors que j'allais quitter l'estrade, l'un de mes conseillers me saisit par le bras.

— Vous savez que vous n'avez pas mentionné Kinnock ?

En effet. Les journalistes étaient montés sur la scène pour interviewer les candidats et leur entourage. Je les interpellai.

— S'il vous plaît… Je tiens à préciser, publiquement, que la fin de mon discours était empruntée à Kinnock et que j'aurais dû le citer. Je le fais toujours. Ces paroles sont les siennes.

Aujourd'hui encore, je continue de m'en mordre les doigts.

À l'approche des auditions, je donnai une série de conférences de presse, pour le *Time*, le *Washington Post*, le *New York Times*, et d'autres. Bork m'avait bien souvent devancé et, manifestement, il avait été persuasif. Les comités de rédaction ne semblaient pas convaincus par la valeur que j'accordais à l'idéologie dans le processus de confirmation. Je leur citais John Rutledge et réaffirmais l'importance de la philosophie judiciaire parmi les critères à examiner lors de la nomination des juges à la Cour suprême. J'évoquais les positions de Bork à l'égard des droits fondamentaux, la règle du *stare decisis*, le contrat sans vie qu'était la Constitution aux yeux de Bork. J'adorais citer ses propos au sujet du neuvième amendement : « Quand le sens d'une disposition… n'est pas clair, avait-il dit lui-même, le juge n'a en effet devant lui qu'une tache d'eau sur un document… Autant donc l'ignorer. »

Je n'étais pas sûr que les journalistes iraient dans mon sens, mais j'espérais au moins qu'ils cesseraient d'appuyer Bork. J'étais maintenant prêt au combat intellectuel contre le juge. Les semaines précédant les auditions me rappelaient la préparation physique estivale avant le match d'ouverture de la saison de football. La victoire n'était pas garantie mais j'étais entraîné, en condition, je maîtrisais mon jeu de jambes, mes passes, et je connaissais les meilleures feintes.

Le jour du *Labor Day*, le premier lundi de septembre, j'étais convaincu d'avoir la stratégie gagnante. Les sondages suggéraient que Bork était vulnérable, si nous braquions les feux sur son indifférence personnelle à l'égard des questions d'appartenance ethnique et de genre. Or je n'étais pas d'accord. Nous n'avions pas à nous engager sur le terrain du personnel. Il s'agissait seulement de savoir quel type de juge Bork ferait. Je me rappelle très bien à quel moment j'en eus la certitude. C'était une de ces chaudes journées de la fin août, à Wilmington. Avec des professeurs de droit et des spécialistes de la Constitution, nous cherchions les mots pour traduire le jargon juridique en langage accessible à tout un chacun. Vince D'Anna était là. Membre de la Maison Blanche et ami de longue date, il veillait à ce que les conversations entre initiés ne virent pas trop à l'abstrait. Nous discutions tous les deux de l'affaire *Griswold* et je dis :

— Vous imaginez les réactions si je débarquais au Girardo's Restaurant et que j'annonçais aux couples mariés venus dîner après le match que je leur retire le droit à la contraception ?

— Ils seraient dingues.

— La vie privée, voilà notre cheval de bataille.

Nous n'aurions pas besoin d'évoquer l'avortement. La clé était l'arrêt *Griswold*. Je proposai au professeur Kurland de faire un petit test dans un centre commercial.

— Voilà ce qu'on va faire… On va aller dans une galerie marchande du coin et je demanderai aux trois ou quatre premières personnes qu'on croisera : « À votre avis, un homme et une femme dans l'intimité de leur chambre ont-ils le droit de décider s'ils veulent ou non un enfant, s'ils veulent ou non utiliser des moyens de contraception ? Sont-ils libres de décider de la nature de leurs relations sexuelles ? Qu'en pensez-vous ? »

Le professeur Kurland n'était pas emballé. Parler de sexe en plein été dans un centre commercial relevait pour lui du mauvais gag télé. Nous l'avons fait quand même. Kurland fut soulagé, je crois, que nous n'ayons pas besoin d'aller vers les gens. Ceux qui me reconnaissaient me saluaient spontanément et je leur demandais s'ils pensaient que les couples mariés avaient le droit de recourir à la contraception. Ils me regardaient comme si j'avais perdu la tête. « Bien sûr ! » s'exclamaient-ils. Et quand je leur demandais pourquoi, aucun n'évoquait le droit à la vie privée. Tous disaient en revanche :

— La Constitution.

– 11 –

Ce combat-là, il faut que tu le gagnes

Après le *Labor Day*, le mercure commença à baisser et l'automne à s'installer. La nation reprenait le fil de l'actualité, largement occupée par les auditions du juge Bork. Personnellement, j'avais de nouveau cette agréable sensation que toutes les portes s'ouvraient devant moi ; tout me souriait. J'étais le champion de la collecte de fonds. D'après Ted Kaufman, nous avions récolté hors de notre État une somme supérieure à ce que les six autres candidats démocrates réunis avaient recueilli. Les études d'opinion m'étaient plutôt favorables. La classe moyenne de l'Iowa me semblait acquise. Si je ressortais vainqueur des auditions Bork, j'avais des chances de remporter les deux premiers États, prédisaient Caddell et Marttila. Même Jill affirmait que nous allions gagner l'Iowa… et le New Hampshire aussi. Quand je prenais la route pour de brèves tournées, je voyais ce qu'elle voyait. Fin août, un meeting dans une résidence privée du New Hampshire attira tellement de monde que la foule dégorgeait dans le jardin. Je fis mon discours depuis un balcon. Comme il commençait à tomber quelques gouttes, je suggérai d'arrêter. Les gens refusèrent et personne ne bougea. Je leur parlai de la vidéo de Kinnock, de la « plateforme » que le parti démocrate pouvait offrir aux Américains, et ils m'écoutaient avec la plus grande attention, malgré la pluie. L'averse s'intensifia mais personne ne partit. Je découvrais un territoire nouveau. On était *avec* moi.

La journaliste Robin Toner, du *New York Times*, suivait ce déplacement dans le New Hampshire, et elle reconnut même, à contrecœur, que ma popularité grandissait. « Quand il est aussi proche de son public qu'il l'était à Keene, certains écrasent des larmes et tout le monde l'écoute en hochant la tête. "Les Américains ne sont pas devenus un peuple sans cœur", a-t-il dit, après un long tribut au parti démocrate et son combat pour l'égalité des chances, inspiré d'un discours de Neil Kinnock, le leader des travaillistes britanniques. "Si je me trompe, je le paierai cher." "Vous ne vous trompez pas ! " lui assure une vieille dame. »

Mais Robin ne me faisait cette concession qu'au terme de son article, d'une manière générale moins flatteur. « Le début de campagne était cafouilleux », écrivait-elle dans l'édition du 31 août. Selon certaines sources, Michael Dukakis avait le New Hampshire dans la poche. Personnellement, je n'étais pas convaincu par son slogan « de bons emplois à de bons salaires ». Je me trouvais plus percutant. Quand une femme me lança : « Ça fait du bien d'entendre de nouveau un vrai démocrate ! », je renouai avec ce délicieux sentiment savouré en 1972 lors de la campagne pour le Sénat, dans le secret de la famille Biden : on peut y arriver, on peut gagner l'Iowa et le New Hampshire.

Je savais du reste que je rassemblerais bientôt encore plus de monde que les curieux de Keene, New Hampshire, ou de Sioux City, Iowa. Les auditions Bork seraient retransmises en direct et tout semblait indiquer que le pays les suivrait. Si tout le monde était d'accord sur la taille des enjeux de la nomination de Bork, seul un quart des Américains s'était déjà forgé une opinion à son sujet – et ils étaient partagés. Plus de deux personnes sur trois ne savaient toujours que penser de Bork. On attendait avec impatience de voir ce que valait celui que le président Reagan souhaitait nommer à la Cour suprême.

Selon les enquêtes d'opinion, j'avais pour ainsi dire remporté la première manche. Soixante pour cent de la population pensait que le Sénat devait tenir compte des positions du juge vis-à-vis de la Constitution. Soixante-dix pour cent faisait plus confiance au Sénat qu'au président pour prendre « la bonne décision ». Vingt-trois pour cent seulement avait davantage foi dans le jugement du Président. Les auditions s'ouvriraient le mardi 15 septembre. J'étais prêt.

Le *New York Times* avait appelé Tom Donilon à propos de mon intervention à la foire de l'Iowa, si bien que je savais qu'on parlerait de mon omission dans le journal. J'étais à Washington, pour le baptême de la fille de mon frère Jimmy, Caroline Nicole, un samedi matin, quand l'article parut… à la une, signé de Maureen Dowd, une jeune journaliste à la plume talentueuse et acérée. « À la foire de l'Iowa, le 23 août, Biden a clos son allocution en reprenant mot pour mot, geste pour geste, lyrisme de la syntaxe galloise compris, le discours de M. Kinnock… sans toutefois le nommer », déclarait-elle. Elle citait des passages de mon discours. Elle citait Kinnock. Même chose. Et elle insinuait que j'étais malhonnête : « L'idée lui serait soi-disant venue spontanément sur le chemin de la foire. Lui-même l'a dit : "En venant ici, je pensais... Comment se fait-il que Joe Biden soit le premier de sa famille à aller à l'université ? " » Je n'avais pas le souvenir que Maureen Dowd était elle-même présente à la foire. Je n'avais pas non plus le souvenir de l'avoir croisée sur ma tournée. Elle indiquait toutefois qu'en d'autres occasions, j'avais dûment rendu à Kinnock ce qui appartenait à Kinnock. Peut-être avait-elle parlé avec sa consœur Robin Toner. Et elle donnait la parole à Tom Donilon, qui affirmait dans son article : « Ce n'était qu'une malencontreuse omission. »

En revanche, elle ne disait nulle part que l'équipe Dukakis lui avait envoyé une vidéo de mon intervention dans l'Iowa. Pas plus qu'elle ne précisait que l'équipe Dukakis avait fait parvenir des cassettes au *Des Moines Register* et à NBC News. Le lendemain, néanmoins, on pouvait lire dans le *Register* qu'un candidat faisait circuler des « vidéos traîtresses ». NBC News opta pour une autre approche. Le correspondant Ken Bode fit un double écran, moi d'un côté, Kinnock de l'autre. Devant le journal télévisé, ce soir-là, j'avais la boule au ventre. C'était une catastrophe, et l'incident ne pouvait pas plus mal tomber.

Je passai le dimanche après-midi au téléphone, chez moi, avec des reporters qui souhaitaient m'entendre sur cette affaire. Je leur expliquais que j'avais vu en effet des images de Kinnock, que je l'avais toujours cité mais que, je le déplorais, j'avais par mégarde oublié de le faire à la foire de l'Iowa. Je n'avais pas eu le temps de bien préparer mon intervention, et je ne m'étais même pas rendu compte de mon omission. « Franchement, je ne comprends pas… disais-je. Certes, j'ai oublié de citer Kinnock, je le reconnais, mais je ne vois pas ce qu'il y a de si grave. Cela dit, je crois que je commence à comprendre. »

En fin de journée, je reçus un appel du *San Jose Mercury News* qui souhaitait des commentaires au sujet de nouvelles allégations. N'avais-je pas cité Bobby Kennedy sans le nommer, en Californie, ainsi que Hubert Humphrey, à une autre occasion ? En effet, je ne m'en étais jamais caché, mais voilà que je découvrais que l'un de mes rédacteurs avait glissé, sans m'en faire part, une phrase de RFK dans mon discours californien. C'était l'équipe de Hart qui l'avait repérée. Quelques jours plus tard, le correspondant de *Newsweek*, Howard Fineman, jugeait mes fautes d'une gravité à mi-chemin entre l'infraction au code de la route et le délit mineur. Mais j'étais tout à fait conscient de ce qui était en train de se produire : il y avait des traces de sang dans l'eau et c'était le mien. Aucun de ces reporters qui ne cessaient d'appeler ne m'avait jamais côtoyé personnellement, mais ils tenaient quelque chose… une faiblesse de caractère. À ce moment-là, j'étais encore serein. Mais Jill comprit immédiatement. On remettait en cause ce qu'elle considérait comme ma plus grande force, et jamais les mots ne suffiraient à me défendre. « La seule chose sur laquelle tu étais pourtant inattaquable… Ton intégrité… », me dit-elle, au bord des larmes.

Quand les audiences Bork débutèrent, dans la salle historique du Caucus du bâtiment Russell, presque tous les grands titres de la presse s'étaient engouffrés dans les brèches ouvertes par Dowd et le *Mercury News*. Pour le quatrième jour consécutif, on glosait sur l'honnêteté et l'intégrité de Joe Biden, et je me retrouvais pris entre deux feux : à ferrailler d'une part contre la Maison Blanche au sujet de Bork, et à défendre mon nom de l'autre. William Safire du *New York Times* me surnommait « Joe le plagiaire ». Il était le chef de file des légions de journalistes qui soutenaient Bork, et il se faisait une joie de pouvoir me décocher des flèches. J'avais l'impression d'être au bord du gouffre. La Maison Blanche jouait dur, mais j'avais prêté le flanc aux attaques. Je ne pouvais même pas crier au coup bas. Et je ne devais rien montrer de mon trouble durant les audiences ou la Commission judiciaire le verrait. Le Sénat tout entier le verrait. Les téléspectateurs le verraient.

Je fis ma déclaration liminaire à la fin de la première session, mais je n'étais pas sûr de résister à toutes les viles insinuations personnelles et politiques de la presse. Quand mes collègues s'exprimèrent, j'eus toutefois la satisfaction d'entendre les pivots de la Commission – DeConcini, Heflin et Specter – affirmer sans ambiguïté qu'ils avaient du mal avec les positions que Bork affichait dans ses arrêts et ses essais. Ils n'étaient pas prêts à approuver sa nomination. Les pro-Bork se hérissèrent d'entrée de jeu. Alan Simpson, le sénateur républicain du Wyoming, se tourna face aux démocrates pour pérorer : « Qui parmi nous, au Sénat des États-Unis, a été "désigné comme arbitre officiel" par nos compatriotes ? Qui juge ou ne juge pas malgré nos erreurs, bévues et maladresses passées, et qui dans cette salle ne s'est jamais senti honteux, chagriné ou stupide à cause d'une parole ou d'un acte remontant pourtant à loin ? Qui peut s'en targuer ?… Il semblerait, hélas, que les juges nominés à la Cour suprême ne bénéficient de toutes les protections constitutionnelles que jusqu'au moment où ils pénètrent dans cette salle. Or une fois là, contrairement à un accusé dans un tribunal, plus aucun droit ne leur est garanti. »

Lorsque le sénateur Simpson se rassit, je levai mon marteau et m'adressai au nominé, qui se trouvait non loin de moi, face à la Commission : « Juge Bork, soyez assuré que ce petit maillet sera le garant de chacun de vos droits pendant tout le temps qu'il vous faudra pour exposer vos opinions, sur quelque motif que vous souhaitiez les fonder. C'est une garantie, vous avez des droits dans cette salle, et je vous donne mon assurance qu'ils seront protégés. »

Je ne faisais que réitérer ce point puisque, quelques semaines plus tôt, en privé, j'avais promis à Bork qu'il pourrait prendre le temps qu'il souhaiterait pour détailler ses opinions et qu'il pourrait citer tous les témoins qu'il désirerait. J'étais assez serein. Le match pouvait débuter. J'avais l'intention d'être clair et direct, et je commençai par évoquer l'origine de la Constitution : « L'Amérique est la Terre promise, parce que chaque génération a légué une promesse à ses enfants, une promesse qu'elle n'aurait peut-être pas la joie de voir se réaliser, mais qu'elle espérait bien voir ses enfants tenir. "Tous les hommes naissent égaux…" ; ces mots ont fait leur chemin, ils ont permis l'abolition de l'esclavage et l'émancipation des femmes. Les mots "égale protection" et "droit à un procès équitable" ont sonné le glas des mots "séparés mais égaux", et les murs de la ségrégation se sont effrités, dans les restaurants et dans les bureaux de vote. »

Je m'adressais au juge Bork, mais aussi au grand public qui suivait les auditions à la télévision.

— Ne nous méprenons pas, l'importance unique de cette nomination réside en partie dans le moment de l'histoire où elle survient, car une question plus grande la transcende, je crois. Et cette question est la suivante : allons-nous régresser, ou bien perpétuer notre tradition de progrès, continuer à développer et protéger les droits des individus dans un monde dont les mutations se répercutent sur la conception des citoyens de ce qu'ils font et ce qu'ils peuvent faire. La dignité et les droits humains, noble héritage des deux siècles passés, demeureront-ils les guides de notre peuple ?

« Avec tout le respect que je vous dois, Juge, cette nomination dépasse votre seule personne, vous en conviendrez, j'en suis certain. C'est pourquoi nous nous devons de juger si oui ou non votre philosophie s'applique à notre époque.

« Vous n'êtes pas un candidat ordinaire, Juge, et c'est tout à votre honneur. Depuis plus d'un quart de siècle, vous êtes reconnu comme un grand partisan, si ce n'est le plus grand, d'une philosophie constitutionnelle provocatrice… Vous êtes une personnalité de renom dans la communauté académique. Par conséquent, confirmer votre nomination impliquerait selon moi d'endosser votre doctrine de la Constitution. Le Sénat, dans l'exercice de son rôle de conseil et de consentement, n'a pas seulement le droit, selon moi, mais le devoir d'évaluer la philosophie des nominés, dans la mesure où celle-ci pèsera sur les décisions de la Cour. Sans doute partagez-vous cette vision, mais nous y reviendrons au moment des questions-réponses…

« Mon rôle de président de la Commission judiciaire n'est pas tant de persuader, me semble-t-il, que de faire en sorte que les points critiques soulevés par cette nomination soient exposés nettement à mes collègues ainsi qu'au peuple américain.

« Comme je le leur ai clairement indiqué, en privé, lorsque le sénateur Baker m'a contacté et que le ministre Meese est venu s'entretenir avec moi avant votre désignation, je me trouve toujours par principe profondément troublé par nombre de choses que vous avez écrites. Prétendre le contraire, à l'époque ou maintenant, aurait été moins qu'honnête.

« Juge, en présumant que vous pensiez ce que vous avez écrit, nos divergences ne sont pas d'ordre personnel, mais liées à des questions de principe. Je vous poserai diverses questions afin de déterminer ce que signifient nos différends en termes de cas réels impliquant des individus réels, de réels gagnants et de réels perdants.

J'évoquai brièvement de récentes affaires où la Cour suprême avait héroïquement défendu les droits civiques, les droits de vote, les droits à l'intimité dans le mariage et les relations familiales, ainsi que la liberté d'expression, tant politique qu'artistique.

— D'après ce que j'ai lu, et je pense sincèrement, Juge, avoir lu tout ce que vous avez écrit… il apparaît que nous ne sommes pas d'accord sur les décisions rendues par la Cour suprême dans ces affaires. Ces questions prêtent certes à de vastes débats, mais chacun d'entre nous doit prendre position quant au bien-fondé des jugements de la Cour sur ces affaires importantes au plus haut point…

« Je crois que tous les Américains naissent avec des droits inaliénables. Enfant de Dieu, je crois que mes droits ne dérivent pas de la Constitution. Mes droits ne dérivent d'aucun gouvernement. Mes droits ne peuvent m'être déniés par aucune majorité. Mes droits existent parce que j'existe. Ils m'ont été donnés, à moi et à mes concitoyens, par notre créateur, et ils incarnent l'essence de la dignité humaine…

« Il ressort de ce que j'ai lu que vous avez une conception très précise de la manière dont la Constitution doit être interprétée, et vous avez reconnu qu'il était de notre devoir de l'examiner. Je vous cite : "Vous vous intéressez à mon parcours, c'est pourquoi vous lisez tout article et toute opinion exprimée par écrit. Il n'y a pas de raison de s'en offusquer." Fin de citation.

« Je vous concède qu'un fil cohérent guide vos écrits. Vous avez indiqué, il y a tout juste deux ans, que vous – je cite – "aviez enfin conçu une philosophie, assez bien présentée en 1971 dans le *Indiana Law Review Journal* ". Fin de citation. Et cet article, comme je le perçois, constitue votre écrit le plus abouti à ce jour.

« Vous avez ultérieurement affirmé : "Mes opinions demeurent à peu près inchangées."

« Mais quel que soit mon avis ou l'avis de quiconque sur votre curriculum, la procédure de nomination sera mieux servie si nous nous écoutons l'un l'autre et saisissons cette opportunité unique de nous instruire et d'instruire le peuple américain sur votre parcours et ce qu'il pourrait impliquer pour la Cour suprême et l'avenir de ce pays que vous et moi aimons tant.

Le juge Bork m'écoutait en hochant la tête. Il ne trahissait aucune crainte d'une petite algarade intellectuelle avec moi et il était clair qu'il ne se déroberait pas. Il enchaîna :

— Comment un juge doit-il interpréter la loi ? La seule manière légitime, à mon avis, est de tenter de discerner l'intention des législateurs… Quand les termes sont vagues, comme c'est le cas de plusieurs garanties de nos libertés les plus profondes – dans la Déclaration des droits et dans les amendements de la guerre civile – la tâche est plus complexe. Elle consiste à déterminer le principe ou la valeur que l'on entendait protéger et à vérifier qu'il soit garanti. La responsabilité du juge est alors, comme je l'ai écrit, "de discerner en quoi les valeurs des législateurs, dans le contexte du monde qu'ils connaissaient, s'appliquent au monde que nous connaissons".

« Si un juge renonce à se laisser guider par les intentions du législateur, il ne dispose d'aucune loi, et il commence à légiférer un programme social pour le peuple américain. Ce qui outrepasse ses prérogatives.

Le juge Bork était à l'évidence persuadé d'avoir raison. Je devais l'encourager à poursuivre, me semblait-il, et le faire basculer de l'assurance à l'arrogance. S'il voulait se montrer condescendant à mon égard, je le laisserais faire. Ma première question fut sans détour.

— En 1981, vous avez déclaré devant le Congrès : "Il y a des dizaines de cas où la Cour suprême a pris une mauvaise décision." En janvier dernier, vous avez laissé entendre à la *Federalist Society* que vous n'hésiteriez pas à renverser des décisions fondées sur une philosophie ou une logique que vous rejetez. En 1985, le magazine *District Lawyer* vous a demandé, au cours d'une interview, si vous pouviez citer ces affaires nécessitant selon vous d'être reconsidérées. Ce à quoi vous avez répondu : « Oui, je pourrais, mais je ne le ferai pas. » Seriez-vous disposé aujourd'hui à préciser quelles sont ces « dizaines d'affaires » méritant selon vous d'être réexaminées ?

— Monsieur le président, pour ce faire, j'en ai peur, je devrais remonter aux cas d'école. J'ignore combien de décisions devraient être reconsidérées. Je veux bien discuter avec vous des motifs, et de la manière dont je les réexaminerais… J'admets attacher une grande importance au *stare decisis*, la théorie du précédent. Et je vous dirai que quiconque pense que l'intention originelle doit servir de base à l'interprétation de la Constitution se doit d'avoir une théorie du précédent, car notre nation a évolué de telle sorte qu'elle ne cadre plus avec les intentions des auteurs de la Constitution… Prenons l'exemple de la monnaie – un exemple extrême, j'en conviens. Les érudits suggèrent que les auteurs de la Constitution entendaient prohiber la monnaie fiduciaire. Un juge qui souhaiterait aujourd'hui se pencher sur l'intention originelle devrait être accompagné d'un gardien, et non siéger dans un tribunal.

Visiblement, le juge Bork était venu pour disserter. À l'évidence, il se croyait capable de convaincre la Cour. Toutes mes angoisses s'étaient dissipées. La concentration ne serait pas un problème. Il me faudrait juste trouver la bonne faille. Justement… il s'interrompit et j'en profitai pour glisser :

— Prenons un autre exemple. Parlons de l'affaire *Griswold*. Quand vous viviez dans le Connecticut, cet État avait une loi – vous le savez, j'en suis conscient, mais pour mémoire – interdisant de recourir à la contraception, y compris pour les couples mariés. Vous avez indiqué trouver cette loi « débile », pour reprendre votre qualificatif, et je suis d'accord avec vous. En vertu de cette loi « débile », le Connecticut a néanmoins poursuivi et condamné un médecin, et l'affaire a été portée devant la Cour suprême, qui a jugé que cette loi constituait une atteinte au droit constitutionnel des couples mariés à la vie privée. Depuis 1971 et encore pas plus tard que le 26 juillet dernier, vous avez critiqué cet arrêt à maintes reprises, oralement et par écrit. Dans votre article paru en 1971, intitulé « Principes neutres et quelques problèmes soulevés par le premier amendement », vous dites que le droit des couples mariés à avoir des relations sexuelles sans crainte d'un enfant non désiré ne mérite pas davantage la protection constitutionnelle des tribunaux que le droit des compagnies d'électricité à s'affranchir des lois de contrôle de la pollution.

« Vous arguez que le droit de la compagnie à faire du profit, ou sa gratification, je crois que vous y référiez, et le droit du couple marié, ou sa gratification, à avoir des relations sexuelles sans crainte d'enfant non désiré sont « des cas identiques ». Essayons de comprendre. Vous estimez donc que le gouvernement a autant le droit d'intervenir dans la décision d'un couple marié d'avoir ou non un enfant que de définir le droit d'une entreprise à polluer l'air. Ai-je déformé votre logique ?

— Sauf votre respect, monsieur le président, je crois que oui. Ce que je voulais souligner, c'est que là où la Constitution est muette – et rien dans la Constitution ne s'applique à ce cas –, le juge ne peut pas déclarer : « J'accorde une valeur supérieure à une relation maritale que je n'en accorde à une liberté économique. » À moins que la Constitution ne lui en donne les motifs. Dès lors qu'un juge commence à dire que les droits économiques sont plus importants que les droits maritaux, ou vice versa, et s'il n'y a rien dans la Constitution, le juge applique ses propres valeurs morales, et c'est cela que je contestais.

Bork précisa que ses objections portaient sur la façon dont le juge de la Cour suprême William Douglas avait « induit » le droit à l'intimité maritale.

— Alors je crois comprendre, dis-je, que la gratification économique d'une entreprise mérite autant de protection que la gratification sexuelle d'un couple marié, puisque ni l'une ni l'autre n'est mentionnée dans la Constitution.

Je le priai toutefois de m'aider à y voir plus clair dans son raisonnement :

— S'il s'agissait d'un droit constitutionnel, s'il était stipulé en quelque endroit de la Constitution que le droit d'un couple marié à prendre la décision d'avoir ou non un enfant était un droit à la vie privée constitutionnellement protégé, alors vous reconnaîtriez l'existence de ce droit. Vous ne vous en remettriez pas à un corps législatif.

— Oui, c'est exact, acquiesça le juge Bork.

— Or vous dites, si je comprends bien, que ce droit n'existe pas.

— Non, sénateur. J'ai dit que la façon dont le juge William avait élaboré un droit à la vie privée mal structuré et mal défini ne prouvait pas son existence.

— Vous êtes professeur depuis de nombreuses années. Vous comptez parmi les personnes les plus instruites et les plus érudites à comparaître devant cette Commission. Dans votre vie, avez-vous trouvé d'autres moyens de protéger les couples mariés, sous la Constitution, contre une action d'un gouvernement leur dictant ce qu'ils peuvent ou ne peuvent faire dans leur chambre en matière de contrôle des naissances ?

— Je ne me suis jamais livré à cet exercice.

Quatre-vingt-dix-neuf pour cent des professeurs de droit et des spécialistes de la Constitution devaient être captivés par cet échange, me disais-je. Et quatre-vingt-dix-neuf pour cent des citoyens devaient se dire : *Bork ne voit-il donc aucune bonne raison d'empêcher le gouvernement de se mêler de ce qui se passe dans ma chambre ?*

— Un État, ou tout autre corps législatif, a-t-il le droit d'instaurer une loi pour indiquer aux couples mariés, ou à quiconque – mais tenons-nous-en pour le moment aux couples mariés –, s'ils peuvent ou non utiliser des moyens de contraception derrière la porte fermée de leur chambre à coucher ? La majorité est-elle en droit d'empêcher un couple de recourir à la contraception ?

— Il y a toujours un critère de rationalité dans la loi, sénateur, et j'ignore lequel l'État avancerait, ou quel défi le couple marié soulèverait. Je n'ai jamais eu à me prononcer sur ce point. Le cas échéant, je trancherais d'une manière ou d'une autre.

Quand les auditions reprirent, le lendemain matin, Bork était selon moi déjà sur la sellette. Je m'étais même attiré les bonnes grâces du grand R.W. « Johnny » Apple, qui disait, dans le *New York Times* : « Pour les non-initiés, c'est-à-dire une grande partie des sénateurs et la majorité des téléspectateurs, les droits humains antérieurs à la Constitution, évoqués par M. Biden, sont largement plus faciles à saisir que les analyses alambiquées du juge Bork quant aux élucubrations juridiques autour de ces droits. »

Les sénateurs Specter, Heflin et DeConcini posèrent tous trois à Bork des questions épineuses, sur le neuvième amendement, les droits de la femme et les droits des minorités. Heflin digressa quelque peu en faisant allusion à des allégations discutables selon lesquelles Bork était ou avait été « agnostique », et en l'interpellant sur son apparence physique :

— Voudriez-vous nous donner une explication quant à votre barbe ?

Ancien président de la Cour suprême d'Alabama, Heflin était bien versé dans le droit constitutionnel, mais suffisamment proche du peuple pour ne pas trop s'éloigner de ce qui interpellait ses électeurs d'Alabama – le droit à la vie privée.

En milieu de matinée, je dus quitter la salle car deux membres de mon cabinet souhaitaient me parler. Un nouvel article était paru, insinuant que j'aurais eu certains problèmes à la faculté de droit. L'actuel doyen de Syracuse, qui par hasard se trouvait être associé d'un cabinet d'avocats où Bork avait travaillé, venait apparemment de raconter, lors d'un dîner, que mon cursus universitaire était sérieusement entaché. Les journalistes avaient fureté, et ils avaient appelé mon équipe de campagne, en quête de commentaires. En plus du reste, je devais maintenant répondre d'une bourde commise vingt-deux ans plus tôt dans un essai de rédaction technique.

Avant même d'annoncer ma candidature à l'investiture, j'avais demandé des copies de mes dossiers à

Archmere, à l'université du Delaware et à la faculté de droit de Syracuse, mais je n'avais pas encore eu le temps de les regarder, et je ne savais plus trop où je les avais rangés. D'instinct, j'avais envie de rentrer chez moi, de remettre la main dessus et de les faire parvenir à la presse. L'étudiant que j'étais alors avait fait une erreur, mais celle-ci ne portait pas atteinte à mon intégrité ni à mon honnêteté. Tout serait dans les dossiers et me disculperait.

Mais je commençais à comprendre que ce ne serait pas aussi simple. En pleine campagne présidentielle, en plein contentieux avec la Maison Blanche, tout le monde n'était pas guidé par la raison. Certains membres de la presse politique nationale se donnaient des tapes dans le dos pour se féliciter d'avoir sauvé la nation de Gary Hart. Étais-je leur prochaine mission civique ? Positif dans le négatif, Maureen Dowd n'avait pas téléphoné. C'était E.J. Dionne qui menait l'enquête Syracuse pour le *New York Times*. E.J. était un reporter sérieux et vaillant, qui ne rechignait pas à la tâche. Il ferait tout pour être juste. S'il lisait mes dossiers, il comprendrait. E.J. était l'un des rares journalistes avec qui j'avais eu de longues conversations en tête à tête au cours des six mois de campagne qui venaient de s'écouler. Il me connaissait. Mais soudain, quelque chose me revint en mémoire… « Tout a toujours été facile pour vous, n'est-ce pas ? » m'avait-il dit un jour. Et je m'étais demandé : *Franchement, comment peut-il penser une chose pareille ?*

Plus j'y réfléchissais, plus je doutais de son innocence. E.J. Dionne ne venait pas d'un milieu très favorisé, il avait dû travailler dur pour obtenir une bourse Rhodes et étudier à l'université d'Oxford. Il était de ces étudiants qui savent qu'ils ne peuvent pas se permettre de se reposer sur leurs lauriers, de ceux qui prennent leurs études beaucoup plus à cœur que je ne l'avais jamais fait. Et il me voyait me comporter en campagne comme il me semblait que les leaders devaient se comporter, c'est-à-dire donnant l'illusion que tout était facile. Je descendais d'un avion et je faisais un discours qu'on applaudissait, on venait me serrer la main, me dire combien j'étais formidable. E.J. devait penser que j'étais naturellement doté de la fibre politique. Et que pensaient les gars comme E.J. des gars comme moi ? Que nous étions des arrivistes, des ambitieux sans scrupule prêts à tout pour réussir. Je commençais à craindre qu'E.J. ne s'imagine que j'avais manœuvré pour décrocher mes diplômes.

De retour dans la salle, je demandai que la séance soit brièvement suspendue, afin que je puisse m'entretenir en privé avec mes collègues de la Commission judiciaire. Nous empruntâmes la salle de réunion d'un sénateur dont le bureau se trouvait près de la salle du Caucus, et je m'installai en bout de table. Tout le monde savait que la presse me tirait dessus à boulets rouges. Le pire restait à venir. Je ne voulais pas que le processus de nomination en pâtisse. Par conséquent, je proposai de céder la présidence à quelqu'un d'autre.

Un long silence s'ensuivit et, un instant, je me sentis désemparé. Pour la première fois, je redoutais d'avoir perdu la confiance de mes collègues de la Commission.

— Absolument pas, dit enfin Strom Thurmond, le représentant des républicains. Vous êtes mon président.

— C'est ridicule, enchaîna Ted Kennedy. Tu n'as pas à faire ça.

— Laissez-moi au moins vous expliquer…

— Vous n'avez pas à expliquer quoi que ce soit, m'interrompit Alan Simpson. Nous vous connaissons.

Personne ne souhaitait que je m'écarte, si bien que nous reprîmes le cours de la séance. J'étais fier de présider la Commission. Tous ses membres, sauf un, tinrent ce jour-là à m'offrir leur sympathie. Et plusieurs d'entre eux, des deux bords, déclarèrent publiquement leur soutien. Sans doute était-ce la plus belle des reconnaissances que le Sénat m'avait jamais témoignées, et je recouvrai ma confiance. J'allais pouvoir mener les auditions à bien – et vaincre Bork.

Or pendant que la séance reprenait, E.J. était au téléphone avec mon directeur de la communication, Larry Rasky : il avait obtenu la confirmation dont il avait besoin ; son article paraîtrait le lendemain. Avais-je des commentaires ? Je n'étais pas prêt à m'exprimer à ce sujet ; je n'avais même pas lu mon dossier. Qu'attendait-il de moi ? Que j'abandonne les auditions pour me justifier ? D'autres ragots circulaient, à présent. Les reporters voulaient savoir si je faisais réellement partie d'un groupe qui avait manifesté son désaccord parce qu'on refusait de servir un jeune Noir dans un restaurant de Wilmington… et si j'avais réellement pris part à un mouvement pour mettre fin à la ségrégation dans un cinéma. Le *Philadelphia Inquirer* prétendait que j'avais menti en disant, dans une interview, que mon allocution la plus dure avait été celle que j'avais prononcée pour souhaiter la bienvenue aux parents et amis à la cérémonie de remise des diplômes. J'avais soi-disant insinué que j'avais fait le « discours d'ouverture ». Le journal avait appelé le père Justin Diny, qui était toujours directeur d'Archmere. Celui-ci avait consulté les archives de 1961, et confirmé que ce n'était pas moi qui avais fait le discours d'ouverture. Je pouvais m'expliquer : en tant que président de classe, c'était moi qui avais accueilli les invités, et c'était ce que j'avais dit. Mais les journalistes seraient-ils disposés à m'écouter ?

Dans le courant de cet après-midi houleux, Bob Osgood, un ami et ancien camarade de Syracuse, se rendit sur le campus pour aller chercher mon dossier. Quand je pus enfin m'installer dans mon bureau privé au Sénat pour y jeter un coup d'œil, ce soir-là après l'audition, le consensus parmi les gourous politiques était que je devais faire mon *mea culpa*. Je relus la rédaction incriminée, ma lettre au doyen, le compte rendu de la réunion des professeurs. Tout était là. J'étais fautif d'une négligence. Je n'avais pas essayé de tricher.

John Marttila soutenait qu'il n'y avait rien de grave. CBS avait déjà diffusé un reportage sur le « plagiat ». Tous les journaux ajouteraient bientôt leur grain de sel. Ce n'était pas le moment d'intenter une action en justice, ou la presse s'en délecterait pendant des jours.

— Reconnais et demande pardon, me conseillait John. Tu n'as qu'à dire : « J'avoue, j'ai commis une erreur. C'était il y a longtemps. J'étais jeune. Je regrette, j'en suis désolé. »

— Mais je n'ai rien fait de mal !

— Tout le monde n'en est pas persuadé.

J'entendis quelqu'un demander à Bob Osgood :

— En fait, de quoi est-il question ?

Osgood se tourna vers moi.

— Le problème, Joe, c'est que vous n'avez cité l'article de la revue juridique qu'une seule fois, après le dernier paragraphe. Alors que vous auriez dû insérer la même note après chaque paragraphe cité. Techniquement, on peut dire que vous avez plagié.

— Mais ce n'était qu'un oubli ! Je n'ai pas essayé de cacher mes sources. Sinon, pourquoi aurais-je cité cet article que j'avais été le seul dans la classe à avoir trouvé ? Je n'ai pas triché !

Je feuilletai mon dossier et parcourus le courrier que le doyen Robert W. Miller avait joint à ma candidature au barreau du Delaware. « M. Biden est un homme d'une grande rigueur morale, affirmait-il. Ses dossiers ne reflètent rien de compromettant, et rien n'indique le moindre soupçon quant à son intégrité. »

— Je n'ai pas triché, insistai-je.

Le rôle de Marrtila était de gérer la situation. Il essayait de m'aider.

— Écoutez, vous ne pouvez pas laisser cette épée pendre au-dessus de votre tête. Il faut mettre un terme à cette histoire. Reconnaissez vos torts.

Nous convoquâmes une conférence de presse pour le lendemain matin, où nous répondrions à toutes les questions que les journalistes souhaiteraient nous poser. E.J. laissait entendre, dans le *New York Times*, que j'avais été accusé de plagiat en faculté de droit, et je démarrai la journée dans une salle pleine de reporters sur les dents. Une question brûlait toutes les lèvres : Joe Biden va-t-il plier le camp et quitter la course à l'investiture démocrate ? J'avais commis une « stupide erreur », il y avait de cela vingt-deux ans, dis-je à la presse. « J'étais fautif, concédai-je, mais mon intention n'était pas de leurrer quiconque. Et je n'ai dupé personne. À ce jour, je n'ai jamais trompé personne. » Je me refusais à leur dire ce qu'ils voulaient entendre.

« Je reste dans la course, et je compte bien la gagner », déclarai-je.

Le lendemain, le *Times* titrait : « Biden reconnaît son plagiat mais assure qu'il ne s'agissait pas de "roublardise". » Un article séparé donnait la parole à certains de mes anciens professeurs, dont Robert Anderson. Cette inadvertance était si insignifiante, disait-il, qu'il ne s'en souvenait même plus. « Ce n'est pas rare qu'un étudiant se fasse saquer parce qu'il a omis de citer ses sources », témoignait-il. Quelques jours plus tard, il me faisait passer ce message, par le biais d'un ancien camarade : « Dis à Joe que la prochaine fois qu'il cite la Bible, il n'oublie pas de citer Dieu. »

Le grand Big Foot du *New York Times* avait bien sûr son mot à dire. « Le plus gênant, pour M. Biden, c'est que ces révélations semblent confirmer les dires de ses détracteurs », écrivait R. W. Apple. « Tout comme la liaison de M. Hart avec Mlle Rice semblait corroborer les allégations selon lesquelles il était un coureur invétéré, le fait que M. Biden se soit approprié, sans citer ses sources, des passages entiers d'un article juridique ou du discours d'un autre homme politique, tend à prouver qu'il manquerait en effet de personnalité et de substance – en d'autres termes, qu'il ne serait que "plastique", comme on dit dans le jargon des campagnes. » Je n'ai pas le souvenir qu'un seul journaliste ait pris ma défense. Je devenais une caricature, et il n'y avait personne dans la presse que je pouvais appeler à l'aide.

Face à cet ouragan qui se déchaînait contre moi, je trouvais refuge dans la salle du Caucus, l'œil au centre de la tempête. Les auditions réclamaient toute mon attention, elles m'empêchaient de penser à autre chose.

Bork en avait un peu rabattu après le premier jour, mais il en avait déjà assez dit sur sa philosophie pour braquer les « démocrates Reagan ». Selon les enquêtes d'opinion, à la fin de la première semaine d'auditions, les Blancs du Sud opposés à Bork étaient passés de 25 à 41 %. « Il me faudrait une sacrément bonne raison de voter pour Bork », disait un sénateur du Sud dans la presse.

Dans le train de Wilmington, un conducteur avec qui j'avais sympathisé vint me dire qu'il suivait les auditions avec beaucoup d'intérêt.

— J'ignorais que certaines personnes pensent qu'on n'a pas le droit de… vous savez quoi, me dit-il.

Je sus alors que nous avions percé le *permafrost*. Les citoyens comprenaient ce qui était en jeu, et ils n'étaient pas nombreux à vouloir de Bork à la Cour suprême. Il me semblait que nous avions de bonnes chances de battre la Maison Blanche de Reagan de la meilleure manière qui fût : sur le fond.

Le dimanche soir, *Newsweek* m'attaqua sur un autre front. Howard Fineman avait vu des images du meeting de Claremont, en avril, filmées par la chaîne C-SPAN. Évidemment, je n'étais pas à mon avantage. Pourquoi avais-je dit une chose pareille ? s'interrogeait-on. Des reporters faisaient le guet près de chez moi. Des hélicoptères survolaient de temps à autre la maison. La Station ressemblait à Fort Alamo. Beau venait de commencer son premier semestre à l'université de Pennsylvanie. Il devait voir les journaux télévisés au réfectoire, douter peut-être de l'intégrité de son père. Un reporter avait demandé à la fille de Val si « son oncle lui avait déjà menti ».

Tout était ma faute. Quand je cessais de tenter de me justifier auprès des uns et des autres et que je réfléchissais au noyau du problème, je ne pouvais que m'en prendre à moi-même. Les journalistes qui suivaient mes tournées m'avaient peut-être entendu citer le nom de Kinnock à de nombreuses reprises, mais c'était Joe Biden qui avait oublié de le mentionner à la foire de l'Iowa. C'était Joe Biden, immature, qui séchait les cours et avait loupé son essai de rédaction technique. C'était moi qui me figurais que je pouvais faire des études de droit sans trop me fouler. C'était moi qui étais monté sur mes grands chevaux à Claremont, dans le New Hampshire. C'était moi qui avais embelli mes réussites universitaires, parce que je ne me rappelais plus très bien. Et c'était moi qui avais eu la bêtise de m'emporter et de dire : « Vous voulez qu'on compare nos QI ? » Tout était ma faute et je ne voulais pas aggraver mes torts. Comme Apple l'avait évoqué quelques jours plus tôt, mes déboires risquaient de jouer en faveur de Bork. « Le danger, disait-il, c'est que l'on considère que M. Biden n'est pas apte à juger M. Bork. » Et il citait un « diplomate asiatique » qui me reprochait d'avoir « triché à l'école », et tirait au passage dans les pattes de Ted Kennedy. Si je laissais l'affaire prendre de l'ampleur et compromettre mes chances de bloquer Bork, alors ce serait une erreur avec laquelle j'aurais du mal à vivre.

Le mardi soir, je convoquai une réunion familiale. Les auditions avaient commencé depuis exactement une semaine. Nous nous rassemblâmes dans le salon de la Station : Jill et les garçons, Val, Jack, Jimmy, Frank et mes parents. Incapable de tenir en place, j'arpentais nerveusement la pièce. Ma famille était assise en rang sur le grand canapé. Les membres les plus proches de mon équipe politique nous rejoignirent plus tard dans la soirée afin de nous donner leur avis. Ils prirent place un peu à l'écart. Pat Caddel, en Californie, était avec nous par téléphone. Nous pouvions sauver la campagne, à condition de nous rendre immédiatement dans l'Iowa et le New Hampshire, disait-il à tous ceux qu'il avait au bout du fil. Nous montrerions ainsi à tous ces reporters assoiffés de sang que nous avions toujours du soutien. Nous pouvions surmonter l'ouragan, affirmait-il.

Mon collègue Arlen Specter, un républicain, essayait pendant ce temps de nous joindre. Il voulait que je résiste, je le savais. « Ce n'est pas aussi grave que vous le pensez, m'avait-il dit. Ça vous paraît horrible, là, mais personne ne pense que vous êtes malhonnête. Personne. Ils n'arriveront pas à faire croire ça aux gens. »

Mark Gitenstein, mon premier conseiller à la Commission judiciaire, ne voulait pas non plus que je jette l'éponge, mais il avait peur que je passe trop de temps dans l'Iowa, au détriment des auditions. « Si on gagne Bork, ce sera malgré nous, disait-il. Mais si on perd maintenant, ce sera à cause de nous. »

Ted Kaufman, presque un membre de la famille, préconisait que je quitte la campagne. « C'est le seul moyen de venir à bout de ces requins », affirmait-il. Il savait pourtant à quel point ce serait dur pour moi de me retirer, d'être *forcé* à me retirer. Ce serait reconnaître que la meute avait levé le voile sur un défaut honteux. « Tu te rachèteras après les auditions, disait-il. On s'occupera de ça plus tard. »

Larry Rasky était dans la cuisine, au téléphone avec E.J. Dionne, à l'affût d'un scoop : Biden se retirait-il ?

J'étais déchiré, mais je m'en remettrais à ma famille. Les gourous et les amis pouvaient dire ce qu'ils voulaient, la décision appartenait à ma famille. Beau et Hunter étaient fous de rage. C'était un coup bas, une attaque mesquine, ne cessaient-ils de répéter. « Tout ce qu'ils racontent, papa, c'est faux ! » C'était ce que disait Beau devant mes collègues. Néanmoins, quand je parlai seul à seul avec mes fils, je compris qu'ils n'étaient pas seulement furieux mais inquiets pour moi – pour nous. Dans le courant de cette interminable soirée, je les trouvai tous les deux dans le petit couloir menant à la bibliothèque, et j'essayai de les réconforter.

— Ne vous faites pas de souci, les gars.

— Papa, si tu te retires, tu ne seras plus jamais le même, répliqua Beau.

— Le plus important, c'est l'honneur, ajouta Hunter. C'est ce que tu nous as toujours appris. L'honneur.

Ils ne parlaient pas de mes ambitions présidentielles ni de ma place au Sénat, mais de quelque chose de beaucoup plus profond. Renoncer à me présenter, c'était concéder aux Johnny Apple qu'ils avaient raison. Mes fils redoutaient que je ne me retire de la vie publique et ne mette un terme définitif à ma carrière.

— Ça te changera, papa, insista Beau. Tu ne seras plus jamais le même.

Je regagnai le salon et priai tout le monde de voter.

— Maman, qu'en penses-tu ? demandai-je à ma mère, qui ne s'était pas prononcée.

— Tu dois te retirer.

Je chargeai Mark et Bob Cunningham de rédiger un communiqué, au cas où. Puis je montai avec Jill. En tête à tête, la question se résuma à ces termes :

était-il possible de sauver la campagne *et* de bloquer Bork ? Qu'est-ce qui était le plus important ?

Le lendemain matin, nous chargeâmes les coffres pour partir à Washington, à peu près à l'heure où passait le ramassage scolaire d'Ashley. Jill, Ted et moi étions dans la première voiture, avec Chris Schroeder. Nous devions faire un briefing Bork. Le reste de l'équipe se répartirait dans les autres véhicules. Il y avait des dizaines de journalistes, photographes et cameramen postés autour de la maison. J'entendais un hélicoptère qui survolait le quartier. J'avais mal à la tête.

Mark Gitenstein me raconta plus tard qu'il avait vu Ashley sortir de la maison pour aller prendre son bus. Elle regardait droit devant elle, comme si elle refusait de se laisser affecter par le chaos ambiant. Son visage ne reflétait que pure détermination. Rien ne pouvait l'atteindre. Le portrait tout craché de sa mère.

Je franchis la porte de la salle des auditions de la Commission judiciaire au bras de Jill. Il devait y avoir plus de vingt caméras et davantage de reporters que je n'en avais jamais vu à aucun meeting de campagne.

— Bonjour, tout le monde ; vous connaissez mon épouse, Jill.

Pour la première fois de ma carrière au Sénat, je n'étais pas sûr d'avoir la classe que l'occasion exigeait. Ce n'est pas le moment de t'apitoyer sur ton sort ni de ruminer ta rancœur, ne cessai-je de me répéter.

— Bien que le choix s'impose à moi avec une absolue clarté, je dois vous dire, pour être honnête, que je le fais avec une terrible réticence. Et je suis en colère. En colère contre moi-même de me retrouver dans cette situation…

Non. Ce n'était pas bon. J'avais devant moi un océan de reporters, mais je me souviens que j'essayais de distinguer des visages dans la foule, afin de me rappeler qu'ils n'étaient que des gens qui faisaient leur métier. Aucun n'était mon ennemi. Ces choses-là n'arrivaient pas qu'à moi. Mais ce n'était pas plus facile pour autant. De ma vie, je n'avais jamais baissé les bras. Je m'étais battu, j'avais pris des coups, mais jamais je ne m'étais défilé. Je n'avais jamais capitulé. Là, j'étais obligé.

— … de m'être mis moi-même dans cette situation, où je suis contraint de prendre cette décision. Et je ne suis pas moins furieux contre les manœuvres qui empêchent les Américains de m'évaluer à ma juste valeur, en me montrant sous le prisme de quelques faux pas. Mais voilà, c'est comme ça, j'ai décidé de renoncer à me présenter aux présidentielles.

Voir tant de membres de mon équipe en larmes fut plus dur que je ne m'y attendais. Je savais que je ne devais pas parler plus longtemps ni répondre à aucune question.

— Je vous remercie pour votre considération, je vous remercie pour votre temps. Avant de risquer d'être sarcastique, je dois me rendre aux auditions de M. Bork.

Je pris Jill par le bras et nous quittâmes la salle, pour nous rendre dans celle du Caucus du bâtiment Russell. Nous n'avions pas le temps de nous livrer à l'autopsie de mon annonce. Jill était à mes côtés, Ted nous accompagnait. J'avais les jambes lourdes et je fus surpris par une sensation de douleur physique. Je souffrais de ma décision.

— Vas-y et fais pour le mieux, me dit Ted devant la porte de la salle du Caucus.

Jill me saisit le bras et me força à lui faire face. Son regard au fond du mien, elle marmonna ce qui ressemblait à une grossièreté. Jill ne jurait pas souvent. Elle voulait que je l'écoute. Elle voulait me dire que je ne devais pas me contenter de faire pour le mieux.

— Ce combat-là, il faut que tu le gagnes !

Tandis que je m'installais, Ted Kennedy me fit passer un petit mot où il avait écrit que la fin d'une campagne présidentielle n'était pas la fin de la vie. En levant les yeux, je vis Jill entrer par la porte du fond et s'adosser contre le mur. Elle n'aimait pas assister aux séances du Sénat. Mais elle était là. Alan Simpson dut remarquer sa présence. Simpson était un ardent défenseur de Bork, il devait m'en vouloir. Néanmoins, il chercha mon regard et me désigna Jill du geste.

— C'est la seule chose qui compte, me chuchota-t-il. C'est la seule chose qui compte.

Je jetai un coup d'œil à Jill. Elle me souffla un baiser et articula en silence, du fond de la salle : « Je t'aime. »

Jill comprenait mieux que moi ce dont j'avais besoin, et elle me montra qu'il y avait autre chose qui comptait. Elle resta là toute la journée, et nous prîmes le train ensemble pour rentrer à Wilmington. Dans la voiture qui nous conduisait de la gare à la maison, elle suggéra que nous nous arrêtions dîner quelque part.

Je n'avais pas d'appétit. La journée avait été éprouvante et je n'avais pas envie qu'on me voie.

— Je ne tiens pas à me montrer en public, ce soir.

Elle répliqua qu'elle était trop fatiguée pour cuisiner et reformula sa question. En fait, ce n'était plus une question.

— On mange dehors.

J'obtempérai à contrecœur et nous allâmes chez Attilio, l'un de nos restaurants préférés. Nous étions pour ainsi dire des habitués et, en général, on ne faisait pas trop cas de notre présence. Mais ce soir-là, je craignais qu'il n'en soit autrement. Les gens de Wilmington ne m'avaient pas vu depuis que j'étais la risée de Letterman et du *Tonight Show*, ainsi que le nouveau sujet de prédilection des commentateurs des émissions d'actualités du dimanche. Se moqueraient-ils de moi, eux aussi ? Ou pire, me prendraient-ils en pitié ? Il était déjà tard et nous eûmes un peu de mal à trouver une place de stationnement. Le bar et la salle de restaurant étaient bondés, les gens faisaient la queue en attendant que des tables se libèrent. À l'instant où nous franchîmes la porte, des murmures s'élevèrent, qui enflèrent peu à peu.

— Le sénateur Biden, chuchotait-on. Le sénateur Biden est là.

Exactement ce que je ne voulais pas. Mais tout d'un coup, quelqu'un se mit à applaudir. D'autres l'imitèrent. Et tout le monde se leva pour me faire une chaleureuse ovation.

– 12 –

Celui que je voulais être

En me levant le lendemain matin pour retourner au Capitole, aux auditions et à la vie publique, j'étais déterminé à montrer que je n'étais pas du genre à me laisser abattre. Les erreurs qui m'avaient contraint à quitter la course présidentielle ne reflétaient pas celui que j'étais, j'entendais le prouver, qu'importe le temps qu'il me faudrait. Mes fils redoutaient que je ne me sente rabaissé ; en tant que père, j'avais le devoir de leur démontrer qu'ils n'avaient rien à craindre de ce côté-là. Mon père affirmait que la valeur d'un homme ne se mesurait pas au nombre de coups qu'il encaissait, ni à leur violence, mais à la vitesse à laquelle il se relevait. Je me fis le serment de ressortir grandi de cette épreuve. J'étais résolu à me montrer à la hauteur des attentes que j'avais pour moi-même. Je serais celui que je voulais être.

Tout reposait sur l'issue des auditions. « Ce combat-là, tu dois le gagner », avait dit Jill. Dans son esprit, c'était la première chose à faire pour redorer mon blason. Mais Jill était furieuse ; elle voulait en découdre avec l'administration Reagan.

Elle était convaincue que la Maison Blanche n'était pas pour rien dans la cabale dont j'avais été victime. Pour ma part, je ne pensais pas que le Président avait voulu ma perte, mais à partir du moment où l'affaire Kinnock avait éclaté, ses équipes avaient jeté de l'huile sur le feu, aidées par William Safire, le journaliste du *New York Times* et ami conservateur de la Maison Blanche. Il ne me dénigrait plus, ne m'appelait plus « Joe le plagiaire ». Sa tactique consistait désormais à critiquer ma façon de diriger les auditions Bork. Safire me taxait d'anti-intellectualisme et de démagogie, en raison de mes positions concernant l'affaire *Griswold*. Il me reprochait en outre d'avoir « livré Bork en pâture à la bande des ACLU, AFL-CIO, NAACP et NOW[1], dans la "salle de guerre" du Sénat ». Et sa hargne réthorique allait crescendo quand il m'accusait de mener contre le juge Bork une campagne personnelle de « diffamation et de lynchage public ».

Safire semblait aux abois, et je savais pourquoi. Reagan avait déclaré publiquement que la nomination de Bork constituait sa priorité numéro un parmi les affaires intérieures. Au cinquième jour des auditions, le juge Bork avait été entendu pendant trente heures, et les collaborateurs de Reagan ne pouvaient que se

---

1. ACLU, *American Civil Liberties Union*, Union américaine pour les libertés civiles ;

AFL-CIO, *American Federation of Labor and Congress of Industrial Organizations*, Fédération américaine du travail et Congrès des organisations industrielles ;

NAACP, *National Association for the Advancement of Colored People*, Association nationale pour la promotion des gens de couleur ;

NOW, *National Organization for Women*, Organisation nationale pour les femmes.

rendre à l'évidence : le soutien du Sénat lui échappait. Après trois semaines de débats, la Commission judiciaire se réunit pour voter. La salle du Caucus était bondée de journalistes, ce jour-là, et la présence de quelques célébrités de Hollywood ne faisait que rajouter de l'électricité dans l'air. Les attachés de presse du sénateur d'Alabama Howard Heflin, qui ne s'était pas encore prononcé publiquement, se tenaient sur les bords de la salle, prêts à distribuer les communiqués qu'ils avaient rédigés. Je savais ce qui se produirait. Le représentant des républicains à la Commission, Strom Thurmond, voterait pour Bork, mais il ne le défendait pas avec beaucoup de conviction. Quand la Maison Blanche lui avait demandé de persuader la Commission de présenter la nomination au Sénat sans recommandation, plutôt qu'avec un avis défavorable, Thurmond avait refusé. Il en voulait encore au président de ne pas avoir désigné Billy Willkins, un juge qu'il estimait, originaire comme lui de Caroline du Sud. « Je pense que le juge Bork a été franc et direct, tout à son honneur », dit-il sans enthousiasme dans sa déclaration de soutien, avant le vote.

Les sénateurs Specter, Byrd, DeConcini et Heflin, les voix qui firent pencher la balance, expliquèrent en revanche très clairement pourquoi ils étaient contre Bork. Et lorsque vint mon tour de prendre la parole, il était évident que Bork n'avait que cinq voix sur quatorze. De toutes les humiliations qu'il avait essuyées depuis sa désignation, celle-ci dut être la plus cuisante. Ses opposants de gauche lui avaient porté des coups bas, mais le plus douloureux fut sans doute l'attitude de son plus grand protecteur. On racontait que le juge était allé réclamer l'aide de la Maison Blanche quelques jours après la fin des auditions. « J'ai essayé de gagner par moi-même, avait-il dit au cabinet de Reagan. J'ai besoin du Président. Sans un effort de sa part, je vais perdre. Je perdrai peut-être de toute façon, mais impossible de gagner sans lui. » Manifestement, Ronald Reagan n'était pas disposé à dilapider son capital politique déjà écorné en s'investissant personnellement dans la défense de celui qu'il avait nominé. « Nous devons être prudents, avait dit à Bork un collaborateur de Reagan. Si vous ne passez pas, le Président en prendra un coup. »

Le jour du vote, tout le monde dans la salle du Caucus était conscient que la Maison Blanche avait lâché Robert Bork. J'ouvris ma déclaration en ces termes : « C'est d'un individu dont nous parlons, d'un homme d'honneur, d'intégrité et d'intellect. J'ai de la peine pour lui, qui nous écoute de chez lui aujourd'hui, alors que nous rejetons sa nomination, et je m'associe à la déception qu'il doit éprouver en ce moment, car nous avons tous connu des échecs, à un moment ou un autre de notre existence. Avec tout mon respect, il ne s'agit pas du juge Bork. Il s'agit de la Constitution. Je n'ai jamais eu l'ombre d'un doute, une fois les grandes lignes du débat dégagées, une fois que vous, mes collègues, les avez exposées et que le peuple américain les a cernées, je n'ai jamais douté de la position que le public et mes collègues adopteraient. »

Reagan, Safire et d'autres crièrent à nouveau au « lynchage ». Mais j'étais satisfait des résolutions de la Commission judiciaire du Sénat et des réactions des journalistes moins engagés qui reconnurent le soin avec lequel nous avions exercé nos responsabilités constitutionnelles. Le *Los Angeles Times* voyait dans les auditions une « formidable leçon, une célébration de la démocratie républicaine ». Anthony Lewis, correspondant de longue date du *New York Times* à la Cour suprême, déclara : « Nous nous sommes tous instruits sur la Cour et la Constitution. Ils ont démenti l'idée cynique selon laquelle tout le monde, à Washington, serait mû par de basses considérations politiques. »

« On se souviendra du débat autour de la nomination de Bork comme d'un jalon dans l'histoire américaine – non pour son issue, mais pour les raisons qui auront conduit à cette décision », affirmait le *St. Petersburg Times*, quelques jours après le vote de la Commission. « La majorité du Sénat aura conforté la Cour suprême dans sa conviction que le droit à la vie privée fait partie de ces droits fondamentaux implicitement protégés par la Constitution. Elle l'a réaffirmé, la liberté d'expression et l'égale protection des lois constituent des droits appartenant à tous les Américains. C'est croire en l'accès à la justice, préférer le concept d'une Constitution vivante à la philosophie stérile de "l'originalisme". »

Le vote ne fut même pas serré. La nomination de Bork fut rejetée à 58 voix contre 42. Mes équipes étaient euphoriques. Des dizaines d'hommes et de femmes s'étaient investis à fond dans cette nomination. Pendant quatre mois, ils avaient fourni de douze à quinze heures de travail par jour. J'avais dû accorder un congé à quelqu'un dont le couple commençait à en pâtir. Maintenant que le Sénat avait bloqué la nomination, tous les sacrifices étaient récompensés. On m'attendait dans mon bureau avec du champagne dans des seaux à glace, mais je refusai qu'on débouche les bouteilles :

— Il n'y a rien à fêter. Mettez-vous à la place de cet homme dont le rêve était de siéger à la Cour suprême. Imaginez ce qu'il ressent aujourd'hui…

Quelques semaines plus tard, le deuxième juge proposé par Reagan se retira pour un scandale de marijuana, et je fus invité à la Maison Blanche pour une entrevue avec le Président et son chef de cabinet, Howard Baker. Reagan désirait s'assurer de son troisième choix. Baker me conduisit au Bureau ovale. Le Président se leva pour me saluer. Ronald Reagan était toujours jovial et affable. Il savait y faire pour vous donner l'impression qu'il était sincèrement ravi de vous voir. Je ne l'avais jamais vu afficher de ressentiment envers quiconque.

— Bonjour, Joe.

Il s'avança vers moi, tête légèrement inclinée sur la droite, en me tendant la main.

— Félicitations, pour Bork.

— Non, monsieur le président, ne me félicitez pas. J'ai de la peine pour le juge Bork. C'était quelqu'un de bien.

— Bah… fit Reagan, sans se départir de son sourire. Pas tant que ça.

Pas tant que ça. Le jugement était sans appel, et prononcé avec une telle désinvolture que j'en fus choqué. J'avais entendu dire que Reagan était furieux que Bork se soit plaint de l'incapacité du Président à faire valider son choix par le Sénat, mais je n'en revenais pas du peu de considération que Reagan avait pour le juge. Il était passé à autre chose. Il se préparait notamment à recevoir Mikhaïl Gorbatchev pour la signature du premier traité de désarmement nucléaire. Il n'avait pas de temps à perdre en regrets. Il devait à présent se concentrer sur le traité FNI[1] et choisir un nouveau candidat à la Cour suprême. Bork était de l'histoire ancienne ; son épitaphe était gravée.

— Qui voulez-vous, Joe ? me demanda Reagan.

— Monsieur le président, ce n'est pas à moi de choisir.

Je lui rappelai qu'une cinquantaine d'années plus tôt, le Président avait posé la même question au sénateur Borah, de l'Idaho, en lui remettant une liste de candidats potentiels et en lui demandant lesquels avaient sa préférence. Borah avait jeté un coup d'œil à la liste, il l'avait retournée, puis il l'avait rendue au président, en lui disant : « C'est tout bon. »

Mais je crois que le président Reagan, Baker et moi souhaitions tous éviter de nouvelles tensions.

— Je veux bien vous donner mon avis sur ceux à qui vous pensez, dis-je. Et personne ne connaît mieux le Sénat que Howard, monsieur le président. Il vous dira si je me trompe.

Reagan me cita un premier nom.

— Wade McCree…

— L'ancien avocat général ? Je pense qu'il passerait comme une lettre à la poste.

— Posner ?

— Septième circuit ? Même problème que Bork, je dirais.

— David Souter ?

— Cour suprême du New Hampshire ?

— Exact.

1. INF Treaty, *Intermediate-Range Nuclear Forces Treaty* ; en français, traité FNI sur les forces nucléaires à portée intermédiaire.

— Je ne le connais pas suffisamment, monsieur le président.

Le cinquième nom était celui d'Anthony Kennedy, juge fédéral pour le neuvième circuit, en Californie.

— Conservateur centriste, d'après ce que j'en sais. Il devrait passer.

— Vous seriez pour lui ?

— Ce n'est pas ce que j'ai dit. J'ai dit que le Sénat approuverait sans doute sa nomination. Pour ma part, il se peut que je vote pour lui, mais je n'en sais pas encore assez à son sujet.

— OK, vous êtes pour lui.

Je me tournai vers mon ancien collègue du Tennessee.

— Dis-lui, Howard…

J'avais récemment assisté à des réunions de politique étrangère où le Président ne paraissait pas trop impliqué, mais là, je voyais une lueur dans son regard.

— Joe, vous auriez encore quelques minutes ? me demanda-t-il quand je fis mine de me lever.

— Bien sûr, monsieur le président.

Il me prit par le bras et me conduisit dans son bureau privé. Le juge Kennedy s'y trouvait.

— Tony, Joe dit qu'il est pour vous ! annonça Reagan.

Je tentai d'expliquer que je n'avais pas tout à fait dit cela, mais Reagan n'était pas du genre à s'embarrasser de nuances. L'essentiel du message lui suffisait. Il était habile, je devais le lui concéder. Le côté théâtral bien répété de l'entrevue n'était pas pour me déplaire. Et le Président n'était pas dénué de charme. Il savait faire en sorte que l'on ait envie de l'aider à bien faire.

Le juge Anthony Kennedy reçut l'approbation du Sénat, et je n'eus jamais matière à le déplorer. Il prit ses fonctions en janvier 1988 et je fus libéré de cette préoccupation.

Après avoir été un roc dans la tempête, Jill avait maintenant du mal à passer le cap. On nous avait donné un coup de pied dans le ventre, disait-elle. Les reporters en faction devant chez nous, les hélicoptères… N'était-ce pas triste et inquiétant ? Elle était contente que ce cirque soit fini, mais le quotidien lui pesait. J'avais été contraint de reprendre le cours de ma carrière immédiatement après avoir annoncé mon retrait de la présidentielle, or Jill n'avait plus envie de quitter le refuge de la maison. Tout d'un coup, elle n'aimait plus aller faire les courses. Les gens se sentaient obligés de lui parler de ce qui m'était arrivé, disait-elle, et elle voyait qu'ils étaient gênés, comme lorsqu'on présente des condoléances. Elle n'aspirait qu'à une chose : revenir à la normale, or plus rien n'était normal.

Jill était la seule personne à savoir combien j'étais dévasté – la seule à qui je le laissais voir. En public, je faisais comme si de rien n'était. À la maison, quand les enfants étaient couchés et que nous nous retrouvions tous les deux, je pouvais céder à un profond abattement. Jill et moi discutions jusque tard dans la nuit. Parfois, quand elle prenait son bain, je m'asseyais près d'elle sur un tabouret.

— Difficile de garder le sourire, soupira-t-elle un soir.

— Je sais. Des jours meilleurs reviendront.

Ce que Reagan avait dit de Bork, qu'il n'était pas quelqu'un de si bien que ça, me remontait en quelque sorte le moral : on n'écrivait votre épitaphe que lorsque vous aviez livré votre dernier combat. J'étais toujours de la partie, j'avais encore des chances de laver mon nom. David Broder me consacra d'ailleurs un article fort sympathique. Il avait appelé Val, quand ma campagne partait à vau-l'eau – elle me l'avoua par la suite –, afin qu'elle lui dresse un portrait de son frère, à titre privé. « On ne le connaît pas assez bien, lui avait-il dit. Décrivez-le-moi. Dites-moi ce qui le fait vibrer. » Val n'aimait pas trop parler aux reporters, mais elle avait fini par accepter. Et Broder me dépeignait sous un angle flatteur :

« On ne connaît de lui que trop peu de choses pour l'estimer à sa juste valeur. Il est impulsif, mais pas forcément égoïste ni présomptueux. Sa sœur Valerie a des anecdotes touchantes et sincères sur la générosité et le côté protecteur de son frère aîné. Moi-même, l'été dernier, lors d'un meeting à Chicago, je l'ai vu délaisser un vaste groupe d'admirateurs (dont une bonne part d'activistes qu'un autre candidat se serait empressé de recruter) pour accorder près d'une heure à un homme dans la détresse. Au bord des larmes, celui-ci voulait lui dire qu'il venait d'apprendre qu'il souffrait d'une maladie incurable, le SIDA. Il pouvait accepter qu'il était en fin de vie, mais pas que les soins médicaux laissent sa famille sur la paille. « Dans quelle société vivons-nous ? » l'ai-je entendu soupirer, au désespoir. J'ignore ce qu'ils se dirent ensuite, mais quand je croisai à nouveau cet homme, il paraissait plus serein. Biden l'avait aidé en lui prêtant une oreille attentive. Il l'avait fait naturellement, généreusement. Une telle compassion est remarquable. »

Vers Noël, j'acceptai de donner une longue interview à Broder. Le 1er janvier 1988, il publia un long portrait où il soulignait mon sérieux et mon rôle d'expert en Affaires étrangères, au Sénat. La semaine suivante, il signait un article d'opinion :

« Sceptique invétéré, Biden affirme avoir considérablement mûri depuis son retrait de la campagne présidentielle, il y a quatre mois, à la suite d'une sombre histoire de plagiat. Tout d'abord, il a mené les auditions des juges Robert H. Bork et Anthony Kennedy avec brio, tact et équité, qui lui ont valu les éloges des démocrates autant que des républicains. À quarante-cinq ans, il possède déjà de telles compétences que son parti verra sans doute en lui un meilleur candidat encore à quarante-neuf, cinquante-trois, cinquante-sept ou soixante et un ans. En attendant, le Delaware et la nation peuvent compter sur un sénateur prêt à rendre de grands services et à relever les plus importants des défis auxquels nous nous trouvons confrontés. »

J'appréhendais le retour sur la scène publique mais, début février, j'acceptai tout de même des invitations, à Scranton, à l'université ainsi qu'à l'Institut de Technologie de Rochester, et à Yale, la deuxième semaine de février. Mes interventions porteraient principalement sur mon rôle au Sénat dans la ratification du traité FNI, mais je savais qu'on me poserait des questions personnelles. Le caucus de l'Iowa approchait ; la primaire du New Hampshire se tiendrait la semaine suivante. Les organisateurs de la conférence à l'Institut de Technologie m'avaient prévenu : je devais m'attendre à ce que l'on m'interroge non seulement à propos de la campagne en général, mais aussi de ma candidature. J'étais méfiant, mais résolu à montrer que je n'avais pas l'intention d'abandonner la politique.

Par ailleurs, j'étais inquiet pour ma santé. Les migraines n'avaient pas cessé avec la fin de la campagne et j'avais toujours sur moi un gros flacon de Tylenol. Un jour, en travaillant les épaules, à la salle de sport du Sénat, je ressentis une vive douleur aux cervicales. Et celle-ci revint dans le train qui me ramenait à Wilmington, encore plus violente, dans la nuque et dans le crâne. Je ne sentais plus mon côté droit et j'avais les jambes extrêmement lourdes. Une crise cardiaque ? À quarante-cinq ans ? À Wilmington, je parvins heureusement à marcher. Ne voulant pas affoler Jill, je lui dis juste que je m'étais froissé un muscle. Elle me prit rendez-vous chez le médecin, qui diagnostiqua que j'avais dû faire un très gros effort et me pincer un nerf. Je me rendis dans une clinique pour la douleur où on me prescrivit une minerve et des exercices.

Le 9 février 1988, j'étais à Scranton, en Pennsylvanie, pour un discours sur la politique étrangère. Il y avait de quoi dire. Le Sénat examinait le traité FNI et la plupart de mes collègues souhaitaient qu'il soit rapidement ratifié. J'étais moi aussi pour le traité, mais l'on était en droit de douter de la bonne foi du gouvernement Reagan quant au respect de cet accord. L'administration avait déjà unilatéralement réinterprété le traité ABM (*Anti-Ballistic Missile*), signé en 1972, pour autoriser le développement et les essais de la technologie « Guerre des étoiles », une sorte de bouclier de l'espace très onéreux et d'une utilité contestable. Nous étions un certain nombre, au Sénat, à considérer qu'il s'agissait d'une violation du traité ABM – plutôt gênante pour les États-Unis vis-à-vis de la communauté internationale. Les sénateurs Sam Nunn et Robert Byrd menaçaient de retarder la ratification du traité si l'administration n'offrait pas la garantie que, cette fois, elle n'en ferait pas à sa guise après coup.

Nunn et Byrd réclamaient que la Maison Blanche soit engagée par les déclarations de ses porte-parole devant le Sénat. Le secrétaire d'État George Shultz ne voulait pas en entendre parler. Si bien que j'avais proposé un compromis, dans l'espoir d'éviter une longue querelle juridique entre le Sénat et l'administration, tout en protégeant les prérogatives constitutionnelles du Sénat. Je suggérais que le Sénat, par le vote de la majorité, annexe une déclaration au nouveau traité, par laquelle la branche exécutive s'engagerait à reconnaître que la signification du traité était définie lors de sa ratification par le Sénat et ne pouvait être interprétée autrement sans le consentement du Sénat.

À ce moment-là, toutefois, la ratification du traité n'était pas la première préoccupation des Américains. Ce soir-là, tandis que je donnais ma conférence à l'université de Scranton, le pays suivait les résultats du caucus de l'Iowa, dévoilés sur toutes les chaînes, depuis Des Moines, la coupole dorée du Capitole de l'Iowa en arrière-plan. Richard Gephardt avait remporté l'Iowa, suivi de Paul Simon et de Michael Dukakis en troisième position. Difficile de savoir où je me serais placé mais une chose était sûre : comme les autres, je me serais envolé le lendemain matin pour la dernière semaine de campagne dans le New Hampshire, impatient de savoir, autant que Dukakis et Jackson, Gephardt et Simon,

Babbitt et Gore, et Hart – car il avait repris la course –, lequel de nous, à la fin de la semaine, accéderait au rang de candidat à la présidentielle politiquement viable. Mais non, le lendemain, j'étais attendu à Rochester, dans l'État de New York, pour une rencontre avec une poignée d'étudiants et d'enseignants – c'est tout du moins ce que je me figurais.

J'eus toutefois l'agréable surprise, en pénétrant dans le hall de l'université, d'être accueilli par les applaudissements et les acclamations de centaines de personnes. Mon allocution dura un peu moins de quarante minutes, il ne s'agissait que d'un bref tour d'horizon de mes opinions sur la politique étrangère des États-Unis, mais la foule ne voulait pas me laisser partir. Les questions fusaient de toutes parts, sur le traité FNI, le scandale Iran-Contra, Bork, ma campagne présidentielle, les accusations de plagiat. Je n'avais pas pris la parole devant autant de monde depuis des mois et je ne savais pas trop quelles réactions je susciterais. Au-delà de toute attente, les gens étaient si heureux de me voir, si chaleureux et si sympathiques qu'ils me remirent du baume au cœur. En fait, je n'avais pas envie de m'en aller, et je prenais question après question – pendant une demi-heure, une heure, une heure et demie. Bob Cunningham, qui m'accompagnait, essayait discrètement de me faire quitter la scène, mais il y avait encore des mains levées dans le public et je ne voulais décevoir personne. Au bout d'un moment, ne sachant plus que faire, Bob pria les organisateurs de couper la sono. Des étudiants et des professeurs vinrent me saluer tandis que je descendais du podium. Les plus jeunes me serraient dans leurs bras. Et Bob tentait de m'entraîner vers la sortie, mon pardessus et ma serviette à la main.

Il était presque 23 heures quand je regagnai enfin ma chambre d'hôtel, trop excité pour trouver le sommeil. Quelle joie ! Personne dans cette salle ne me prenait pour un plagiaire, un menteur ou un tricheur. L'honneur était sauf. En m'asseyant sur le bord du lit, je vis une petite pizza en carton accrochée à l'un des boutons de la télé, avec un numéro de téléphone. Je me rappelle avoir pensé : « Hmm… Vu que je ne dormirai sûrement pas avant des heures, si je me commandais une pizza ? »

Je me suis réveillé couché au pied du lit, tout habillé. Je ne voyais que la porte et j'essayais de me souvenir où j'étais. *Dans quelle ville ? À l'hôtel ? Qu'est-ce que je fais par terre ?* La pizza me revint en mémoire, puis je me rappelai une violente piquée dans la nuque, comme un éclair dans la tête, une puissante décharge électrique, et un déferlement de douleur insoutenable. Des vagues en subsistaient, moins aiguës. J'avais le cou raide, énormément de mal à tourner la tête. Je roulai sur moi-même et mes yeux se posèrent sur des chiffres rouges. 4 h 10, indiquait le radio-réveil. Du matin, sans doute. Dehors, il faisait nuit noire. J'étais resté cinq heures inconscient.

Il me fallut fournir un effort surhumain pour me hisser sur le lit ; mes jambes étaient comme des poids morts. Je n'essayai même pas de me déshabiller ni de me glisser sous les couvertures. En position fœtale, je me contentai de ramener le couvre-lit sur moi. Frigorifié, je me recroquevillai sur moi-même, mais j'avais toujours aussi froid. Mon avion pour Wilmington décollait à 7 heures, Bob ne tarderait pas à venir frapper à ma chambre. Incapable de fermer l'œil, je regardais les minutes défiler sur le radio-réveil. Bob ne va pas tarder, me répétai-je. Il faut que je rentre. Pourvu que je puisse rentrer.

Je ne me rappelle quasiment rien du vol retour, mais quand mon assistant et vieux camarade de lycée Tommy Lewis vint nous chercher à l'aéroport, il vit tout de suite que j'étais mal en point. Bob portait ma serviette, Tommy n'avait jamais vu ça. Ils insistèrent tous deux pour me conduire chez le médecin, mais je protestai. J'allais rentrer chez moi, me mettre au lit, et ça irait.

Ils eurent toutes les peines du monde à m'accompagner à l'étage. Dans ma chambre, je me roulai de nouveau en boule sur mon lit, ce qui ne fit rien pour les rassurer. Moins d'une heure plus tard, Jill était là. Quelqu'un avait dû l'appeler à l'école. Je voyais sa silhouette penchée au-dessus de moi, son air inquiet. J'étais tout gris, disait-elle, et elle n'arrêtait pas de me demander ce que je voulais faire. On me conduisit au *Saint Francis Hospital*, où les médecins comprirent très vite qu'il ne s'agissait pas d'un nerf pincé. On allait me faire une ponction lombaire, il y en avait pour un moment. Jill avait le temps de rentrer confier Ashley à une baby-sitter et prévenir Hunter. J'étais toujours dans un couloir, mais on me préparait une chambre.

Quand Jill revint, un prêtre catholique se tenait à mon chevet. Dans le couloir, devant ma chambre, une infirmière remplissait un dossier. Jill se présenta.

— Bonjour, je suis Jill Biden.

— Bonjour, madame Biden, lui répondit l'infirmière. N'entrez pas tout de suite. On est en train de lui donner les derniers sacrements.

Jill entra quand même et tenta d'interrompre la cérémonie. Quelques minutes plus tard, les médecins vinrent lui expliquer pourquoi ils avaient appelé le prêtre. La ponction lombaire avait révélé du sang dans le liquide céphalorachidien, signe qu'une artère fuyait quelque part dans mon cerveau. D'autres examens s'imposaient, de toute urgence. Il fallait réunir la famille. Maman, Papa, Val, Jack, Jim et Franck nous rejoignirent à l'hôpital. Mon assistante Norma Long et son mari Leo partirent chercher Beau à Philadelphie, sous un début de tempête de neige. Personne ne parvenait à joindre Hunter, qui était apparemment allé chez sa petite amie après l'école.

Un scanner et une angiographie permirent d'affiner le diagnostic : rupture d'anévrisme, juste en dessous de la base du cerveau, nous annonça un médecin sombrement.

Je ne savais pas exactement ce qu'était un anévrisme, mais il me l'expliqua par une analogie très parlante. Imaginez votre artère, me dit-il, comme une chambre à air à l'intérieur d'un vieux pneu de vélo. Avec l'usure, elle s'amincit, se fragilise et se distend. De l'air peut fuiter, ou elle peut éclater. Mon artère saignait, d'où mon malaise, la veille, à Rochester. Et sans doute aussi celui de Nashua, l'année précédente. J'avais de la chance d'être encore de ce monde. Mais une nouvelle hémorragie risquait à tout instant de survenir, et de m'être fatale. On pouvait opérer pour colmater la brèche, mais l'intervention serait délicate et dangereuse.

Mon frère entreprit de passer des coups de fil aux quatre coins du pays pour trouver des neurochirurgiens maîtrisant cette procédure et susceptibles de se libérer sur-le-champ. Le mieux, selon lui, était de me transférer au Walter Reed Army Medical Center, à Washington.

Non seulement ce n'était pas trop loin, mais le chef du service de neurochirurgie comptait parmi les praticiens les plus au fait de cette technique relativement récente. En raison des conditions météorologiques, le transport en hélicoptère était exclu. Quand je franchis les portes du Saint Francis Hospital, sur un brancard, les résultats de mes examens autour du cou, j'avais perdu toute notion du temps. Dehors, je sentis la morsure du froid, des flocons de neige sur mon visage. Dans la lumière des phares de l'ambulance, le rideau de neige évoquait un tableau impressionniste. Davantage que je ne la voyais, je sentais la présence de Jill à mes côtés. Les pompiers semblaient nerveux. Je sentis le bang-bang-bang des roues de la civière quand ils me hissèrent à l'arrière de l'ambulance. Jill tenta de détendre l'atmosphère.

— Franchement, Joe, il faut toujours que tu fasses tout capoter, me dit-elle, assez fort pour que tout le monde l'entende. On devait s'offrir un spa, pour la Saint-Valentin… Et j'ai horreur de la neige. Si tu meurs, je pars m'installer en Caroline du Sud. C'est le printemps toute l'année, là-bas.

La tension retomba un peu quand mes amis de la caserne des pompiers volontaires m'eurent sanglé à l'intérieur de l'ambulance et que celle-ci démarra, escortée par la police. Jill était assise sur un banc à côté de moi, avec un médecin et une infirmière de Saint Francis qui ne me quittaient pas des yeux. La situation était critique : si l'anévrisme se rompait sur la route, ils ne pouvaient rien faire. Nous échangions de temps à autre quelques mots. L'ambulance roula pendant environ une demi-heure, sous la tempête de neige, puis tout à coup, elle s'immobilisa. Il neigeait de plus en plus et nous n'avancions plus. Nous étions au poste de police, à la frontière entre le Delaware et le Maryland. Beau se trouvait dans la voiture de police qui nous avait escortés jusque-là, où une équipe du Maryland devait prendre le relais. Quand Beau avait changé de voiture, le conducteur lui avait demandé quelle route prendre. Depuis cinq minutes, personne ne savait quel itinéraire emprunter.

— Pourquoi on est arrêtés ? Jill n'arrêtait pas de demander. Pourquoi on est arrêtés ?

Au bout d'un moment, elle se mit à tambouriner contre la paroi de verre qui nous séparait du chauffeur.

— Que se passe-t-il ?

— La police du Maryland ne sait pas par où passer…

— Démarrez ! hurla Jill.

— Je ne peux pas…

— Démarrez !

Et nous reprîmes la route.

À l'hôpital militaire Walter Reed, le Dr Eugene George me fit passer une angiographie plus poussée afin de voir tous les vaisseaux sanguins majeurs de mon crâne. L'examen lui permit de mieux localiser l'anévrisme, sous l'hémisphère gauche du cerveau, mais il révéla aussi un second anévrisme, plus petit, du côté droit. Le Dr George préconisait d'opérer l'anévrisme gauche dans la journée. Mon frère souhaitait toutefois avoir un deuxième avis, ce que George comprenait tout à fait. Et il fut ravi d'apprendre que Jim avait contacté le Dr Neal Kassell, neurochirurgien vasculaire au centre universitaire de Virginie, et que celui-ci se trouvait être à Washington pour une conférence. Ils avaient été formés par le même instructeur.

En fin de matinée, Jill donna le feu vert pour l'intervention.

La craniotomie que le Dr George s'apprêtait à pratiquer réclamait une grande précision. Il allait m'ouvrir le crâne, soulever légèrement le cerveau et se frayer un passage dans l'étroit espace rempli de liquide céphalorachidien entre ma boîte crânienne et mon cerveau – pour accéder à l'anévrisme, sous la base de l'hémisphère gauche. Là, il lui faudrait disséquer toutes les petites artères, localiser la minuscule poche de sang, et clipser l'anévrisme au moyen d'une petite pièce métallique, tout en veillant à ce que le sang circule normalement dans l'artère collatérale. D'après le Dr George, l'autre anévrisme, plus petit, ne présentait pas de risque imminent de rupture, si bien qu'il préférait attendre quelques semaines pour procéder à une seconde opération. Quand il eut terminé ses explications, je voulus savoir quels étaient les risques de la première intervention.

— De mortalité ou de morbidité ? répliqua-t-il.

— *Morbidité* ?

Je n'étais pas sûr de connaître le sens exact du mot. Le Dr George précisa que j'avais plus d'une chance sur deux de m'en sortir vivant. En revanche, il y avait une forte probabilité que je souffre ensuite de sérieux déficits des facultés mentales. Il devrait contourner une vaste zone du cerveau avant de parvenir à l'anévrisme. Toute lésion accidentelle était susceptible d'entraîner un handicap. La perte de la parole comptait notamment parmi les séquelles les plus fréquentes de ce type de procédure. Je crois que j'ai éclaté de rire.

— Ça n'aurait pas pu m'arriver l'été dernier ? raillai-je, mais je ne pense pas que le médecin m'ait entendu.

L'intervention serait délicate mais le Dr George avait de l'expérience, et il serait assisté par un confrère de renom international. Il me recommanda néanmoins de parler à ma famille – ce serait peut-être la dernière fois.

Ces paroles auraient pu m'effrayer, mais j'étais assez serein. Je me sentais apaisé, à l'abri de la tourmente, comme un navire encalminé en plein océan. Étonnamment, je n'avais pas peur de mourir. J'avais, depuis longtemps, accepté que la vie était injuste. De toute façon, j'étais totalement impuissant. Ma famille et mes amis étaient là. Mon frère Jim s'était débrouillé pour me confier aux meilleurs spécialistes possibles. Le problème avait été identifié et les médecins savaient ce qu'ils avaient à faire. Ma vie reposait entre leurs mains.

Jill se montrait très forte. Depuis le début de cette épreuve, elle n'avait pas trahi le moindre signe de panique, et je possédais la certitude absolue que Jim et Val veilleraient sur elle et les enfants, si je mourais. Je pouvais aussi compter sur le mari de Val, Jack, qui avait toujours encouragé sa femme à s'investir dans ma vie et mes campagnes, au fil des ans. Toutefois, j'éprouvais une infinie tristesse. Ashley n'avait que six ans. Elle était à peine plus grande que Beau et Hunter lorsque nous avions perdu Neilia et Naomi. Jill devrait dire à notre fille que son papa ne reviendrait plus jamais à la maison. Beau et Hunter seraient orphelins de leurs deux parents. Hunter était encore au lycée.

Jill alla chercher les garçons, avec qui je voulais m'entretenir seul à seul. Le Dr George ne m'avait pas accordé beaucoup de temps, mais ces cinq minutes avec mes fils furent les plus importantes de ma vie.

Si c'étaient mes dernières paroles, je devais trouver les mots justes. Si c'était la dernière image qu'ils devaient garder de moi, je voulais qu'ils puissent en être fiers. Deux jours plus tôt, il me semblait vital de sauver ma réputation aux yeux du monde. La donne avait changé. Le monde pouvait douter de mon intégrité ; je me moquais de l'épitaphe que Washington me graverait. Seuls comptaient mes proches. Rien dans ma vie ne m'était plus précieux que les êtres chers.

Mes fils s'efforçaient de paraîtres enjoués.

— Vous êtes des jeunes hommes formidables, leur dis-je. Je suis très fier de vous. Je sais que vous honorerez vos obligations. Je sais que vous veillerez sur votre mère et votre sœur.

— Ne dis pas ça, protesta Beau. Tu ne vas pas nous quitter.

— En principe, non, mais au cas où, vous savez ce que j'attends de vous. Veillez l'un sur l'autre. Veillez sur votre mère. Veillez sur votre sœur. Je compte sur vous, mais je ne suis pas inquiet pour ça.

Et je tentai un brin d'humour :

— Au fait, sur ma tombe, pas la peine de marquer que j'étais sénateur et tout le blabla. Je veux juste qu'on écrive : *fils, frère, mari, père... athlète.*

La plaisanterie les fit rire. J'imaginais mes frères et ma sœur, quand mes enfants leur transmettraient le message : « Athlète ? ! Il se sera fait des films jusqu'au bout ! »

Ne me restait plus qu'une chose à dire à mes fils :

— Je vous aime.

Puis je les embrassai, l'esprit en paix. Quoi qu'il advienne, je n'avais pas à me faire de souci pour eux. Quant à moi, je m'étais montré digne de ce que j'attendais de moi-même. J'avais été celui que je voulais être.

De nouveau, on m'installa sur un brancard et l'on me conduisit au bloc opératoire. Les portes de la salle d'opération s'ouvrirent devant moi et j'y entrai les pieds devant. Jill me lâcha la main et resta dans le couloir. La salle était immense, la lumière se reflétait sur les surfaces chromées omniprésentes. J'avais l'impression d'être étendu sur le rayonnage d'un gigantesque congélateur. Il y avait des gens partout, qui s'affairaient avec célérité et concentration, installant des fils, des plateaux, des instruments rutilants. Personne ne disait rien et je trouvais ce silence angoissant. Tout le monde paraissait tendu. Tandis que l'anesthésiste, le Dr Hart, s'apprêtait à me placer le masque sur le visage, une anecdote me revint en mémoire, à propos de l'intervention que le président Reagan avait subie en 1981, atteint d'une balle, quand on avait tenté de l'assassiner. « Que tous les républicains lèvent la main », avait-il dit dans la salle d'opération, afin de détendre l'atmosphère. Je comprenais maintenant qu'il s'agissait moins d'humour que d'instinct de survie.

— Que tous les démocrates lèvent la main… dis-je. Mais parlais-je encore ? N'avais-je pas déjà le masque ? Je le sentais autour de ma bouche, j'entendais le faible écho de ma respiration, et un éclair de lumière blanche m'aveugla.

– 13 –

Accordons-nous du temps

Je revins à moi avec la sensation de rêver que je me réveillais. Je crus tout d'abord que j'étais encore en salle d'opération. Des machines s'alignaient contre un mur, hautes de peut-être deux mètres. Mon regard se posa sur une horloge, dont une aiguille faisait lentement le tour. Dans un sursaut, je me remémorai le mot que le médecin avait employé : morbidité. Étais-je en possession de toutes mes facultés ? La grande aiguille se trouvait près du 12, la petite sur le 4… 4 heures… De l'après-midi ? Du matin ? Peu importait. Je savais toujours lire l'heure. Je levai les yeux au plafond et comptai les carreaux, dans la longueur, dans la largeur, puis je fis la multiplication. J'étais encore capable d'un petit calcul mental. Je remuai les pieds. Je portai une main à mon nez. Je regardai les appareils au pied du lit, les courbes, les graphiques, les chiffres… en perpétuel mouvement. Sans doute bon signe, mais je n'étais pas certain d'être conscient. Jusqu'au moment où quelqu'un se pencha au-dessus de moi. Un souffle chaud sur mon visage, un baiser sur mon front.

— Joe ?

— Jill, c'est toi ?

— Oui. Je suis là.

— Je suis vivant ?

Jill en avait douté un instant quand elle s'était glissée derrière le petit rideau, en salle de réveil, avec Beau et Hunter. L'intervention avait duré sept heures. Le Dr George lui avait paru tout guilleret quand il lui avait annoncé que j'étais réveillé, si bien que Jill ne s'attendait pas à me voir dans cet enchevêtrement de fils et de tubes. Ses jambes avaient failli la lâcher, m'avoua-t-elle par la suite. Une ligne d'agrafes barrait mon crâne rasé, enflé et déformé. Ma tête ressemblait à une balle de base-ball écrasée. Et je paraissais si petit, dans ce lit… Elle avait eu un choc. Mais j'étais là, et je parlais.

— Oui, tu es vivant.

Aux yeux de Jill, les accusations de malhonnêteté qui m'avaient obligé à quitter la campagne m'avaient sauvé la vie. Sans ça, je me serais trouvé dans le New Hampshire quand l'anévrisme s'était rompu, à courir de Nashua à Manchester, de Concord à Bristol. Aurais-je pris le temps de consulter un médecin ? Aurais-je tenté de surmonter la douleur ? Elle me connaissait.

— Tu serais mort. Rien n'arrive sans raison.

Je restai hospitalisé dix jours à Walter Reed. Les premiers furent horriblement difficiles, après l'euphorie initiale d'être toujours en vie. Je n'avais plus ces douleurs effroyables et elles ne revinrent jamais, mais j'étais raccordé à au moins trois moniteurs, parfois quatre. Les quelques heures par jour où j'étais éveillé, je ne pouvais rien faire d'autre que regarder les écrans, sans trop savoir ce qu'ils contrôlaient : le débit sanguin, le débit d'oxygène, mon rythme cardiaque, ma tension artérielle ? Je contemplais ces lignes lumineuses, en essayant de comprendre ce qu'elles signifiaient. Dans le noir, j'avais parfois l'impression qu'elles s'aplatissaient et que je n'avais plus la force de les faire remonter. Je me rappelle un jour où je faillis abandonner. La courbe ralentit et je n'avais plus l'énergie ni le courage de la faire repartir... Une infirmière du nom de Pearl Nelson accourut. J'avais l'impression qu'elle était toujours là. Elle avait à peu près mon âge, le physique des Appalaches, une silhouette menue mais tout en muscles. Pearl n'aurait jamais laissé personne renoncer au combat. Je sentis sa bouche contre mes narines, et son souffle m'emplir les poumons.

Les infirmières de Walter Reed incarnaient le dévouement et la bonté absolus. Elles me brossaient les dents, me faisaient ma toilette. Jamais je ne me serais cru capable de partager ainsi mon intimité, sans aucune honte. Quand j'avais mal au cou et que toutes les positions m'étaient aussi inconfortables les unes que les autres, Pearl se débrouilla pour me trouver un coussin adapté. Je la soupçonnais de l'avoir acheté exprès pour moi.

Quelques jours plus tard, Michael Dukakis remportait les primaires du New Hampshire avec une marge record et je quittai les soins intensifs pour un service de médecine générale. Les médecins qui se succédaient à mon chevet paraissaient satisfaits de leur travail et de ma convalescence. Dix jours après l'intervention, je pus rentrer chez moi, avec la perspective de revenir à l'hôpital militaire de Walter Reed quand j'aurais recouvré assez de forces, dans cinq ou six semaines sans doute, pour l'opération du deuxième anévrisme. Sur un fauteuil roulant, on me fit passer par un passage à l'abri des regards, comme à la sortie des réunions du Département d'État. Mon frère Jim m'attendait dans sa voiture pour me ramener chez moi. Des journalistes étaient massés devant la maison et quand je me levai de mon fauteuil roulant, je vis le choc se peindre sur les visages. J'étais amaigri, un peu chancelant sur mes jambes, coiffé d'une casquette de base-ball des Delaware Blue Hens pour cacher ma balafre et mon crâne rasé. Mon cabinet avait fait un communiqué pour dire que je devais subir une deuxième intervention. Les reporters voulaient savoir ce que j'en pensais et comment je jugeais mon état de santé. Le Dr George et ses collègues avaient passé beaucoup de temps à tout m'expliquer des procédures et des pronostics. Je me rétablissais plutôt bien, sans aucun doute, mais il y avait toujours des inconnues, dans la neurochirurgie. De nature à toujours vouloir dédramatiser, je déclarai à la presse que la deuxième opération serait un jeu d'enfant, ce qui apparemment ne plut guère à la communauté médicale. Le Dr George faisait la tête quand je le revis. Des confrères l'avaient appelé pour lui demander quelle idée il avait eue de dire à un patient aussi médiatisé que la prochaine intervention serait facile. Elle n'avait rien d'anodin, il avait toujours été clair sur ce point et je l'avais toujours entendu. Du reste, un petit incident était survenu sur le trajet du retour. Nous parlions de nos enfants, avec Jim, et je voulus lui demander des nouvelles de la plus petite de ses filles, ma nièce dont le baptême avait eu lieu le jour où l'affaire Kinnock avait éclaté, deux ans plus tôt.

— Comment va…

Impossible de me rappeler son prénom. Panique. Retrouverais-je toutes mes capacités ? Les médecins ne pouvaient l'affirmer. Accordons-nous du temps, disaient-ils. Accordons-nous du temps.

Si j'étais inquiet pour mes facultés mentales, je mettais en revanche un point d'honneur à retrouver ma condition physique, déterminé à me rétablir plus vite qu'on ne le croyait possible. Et les premières semaines, je me sentais plutôt en forme.

— Joe, les médecins ont dit que tu ne devais pas monter les escaliers, me sermonnait Jill.

Je hochais la tête, mais j'étais tellement sûr de faire des progrès extraordinaires, et tellement résolu à prouver que j'avais une constitution hors du commun, que je me comportais parfois de façon inconsidérée. Début mars, comme tout semblait aller pour le mieux, les médecins m'autorisèrent à aller passer quelques jours au bord de la mer, à Bethany Beach, chez un ami. Je n'avais pas l'habitude de rester des journées entières enfermé chez moi et j'éprouvais le besoin de changer de décor. Nous partîmes tous les deux, Jill et moi. J'étais allongé devant la cheminée, le premier soir, et en tournant la tête pour contempler l'océan, je sentis comme un bruit de ferraille, dans mon crâne. Tout, autour de moi, se mit à tournoyer. Impossible de me redresser. J'appelai Jill, dans la pièce à côté, qui téléphona au Dr George.

— C'est normal, sénateur, me rassura-t-il.

— Qu'est-ce que c'était ?

— On ne sait pas exactement, mais ça arrive. Ça passera, avec le temps.

— Ça risque de se reproduire ?

Peut-être, peut-être pas ; ce genre de choses n'était pas rare, en tout cas.

De retour à la maison, je traitai mon cerveau comme un œuf précieux et fragile. J'osais à peine tourner la tête sur l'oreiller. Quand je me levais, je me tenais très droit, de crainte d'ébranler à nouveau mes petites cellules grises. Jusqu'au matin où je ne pus me lever. J'avais tellement mal au torse et au ventre que je ne pouvais même pas me soulever de l'oreiller. Je n'avais encore jamais ressenti une telle douleur, même quand l'anévrisme avait saigné. Quand j'inspirais, c'était comme si on m'enfonçait une lame entre les côtes. Je parvins à me rouler en boule et à respirer tout doucement, pour atténuer un peu la souffrance. Mais toujours impossible de quitter le lit. « Allez, Joe, bon sang, lève-toi ! » pestais-je à voix haute, en vain. Jill appela un généraliste, celui qui avait diagnostiqué le pincement de nerf. Il me demanda ce que j'avais mangé pour le petit déjeuner. Des œufs brouillés. D'après lui, il s'agissait d'une bulle de gaz. Je priai pour qu'il ait raison. La perspective d'être à nouveau alité pendant des jours m'était insupportable. Hélas, notre médecin de quartier s'était encore trompé.

Quelques heures plus tard, je quittai la maison sur un brancard. À l'hôpital, on découvrit que j'avais un caillot logé dans le poumon. Les médecins ignoraient où il s'était formé initialement mais cela n'était pas rare, m'assura-t-on encore une fois, à la suite d'une immobilisation prolongée. Il se pouvait en outre que j'aie d'autres caillots, notamment au niveau des jambes, susceptibles en se détachant de causer de graves dégâts.

Retour à Walter Reed, où je passai encore dix jours, entre les mains des chirurgiens et des spécialistes de l'embolie. On me posa encore du matériel dans l'organisme, un petit filtre en titane que l'on fit descendre par ma jugulaire jusqu'à mi-thorax, pour le fixer aux parois d'une artère. Pareil à un minuscule volant de badminton, il avait pour rôle d'intercepter les caillots susceptibles de remonter de mes jambes avant qu'ils n'atteignent mon cœur ou mes poumons.

Mais les médecins redoutaient aussi l'occlusion d'une veine au-dessus de mon cœur. Cardiologues et neurochirurgiens craignaient qu'un autre gros caillot ne migre jusqu'à mes poumons et cause une embolie pulmonaire massive qui me tuerait sur le coup. On me prescrivit donc des anticoagulants, pour dissoudre les plus gros des caillots et éviter une obstruction fatale.

Chaque jour, un nouveau cardiologue ou un nouveau chirurgien venait m'examiner. Le président Reagan m'envoya même son médecin personnel.

— Vous avez eu de la chance, me dit un jour l'un de ces éminents spécialistes en me tapotant le bras.

De la chance ? Je ne comprenais pas trop. Pas davantage que lorsque E.J. Dionne m'avait dit que tout avait toujours été facile pour moi.

Je me serais volontiers passé de tous ces examens : les prises de sang, plusieurs fois par jour, et pire, les angiographies, ce cathéter que l'on me piquait au plus tendre de l'aine. On m'en fit au moins huit ou neuf, chacune plus redoutable que la précédente.

Pendant cette semaine et demie d'hospitalisation, j'appris toutefois des tas de choses sur les embolies et les anévrismes. Aux États-Unis, plus de soixante mille personnes meurent chaque année d'une embolie. Mon cardiologue référent avait fait ses études de médecine en Caroline du Sud, l'État qui détenait le record des embolies et des accidents vasculaires cérébraux, car les personnes âgées des États du Nord-Est qui partent passer l'hiver en Floride y font souvent des AVC, après avoir roulé pendant dix ou douze heures sans prendre la peine de s'arrêter pour s'étirer et se dégourdir les jambes.

Évidemment, on s'intéressa à mes antécédents familiaux. Je l'ignorais, mais l'un de mes grands-pères était décédé d'une « attaque » et l'une de mes grands-mères avait été emportée par ce qui ressemblait fort à un anévrisme. Un peu plus d'un Américain sur dix est porteur d'un anévrisme, mais cette malformation passe généralement inaperçue. Une fois que je fus totalement tiré d'affaire, on me raconta une blague de carabin : *Comment diagnostique-t-on un anévrisme ? Sur la table d'autopsie.* N'était-il pas possible de les déceler ? voulus-je savoir. Le seul moyen était l'angiographie mais en 1988, l'examen était risqué, parfois mortel, alors que quatre-vingt-dix pour cent des porteurs d'anévrisme mourraient d'autre chose. Même en possession de toutes ces informations, je ne parvenais toujours pas à déterminer si j'avais eu de la chance ou non.

Encore une fois, les reporters me guettaient sur le parking de Walter Reed. Et j'étais tellement content de sortir de l'hôpital que je déclarai : « Si je vous ai demandé à tous d'être là aujourd'hui, c'est pour vous annoncer que je reprends la course à la présidentielle. » Au moins, je les fis rire.

La patience n'avait jamais été mon fort, mais ce deuxième séjour à l'hôpital m'amena à réfléchir. Si je m'étais davantage ménagé, si j'avais écouté les conseils des médecins, je me serais peut-être épargné une seconde hospitalisation. La présidence, par exemple, pouvait attendre. Si je le souhaitais, je pourrais toujours me présenter aux prochaines élections. Redorer mon image serait long. Je devais m'accorder du temps.

Jill et mes collaborateurs avaient de toute façon décidé d'un isolement total : pas de travail, pas de téléphone, rien. Le président Reagan appela deux fois. Jill appréciait ses attentions, mais elle ne fit pas d'exception à la règle et refusa de me le passer. J'avais beau dire tout ce que je voulais, elle était intraitable. Le monde continuait de tourner sans moi, disait-elle.

En effet. Jesse Jackson remporta le Delaware, mon État, et la course se resserra, mais finalement, ce fut Michael Dukakis qui fut investi candidat démocrate. Quand le sénateur Al Gore se retira de la campagne, il eut quelques mots sympathiques pour chacun de ses concurrents.

— De Joe Biden, j'aurai appris l'importance de la grâce face à l'adversité, dit-il. Alors que tout autour de lui s'écroulait, je l'ai vu diriger les auditions Bork avec une impartialité et une honnêteté sans faille. En plaçant le pays avant son combat politique personnel, Joe Biden nous a fait honneur à tous, démocrates et Américains.

Au printemps, l'équipe Dukakis commença à envisager de réintégrer John Sasso, le directeur de campagne qui avait entraîné ma chute en envoyant « les vidéos traîtresses » aux médias. Apparemment, mes amis avaient reçu des coups de fil : on voulait savoir comment je réagirais. Mais personne ne m'en fit part.

Le juge Robert H. Bork avait démissionné de la Cour d'appel fédérale et donnait des discours aux quatre coins du pays pour dénoncer les injustices dont il avait été victime. Selon lui, les sénateurs de la Commission n'étaient pas assez intelligents pour saisir les complexités de sa philosophie judiciaire. Par exemple, ses positions vis-à-vis du droit à la vie privée avaient été mal interprétées. « Impossible de se faire entendre », disait-il à son public ; et d'ajouter avec sarcasme « malgré le brillant intellect d'un Joe Biden ».

Bork n'était pas totalement perdant. Il écrivit un livre et empocha une coquette avance sur les droits. Avec les sommes à cinq chiffres que devaient lui rapporter ses conférences, plus quelques petites prestations dans le domaine de la loi, « il gagnerait sans doute davantage cette année qu'en dix ans à la Cour », souligna le *Los Angeles Times*.

Dans ma tour d'ivoire, je ne savais rien non plus de tout cela. Je m'occupais à la maison, je sortais chaque jour me promener mais, surtout, je dormais beaucoup. Même la lecture me réclamait trop de concentration. J'avais tout loisir de cogiter, et notamment de ruminer la deuxième intervention. La première fois, j'avais été opéré dans l'urgence et je n'avais pas eu le temps de me poser des questions. À présent, je n'avais rien d'autre à faire. Les risques de mortalité étaient de un sur dix, m'avait-on dit. Mais là encore, les suites opératoires pouvaient être terribles : paralysie, aphasie, amnésie temporaire. Dans le meilleur des cas, la convalescence serait à nouveau très longue. Plus la date approchait, plus j'étais irascible, et Jill en faisait les frais.

Quand on me conduisit au bloc opératoire, en mai 1988, j'avais une confiance absolue dans les compétences de mon chirurgien, le Dr George, mais je ne voulais rien laisser au hasard, et on m'accorda une dérogation spéciale pour que j'emporte un chapelet en salle d'opération. L'intervention se déroula pour le mieux mais on préféra me garder sous surveillance, en cas de complications circulatoires, si bien que je passai presque tout le mois de mai à l'hôpital, sans la moindre garantie quant à la date de ma sortie. Je n'avais rien d'autre à faire que regarder par la fenêtre. Jour après jour, je voyais une antenne radio sortir de terre et se dresser vers le ciel : cinq mètres, sept mètres, dix mètres, quinze… J'espérais ne plus être là quand elle serait finie. Jill me tenait au courant de l'avancée des travaux entrepris dans notre cuisine, à la Station. Nous avions décidé de la refaire carreler en blanc, avec des carreaux mexicains. J'avais hâte de les voir !

Jill enseignait à plein temps, cette année-là. Elle venait me voir à Walter Reed le soir et les week-ends. Depuis ma première hospitalisation, en février, nos amis et nos voisins lui apportaient de l'aide et des bons petits plats, ce qu'elle appréciait. L'une de nos sandwicheries préférées, dans le Delaware, me faisait livrer des sandwichs frais à l'hôpital au moins trois ou quatre fois par semaine. Quand je ne les mangeais pas, c'étaient les infirmières qui s'en chargeaient.

En quittant l'hôpital, cette fois, je me sentais en forme mais j'étais tellement maigre que je n'osais pas me regarder dans le miroir. Pire, les chirurgiens avaient malencontreusement causé une lésion nerveuse superficielle qui affectait le contrôle musculaire de mon front, dont le côté droit ne bougeait plus. Ma paupière droite tombait. Je n'avais pas du tout envie qu'on me voie, si bien que lorsque Jill voulut aller au ballet, un soir, je n'acceptai qu'à condition de gagner notre loge une fois la salle plongée dans le noir. Pendant tout le spectacle, je redoutai le moment où les lumières se rallumeraient. Le médecin ne pouvait pas affirmer que mon visage retrouverait sa mobilité. Accordons-nous du temps… disait-il.

Je ne pouvais que me résigner.

J'étais affaibli, la moitié de mon front était figée, et j'avais toujours du mal à me concentrer. Ma capacité d'attention était limitée et je me fatiguais vite. Mais j'étais patient. Je me pliais aux consignes de Jill et des médecins – pas de travail, pas de téléphone – et pour la première fois de ma vie, je me reposais réellement. Je faisais du tir à l'arc – Jim m'en avait offert un. Je prenais la voiture et j'allais déjeuner au soleil sur un banc de Kennett Square ou m'entraîner au golf sur un practice. Six semaines après la seconde opération, les muscles de mon front et de ma joue revinrent enfin à la vie. Mais je préférais toujours ne pas trop sortir.

Tant et si bien que les journalistes commencèrent à appeler mon cabinet. Le bruit courait que le sénateur Biden était devenu un légume. « Biden ne sera plus jamais le même », avait déclaré Ben Bradlee, le rédacteur en chef du *Washington Post*, après ma première intervention. Les reporters demandaient à me parler, ou ils menaçaient de quand même publier leurs articles. Mes collaborateurs ne voulurent rien savoir. Et Jill refusait toujours de me transmettre les appels du président Reagan.

Une seule personne parvint à enfreindre la règle : Ted Kennedy. Un jour, il appela Norma Long, à mon bureau de Wilmington, et la pria d'envoyer quelqu'un le chercher à la gare. Il arrivait en train de Washington pour me rendre visite ; il était hors de question qu'il reparte. Jill recevait des amies à déjeuner, ce jour-là, quand le sénateur Kennedy sonna à la porte. Il m'offrit une gravure représentant un grand cerf irlandais, qu'il avait fait encadrer et où il avait inscrit : *À mon président irlandais*. Il avait apporté son maillot de bain.

J'appris plus tard que Teddy Kennedy et ses collaborateurs s'étaient chargés de toutes les tâches qui m'incombaient, à la Commission judiciaire et, chose rare au Sénat, ils s'en étaient entièrement remis à mon cabinet. Cette marque d'amitié me libéra en partie de la culpabilité qui me rongeait depuis sept mois que j'étais absent. Le jour où Kennedy me rendit visite à la Station, je n'avais jamais été aussi heureux de voir un collègue. Mais il ne venait pas parler travail. Il désirait seulement me faire savoir que je leur manquais et qu'ils avaient hâte de me retrouver.

Fin août, je me sentis de nouveau moi-même. J'avais retrouvé toute mon énergie et ma capacité de concentration. Les médecins me donnèrent le feu vert pour retourner au Congrès après le Labor Day. Je fis ma première apparition publique fin août au Jamboree annuel du comté de Sussex, dans le Delaware. « Joe ! Joe ! Joe ! » m'acclamèrent sept cents vieux amis. Je leur assurai que j'étais de nouveau sur pied pour les représenter devant le Sénat, déterminé à faire pour eux tout ce qui était en mon pouvoir.

— La bonne nouvelle, déclarai-je à la foule, c'est que je peux faire tout ce que je faisais avant. La mauvaise, c'est que je ne peux pas le faire mieux.

J'avais eu amplement le temps de méditer sur mon passé et mon avenir. Je désirais continuer de siéger au Sénat. Pour le meilleur et pour le pire, j'étais un homme public. Enfin conscient de sa chance.

— La vie m'a offert une seconde chance, dis-je ce soir-là. Je suis en vie. Bien portant. Ma famille est heureuse. Je fais ce que j'aime.

Deux ou trois jours plus tard, je bavardais dans ma cuisine avec Jimmy, quand je reçus un coup de fil de Michael Dukakis, le candidat démocrate à la présidentielle. Jimmy me déconseilla de prendre l'appel, mais je répondis quand même. Les élections se tiendraient dans deux mois et, selon les sondages, le vice-président George Bush était en perte de vitesse. La dernière fois que Dukakis m'avait téléphoné, c'était pour me demander d'intercéder en sa faveur auprès d'un dirigeant de syndicat qui rechignait à lui donner son appui. Et voilà qu'il avait de nouveau une faveur à me réclamer.

— Joe, j'ai besoin de votre aide.

Il souhaitait reprendre John Sasso dans son équipe de campagne, et désirait savoir comment je me positionnerais publiquement à l'égard de celui qu'il avait remercié parce qu'il avait torpillé ma campagne.

— Et lui, que dira-t-il de moi, gouverneur ? répliquai-je.

— Comment cela ?

Dukakis ne voulait pas faire amende honorable, juste reprendre Sasso sans causer trop de remous.

— Joe, John a eu une année terrible, me dit-il.

Étonnamment, en raccrochant, je n'éprouvais plus aucune animosité. Je n'en voulais plus à Sasso. Tant mieux s'il pouvait aider Dukakis à battre Bush.

Quelques heures plus tard, Dukakis annonçait le retour de son ami Sasso dans sa campagne. Apparemment, ils avaient déjà programmé la conférence de presse avant de m'appeler.

— Je suis très heureux que John soit de nouveau à nos côtés, déclara Dukakis aux reporters. Il a payé : une année, c'est très long. Le gouverneur concéda que Sasso avait commis une grave erreur, mais : « John n'a rien fait d'illégal », plaida-t-il, et il précisa que nous nous étions entretenus et que « Joe Biden n'aurait su se montrer plus magnanime ».

Sasso déclara pour sa part :

— Ce que j'ai fait en septembre relevait de l'erreur de jugement. Je suis navré d'avoir blessé le sénateur Biden et sa famille. Le fait est, le sénateur Biden possède une grande force de caractère, il l'a prouvé, tant dans sa vie privée que dans sa vie professionnelle. Si l'incident survenu en septembre dernier a pu laisser l'impression du contraire, cette impression n'est pas fondée, j'en suis fermement convaincu... Bien souvent, il n'a pas manqué de citer Neil Kinnock, et je reste persuadé qu'il n'avait pas l'intention de tromper les Américains.

Le mercredi 7 septembre 1988, je pris le train pour Washington, accompagné de Jill, des enfants, de mes parents, ma sœur et mes frères. À la gare, on ne m'avait pas vu depuis sept mois. Elle était décorée de ballons et de banderoles. Mon ami conducteur me salua d'un long sifflet de locomotive.

À Washington, alors que je traversais un parking en direction de mon bureau, mon collègue Daniel Patrick Moynihan m'apostropha et vint gaiement à ma rencontre.

— Ça fait plaisir de te revoir ! s'écria-t-il en me donnant une chaleureuse accolade.

Je fus surpris par la force de ce geste. Quand j'étais revenu au Sénat, après le décès de Neilia, tout le monde m'avait témoigné beaucoup de sympathie et, cette fois encore, je fus touché par la spontanéité et la générosité de l'accueil qu'on me fit après sept mois d'absence.

Mes collaborateurs m'avaient organisé une fête surprise, et tout au long de la journée, les sénateurs des deux partis passèrent prendre de mes nouvelles. Je présidai une sous-commission des Affaires étrangères, ce jour-là, en présence de toute ma famille et de nombreux reporters. Mes proches étaient là, leur dis-je en plaisantant, « pour s'assurer que j'énonce clairement les questions et comprenne bien les réponses… Je suis de retour. Les mauvais jours sont derrière moi. Il est temps de reprendre le collier ». Mais ce ne fut pas une journée comme les autres. Au détour de chaque couloir, il semblait y avoir une réception en mon honneur.

En fin d'après-midi, dans la salle des séances, mes collègues adoptèrent à l'unanimité une résolution pour célébrer mon retour, puis ils se levèrent pour m'ovationner. Assis à ma place, ma famille dans la galerie, j'écoutai ensuite mes amis me témoigner tour à tour leur estime. Le plus émouvant fut Bob Dole, le représentant des républicains, qui avait eu son lot de problèmes de santé. Grièvement blessé pendant la Seconde Guerre mondiale, en Italie, à l'âge de vingt ans, il n'avait jamais retrouvé l'usage de son bras droit. Il avait défié l'adversité en se faisant élire au Sénat. En 1996, il se présenterait aux élections présidentielles.

— Qu'il ait triomphé de la maladie n'aura étonné personne de ceux qui connaissent l'esprit et la ténacité de Joe Biden, dit-il.

De sa part, c'était particulièrement touchant.

Je dus beaucoup parler, ce jour-là, mais je ne bafouillai qu'une seule fois, après les hommages de mes collègues. Depuis plus de quinze ans, le Sénat était comme ma deuxième maison et c'était bon de revenir à la maison. Je me revois encore parcourir la salle du regard, ces femmes et ces hommes que j'admirais et respectais. Beaucoup ne sont plus là, aujourd'hui, et le Sénat se ressent de leur absence. Bob Byrd, Daniel Inouye, Ted Stevens, Arlen Specter, Pete Domenici, Daniel Patrick Moynihan, Fritz Hollings, Wendell Ford, Nancy Kassebaum, Alan Simpson, Bod Dole… Des personnalités, qui avaient du caractère et de l'expérience, pour qui le Sénat n'était pas qu'une affaire d'affrontement entre partis. Des gens qui savaient tisser des amitiés sincères et des alliances solides, au-delà de leurs convictions politiques. S'ils cultivaient des relations, ce n'était pas par intérêt politique, mais parce qu'ils savaient l'importance des rapports humains, dans une démocratie aussi complexe et diverse que la nôtre. En 1988, malgré les frictions que pouvaient susciter les débats, les sénateurs n'en avaient pas moins de considération les uns pour les autres.

— L'amitié, voilà ce qui fait la différence, dis-je à ceux et celles présents dans la salle ce jour-là. Un lieu où vous souhaitez faire la différence, et la reconnaissance que l'on vous témoigne dans ce lieu, voilà qui fait une plus grande différence encore. Et je m'arrêterai là, ou l'Irlandais en moi risque de se laisser aller à trop de sentimentalité.

Alors que je quittais un buffet en mon honneur, mon ami le sénateur Alan Simpson plaisanta sur les changements survenus pendant mon absence : « On n'avait jamais de crevettes, avant… » Néanmoins, je me réjouissais de retrouver l'atmosphère du Sénat intacte. Moi, en revanche, je n'étais plus tout à fait le même. « Doucement… », me diraient pendant des années Wendell Ford et Fritz Hollings. Je saisissais à présent la sagesse de ce conseil. L'année qui venait de s'écouler m'avait enseigné une leçon : il n'y a d'urgent que les questions de vie ou de mort.

Je n'étais pas moins investi, pas moins passionné, mais je ne me sentais plus obligé de gagner un combat de tous les instants. Je pouvais louper une audition de la Commission judiciaire, la lutte contre la criminalité n'était pas perdue pour autant. Je pouvais louper un caucus démocrate, une réunion de cabinet, un meeting politique, et néanmoins faire mon travail consciencieusement. Surtout, je savais à présent qu'un échec ne déterminerait pas mon épitaphe, même si l'épisode pouvait être aussi médiatisé et aussi humiliant que ma fin de campagne. J'avais foi dans l'équité et la raison du peuple américain, et foi en ma capacité à rebâtir ma réputation.

Accordons-nous du temps… J'avais le temps.

– 14 –

Engager le dialogue

Hunter, mon fils cadet, n'était pas du genre à me demander des faveurs. Je fus donc un peu surpris lorsqu'il évoqua l'idée que je puisse faire un discours à Georgetown. Chaque fois que Beau m'avait demandé de m'exprimer à Penn, j'avais fait l'effort d'accepter. En fait, au fil des ans, j'avais dû participer à une dizaine de rencontres publiques pour Beau, mais je ne me souvenais pas avoir prononcé le moindre discours pour Hunter. Donc, lorsqu'il me le demanda, je ne pus le lui refuser. Le président de Georgetown souhaitait que je donne une conférence sur la façon dont ma foi et ma religion influençaient mes opinions en matière de politique publique, lors du séminaire du Corps des jésuites volontaires de Hunter. J'avais toujours préféré éviter le sujet, car porter la religion dans l'arène politique me mettait un peu mal à l'aise. Mais la rédaction de ce discours se révéla l'un des exercices les plus enrichissants de ma vie politique.

J'ai participé à plus de douze mille votes au Sénat, et de nombreux analystes politiques, tels des statisticiens au base-ball, pourraient les disséquer, faire des calculs et dresser le profil de ma carrière. En fait, dans un camp comme dans l'autre, les spécialistes adorent prendre les cent sénateurs et les ordonner du plus libéral au plus conservateur. Mais ces classements n'ont jamais eu grande importance pour moi, ni pour les habitants du Delaware qui m'ont élu. Et, ma campagne présidentielle ayant été si brève et confuse, je n'ai jamais vraiment eu le temps de réfléchir à l'éthique générale qui liait tous ces votes. J'avais l'impression d'être un pointilliste si occupé à peindre chaque point qu'il n'a pas eu le temps de prendre du recul et de regarder l'œuvre dans son ensemble. Le thème du discours de Georgetown a donc précipité les choses, et tandis que j'entamais une nouvelle vie, il m'a semblé que c'était le bon moment pour faire le point.

Ce qui m'est apparu clairement en rédigeant mon discours était très simple : la leçon principale que j'avais reçue de l'Église catholique, de mon éducation à l'école catholique et de mes propres parents avait toujours été la force motrice de ma carrière politique. En effet, les plus grands péchés sont commis par des personnes haut placées qui abusent de leur pouvoir. Ce message était constamment réaffirmé lors des sermons dominicaux, à l'école et à la maison. Jésus ne passait pas son temps avec les pharisiens. Il fréquentait les prostituées, les lépreux et les réprouvés. C'est ce que j'ai retenu de ma foi. Chez moi, les leçons sur les abus de pouvoir étaient permanentes, quelle que soit leur importance, du parti nazi en Allemagne au père de famille de notre rue, à Mayfield, qui punissait ses enfants à coups de ceinture. « Il faut vraiment être un moins-que-rien pour frapper un enfant », disait mon père. Ce dernier n'a jamais levé la main sur aucun de nous. Je me souviens de mes parents discutant dans le salon d'un de leurs amis qui avait giflé sa femme. Mon père, qui était d'un naturel plutôt calme, arpentait la pièce, furieux.

Avec le pouvoir et les privilèges, m'a-t-on enseigné, vient la responsabilité de traiter les autres avec respect et équité. La générosité n'est pas une simple vertu, c'est un Commandement. Et lorsque nous voyons des individus abuser de leur pouvoir, il est de notre devoir d'intercéder en faveur de leurs victimes. En travaillant sur ce discours de Georgetown, je me suis aperçu que les leçons que j'avais apprises en grandissant avaient toujours été les principes directeurs de ma carrière politique, et que les sujets qui m'intéressaient avaient toujours été liés à l'abus de pouvoir. Des droits civiques et du droit de vote à l'intérêt de mettre des policiers dans les rues pour protéger la population des délinquants violents, en passant par les mesures contre la discrimination bancaire qui empêchait les habitants des quartiers noirs d'obtenir des prêts, par la pression en faveur de directives fédérales rendant les peines de prison plus justes et plus homogènes, par la lutte contre la violence envers les enfants, par le dégoût que j'ai éprouvé en voyant Richard Nixon et J. Edgar Hoover profiter de leurs hautes fonctions (j'ai été l'un des rares sénateurs à voter contre le projet prévoyant de donner le nom de Hoover au bâtiment du FBI), et par la lutte contre les cartels de la drogue dans les années 1980, il y avait un certain fil conducteur. En me penchant sur ma carrière, il m'est devenu évident que ce qui m'avait toujours animé était la conviction que nous devions nous dresser contre ceux qui abusaient de leur pouvoir, qu'il soit politique, économique ou physique.

Aussi, lorsque je fais de nouveau le point aujourd'hui, il ne me surprend guère qu'au cours des années qui ont suivi ce discours de Georgetown, les deux grandes questions auxquelles je me suis consacré concernaient des abus de pouvoir flagrants. La première relevait du génocide systématique perpétré par un démagogue européen vénal et assoiffé de pouvoir, la seconde un abus de pouvoir inexcusable qui s'était insinué insidieusement dans la vie des Américains et dans nos institutions. Et nous, en tant que pays, ne semblions pas avoir le cran de faire face à notre inavouable petit secret.

Depuis le milieu des années 1970, je travaillais sur les questions de criminalité au sein de la Commission judiciaire, et au milieu des années 1980, j'étais devenu le porte-parole des démocrates au Sénat pour toutes les questions de législation concernant la lutte contre la criminalité. Bien que j'aie toujours été un fervent défenseur des libertés civiques des prévenus, j'ai beaucoup œuvré pour fournir à la police les outils nécessaires pour lutter contre la criminalité : davantage de policiers dans les rues, du meilleur matériel, des directives permettant d'infliger des peines sévères aux auteurs de crimes violents. Parfois, certains de mes collègues démocrates ont pu trouver que j'allais trop loin dans le sens de la police, notamment sur les questions d'ordre public. Mais j'ai toujours été convaincu qu'assurer la sécurité des citoyens était le premier devoir de l'État. Avant de pouvoir tenir toute autre promesse, un gouvernement doit être en mesure d'assurer la sécurité dans les foyers, les écoles et les lieux publics. J'ai donc surveillé avec assiduité les statistiques de la délinquance afin de déceler les anomalies et les nouveaux problèmes, comme le bond de violence accompagnant l'épidémie de crack qui a ravagé les centres-villes durant les années 1980.

En 1990, en étudiant les données du Bureau des statistiques judiciaires, je fus frappé par un chiffre en particulier. Le nombre des violences contre les hommes avait fortement chuté au cours des dix dernières années, tandis que celui des violences contre les femmes était en augmentation. Ma première intuition fut qu'en raison de la libération de la parole des femmes, celles-ci étaient plus disposées à se manifester et à signaler les viols et les violences conjugales. Mais, en y regardant de plus près, je me suis aperçu que cela allait beaucoup plus loin. En fait, j'ai vite compris que la violence à l'égard des femmes était une perspective culturelle partagée par les hommes, les femmes et les enfants. Je me rappelle avoir lu des statistiques choquantes tirées d'une étude réalisée auprès de collégiens de Rhode Island. « Si un homme dépense dix dollars pour une femme lors d'un rendez-vous galant, stipulait une des questions, a-t-il le droit de l'obliger à avoir des relations sexuelles avec lui ? » Un quart des garçons avait répondu par l'affirmative. J'étais stupéfait. Mais le plus surprenant était qu'un cinquième des filles était d'accord. C'est un gros problème, et il est profondément ancré dans notre société. J'appris plus tard qu'un Américain sur dix trouvait normal qu'un mari puisse battre sa femme si elle ne lui obéissait pas. Cela signifiait que des millions de femmes risquaient d'être battues chez elles.

Je savais d'expérience que ce n'étaient pas uniquement des voyous sans éducation qui pensaient de cette façon. Je n'avais jamais oublié une scène qui s'était produite en 1981, quand la Commission judiciaire s'était empressée de faire voter un nouveau projet de loi sur la criminalité. On arrivait à la fin de la session parlementaire, et j'avais dû faire pression pour que ce projet soit soumis au vote. Nous avions les voix nécessaires pour que l'ensemble du train de mesures soit soumis au vote favorable du Sénat. La Commission se réunissait dans une petite salle près de l'hémicycle. Le président Thurmond requit un vote en Commission, à moins qu'il n'y ait des objections. Jeremiah Denton, sénateur de l'Alabama, s'y opposa haut et fort. Denton était furieux contre la clause que je souhaitais voir figurer dans le projet de loi qui faisait du viol conjugal un crime impossible à distinguer de tout autre viol.

— Bon sang, quand on se marie, déclara-t-il ce jour-là, on s'attend un peu à devoir coucher avec son conjoint !

En 1990, j'affectai à plein temps une de mes collaboratrices de la magistrature au problème des violences faites aux femmes. Victoria Nourse et moi avons rédigé un texte de loi préliminaire que nous avons baptisé « Loi de 1990 contre les violences faites aux femmes », et, en juin, nous avons entamé les auditions. Après nos auditions, à la fin de cette année-là, je compris qu'il s'agissait du texte de loi le plus important que j'aie jamais présenté, et que c'était l'un des plus difficiles à transcrire en termes juridiques. Je pris aussi conscience que le problème était bien plus profond que le Bureau des statistiques judiciaires le laissait entendre. Au sein du premier panel présent à l'audition de la commission sur la « Législation pour réduire le problème grandissant des violences faites aux femmes » figurait un mannequin qui s'était fait lacérer le visage par des hommes recrutés par son propriétaire, et une mère de famille de l'Iowa qui s'était fait enlever et violer par un parfait inconnu. Ces femmes soutinrent qu'elles avaient continué à se sentir persécutées alors que leurs affaires passaient devant les tribunaux. Top model à New York, Marla Hanson, le visage lacéré, évoqua devant la commission la réception de courriers provenant aussi bien d'amis que d'inconnus alors qu'elle commençait tout juste à se remettre de son agression à l'hôpital.

— Ils semblaient contenir un élément sous-jacent de reproche, voire de colère, témoigna-t-elle. Notamment dans des commentaires comme : « Eh bien, que faisais-tu dans un bar à minuit, d'abord ? » Ou : « Je t'avais dit que ça se passerait comme ça si tu allais vivre à New York ! »

Son calvaire se poursuivit, toujours d'après son témoignage devant la commission, au procès de ses agresseurs :

— Dans sa déclaration liminaire au jury, l'un des avocats de la défense a commencé par dire : « Laissez-moi vous parler d'une femme nommée Marla Hanson, qui courait après tous les hommes mariés de la ville, qui s'attaquait aux hommes et à leur relation avec les femmes. » Quand le procureur émit une objection, le juge fit remarquer que : « Bien que nous soyons au XXe siècle, certains ont encore le sentiment qu'il n'est pas correct, pas du tout, même, de faire des avances au mari d'une autre femme, et ce que tente de dire l'avocat de la défense, me semble-t-il, est que celle qui commettrait ce genre d'actes serait une personne totalement égoïste et intéressée, et, par conséquent, qu'elle ne devrait pas être crue, du moins en partie. Et que c'est aussi simple que ça. Je ne peux pas dire qu'il s'agit d'une attaque inappropriée, car elle porte sur ce que cette personne devrait être prête à faire dans son propre intérêt. Objection rejetée. » Tout au long du procès, poursuivit Marla Hanson, il a été insinué que j'étais une sorte de prostituée et que j'avais des mœurs dissolues. On m'a demandé des détails intimes sur ma vie sexuelle… La cruauté du procès m'a poussée à me demander si nous étions bien en Amérique.

La femme qui vivait dans l'Iowa avait quant à elle des choses à dire sur la façon dont le personnel médical et la police l'avaient traitée juste après le viol et, bien qu'elle n'ait pas subi le même genre d'humiliations au cours de son procès, elle n'en était pas moins demeurée stupéfaite de la façon dont elle avait été réduite à un « ensemble de preuves ».

— J'ai rapidement appris que les violences commises contre mon corps et ma personne constituaient un crime contre l'État. Ce n'était plus un crime contre moi, et c'était frustrant. Très frustrant. J'en étais réduite à un statut de témoin pour l'État de l'Iowa et un numéro de dossier. Je n'étais plus que ça, et c'était insatisfaisant… Je n'étais qu'une personne dont l'État de l'Iowa avait besoin pour faire condamner cet homme.

Lors de ses auditions, cette femme était accompagnée par un ami avocat, un homme dont la condescendance à son égard mit en évidence le problème auquel les femmes étaient confrontées :

— Je pense qu'il n'y a personne pour leur prendre la main et les informer à l'avance de manière approfondie pour leur faire savoir ce que le système attend d'elles, témoigna-t-il. Je crois qu'elles ont l'impression que c'est le cas, depuis qu'il y a eu quelques progrès dans le système. Récemment, dans l'Iowa, dans les Quad Cities, autour de Davenport, on a arrêté une victime de quinze ans qui avait déposé une plainte contre un agresseur masculin, après qu'elle eut refusé de témoigner. Le juge l'a jetée en prison pour outrage. Il y a une logique derrière cela, mais pour une victime, c'est difficilement compréhensible... Quand elles s'aperçoivent de la nature du système et de ce que signifie ce droit de confrontation qui les conduit de nouveau dans l'arène, elles se sentent agressées une seconde fois.

Je n'oublierai jamais le témoignage d'une étudiante qui a soutenu s'être fait violer dans sa chambre, dans sa cité universitaire, par le compagnon d'une de ses amies. Après cette agression, elle a pris une douche brûlante, puis le référent universitaire l'a écoutée, tandis qu'elle sanglotait sur son lit.

— On vous a violée ! s'exclama le référent.

— Non, rétorqua la victime. Je le connaissais.

D'autres témoins soutinrent que les victimes de viols commis par des connaissances s'accusaient souvent, et que leur sentiment de culpabilité se voyait renforcé par leurs amies. Une étudiante de dernière année, qui avait cofondé une organisation de lutte contre le viol sur le campus de l'université de Pennsylvanie où mon fils Beau faisait encore ses études, nous parla sans ambages du problème auquel elle et ses amies étaient confrontées :

— En ce qui me concerne, j'ai pris conscience de la réalité du viol par une connaissance au milieu de ma première année à Penn, lorsqu'une de mes amies a été agressée au sein d'une fraternité. Elle correspondait au stéréotype. Elle avait dix-huit ans et était à l'université.

Elle faisait des efforts pour tenter de s'intégrer et de se faire des amis, et, ce soir-là, elle avait également trop bu. En tant qu'amies, nous correspondions également au stéréotype. Nous lui avons demandé pourquoi elle était montée à l'étage. Nous refusions de croire que ces types avec qui nous allions en cours et que nous connaissions puissent être des violeurs. Nous ne lui avons pas dit que ce n'était pas sa faute. Nous n'avons rien dit du tout… parce que nous ne savions pas quoi dire. La victime a été marquée à vie. Elle dit désormais que nous ne savons pas comment elle était avant, et que nous ne la connaissons qu'après le viol. Elle a quitté Penn.

C'est le genre de témoignage que le Sénat – et, en 1990, quatre-vingt-dix-huit sénateurs sur cent étaient des hommes – avait besoin d'entendre, mais les premières auditions furent peu suivies par les membres de la Commission judiciaire. J'avais l'impression de prêcher dans le désert, et je fus aussi un peu surpris par la résistance que m'ont opposée certains groupes de femmes au cœur même du pouvoir.

Je savais que ces groupes ne me faisaient pas entièrement confiance, car je n'étais pas blanc comme neige sur la question de l'avortement. Je soutenais le droit des femmes à l'avortement, mais j'étais toujours contre le financement fédéral du procédé. Elles auraient probablement été plus à l'aise si Howard Metzenbaum ou Paul Simon avaient été les initiateurs de ce projet de loi.

— Oh, Victoria, vous êtes une chic fille, mais vous travaillez pour Joe Biden, déclara un des membres du groupe de femmes de Washington à ma responsable de la Loi contre les violences faites aux femmes. Pourquoi devrions-nous vous croire ?

Mais il y avait autre chose, au-delà des soupçons que les groupes avaient depuis longtemps à mon égard. J'avais le sentiment que les groupes de défense des femmes de Washington craignaient que cette loi (la VAWA, pour Violence Against Women Act) ne les détourne de leurs principaux problèmes. Et je ressentais aussi une certaine fierté chez celles que je connaissais bien. La première discussion que j'eus avec Jill au sujet de cette loi m'ouvrit les yeux. Un matin, alors qu'elle se préparait à aller à l'école, je lui ai expliqué combien j'étais enthousiaste et fier du texte que nous étions en train de rédiger. Je m'attendais – du moins l'espérais-je – à ce que ma femme me serre dans ses bras et me dise à quel point elle était fière de moi. Mais, après un long silence, elle me demanda :

— Pourquoi fais-tu ça ? Nous n'avons pas besoin de protection.

J'eus du mal à comprendre ce qui la tracassait, jusqu'à ce que nous ayons une nouvelle discussion à ce sujet, des mois plus tard. En 1991, Jill travaillait à son premier master, suivant des cours du soir à l'université de West Chester. Ainsi, quand je rentrais le soir après une journée de travail au Sénat, elle m'attendait dans l'allée, le moteur de la voiture en marche. Dès qu'elle me savait à l'intérieur avec notre fille, elle filait à son école, et je préparais des « pasghetti » pour Ashley. Mais, ce soir-là, je voulais informer ma femme de ce que j'avais entendu dans la journée. Je frappai donc à la vitre de sa voiture.

— Jill, tu es au courant pour le violeur ? lui demandai-je. (On en avait signalé la présence sur son campus.) Que dirais-tu d'aller te garer devant le vieux bâtiment principal, où c'est mieux éclairé ?

— Il n'y a pas de places de stationnement, là-bas, me rappela-t-elle.

— Gare-toi quand même là-bas, on paiera l'amende, lui rétorquai-je.

Je voyais que cela ne lui plaisait pas. Quand elle appuya sur l'accélérateur, j'étais encore accroché à la voiture.

— Bon sang, Jill, ralentis ! Promets-moi que tu vas te garer là-bas, lui hurlai-je. Eh, qu'est-ce qui t'arrive ?

— Qu'est-ce qui m'arrive ? Je n'aime vraiment pas ça. Je sais que tu as raison, mais, en tant qu'homme, tu n'as pas à faire ça, ça m'agace.

Pourquoi une femme devrait-elle se garer dans une zone de stationnement interdit devant l'entrée principale bien éclairée pour pouvoir aller étudier en toute sécurité ? Elle avait raison. Ce n'était pas juste, mais c'était comme ça.

Ce que j'ai appris au cours de ces auditions m'a fait comprendre la raison pour laquelle il y avait un profond ressentiment chez les femmes. Durant une grande partie de l'histoire du pays, on les avait considérées comme des citoyens de seconde zone, quand ce n'était pas comme des biens. Des spécialistes nous ont appris que les premières lois contre le viol avaient été rédigées pour protéger, par exemple, le « bien » d'un père. Une fois violée, une fille devenait un bien endommagé, ce qui rendait son mariage bien plus difficile. La victime devenait alors un fardeau pour son père.

En 1868, d'après les spécialistes, la Cour suprême avait refusé à une femme le droit de poursuivre son mari pour coups et blessures. Au XIXe siècle, les cours d'État avaient décidé que les hommes avaient le droit de battre leurs femmes. Les spécialistes firent remarquer que, pas plus tard qu'en 1958, l'*Encyclopaedia Britannica* définissait encore le viol comme « le crime commis par un homme ayant obtenu des relations sexuelles illégales avec une femme sans le consentement de cette dernière, par la peur, la force ou la tromperie. Un mari ne peut commettre de viol sur sa femme, à moins qu'elle ne soit légalement séparée de lui ». Il y avait encore un peu plus de vingt ans, rappela-t-on à la commission, les violeurs étaient systématiquement libérés si la victime n'était pas en mesure de prouver qu'elle avait risqué sa vie en se défendant avec « la plus grande résistance ».

Nous avons entendu des histoires contemporaines d'insensibilité ou d'incompétence judiciaire. Comme le jour où un juge avait laissé entendre que la victime d'un viol avait provoqué son agression en portant une minijupe au crochet. Lors d'une des auditions, un idiot de médecin soutint qu'il existait dans l'esprit de l'homme un déclencheur sexuel, et que lorsqu'une femme activait ce déclencheur, l'homme ne pouvait plus être tenu pour responsable. Une telle stupidité était exaspérante.

Après les travaux de la commission, Victoria Nourse et moi avions rédigé une loi complète qui s'attaquait aux lacunes dans la protection des femmes et de leurs droits fondamentaux dans les écoles, à leur domicile, dans les commissariats de police et les tribunaux. Il était désormais du devoir du gouvernement fédéral de leur venir en aide. Cette loi visait à améliorer aussi bien la prévention contre les violences faites aux femmes que la formation et l'information des personnels qui devaient en gérer les conséquences : la police, le personnel hospitalier et les défenseurs des victimes. Elle prévoyait même la formation et la sensibilisation des juges aux problèmes que rencontraient les femmes victimes au sein même du système. Une permanence téléphonique faciliterait le signalement de violences conjugales, et les États seraient contraints de faire respecter les injonctions d'éloignement émises dans d'autres États. Mais, à mon avis, la partie la plus importante du projet de loi était le Titre III, qui reconnaissait que, dans certains cas, les violences faites aux femmes pouvaient constituer une violation des droits civiques, un crime de haine.

Nous pensions que la VAWA devait également contenir une composante de droit civil, et c'était le Titre III, qui permettait aux femmes de demander des dommages et intérêts contre leurs agresseurs devant un tribunal fédéral et d'avoir un peu plus de place dans le système. Si des femmes ne pouvaient obtenir satisfaction auprès du tribunal pénal de leur État, les tribunaux fédéraux leur seraient ouverts.

Pour faire évoluer les consciences, il me paraissait capital de reconnaître que le droit d'une femme à être protégée contre une attaque sexiste était un « droit civique ». Lorsqu'un droit atteint le statut de « droit civique » et est classé comme tel, cela signifie que le pays est parvenu à un consensus non négociable. Les violences faites aux femmes ne seraient plus réduites aux poncifs « elle l'a bien cherché » (viol), « mauvaise communication sexuelle » (viol par une connaissance), ou « une affaire de famille » (viol conjugal). Dès que notre système pénal – aux niveaux local, étatique et fédéral – reconnaîtrait qu'il s'agissait de crimes graves et inexcusables, les femmes pourraient cesser de se sentir coupables.

Mais je restais une voix solitaire, au Sénat. La VAWA n'a pas été soumise au vote en 1990, ni en 1991, quand je l'ai de nouveau présentée. Début 1991, William H. Rehnquist, président de la Cour suprême, tenta de vider le projet de loi de sa substance avant de le soumettre au vote. Dans son rapport de fin d'année sur le pouvoir judiciaire fédéral, il fit une attaque inhabituelle contre une loi en instance au Congrès, s'en prenant particulièrement au Titre III de la loi sur les violences faites aux femmes. « La définition du nouveau crime est si vague, écrivit-il, et le nouveau droit d'ester en justice si vaste que la loi pourrait impliquer les tribunaux fédéraux dans une foule de querelles conjugales. »

Il publia ensuite des éditoriaux dans la presse sur la « surcharge de travail » dans les tribunaux fédéraux. Rehnquist avait bâti sa carrière en gardant les tribunaux fédéraux à l'écart des questions qu'il jugeait préférable de laisser aux États, comme les violences conjugales. Pour lui, il s'agissait d'un problème familial qu'il valait mieux laisser aux tribunaux des États.

Et voilà qu'il tentait de torpiller la loi sur les violences faites aux femmes en prétextant qu'elle serait une surcharge de travail pour les tribunaux fédéraux. Quand Rehnquist défendit son point de vue dans un discours devant l'ABA (l'American Bar Association, c'est-à-dire l'Association américaine du barreau), en février 1992, mon équipe et moi nous sommes retrouvés autour d'une table pour déplorer le sort réservé à la VAWA. Aucun de nous n'avait apprécié que Rehnquist mette son nez dans les affaires du Congrès, et j'avais été particulièrement blessé par les suggestions faites par ses assistants, selon lesquelles les femmes invoqueraient leurs droits civiques pour prendre l'avantage dans les procédures de divorce. Pire, je savais que si Rehnquist l'emportait devant l'ABA et que cette dernière s'opposait au projet de loi, il mourrait avant d'avoir été soumis au moindre vote.

Au beau milieu de la campagne de Rehnquist, je témoignai devant la sous-commission « Crime et justice pénale » de la Commission judiciaire de la Chambre des représentants, qui examinait mon projet de loi. Victoria m'avait préparé un communiqué, mais je l'avais jeté. J'expliquai aux membres de la Chambre des représentants :

« Les dispositions du projet de loi relatives aux droits civiques en font une loi sur les crimes de haine. Cela signifie que pour prouver qu'il y a eu une violation des droits civiques – si ce projet était adopté –, il faudrait, entre autres, que le crime ait été motivé par la haine. Contrairement à ce que le président de la Cour suprême aimerait vous faire croire, il est impossible avec ce projet de loi d'établir un motif d'action en justice en se contentant de prétendre : "Je suis une femme, j'ai un bleu, par conséquent, j'ai le droit d'invoquer mes droits civiques." D'après certaines critiques, le Titre III encouragerait les femmes à proférer des accusations mensongères afin d'extorquer une pension alimentaire plus importante en cas de divorce. Une déclaration faite par le président de la Cour suprême qui non seulement est erronée, mais qui frise l'injure, dans la mesure où elle laisse entendre que les femmes auraient une plus grande propension à faire de fausses déclarations que les hommes. C'est scandaleux.

« La majeure partie de notre projet de loi traite de questions relatives à l'application de la loi fédérale, allant de l'octroi de fonds pour améliorer l'éclairage dans les zones de forte criminalité à l'application dans tous les États d'une injonction d'éloignement issue dans l'un d'eux. Sans vouloir lui manquer de respect, le président de la Cour suprême ne sait pas de quoi il parle quand il critique cette loi. Lui et d'autres ont prétendu qu'elle pourrait être à l'origine d'une surcharge de travail inutile pour les tribunaux fédéraux. Permettez-moi de vous dire une chose. Au Titre XVIII du Code des États-Unis, certaines dispositions assimilent à un délit fédéral le fait de traverser une frontière d'État avec des prothèses dentaires contrefaites. Des prothèses dentaires… Une myriade, une multitude de crimes sont pris en compte. Par exemple, si vous faites traverser une frontière d'État à une vache, ou si vous dérobez une vache, c'est un crime fédéral. Et j'entends certains juges soutenir de manière scandaleuse que nous devrions tolérer un système dans lequel, si un tribunal de Pennsylvanie ordonne à un homme qui a battu ou qui est susceptible de battre sa femme de ne plus approcher cette dernière, cet ordre n'aurait plus le moindre effet, serait inapplicable si cette femme décidait de se rendre dans le Delaware. Je n'ai pas l'impression que cette idée selon laquelle ce qui est ordonné par le tribunal de Pennsylvanie devrait également être exécutoire dans le Delaware puisse être qualifiée de radicale. Si nous pouvons nous occuper des vaches, peut-être les Chambres voûtées de la Cour suprême pourraient-elles admettre qu'il serait logique de se préoccuper aussi des femmes. »

Dans un autre domaine, je commençai à m'intéresser à l'éclatement de l'ex-Yougoslavie avec un moine très persévérant. Il se présenta à mon bureau accompagné d'un lobbyiste de K Street pour l'aider à traduire son propos, mais son anglais étant très bon, il s'exprima finalement sans son aide. Vêtu d'une robe traditionnelle, il était sérieux et convaincant. Le moine était croate et catholique. Il souhaitait partager son histoire avec moi, me parler de ce qui se passait dans son pays natal, la Yougoslavie.

Des individus du monde entier demandaient à me voir pour me parler de choses horribles qui se passaient dans tel ou tel recoin du monde auquel personne ne prêtait attention, me soutenant que l'Amérique devait intervenir et apporter son aide. Lorsqu'ils viennent m'implorer dans mon bureau, l'Amérique représente toujours un grand espoir à leurs yeux, à juste titre. Dans le monde entier, des populations comptent sur notre pays. Plus précisément, elles comptent sur notre foi dans les principes fondamentaux que sont la liberté, l'égalité et la morale. Elles comptent sur le fait que nous soyons convaincus que nous pouvons et devons contribuer à rendre le monde plus sûr. Et elles comptent sur notre certitude qu'il existe des raisons morales impérieuses d'agir qui vont bien au-delà du simple intérêt national. Parfois nous réussissons, parfois nous échouons, mais le fait est que, dans le monde entier, on nous voit essayer. Raison pour laquelle ce moine, par exemple, n'avait cessé de me relancer pour une entrevue. Un membre de mon équipe des relations extérieures, Jamie Rubin, m'avait indiqué qu'il y avait peut-être quelque chose à creuser. Que nous devrions sans doute l'écouter.

Le moine souhaitait m'informer de ces actes horribles que les Serbes avaient commis au sanctuaire catholique de Međugorje, dans le sud de la Bosnie. Il s'agit un peu du Lourdes bosniaque, et les orthodoxes serbes en refusaient non seulement l'accès aux Croates, mais ils le profanaient. Le moine redoutait que les Serbes ne le détruisent entièrement. Il avait entendu parler de catholiques en Bosnie et en Croatie qui se faisaient tuer par des Serbes. Il savait que Milošević les poussait à la folie. Il était également déterminé, me rappelant que j'étais moi-même catholique. Je soutenais Israël, me rappela-t-il, et c'étaient des catholiques qui se faisaient tuer, en l'occurrence. Alors, pourquoi n'y prêtais-je pas autant attention ? Lorsqu'il vint me voir, en 1991, je savais que la situation se détériorait en Yougoslavie, mais il m'exposa des faits. C'était moi le président de la sous-commission des Affaires européennes au sein de la Commission des Affaires étrangères. La Yougoslavie faisait partie de mon portefeuille. Je décidai donc d'organiser des auditions sur le démembrement du pays. D'autres Yougoslaves avaient des histoires à nous raconter : des Serbes orthodoxes, des Croates, des musulmans de Bosnie et des musulmans albanais du Kosovo. Aucune d'elles n'était positive. Le pays se disloquait, et Lawrence Eagleburger, notre secrétaire d'État adjoint, qui connaissait mieux la région que quiconque, nous alertait sur le fait qu'un tel démembrement se traduirait par un bain de sang.

De 1945 à 1980, la Yougoslavie avait été aux mains de Josip Broz Tito. Grâce à sa personnalité, à sa volonté, et à une police secrète des plus efficace, ce vieux communiste roublard était parvenu à maintenir en place une fédération composée de multiples ethnies et religions. Les Serbes orthodoxes dominaient la Serbie et le Monténégro, la Croatie était principalement catholique, et le Kosovo très largement peuplé de musulmans albanais. Au milieu se trouvait la Bosnie-Herzégovine, un grand mélange de tout cela. La population de la Bosnie était composée de quarante-quatre pour cent de musulmans, de trente et un pour cent de Serbes et de dix-sept pour cent de Croates. Il avait fallu un certain génie pour maintenir l'unité de cette fédération multiethnique. Et Tito avait eu ce génie.

J'avais commencé à comprendre sa méthode en 1979, lors d'un voyage officiel pour représenter les États-Unis aux funérailles nationales d'Edvard Kardelj, le mentor de Tito. J'avais pris l'avion avec Averell Harriman et son épouse Pamela. Harriman était l'un des plus grands internationalistes du milieu du siècle, et, déjà à l'époque, un monument historique vivant. Il avait été l'un des architectes du plan Marshall, et ambassadeur de Franklin D. Roosevelt en Union soviétique. Il avait été quotidiennement aux côtés de Roosevelt à Yalta, en 1945, quand le président, Churchill et Staline avaient réfléchi à l'Europe d'après-guerre. Harriman avait fait la connaissance de Tito durant la guerre, et avait passé plus de trente ans à tenter d'attirer le maréchal vers l'Occident, quand bien même les Soviétiques essayaient de le ferrer. (En fait, Tito insistait sur son indépendance, aussi bien vis-à-vis de l'Ouest que de l'Est, mais il acceptait volontiers les aides militaires et économiques des deux camps.) Ainsi, après l'enterrement à Zagreb, Harriman avait sollicité un entretien privé avec Tito, mais le maréchal lui avait fait clairement comprendre qu'il n'accepterait d'entrevue avec personne pour éviter de froisser qui que ce soit. Harriman, qui n'était pas du genre à se laisser décourager facilement, avait refusé de quitter le pays avant d'avoir obtenu gain de cause. Tito avait finalement accepté de déjeuner avec nous, mais pas à Zagreb, où quelqu'un aurait pu nous reconnaître. Il nous avait demandé de le rejoindre à sa villa de Split, en Croatie, sur la côte Adriatique. Nous avions donc pris l'avion pour Split et survolé une partie de la Bosnie-Herzégovine. Harriman m'avait parlé tout le long du trajet. C'était un internationaliste classique de la vieille école. Il fallait que nous engagions le dialogue avec la Yougoslavie, d'après lui. Mieux valait éviter d'isoler le pays.

Ce séjour m'avait permis d'ouvrir les yeux, grâce à Harriman, mon « professeur particulier ». C'était quelqu'un de très européen, un exemple à suivre. Pas uniquement pour son élégance ou sa courtoisie. Il avait hérité d'une belle fortune, mais cela ne l'empêchait pas de mettre la main à la pâte, d'abord dans les affaires, puis tout au long d'une grande carrière dans les services publics, en tant qu'ambassadeur, membre du cabinet et gouverneur de l'État de New York. Il avait également l'habitude de prendre des gens sous son aile. Et, à mon arrivée au Sénat, il l'avait fait avec moi. Tout au long de mon premier mandat, il m'avait invité à ses dîners où il avait fait mon éducation, au sens propre du terme. Il se donnait beaucoup de mal. Il invitait les personnalités les plus importantes du pays et m'encourageait à m'exprimer. Mais j'hésitais à révéler le fond de ma pensée. Ses invités étaient intimidants pour un novice en matière de politique étrangère. Un soir, installés dans son salon, nous discutions avant le repas. Le gouverneur Harriman était dans son fauteuil, et moi à un bout du canapé. Henry Kissinger avait pris place face à moi, Ted Kennedy à ma gauche, et Paul Warnke à côté de lui. C'était, à l'époque, un grand nom du contrôle des armements, et une voix importante dans le camp de ceux qui souhaitaient ralentir la course aux armements entre les États-Unis et l'Union soviétique. Au milieu d'une discussion sur le contrôle des armes, Harriman s'était tourné vers moi : « Eh bien, Joe, qu'en penses-tu ? » En commençant à lui répondre, je m'étais penché, et – sans doute à cause de ma nervosité – avais saisi la première chose qui m'était tombée sous la main, un objet sphérique qui se trouvait sur la table basse. Tout en parlant, je le triturais et le faisais passer d'une main dans l'autre. En me tournant vers Kissinger, je m'étais aperçu qu'il avait l'air inquiet. Les autres ne savaient plus où se mettre. *Qu'ai-je pu dire de si terrible ?* m'étais-je demandé. Le maître d'hôtel m'avait sauvé la mise en venant annoncer que le dîner était prêt. Tout le monde avait alors bondi de son siège et s'était rué vers la table. Tandis qu'ils se précipitaient tous, Ted Kennedy avait délicatement posé la main sur mon bras. « Repose ça, Joe », m'avait-il chuchoté.

Je commençais à m'inquiéter d'avoir manipulé un œuf Fabergé qui valait certainement plus cher que ma maison, mais j'étais trop gêné pour m'en excuser auprès de notre hôte.

Harriman n'avait pas pour autant renoncé à mon éducation. Alors que nous volions vers Split pour notre entrevue avec Tito, il m'avait donné deux leçons. La première : ne jamais se contenter des idées reçues sur un pays ou un dirigeant étranger quand on a la possibilité d'aller en juger par soi-même. Tito avait beau être un « communiste », tous les communistes ne se ressemblaient pas. La seconde : Harriman voulait que je puisse constater les bienfaits d'un engagement constant, même auprès d'ennemis déclarés. « Ne fais pas confiance, me répétait-il, mais engage le dialogue. Sois dur, mais engage le dialogue. C'est en maintenant des relations avec des dirigeants comme Tito que nous pourrons les pousser au changement. »

Harriman avait une vision à long terme. Si jamais Tito devait choisir entre les Soviétiques et les États-Unis, Harriman préférait que le maréchal sache à quoi s'en tenir. Il croyait profondément aux valeurs et aux idées de l'Amérique et de l'Occident. Il était convaincu que plus nos adversaires connaîtraient la force de ces valeurs et la puissance de ces idées, plus ils seraient susceptibles d'entretenir des relations amicales avec les États-Unis. Et plus nous serions à même d'influencer leur politique intérieure. Même durant la guerre froide, la meilleure arme de notre pays demeurait les idées. Le gouverneur avait pris la mesure du système soviétique, m'avait-il expliqué, et avait déterminé que son effondrement était inéluctable. Il m'avait conseillé d'apprendre à connaître la Yougoslavie, car c'était une région que nous pouvions faire entrer dans le XXIe siècle en tant qu'alliée. Il avait travaillé aussi longuement que durement pour atteindre cet objectif, mais il s'estimait maintenant âgé, et savait que ce serait à une nouvelle génération d'achever le travail et de faire de la Yougoslavie une alliée pro-occidentale.

Je commençais déjà à aimer ce pays. Il ne ressemblait en rien à l'idée que je m'en étais faite. Je m'étais attendu à un pays communiste gris et morne, avec des roulottes, une architecture institutionnelle d'après-guerre – le charme d'un trottoir en béton en version verticale –, et la fumée noire et âcre des feux de charbon. Mais je m'étais trompé sur toute la ligne. Zagreb était une ville claire et lumineuse avec des bâtiments datant des Habsbourg, des colonnades blanches étincelantes et des murs de brique et de stuc jaunes. Les gens conduisaient des voitures convenables et portaient des tenues colorées. Ce qui m'a le plus intrigué dans les Balkans, c'est la beauté des paysages. Tout ce que j'avais vu de l'avion au cours de notre vol pour Split était à couper le souffle : les torrents, les magnifiques clairières, les conifères géants… Cela ressemblait aux Rocheuses, avec plus de caractère.

À notre arrivée à Split, sur la côte Adriatique, j'avais eu le sentiment que la population allait bien. Là aussi, les voitures étaient correctes, et il y avait des antennes de télévision sur presque tous les toits. Il régnait un sentiment de vie que l'on ne voyait nulle part ailleurs derrière le rideau de fer. À Moscou, j'avais ressenti l'omniprésence de l'État policier, comme un poids sur mes épaules. Dans le secteur américain de Berlin, j'avais toujours eu l'impression que la ville était assiégée. Rien en Yougoslavie ne correspondait à mes attentes. Il y avait des pistes de ski, et des gens y faisaient du ski. Je n'avais pas vraiment eu l'occasion de réfléchir aux activités de loisir des communistes. Cette idée que le communisme puisse être un imposant monolithe identique dans chaque pays était simplement fausse. À Split, il y avait de la place pour l'expression individuelle. De l'ouverture. Une dose de capitalisme, dans le système. Des individus géraient les restaurants et les magasins comme des entreprises privées. Il régnait un esprit d'entreprise souterrain. Ce que Tito exigeait, en contrepartie, c'était que tout le monde soit sur la même longueur d'onde en matière de politique de non-alignement de la Yougoslavie.

La maison de Tito, sur l'Adriatique, était une bâtisse modeste pour un palais de dirigeant. Si elle avait été située au bord d'un lac du Maryland, elle aurait été une belle propriété à deux millions de dollars. En fait, en longeant l'allée qui y menait, elle m'avait rappelé Skaneateles, où Neilia avait grandi.

Tito était venu nous accueillir en personne à la porte. Il nous avait conduits dans une pièce qui donnait sur la mer, et invités à prendre place autour d'une petite table. Harriman s'était installé à une extrémité, et Tito à l'autre. Et c'était ce dernier qui pouvait jouir de la vue. Cela m'avait surpris. J'imagine qu'il aimait faire savoir à ses visiteurs quelle était leur place. Je m'étais installé d'un côté de la table, tandis que Larry Eagleburger, notre ambassadeur, et son homologue yougoslave prenaient place de l'autre côté. Heureusement qu'elle n'était pas plus grande, car Tito et Harriman durent forcer leurs voix, étant tous deux un peu durs d'oreille. Ils criaient donc alors qu'ils étaient distants de moins de deux mètres cinquante. Tito me rappelait mon ancien collègue, Strom Thurmond. Il avait plus de cheveux, mais ils étaient également teints. Il avait aussi le teint un peu rougeaud, et était plus petit que Harriman. Mais c'était un petit homme déterminé à la voix rauque, comme si ses cordes vocales étaient en cuir.

Eagleburger parlant serbo-croate, c'était lui qui traduisait. La conversation tournait autour de l'avenir de la Yougoslavie par rapport à l'Union soviétique, mais les deux vieux lions évoquaient des souvenirs datant de l'époque où le pays s'était désaligné. J'avais l'impression de regarder un match de ping-pong, les deux se renvoyant constamment la balle. J'avais été sénateur durant un mandat complet et avais une réelle expérience de la politique étrangère : je connaissais les derniers renseignements, et j'étais en contact direct avec Kossyguine. En fait, il m'était déjà arrivé de me demander si les points de vue et l'expérience de Harriman étaient encore pertinents en 1979. Mais je trouvais remarquable de me trouver dans cette pièce avec ces deux hommes dont la génération quittait progressivement le devant de la scène. C'étaient les deux personnes encore en vie à pouvoir se souvenir de Yalta. Du moins, ils avaient discuté de Yalta, de la façon dont l'Europe s'était effondrée après la Seconde Guerre mondiale et de la manière dont les Soviétiques s'étaient emparés de l'Allemagne de l'Est, de la Hongrie, de la Tchécoslovaquie, de la Roumanie, de la Bulgarie et de la Pologne. Harriman ne décolérait pas, au sujet de la Pologne. Roosevelt et Staline s'étaient tous deux mis d'accord pour ne pas y toucher, mais, avant même la mort de Roosevelt, Staline avait manqué à sa parole. J'avais l'impression de me trouver sur le plateau de *You Are There*, l'ancienne émission de télévision dominicale que je regardais avec mon père quand j'étais enfant. On y traitait des grandes batailles, des grands hommes, des grands événements de la Seconde Guerre mondiale. Enfin, ils parlaient de Joseph Staline… Joseph Staline, leur vieille connaissance ! Chaque fois que Tito prononçait son nom, c'était « StAAAline ! », et je voyais gonfler les veines de son cou. Je ne comprenais pas ce qu'il disait, mais je savais très bien ce qu'il pensait de Staline et des Soviétiques. J'avais le sentiment qu'il éprouvait la même chose pour Staline que pour Hitler. Il le haïssait. Il avait évoqué la façon dont il avait guidé les partisans dans la montagne durant la Seconde Guerre mondiale, et la manière dont ils avaient repoussé les Allemands. Et ce n'était certainement pas pour laisser les Soviétiques s'emparer du pays pour lequel il s'était battu. Même après son rapprochement avec Khrouchtchev, Tito s'était hérissé à l'idée que la Yougoslavie puisse devenir un satellite soviétique.

À un moment, Harriman s'était tourné vers moi : « Dites-lui ce qu'en pense la jeunesse, sénateur. » Sans l'aide de l'œuf Fabergé, j'avais alors évoqué l'importance des discussions sur la réduction mutuelle et équilibrée des forces, le retrait des troupes conventionnelles aussi bien que des armes atomiques, la diminution des possibilités pour qu'une erreur stupide déclenche une catastrophe, la façon dont cela rendrait le monde – et la Yougoslavie – plus sûrs. Tito n'avait guère semblé intéressé. Il n'avait rien répondu.

Sur le vol du retour, Harriman et moi avions discuté du savoir-faire politique de Tito, de la façon dont il avait fait usage de sa volonté et de son histoire personnelle pour unir sa fédération. Il avait repoussé Hitler. Contrairement à la quasi-totalité des autres pays d'Europe de l'Est, il avait maintenu la Yougoslavie hors de l'orbite de l'Union soviétique. Et c'est précisément en défiant les grandes puissances qu'il était parvenu à conserver l'intégrité de son pays. Le sentiment antisoviétique s'était répandu dans l'ensemble des groupes ethniques de la Yougoslavie. C'en était le ciment. Mais il avait également fait en sorte que tout le monde puisse en profiter. Il avait reconnu les musulmans comme des citoyens de même importance que les Serbes orthodoxes et les Croates catholiques. Il avait fait venir les musulmans albanais au Kosovo en leur accordant une certaine autonomie. La Bosnie-Herzégovine était une entité multiethnique où les habitants de villes comme Sarajevo vivaient dans des quartiers mixtes, fréquentaient les mêmes écoles et se mariaient indifféremment entre eux. Ce qui les unissait, en dehors de leurs différences, était une fierté farouche pour l'indépendance de leur pays et de leur dirigeant. Mais, en 1979, nous savions tous que Tito ne durerait pas éternellement. Et même ce vieux lion de Harriman se demandait, dans l'avion qui nous ramenait chez nous, ce qu'il adviendrait de la Yougoslavie après Tito. Les Soviétiques allaient-ils parvenir à obtenir ce qu'ils n'avaient jamais pu avoir auparavant ? La Yougoslavie, diverse d'un point de vue ethnique et religieux, allait-elle rester unie ? En 1979, c'était la question à un million. Tito était mort l'année suivante, mais sa façon de gouverner avait perduré sous la forme d'une présidence tournante. Les Croates, les Bosniaques, les Kosovars, les Slovènes, les Serbes… tout le monde était impliqué. Mais, tandis que le modèle économique de Tito commençait à péricliter, la politique identitaire a commencé à prendre le dessus.

Alors que l'Union soviétique s'effondrait, le monde multiethnique de la Yougoslavie commençait à se disloquer. Et c'était ce dont le moine venu à mon bureau avait été témoin à Međugorje. En 1991, la politique de l'administration Bush consistait à maintenir à tout prix l'unité de la Yougoslavie. Cela convenait au dirigeant serbe en pleine ascension, un ancien apparatchik du

Parti communiste du nom de Slobodan Milošević. Ce dernier était tout à fait favorable à une Yougoslavie unifiée, du moment qu'elle était sous pouvoir serbe. Lorsque le Kosovo, la Slovénie, la Croatie et la Bosnie-Herzégovine commencèrent à vouloir leur indépendance, Milošević mit fin à la présidence tournante, s'empara du poste et commença à appeler les Serbes aux armes. Il se mit à ressasser une histoire de siècles de trahison, d'abandon et de victimisation des Serbes orthodoxes. Maintenant qu'ils étaient enfin prêts à prendre le pouvoir en Yougoslavie, prévint Milošević, les musulmans et les Croates se retiraient, leur volant une destinée qui se préparait depuis six cents ans.

Le jour du six-centième anniversaire de la bataille de Kosovo Polje (le champ des Merles), non loin de Pristina – où les Serbes prétendaient avoir été abandonnés par toute l'Europe et massacrés tandis qu'ils tentaient d'empêcher les Turcs ottomans d'envahir l'Occident –, Milošević évoqua cette trahison et la façon dont elle « suit le peuple serbe comme une malédiction tout au long de son histoire ». Il déplora le fait que Tito ait traité les Serbes comme de simples égaux aux musulmans et aux Croates. Il était temps pour les Serbes, proclama-t-il, de reprendre leur destinée en main et de « mettre fin à la désunion ».

En 1991, lorsque je décidai d'organiser au Sénat des auditions sur le problème yougoslave, la plupart de mes collègues me reprochèrent mon alarmisme. De petites escarmouches éclatèrent entre les Croates, les Serbes et les musulmans, mais la plupart des membres du gouvernement américain insistèrent sur le fait qu'il n'y avait aucune raison de s'inquiéter. La Slovénie parvint à s'en tirer en déclarant son indépendance.

La Croatie, avec le soutien de ses anciens alliés, les Allemands, déclara également son indépendance, et, après sept mois de guerre et dix mille morts, poussa Milošević dans une impasse, bien que des Serbes ethniques aient conservé la région de Krajina et une partie de la Croatie orientale. La situation semblait gérable, même si, en septembre 1991, les Nations unies étaient si inquiètes qu'elles instituèrent un embargo sur les armes dans l'ensemble de la Yougoslavie. Les dirigeants de Bosnie-Herzégovine décidèrent de respecter les règles internationales. En mars 1992, après avoir consulté les Nations unies et la Communauté européenne, les Bosniaques organisèrent un référendum, où ils votèrent leur indépendance à une écrasante majorité. Un grand nombre de Serbes bosniaques, menés par un démagogue hargneux du nom de Radovan Karadžić, boycottèrent le vote – parce qu'ils n'étaient pas suffisamment nombreux pour en modifier l'issue –, et créèrent leur propre mini-État au sein de la Bosnie. Au début du mois d'avril 1992, lorsque la communauté internationale reconnut officiellement l'indépendance de la Bosnie-Herzégovine, Milošević et Karadžić décidèrent qu'il était temps de débarrasser la Bosnie des Croates et, surtout, des musulmans.

L'embargo sur les armes instauré par les Nations unies facilita les choses, car il avait gelé une situation où la quantité d'armes était incontestablement à l'avantage des Serbes. Quatre-vingts pour cent du corps des officiers de l'Armée populaire yougoslave (JNA) étaient serbes. Au moment de l'embargo, la JNA contrôlait l'ensemble des armes lourdes du pays. En quelques mois seulement, les Serbes mirent la main sur soixante-dix pour cent du territoire bosniaque, et ils poursuivaient leur offensive dans les campagnes. Au printemps, nous avons commencé à recevoir des rapports épars, mais ce n'est qu'au mois d'août 1992 que les détails de la guerre éclair des Serbes en Bosnie nous parvinrent réellement. Brčko, Goražde, Srebrenica et Sarajevo étaient encerclées par les chars et l'artillerie, soumises à des bombardements constants. Partout en Bosnie, des soldats réguliers de la JNA, des troupes paramilitaires serbes de Bosnie et des Tchetniks firent des ravages dans les petites villes, expulsant les villageois, séparant les musulmans des Serbes, puis les hommes des femmes et des enfants, laissant brûler les personnes âgées et les invalides dans les maisons qu'ils avaient incendiées. Ils tuaient en premier les hommes musulmans instruits et ceux impliqués en politique. Les troupes paramilitaires qui se faisaient appeler les Aigles blancs étaient particulièrement redoutables. D'après les rapports que nous recevions, ils prenaient un malin plaisir à torturer leurs prisonniers musulmans. Ils les forçaient à manger des photos de Tito, leur gravaient des croix orthodoxes sur la poitrine, leur coupaient les doigts, le nez, les oreilles, leur arrachaient les yeux, les écorchaient avec des pinces et les castraient. Ils les tuaient, que ce soit avec des armes automatiques, des couteaux ou à mains nues. Un Serbe bosniaque qui avait tenté d'aider un voisin et ami musulman fut battu à mort. Ils tuèrent des hommes devant leurs femmes et leurs enfants, et des enfants devant leurs parents. Ils abattirent une fillette qui s'était cachée derrière sa grand-mère, et obligèrent un homme à assister au viol collectif de sa fille de douze ans. Karadžić qualifia plus tard ce programme de

« changement ethnique ». D'autres de « nettoyage ethnique ». J'appellerais cela le début d'un génocide.

Les prisonniers qui survécurent à la première vague de meurtres furent envoyés dans des camps de concentration. Certains parvinrent à se cacher dans les forêts, comme un homme qui expliqua sa fuite dans une lettre au président George H.W. Bush : « Je crois que nous avons eu de la chance d'avoir subi cet assaut durant les premiers jours de l'occupation serbe, alors que la machine à tuer n'était pas encore parfaitement au point. » Elle s'améliora rapidement, sans doute parce que tout était planifié. Des camps de concentration furent improvisés dans de petits hôtels et des cafés. Nombre d'entre eux étaient des « camps de viol ». Un soldat serbe de vingt et un ans expliqua à un journaliste américain qu'un commandant encourageait ses hommes à prendre des femmes au café Sonja, à une dizaine de kilomètres au nord de Sarajevo.

— Faites d'elles ce que vous voulez. Emmenez-les loin d'ici – on n'a pas de quoi les nourrir, de toute façon – et évitez de les ramener.

Le soldat avoua avoir violé huit femmes et les avoir toutes tuées.

Dans les camps de concentration plus importants, la machine à tuer se mit en branle dès les premières semaines. À Omarska, une femme serbe d'une cinquantaine d'années tenait avec soin le planning des équipes, les feuilles de présence et les registres de paie des gardes. Trois équipes se relayaient toutes les douze heures : l'un des chefs de quart était un ancien policier, un autre serveur à l'hôtel Europa, non loin. Chacune des équipes faisait passer un grand nombre de prisonniers musulmans par une des deux salles de torture, « la Maison blanche » et « la Maison rouge ». Il arrivait que quelques détenus sortent, couverts de sang et d'ecchymoses, de la Maison blanche, où les gardes les avaient écorchés vifs pour que leurs compagnons d'infortune puissent voir leurs tendons et les os. Personne ne voulait les approcher, car leurs plaies empestaient. Et c'étaient les plus chanceux. Aucun prisonnier ne revint jamais de la Maison rouge.

Les détenus étaient souvent affectés à l'élimination des cadavres de leurs amis et voisins. Au camp de Luka, à Brčko, un témoin raconta qu'il faisait partie d'une équipe qui déversait des cadavres congelés dans une machine à hacher la viande, chargeait le produit obtenu dans des camions qui allaient ensuite le déverser dans la Save. Les mercredis et les samedis étaient des journées particulièrement difficiles pour les prisonnières de Luka. Entre quatorze et dix-huit heures, ces après-midi-là, Monika, une femme serbe qui aimait particulièrement donner des coups dans les parties génitales des hommes, sélectionnait huit ou dix femmes pour les présenter au commandant du camp. Il en choisissait une et l'emmenait à l'étage, laissant les autres aux mains de quinze à vingt gardes. Quand une fille résistait, Monika la blessait à coups de bouteille cassée et la regardait se vider de son sang. La terreur du viol était encore pire à Foca. Quand on entendait la chanson « *Mars Nu Drina* » (« Marche sur Drina », un hymne guerrier interdit par Tito) résonner dans les haut-parleurs de la mosquée, on savait que les viols collectifs commençaient. On estima à vingt mille le nombre de femmes violées. Certaines ont vu défiler jusqu'à vingt-huit soldats.

En août 1992, tous ces faits, y compris les plus cruels et les plus inhumains, étaient connus de l'administration

Bush, du Département d'État, du Congrès et des Nations unies. Les Britanniques et les Français, dont l'alliance avec les Serbes remontait à plusieurs générations, soutenaient, en dépit des preuves, que la situation en Yougoslavie était une guerre civile et qu'il y avait des monstruosités des deux côtés. (La CIA estime que les agresseurs serbes ont commis quatre-vingt-dix pour cent des atrocités.) L'administration Bush considérait qu'il s'agissait d'un problème purement européen. Pour citer la célèbre formule de James Baker, secrétaire d'État de Bush : « Nous n'avons pas de chien dans ce combat. » Colin Powell, alors président du comité des chefs d'état-major interarmées, déclara à Bush que le problème yougoslave avait l'odeur d'un nouveau Viêtnam, et qu'il n'avait pas l'intention de risquer une nouvelle campagne de dénigrement des forces américaines, qui venaient de redorer leur blason en remportant une fière victoire dans le Golfe. Quand les Nations unies envoyèrent leurs troupes de maintien de la paix en Bosnie, l'administration Bush refusa la mobilisation de soldats américains. Les troupes des Nations unies étaient donc composées pour l'essentiel de soldats britanniques, français et néerlandais. Le gouvernement insista également pour qualifier l'agression serbe de guerre civile, résultat de conflits ethnico-religieux ancestraux insolubles. Dick Cheney, alors ministre de la Défense, fut dépêché aux journaux télévisés et aux émissions de débats : « C'est dramatique, mais les Balkans sont un foyer de conflits… depuis des siècles. » J'eus quelques échanges houleux avec le secrétaire d'État adjoint Eagleburger que je ne cessais d'appeler.

— Vous connaissez la région, Larry, lui dis-je. Vous savez ce qui est en train de se passer. Pourquoi ne l'expliquez-vous pas au secrétaire d'État ? Pourquoi ne l'expliquez-vous pas au président ? Bon sang, Larry, faites preuve de bon sens !

Mais il refusa de bouger. Publiquement, il s'en tint à la ligne du gouvernement – ou peut-être était-ce la sienne –, selon laquelle il s'agissait d'une guerre civile, d'un problème purement européen, et que nous n'avions pas à nous en mêler :

— Ce drame ne pourra pas se régler de l'extérieur, il est grand temps que tout le monde le comprenne. Tant que les Bosniaques, les Serbes et les Croates n'auront pas décidé de cesser de s'entretuer, le monde extérieur ne pourra rien faire.

Les Nations unies convinrent de requérir « tous les moyens nécessaires » pour acheminer de la nourriture, des provisions et de l'aide médicale en Bosnie, et de travailler des négociations de paix. Les dirigeants européens chargèrent lord David Owen, diplomate britannique, et Cyrus Vance, ancien secrétaire d'État de Jimmy Carter, de trouver un accord. Milošević semblait avoir l'oreille des deux diplomates : « C'est une guerre civile, une guerre civile, une guerre civile. L'Occident n'a aucun intérêt à s'en mêler. Laissez-moi gérer la situation pour vous. » Le plan Vance-Owen se traduisit rapidement par un découpage de la Bosnie en cantons ethniquement homogènes. Les diplomates avaient même divisé en deux Sarajevo, la capitale multiethnique. D'après ce plan, les Serbes bosniaques se seraient vus remettre la plupart des terres dont ils s'étaient emparés en Bosnie. C'était une véritable prime à l'envahisseur. Et presque tout le monde à Washington semblait trouver qu'il s'agissait d'un plan tout à fait raisonnable.

– 15 –

Les efforts paient toujours

Au début des années 1990, j'étais un président de la Commission judiciaire du Sénat plutôt actif. Je pense donc que la plupart de mes collègues ont au moins dû faire mine de s'intéresser à ma loi sur les violences faites aux femmes. Mais je remarquai que, tandis que la presse se faisait de plus en plus présente aux auditions, de plus en plus de membres de la Commission souhaitaient être vus durant les débats. Je sentis une légère vague de soutien au sein de la population, et on m'invita à discuter avec les champions de la lutte contre ces maltraitances. Ce fut très enrichissant. Je pris d'abord la parole à Providence à Rhode Island, devant un groupe des femmes à la tête de refuges et de centres d'aide aux victimes de viols aux quatre coins de l'État. Nombre de ces refuges tenaient grâce à la débrouille et à de nobles intentions. Leur seconde meilleure source de revenus était la vente de pâtisseries. Et c'étaient ces personnes qui se retrouvaient chaque jour et chaque nuit devant le regard implorant des victimes. Elles pouvaient me parler de l'étendue de la violence à laquelle certaines femmes étaient confrontées. J'avais le pressentiment que si l'Amérique pouvait voir et entendre les mêmes choses qu'elles, nous pourrions obtenir le soutien nécessaire pour faire passer la VAWA.

Nous les avons donc fait participer au débat parlementaire. Les femmes de mon équipe me racontèrent que ces groupes de victimes et les personnes qui travaillaient dans les refuges et les centres d'aide étaient bouleversés à l'idée que quelqu'un veuille les écouter. Elles connaissaient le vilain petit secret de l'Amérique, mais personne ne leur avait demandé de le révéler. Peu de temps après mon altercation avec le juge en chef Rehnquist, mon équipe s'est attelée à la rédaction d'un rapport ambitieux qui, en plus de révéler la réalité des violences faites aux femmes, profitait de la puissance de témoignages forts.

Grâce aux contacts que nous avions établis aux quatre coins du pays, nous avons pu recueillir suffisamment de données pour étayer un rapport intitulé *Violence Against Women : A Week in the Life of America* (soit, « Violences faites aux femmes : une semaine dans la vie de l'Amérique »). « Ce pays ne pourra inverser le cours des violences faites aux femmes tant que ses citoyens ne s'apercevront pas pleinement des ravages qu'entraînent ces violences, écrivis-je en introduction au texte publié en octobre 1992. Aujourd'hui, nous publions un rapport qui dépeint très clairement le drame humain d'une seule "semaine dans la vie des victimes de violences faites aux femmes". » Nous avons découvert qu'au moins vingt et un mille crimes contre les femmes étaient signalés chaque semaine. En 1991, au moins 1,1 million d'agressions, de coups et blessures aggravés, de meurtres et de viols avaient été commis contre des femmes, à leur domicile. Il était probable que les violences non signalées s'élèvent à trois fois ce chiffre. Nous avons constaté que les femmes étaient six fois plus susceptibles que les hommes d'être victimes d'un acte violent commis par un proche. Une agression sexuelle sur six était commise par un membre de la famille de la victime.

Les vingt pages de récits issues d'une semaine de travail au sein des postes de police, des refuges pour femmes battues et des centres d'aide aux victimes de viol étaient effroyables. Si nous avions inclus l'ensemble des témoignages, il nous aurait fallu deux mille pages. Si nous avions pu traiter des violences non signalées, il nous en aurait fallu sept mille. Mais vingt pages suffisaient pour faire passer le message. On y trouvait notamment le témoignage d'une femme dont le conjoint lui avait cassé le bras droit à l'aide d'un marteau, celui d'une femme frappée à la tête par son père avec un tuyau de huit centimètres de diamètre, d'une adolescente de quinze ans poignardée par son ex-petit-ami le jour où il était sorti de prison, d'une femme dont le mari avait brisé les pattes de leur chien dans l'unique but de la terroriser, d'une étudiante violée par son conseiller pédagogique, d'autres femmes respectivement violées par un voisin, un patron, un chauffeur de taxi, et même par un ecclésiastique. Une femme s'était fait agresser sexuellement par son ex-conjoint et son frère, et une jeune fille de dix-sept ans par son grand-père. Et nous n'en étions qu'au mardi ! Dans le rapport figuraient des témoignages crédibles de femmes agressées à l'aide d'un pistolet, d'un couteau, d'une hache, et de nombreux récits d'époux violant leur femme ou ex-femme sous les yeux de leurs enfants.

Certaines s'étaient retrouvées dans un refuge ou à l'hôpital avec une mâchoire cassée, des yeux pochés, des dents en moins, voire une fracture de la rotule. Une femme de quarante et un ans qui s'était fait violer par trois hommes refusait de porter plainte parce qu'elle était convaincue que l'un d'entre eux – qu'elle connaissait – la tuerait.

Les victimes et les agresseurs sont issus de toutes les ethnies, de toutes les religions et de toutes les classes socio-économiques. En 1992, ce pays comptait trois fois plus de refuges pour animaux que pour femmes battues. Mais, en octobre 1992, la loi n'était toujours pas votée. À l'approche de la bataille électorale entre George H.W. Bush et Bill Clinton, il était impossible d'entamer des débats sans l'assurance qu'ils ne seraient pas prolongés. La bonne nouvelle était que Bill Clinton avait promis de promulguer la loi contre les violences faites aux femmes si le Congrès l'adoptait.

*
* *

À Sarajevo, le gouvernement bosniaque multiethnique espérait également l'élection de Bill Clinton, qui s'était exprimé durement au cours de sa campagne pour détrôner George Bush, mais Lord Owen tenta de freiner ses ardeurs. « Non, non, n'attendez pas que l'Occident vienne régler ce problème, déclara-t-il. Évitez de vous bercer d'illusions. » Tandis que le gouvernement bosniaque attendait l'investiture de Clinton en janvier 1993, les camps de torture, les camps de la mort et les camps de viol se multipliaient. Chaque jour, des milliers de personnes fuyaient la Bosnie.

Pas un seul pays européen n'était prêt à prendre la moindre décision contre le massacre continu des musulmans et des Croates.

En fait, en 1992, c'étaient aux États-Unis d'ouvrir la voie. Tant qu'un pays agit, les autres peuvent se contenter de jouer aux marges. S'ils se contentent de *realpolitik*, le monde ne risque pas de s'écrouler. Mais si tous les pays agissent au nom de leur intérêt propre, le monde devient soudain beaucoup plus dangereux. Il appartenait donc aux États-Unis de s'opposer aux abus de pouvoir. À mes yeux, « Évitez de vous bercer d'illusions » n'était pas qu'une simple recommandation.

Devant le Sénat, j'ai désigné les Serbes comme les agresseurs et commencé à évoquer un plan baptisé « *lift and strike* » (« lever et frapper »), insistant avant tout pour que les Nations unies lèvent l'embargo sur les armes afin que les Bosniaques et leur gouvernement puissent se défendre. Cet embargo avait été détourné de son intention initiale. La Bosnie était un État souverain reconnu par les Nations unies, la Communauté européenne et les États-Unis. D'après la charte des Nations unies, le gouvernement bosniaque avait le droit de se défendre. Non seulement les Serbes s'étaient lancés dans cette guerre avec tous les moyens de l'armée yougoslave, mais ils avaient conservé des liens secrets avec leurs fournisseurs d'armes russes. Le monopole serbe sur les armes lourdes en Bosnie était à l'origine de certaines des atrocités les plus monstrueuses de la guerre moderne. Pour cette raison, je demandai à l'OTAN de réaliser des frappes aériennes afin de mettre hors d'état de nuire l'artillerie et les chars serbes qui encerclaient les villes assiégées de Bosnie.

Je déclarai également qu'il était temps que la communauté internationale reconnaisse Milošević pour ce qu'il était : un criminel de guerre, un tueur de masse. Il était temps de le neutraliser. J'en appelai à un retour aux principes fondamentaux de notre nation. Mettre un terme à un génocide en faisait partie.

En mars 1993, je demandai à la Commission sénatoriale des Affaires étrangères de se joindre à moi pour contribuer à mettre fin au génocide naissant en exigeant des sanctions sévères contre les Serbes et en soutenant le plan « *lift and strike* ». À l'unanimité, la Commission décida de ne pas agir. J'avais l'impression d'affronter des moulins à vent, mais je ne comptais pas renoncer de sitôt.

À peu près à la même époque, l'ambassadeur de Belgrade, l'homme de Milošević, se présenta à mon bureau. L'homme à la tenue soignée était obséquieux, trop déférent, trop raisonnable. Il préféra ne pas insister, mais il me laissa entendre que je me trompais sur toute la ligne.

— Les musulmans en Bosnie vont fonder un État islamique, me soutint-il. Écoutez, nous, les Serbes, sommes les gentils. Je suis un admirateur des États-Unis. Nous nous sommes inspirés de vous. Nous sommes des Occidentaux, comme vous.

Résultat, Milošević m'invita à Belgrade pour un tête-à-tête. Il pensait pouvoir me présenter la situation serbe sous un jour plus favorable. Je le pris au mot… mais pas tout de suite.

Avant d'accepter, j'en parlai à John Ritch, qui présidait ma sous-commission aux Affaires européennes, ainsi qu'un autre membre de l'équipe, Jamie Rubin. Nous avons évoqué Hitler et nous sommes demandé comment on avait pu voir des personnes dans ma position en compagnie du Führer au milieu des années 1930. Je contactai également notre ambassade à Belgrade, où ils connaissaient bien Milošević. Ils me prévinrent qu'il aimait bien se faire photographier avec des dignitaires étrangers pour se faire mousser à la télé d'État sur laquelle sa femme et lui avaient la mainmise. Il ne manquerait pas de faire croire que j'étais son nouvel ami venu faire l'éloge de son excellence. Ce voyage était manifestement risqué, mais si je voulais demander à la communauté internationale de se montrer plus dure avec les Serbes, mieux valait que je sois sûr de moi. Je décidai donc d'aller voir par moi-même ce qui se passait dans les Balkans.

À une condition, que j'imposai à Milošević : je ne le rencontrerais pas en public et je ne voulais ni presse ni caméras. Sans caméras. Il me garantit que cela ne posait aucun problème.

— Tout ce que vous voudrez, sénateur, tenta-t-il de me rassurer.

Il désirait simplement avoir l'occasion de faire valoir son point de vue. Contrairement à ce à quoi nous avaient habitués les communistes des pays de l'Est, comme j'avais pu en être témoin en Hongrie ou ailleurs derrière le rideau de fer, je ne décelai chez lui aucune fanfaronnade. Ce type était des plus mielleux. Je posai également une seconde condition que je gardai prudemment pour moi : je me promis de ne pas rompre le pain avec un tueur de masse.

C'est un avion du gouvernement américain qui nous mena en Europe. Cela fait partie des privilèges dont on peut bénéficier lorsqu'on est sénateur depuis plus de vingt ans. Quand j'avais demandé à Clairborne Pell, mon président des relations extérieures, de solliciter un avion pour que je puisse aller vérifier la situation en Bosnie, on ne me posa aucune question. Ce privilège s'accompagnait d'une responsabilité que je pris très au sérieux. Quitte à utiliser du carburant payé par les impôts des Américains, autant que ce soit pour quelque chose d'utile. Je fis le voyage avec Ritch, Rubin, Ted Kaufman et un attaché militaire. L'objectif, en plus de la visite à Milošević, était de m'approcher au plus près de l'action, de voir ce qui se passait réellement sur le terrain. Après une courte halte à Stuttgart pour obtenir des informations d'un de nos chefs militaires en Europe occidentale, nous nous sommes posés à Zagreb, en Croatie, le 7 avril 1993, pile un an après le début de la campagne génocidaire de Milošević et de Karadžić.

À Zagreb, nous sommes montés dans un hélicoptère pour un trajet de deux heures, escortés par la FORPRONU, la Force de protection des Nations unies, jusqu'à la ville bosniaque de Tuzla, transformée en camp de réfugiés. En survolant la Bosnie, je fus de nouveau frappé par la beauté des paysages, mais il se passait quelque chose de sinistre, là-dessous. Combien de musulmans et de Croates s'étaient-ils réfugiés dans les forêts, redoutant un assaut des Aigles blancs ?

Tuzla avait été envahie par des réfugiés en provenance de la ville de Srebrenica. Avec leur artillerie lourde, voilà des mois que les Serbes n'avaient cessé de pilonner Sarajevo et Srebrenica. Et ils y retournaient régulièrement pour piller les camions d'aide humanitaire de l'ONU débordant de nourriture et de médicaments. À Tuzla, des responsables nous expliquèrent qu'ils avaient accueilli environ soixante mille réfugiés. Ils comptaient en recevoir de nouveau dès que la météo serait plus clémente et que les combattants serbes reviendraient en nombre. Si Srebrenica tombait, Tuzla pourrait très bien en voir déferler cinquante mille supplémentaires. À Tuzla, nous avons eu l'occasion de voir ces camions-bennes géants ornés du signe des Nations unies « UN » sur leurs flancs. Ils étaient tellement bondés de réfugiés que les parents, bras tendus, tenaient les enfants au-dessus du vide, sur les côtés. Plus tard dans la journée, nous nous sommes rendus dans une école transformée en hôtel pour réfugiés et avons rencontré une famille qui venait d'arriver, pourchassée par des soldats tout le long du chemin. Avec l'aide d'un interprète, ils nous racontèrent leur histoire, mais le mari ne cessait de s'étouffer. Finalement, l'interprète tenta de le calmer suffisamment pour qu'il puisse poursuivre son récit :

— Nous avons traversé les montagnes à pied jusqu'à Tuzla. Ma mère, qui avait soixante-dix-huit ans, ne s'en est pas sortie. Elle nous a dit : « Laissez-moi. Je ne peux pas aller plus loin. » La dernière fois que j'ai regardé derrière moi, elle était assise sur un rocher, frigorifiée. Mais si on s'était arrêtés, ils nous auraient tous tués : ma femme, mes enfants et moi.

Les travailleurs humanitaires faisaient de leur mieux pour gérer le flux de personnes brisées, mais nos escortes de la FORPRONU affichaient un certain cynisme. Encore une histoire larmoyante de musulmans, nous laissèrent-ils entendre. Tout le monde en avait. Les Serbes, les musulmans et les Croates couraient tous au désastre. Comment allait-on pouvoir régler cette situation ?

Nous devions rencontrer Milošević à Belgrade le lendemain soir, et j'avais hâte de lui dire ce que je pensais. À notre arrivée, contraint de tuer le temps dans un hôtel, j'allumai la télévision et regardai le journal de la chaîne nationale. Les commentateurs affirmaient sans détour que les musulmans bosniaques massacraient des Serbes, tuaient des nouveau-nés et les pendaient à des crochets comme s'il s'agissait de poulets. C'était la grande campagne de communication, à Belgrade, et elle cadrait avec l'un des rapports du Département d'État que nous avions lu. Des journalistes lourdement armés de la télévision serbe avaient forcé de jeunes prisonniers musulmans à avouer devant les caméras qu'ils avaient tué des nouveau-nés serbes. Ils les avaient menacés de tuer leurs parents, leurs femmes, leurs frères et leurs sœurs s'ils refusaient de jouer la comédie.

Avant mon premier rendez-vous à Belgrade, je n'avais pas vraiment saisi à quel point Milošević était malfaisant et combien son entreprise était couronnée de succès. C'est notre ambassade qui avait organisé l'entrevue avec un groupe de dissidents. C'étaient des intellectuels, des poètes, des écrivains menés par Vuk Drašković, président du Mouvement serbe du renouveau. Ils haïssaient Milošević, mais ce n'en étaient pas moins des nationalistes serbes, et même eux répétaient les histoires sur les musulmans de Bosnie qui pendaient les nourrissons morts à des crochets. Ils étaient abreuvés par la télévision d'État et gobaient manifestement tout ce qui s'y disait. Pas une fois ils n'évoquèrent le fait que Milošević était mauvais parce qu'il tuait des musulmans. Il était contesté parce qu'il refusait à son propre peuple, les Serbes, de s'exprimer librement. Il les privait de leurs droits. De la part de dissidents, je m'attendais à entendre des choses comme : « Eh, regardez, ce type mène une guerre contre des innocents ! Un génocide est en cours ! » Soit ils ignoraient ce qui se passait, soit ils s'en moquaient. Il n'y avait qu'un seul genre de victimes, à Belgrade, et c'étaient les Serbes. Ces derniers avaient le sentiment irrépressible d'être maltraités par l'Histoire. Leur argument était le suivant : nous sommes le peuple noble, les Serbes, qui ont tant fait pour l'Europe et le reste du monde et qui ont toujours été persécutés. Nous avons toujours été désignés comme des ratés. Pourquoi nous, les plus instruits, les plus nombreux, le peuple qui a mis un frein à la marche de l'islam en Europe et sauvé l'empire des Habsbourg, pourquoi n'avons-nous jamais eu de place d'honneur eu Europe ? Milošević avait compris la puissance de la victimisation des Serbes. Il l'a alimentée, formant ainsi une boucle autoréalisatrice, et s'en est servi pour accéder au pouvoir.

Un jour, après qu'il eut quitté son poste, j'ai entendu Bill Clinton évoquer la dramatique faiblesse humaine :

— Toute la haine concerne l'autre, avait-il dit, et elle est en grande partie irrationnelle.

C'est également ce que j'en ai conclu après avoir étudié Milošević. Les génocides du XXe siècle ont pour la plupart commencé à cause d'individus très intelligents qui ont profité de ces préjugés pour asseoir leur pouvoir. Milošević m'impressionnait, car il était très réaliste à ce sujet. Ayant constaté que la menace soviétique n'était plus suffisante pour maintenir la Yougoslavie unie, il en avait conclu qu'il pouvait s'emparer du pouvoir pour les Serbes en faisant appel à un nationalisme xénophobe extrême. Le moment de notre entrevue approchant, je pensais savoir tout ce qu'il fallait sur Slobodan Milošević. Mais j'en étais loin.

Peu après vingt heures, on s'arrêta devant le palais présidentiel, le genre de bâtiment que j'adore. C'était une grande demeure sur trois niveaux ornée de stucs jaunis et de colonnes doriques blanches. Dans l'obscurité, je distinguai six ou huit gardes vêtus de longues vestes de cuir. La plupart d'entre eux montaient la garde avec une cigarette aux lèvres. C'étaient de grands gaillards qui me firent penser à des hommes de main de la mafia, mais la sécurité n'était pas très rigoureuse. Visiblement, Milošević ne se sentait pas menacé par qui que ce soit. Les gardes nous saluèrent d'un simple hochement de tête, avant que nous montions les marches jusqu'à l'entrée du bâtiment. Une fois à l'intérieur, je restai à l'affût de la moindre caméra. La grande salle officielle était déserte, éclairée avec le charme discret d'une chambre mortuaire, et si paisible que nous entendions le bruit léger de nos propres pas. Nous avons suivi un tapis rouge, gravi un escalier de marbre monumental, traversé un palier, puis monté de nouvelles marches de marbre. Milošević nous attendait dans son bureau, en haut de l'escalier. Il avait à peu près mon âge, une tenue classique, le visage rond et empâté, tel un chérubin ou un banquier satisfait de son travail à la fin d'une carrière aussi longue que lucrative. Son costume de soie sombre mettait en valeur ses cheveux blancs, qui tombaient sur son grand front. Il s'approcha de moi la main tendue. Il semblait très heureux de nous voir. Comme je refusais de lui serrer la main, il hocha calmement la tête, imperturbable.

— Venez, sénateur, prenez un siège. Discutons.

Il nous fit nous asseoir autour de sa table de réunion avant de poursuivre :

— Vous savez, vous vous trompez sur notre compte, sénateur.

Il s'exprimait dans un anglais correct. Il avait travaillé dans plusieurs banques en Europe de l'Ouest. Lorsque Milošević était arrivé au pouvoir, Eagleburger, qui le connaissait, pensait que c'était quelqu'un avec qui nous pourrions travailler.

— Ce ne sont pas les Serbes qui créent des problèmes. Ce sont les musulmans et les Croates qui persécutent les Serbes.

Il saisit des cartes de l'ex-Yougoslavie et les disposa entre nous sur la grande table. Il souhaitait me montrer où les Serbes étaient attaqués. Je lui fis remarquer que tout le monde savait qui était l'agresseur et qu'il était le seul à pouvoir mettre un terme aux violences. Il fallait qu'il cesse de livrer des armes, du carburant et de la nourriture aux forces serbes de Bosnie, et Karadžić, le responsable serbe en Bosnie, et lui devaient signer le plan de paix Vance-Owen. Il garda son calme. Et me mentit ouvertement :

— Avant tout, sénateur, nous ne fournissons aucune aide aux Serbes de Bosnie. Il s'agit de forces armées indépendantes. Ensuite, Karadžić est un homme libre. Je n'ai aucune véritable relation avec lui. Je peux lui faire des suggestions, peut-être, mais je n'ai aucun pouvoir sur un homme comme lui.

Puis, comme il reportait son attention sur la carte, je commençai à lui montrer ce que je savais. Et Sarajevo ? Un obus avait tué vingt-deux personnes qui faisaient la queue devant une soupe populaire. Des tireurs embusqués liquidaient des enfants innocents dans les rues. Et Omarska ? Des femmes et des jeunes filles violées. Des hommes les avaient raillées, leur disant qu'elles allaient mettre au monde des enfants serbes. Et Luka ? Torture à l'électricité. Meurtres de masse. Des centaines de corps jetés à la rivière. Il y avait des charniers, nous étions déjà au courant. Sans même hausser la voix, il nia toutes mes accusations les unes après les autres. Il avait une excuse pour chacune d'elles.

— Les musulmans bombardent leur propre population et accusent les Serbes. Il n'y a aucun génocide en cours. Aucun exode. Aucun nettoyage ethnique. Si quelqu'un se fait nettoyer, ce sont bien les Serbes.

Se penchant de nouveau sur la carte, il poursuivit son argumentation. Milošević ne ressemblait pas du tout à son ambassadeur. Il ne m'implorait pas, il m'exposait froidement des faits.

— Regardez, ici. C'était une région serbe, et les Serbes en ont été chassés. Regardez la Croatie. Ils ne peuvent pas prendre leur indépendance, le référendum était truqué. Ce sont les Serbes qui ont été trompés. Il faut que vous compreniez ce qu'ils font subir aux Serbes dans l'ensemble de la Yougoslavie. Les musulmans et les Croates tuent les nouveau-nés serbes. Ils chassent les familles. On ne fait que se défendre. Et, certes, il y a peut-être eu des contre-atrocités, mais c'est uniquement la réponse du berger à la bergère. Je fais tout pour contenir l'unité de ce pays.

J'évoquai alors Srebrenica, une municipalité en grande partie musulmane qui tentait tant bien que mal de repousser les soldats serbes qui tiraient sur les quartiers civils à l'aide des pièces d'artillerie disposées tout autour de la ville, et bombardaient les convois d'aide humanitaire.

— Non, non. L'ONU a prouvé que dans les récents bombardements sur les villages autour de Srebrenica, les Serbes n'étaient pas responsables.

Puis il tenta de me faire croire que chaque camp en Bosnie disposait d'artillerie et de chars, y compris les musulmans. Cela me rappela une vieille plaisanterie de Lenny Bruce : « Que faites-vous quand votre femme vous surprend au lit avec une autre femme ? Niez ! » Mais, là, cela n'avait rien d'amusant. Je sentais mon sang se mettre à bouillir.

— Monsieur Milošević, dis-je. Vous êtes la seule personne au monde à croire à ces inepties.

Milošević comprit que j'en avais assez de ses mensonges. À un moment, il leva les yeux de ses cartes et demanda sans la moindre émotion :

— Que pensez-vous de moi ?

— Je crois que vous êtes un sacré criminel de guerre et que vous devriez être jugé en tant que tel, répondis-je.

Je le regardais droit dans les yeux. Il conserva son air impassible. Je ne lus pas le moindre changement sur son visage. Comme si je venais de lui dire qu'il était quelqu'un de merveilleux.

Je revins ensuite à nos moutons. Quelques minutes plus tard, je lui demandai une escorte pour Srebrenica pour que je puisse déterminer par moi-même ce qu'il s'y passait. Il trouva que c'était une excellente idée, mais, hélas, lui-même ne pouvait se rendre dans une zone de guerre. Ce n'était pas sûr. Dans ce cas, lui rétorquai-je, le mieux serait de laisser les forces de l'ONU pénétrer dans les zones de guerre et de leur remettre les armes lourdes, ou de les laisser se faire détruire par des frappes aériennes de l'ONU.

— Croyez-moi, sénateur, j'adorerais pouvoir vous aider, mais je ne peux agir en Bosnie que si les Serbes de Bosnie sont d'accord.

Puis, sans prévenir, il me demanda si je souhaitais m'entretenir avec Karadžić. Je redressai brusquement la tête.

— Oui, bien sûr.

— Il me semble qu'il est en ville, annonça Milošević.

Il se pencha, décrocha son téléphone et se mit à parler en serbo-croate.

Lorsqu'il eut raccroché, on poursuivit notre discussion quelques minutes, quand, tout à coup, on ouvrit la porte du palais avec fracas, faisant trembler les murs de marbre dans la grande salle du rez-de-chaussée. Levant tous les yeux des cartes en silence, on écouta les pas précipités dans le hall d'entrée. Ils longèrent le tapis rouge, *bam-bam-bam*, atteignirent le palier en haut de l'escalier et gravirent les dernières marches quatre à quatre, *bam-bam-bam*. On ouvrit violemment la porte du bureau. C'était Radovan Karadžić, à bout de souffle, sa grande mèche de magicien de Las Vegas tombant sur son visage rougeaud. Il s'installa prestement sur le siège à droite de Milošević en nous saluant. J'eus envie de demander à quelqu'un de lui apporter un verre d'eau, croyant qu'il allait faire une crise cardiaque.

— Euh, monsieur le président… Euh, désolé… euh… d'être en retard. Euh… j'ai fait aussi vite que possible.

Je me tournai vers Milošević.

— Aucun pouvoir, hein ?

Ce fut la seule fois où je vis Milošević changer d'expression. Il foudroya du regard cet imbécile porcin au brushing défait qu'était Karadžić, tandis que ce dernier se présentait à moi.

— Sénateur, c'est un honneur de vous rencontrer. J'ai entendu parler de vous. Je vous remercie de me donner l'occasion d'expliquer ma position.

— Oh, je suis très intéressé d'entendre ce que vous avez à dire, docteur, répliquai-je.

Milošević se pencha de nouveau sur les cartes, et Karadžić appuya son patron, insistant sur le fait que les Serbes étaient des victimes. Comment les Serbes de Bosnie pouvaient-ils vivre aux côtés des musulmans ? demanda Karadžić. C'étaient des animaux qui tuaient des Serbes dès le berceau, et qui n'étaient pas vraiment favorables aux intérêts de l'Occident.

Au bout de deux heures de discussion, commençant à être excédé, je tentai de les repousser dans leurs retranchements. Premièrement, je leur fis savoir qu'il leur fallait se retirer de Srebrenica et laisser y entrer les forces de l'ONU. Deuxièmement, ils devaient mettre en place un cessez-le-feu et s'y tenir le temps de trouver un plan de paix. Karadžić refusa. Son assemblée des Serbes de Bosnie avait catégoriquement exclu la présence de troupes étrangères sur leur sol. Je tentai de leur faire comprendre qu'il y avait un nouveau président américain et que l'attitude des États-Unis allait se durcir. Les Serbes se retrouveraient avec des sanctions économiques étouffantes, des forces bosniaques réarmées qui les repousseraient et des frappes aériennes de l'ONU. Je leur expliquai que les États-Unis n'avaient pas exclu tout recours à la force. Je leur suggérai aussi d'étudier la guerre du Golfe, s'ils souhaitaient connaître la force de projection américaine.

Tout ce qu'ils voulaient, c'était se repencher sur les cartes et découper la Bosnie, se réservant la meilleure part. C'était si simple, ne cessait de répéter Milošević. Nous pourrions résoudre tout cela le soir même devant un verre ou pendant le dîner. Il ne parut cependant pas s'offusquer que je refuse sa proposition. (De retour à notre hôtel, vers minuit, nous serions tous affamés.) Milošević ne cessait de parler : il fallait que les provinces serbes de Bosnie soient contiguës, disait-il, et il ne voyait aucune raison de faire des compromis. En outre, Milošević et Karadžić nous indiquèrent clairement qu'une intervention militaire extérieure ne leur faisait pas peur.

À la fin de notre entrevue, au bout de trois heures de discussion, je savais tout ce qu'il fallait sur Milošević. Malgré les preuves, il m'avait menti sans vergogne. Je n'avais aucune confiance en lui. Mais il était doué. Jamie Rubin déclara plus tard qu'il lui faisait penser à un chef de la mafia. Quelles que soient les accusations portées contre lui, il gardait son calme. C'était un homme intelligent. Et coriace. Il était peu probable qu'il commette beaucoup d'erreurs. C'était peut-être un enfoiré de bon à rien, mais il savait ce qu'il faisait. Et il n'arrêterait pas avant que l'Occident l'arrête.

Dans notre avion pour Sarajevo, le militaire le plus gradé était une femme, un colonel de la Légion étrangère. Le premier jour, nous n'avons pas pu nous rendre à destination en raison d'une mauvaise météo et de tirs de sniper. Mais le colonel nous laissa monter à bord dès le lendemain. D'une manière ou d'une autre, elle se moquait de savoir si un sénateur américain était autorisé ou non à effectuer un vol risqué.

— Et alors, nous perdrons un Américain, l'entendis-je dire. Qu'est-ce que j'en ai à foutre ?

En approchant de l'aéroport, je regardai par le hublot. Je vis de grandes maisons, non loin. Ces demeures de plus de trois cents mètres carrés ornées de baies vitrées et de toits en tuile rouge avaient été soufflées. Il n'en restait que des cratères. Des tireurs d'élite serbes s'y étaient établis, tirant au jugé vers l'aéroport. Les commandants d'artillerie serbes redoutaient d'abattre par inadvertance des appareils de l'ONU. Ils préféraient donc interdire l'accès à l'aéroport avec des tirs de sniper avant de bombarder la population de Sarajevo. C'était la raison de notre journée de retard. Les soldats des forces spéciales françaises qui nous accompagnaient avaient fait tout le voyage jusqu'à Sarajevo assis sur leurs casques. Ils n'avaient aucune envie de se faire tirer dessus à l'arrière, ou pire.

L'aéroport était aux mains de la FORPRONU, principalement composée de Français et de Britanniques. Les Français ne disposant pas du matériel nécessaire pour creuser des bunkers dignes de ce nom, nous avons rencontré le président bosniaque Alija Izetbegović et le président du Conseil des ministres Haris Silajdžić dans un bunker improvisé dans un des salons de l'aéroport. Des sacs de sable étaient empilés jusqu'à hauteur de tête, et les fenêtres tremblaient sous l'impact des obus qui frappaient dans le lointain. Les deux dirigeants bosniaques étaient sur le point de quitter la ville pour aller mendier de l'aide et de l'argent, mais ils m'avaient attendu, car ils espéraient que je transmettrais leur message au nouveau président, Bill Clinton. Silajdžić avait témoigné aux auditions du Sénat, et j'avais énormément de respect pour lui, mais c'était ma première rencontre avec Izetbegović, un petit homme à la peau rugueuse. Il semblait avoir la soixante-dizaine, assiégé, mais déterminé. Il me remercia de ma venue, avant de m'expliquer la situation. Les forces de l'ONU se révélaient incapables de protéger la Bosnie. Malgré la présence de l'organisation sur le terrain, Sarajevo était au bord de l'effondrement. Il pensait pouvoir tenir jusqu'au milieu de l'été. Ce qu'il souhaitait, c'était faire partir la FORPRONU. Sa présence les empêchait de convaincre la communauté internationale de « lever et frapper », car les soldats risquaient de se retrouver entre deux feux. Il avait du mal à comprendre la logique qui consistait à faire passer la sécurité d'une « force de protection » avant celle de la population qu'elle était censée protéger. Il désirait la venue d'observateurs internationaux à la frontière bosniaque afin d'empêcher les hommes et les armes de Milošević d'entrer dans son pays. D'ailleurs, ajouta-t-il, il n'avait pas besoin de fantassins américains, ni de qui que ce soit d'autre. Il disposait de suffisamment de soldats bosniaques pour défendre le pays, si on leur donnait des armes. Sa demande ne me semblait pas déraisonnable. Je lui répondis que je ferais ce que je pourrais.

Il nous fallut une escorte armée pour franchir « Sniper Alley », et nous rendre dans le centre de Sarajevo. Je me souvenais de la ville grâce aux images télévisées des Jeux olympiques d'hiver, quelques années auparavant. Elle n'avait plus l'air aussi charmante. Sarajevo se trouvait dans une vallée, cernée par les montagnes, et les Serbes avaient disposé leurs gros canons sur les hauteurs qui dominaient la ville. Depuis un an, la population de Sarajevo était bombardée et la cible de tireurs. Elle était privée d'eau, de nourriture, de médicaments, d'électricité et de gaz. En fait, elle devait vivre sous les mêmes conditions que durant la Seconde Guerre mondiale : des bâtiments criblés d'impacts, des étages éventrés… Cela ressemblait à Dresde avec des graffitis. Les grandes artères étaient devenues des *no man's land*. Je devais rencontrer en ville certaines des personnes parmi les plus remarquables qu'il m'ait été donné de croiser durant toutes mes années au Sénat. Dans le bâtiment présidentiel, nous nous sommes installés avec les représentants du gouvernement élu. Il s'agissait de Serbes, de Croates et de musulmans. Nikola Pejanović, membre serbe de la présidence bosniaque, et Branimar Huterer, vice-ministre des Affaires étrangères croate, étaient présents. Nous nous trouvions dans une grande salle avec entre quinze et vingt personnes qui désiraient toutes la survie de la ville. On nous parla du quartier de Sarajevo où Karadžić en personne avait vécu des années, à qui ses amis et voisins musulmans offraient du baklava. (Une vieille connaissance de Karadžić décrivit plus tard le quartier à un journaliste américain : « Que ce soit pour les enterrements, les mariages, les anniversaires… jamais nous n'avons compté combien il y avait de musulmans, de Serbes et de Croates. La seule chose qui comptait, c'était d'être ensemble, de s'amuser et de boire un peu. C'était comme ça depuis tant d'années que je n'aurais jamais cru que ça puisse changer. ») Ils redoutaient tous que la violence et la misère ne les montent les uns contre les autres. Des maraudeurs écumaient les rues, et on trouvait à peu près tout au marché noir. Mais ils pensaient pouvoir résister un peu plus longtemps au siège si de l'aide leur parvenait. Ils nous expliquèrent que les forces bosniaques qui se battaient pour l'indépendance de la Bosnie n'étaient pas entièrement musulmanes. À l'image de son gouvernement, l'armée bosniaque était musulmane, croate et serbe. En fait, elle était également composée à vingt-huit pour cent de Serbes. Il fallait que tout le monde le sache.

Nous avions un autre rendez-vous avec des rédacteurs du journal indépendant *Oslobođenje* (« Libération »), dans le bâtiment du quotidien… ou, du moins, ce qu'il en restait. L'immeuble faisait quatre ou cinq étages, peut-être sept. C'était difficile à dire, parce que les étages supérieurs avaient été détruits. Les bureaux et les presses se trouvaient désormais tous au deuxième sous-sol. Le personnel était présent jour et nuit, couchant dans des lits qu'ils avaient installés au sous-sol. Ils étaient tous convaincus que la ville tiendrait. Et puis, à présent, avec un nouveau président américain qui s'était exprimé si durement durant sa campagne, ils étaient persuadés qu'eux-mêmes pourraient tenir. Je leur accordai une interview et j'espérais leur donner des raisons d'espérer. Je déclarai publiquement que Milošević était un criminel de guerre, que la communauté internationale commençait à le comprendre, et que nous allions l'empêcher de nuire.

Notre dernière entrevue à Sarajevo fut accordée aux commandants de la FORPRONU. Ce fut un moment surréaliste. Ils nous donnèrent la preuve irréfutable que c'était du matériel et des hommes de l'Armée populaire yougoslave (JNA) qui étaient impliqués dans les attaques sur Srebrenica, que c'étaient des unités d'artillerie en Serbie qui avaient tiré de l'autre côté de la frontière, et que des unités d'artillerie de la JNA s'étaient installées, ces derniers jours, sur le territoire bosniaque pour participer à la destruction de Srebrenica. Les artilleurs de la JNA à Bratunac, en Bosnie, bombardaient les civils et les défenseurs de Srebrenica. Ils reconnurent que c'était la JNA, et non les Serbes de Bosnie, qui étaient directement responsables de l'effondrement de la Bosnie orientale. Et la JNA était sous les ordres de Milošević.

Autour de Sarajevo, on comptait plus de six cents postes d'artillerie serbes. Sans la moindre ironie ni la moindre inquiétude, ils firent remarquer que les forces serbes étaient exceptionnellement bien armées, mais manquaient considérablement d'hommes, tandis que les forces gouvernementales bosniaques avaient des effectifs pléthoriques, mais manquaient sérieusement de puissance de feu. Des unités bosniaques combattaient avec des munitions limitées et des armes de poing obsolètes. Ils admirent également que si les Serbes avaient cédé la maîtrise de l'aéroport à l'ONU, c'était sans doute parce que si le gouvernement bosniaque mettait la main, ne serait-ce que de manière partielle, sur l'aéroport, le siège de Sarajevo serait concrètement rompu. La stratégie des plus stupide de la FORPRONU était écœurante. Le pire, c'était son arrogance.

Un capitaine me reprocha les frappes aériennes de l'OTAN. C'était simplement trop dangereux, trop risqué pour les troupes de la FORPRONU.

— Ne vous donnez pas tant de mal pour l'OTAN, sénateur, me dit-il. L'OTAN n'a rien à faire ici.

Finalement, je ne pus en supporter davantage :

— Mon garçon, où exactement voudriez-vous que l'OTAN intervienne ? Ce n'est pas vous qui devez demander au Sénat une dotation de cent milliards de dollars par an pour l'OTAN. Si l'OTAN n'intervenait pas ici, où interviendrait-elle ? Autant la dissoudre tout de suite, renvoyer tout le monde à la maison et économiser de l'argent. Quel est le rôle de l'OTAN ? S'il y a un endroit où elle doit se trouver en ce moment, c'est bien ici !

Le problème était que, bien que les officiers de la FORPRONU soient confrontés à des faits sur le terrain, ils avaient tendance à croire ce qu'ils voulaient. On avait l'impression qu'ils tiraient leurs informations de la télé d'État. Ils s'imaginaient peut-être que les musulmans bosniaques s'arrangeaient pour que leur population se fasse bombarder dans le seul but d'obtenir le soutien de la communauté internationale. (Presque aucune de ces hypothèses ne se révéla exacte.) Alors que nous comptions repartir, l'aéroport était de nouveau fermé. Un commandant britannique nous escorta donc dans un véhicule blindé de transport de troupes. Vêtus de gilets pare-balles et coiffés de casques bleus, nous nous sommes dirigés vers Kiseljak, dans les montagnes, afin de prendre un hélicoptère pour Split. Sur la route, le Britannique se montra particulièrement pernicieux, tel un personnage typique d'une pièce de Noël Coward, un mélange redoutable de suffisance et d'ignorance intentionnelle.

— Ce sont tous les mêmes, ne cessait-il de répéter. Ce sont tous les mêmes.

C'était l'argument de Bush. Tous les camps se valent. Il y a des atrocités de chaque côté. Mieux vaut éviter de s'en mêler. Ils s'entre-tuent depuis des siècles. J'en avais assez de discuter avec des individus qui choisissaient de fermer les yeux. Je fus donc ravi de monter dans un hélicoptère et de pouvoir prendre mes distances avec la FORPRONU.

Pour quitter le pays, tandis que nous survolions les montagnes, le pilote faisait presque du rase-mottes, et je me souviens encore de la douceur du paysage. Ce n'étaient pas les sommets dentelés des Alpes, mais des montagnes vallonnées aux sommets arrondis, comme dans les Appalaches. Je distinguai un minaret, en haut d'un sommet, une croix orthodoxe sur le suivant, puis une église catholique romaine. Du ciel, ils étaient très proches les uns des autres, distants de moins d'un kilomètre chacun. Curieusement, cela me donna de l'espoir. Peut-être les Bosniaques seraient-ils en mesure de conserver le monde qu'ils s'étaient construit. Je pensais vraiment être à même de convaincre le président Clinton que la Bosnie pouvait et devait être sauvée.

Nous étions déjà dans un avion en direction de l'Allemagne quand je reçus un appel surprise de l'amiral Mike Boorda, commandant en chef des Allied Forces Southern Europe, le commandement des forces alliées d'Europe méridionale, situé à Naples. Il avait pris la liberté de modifier notre plan de vol. Pouvions-nous dîner avec lui ? On se dérouta vers l'Italie, et on fila à une allure vertigineuse dans les rues de la ville pour tenter de respecter notre emploi du temps. La résidence de Boorda se trouvait sur les hauteurs de Naples, dominant la ville. La table était mise, et il avait invité le général de brigade James L. Jones. Ils souhaitaient m'informer des options militaires dans les Balkans. Boorda avait pris des risques pour moi, ou, plus particulièrement, pour son pays. Plus tard, l'amiral se suiciderait après avoir été accusé d'arborer des médailles de combat qu'il n'avait pas méritées, ce qui serait un coup dur pour le pays. Dans les Balkans, il faisait preuve d'un véritable héroïsme. À bien des égards, la Bosnie fut une sorte de creuset pour moi, notamment pour la façon dont elle modifia mon point de vue sur l'armée. J'étais allé au Sénat pour tenter de mettre fin à la guerre du Viêtnam. Comme beaucoup de gens de ma génération, quand nous pensions à l'armée, nous pensions à *Docteur Folamour*, à Slim Pickens chevauchant une bombe atomique, à des généraux allant déjeuner au *Rive Gauche* en hélicoptère. C'était l'image que je m'en faisais. Mais si on me demandait aujourd'hui de revenir en arrière et de choisir les vingt personnes les plus brillantes et les plus informées avec qui j'avais travaillé au sein du gouvernement, douze d'entre elles seraient des militaires. L'amiral Bobby Joe Inman et le général Wesley Clark en feraient partie, au même titre que les deux hommes présents dans cette pièce, ce soir-là : le général Jones et l'amiral Boorda.

Ce dernier nous informa de manière appuyée que seule une partie des officiers supérieurs du Président étaient convaincus qu'il n'y avait rien à faire pour la Bosnie. Il se montra plutôt ouvert au sujet de Powell, avouant qu'il pensait que son patron se trompait quand il prétendait qu'il serait impossible d'agir en Bosnie sans la présence de centaines de milliers d'hommes au sol. Boorda était persuadé que des frappes aériennes suffiraient à mettre fin à l'offensive serbe, ainsi qu'aux sièges de Sarajevo et de Srebrenica.

— Mais, amiral, protestai-je, tout le monde me dit que les frappes aériennes ne sont pas efficaces.

Il nous regarda les uns après les autres.

— Suivez-moi, nous invita-t-il ensuite.

L'amiral nous annonça qu'il disposait de photos satellites des positions serbes dans l'ensemble de la Bosnie. Il avait intercepté des messages radio de généraux de la JNA s'adressant aux Serbes de Croatie ou de Bosnie, leur donnant l'ordre d'attaquer. Boorda confirma que c'était la JNA de Milošević et non les Serbes de Bosnie qui menaient la danse. Cela le rendait fou. Il insista pour qu'avec quelques observateurs sur le terrain, ils puissent détruire l'artillerie lourde des Serbes. Ils tenteraient de dissimuler les canons derrière les écoles et les mosquées, mais si quelqu'un sur le terrain pouvait poser un laser sur les armes, il serait possible de les mettre hors d'état de nuire. La puissance aérienne des États-Unis avait des capacités impressionnantes, d'après lui. Et nous ne nous donnions même pas la peine d'essayer.

— Écoutez, sénateur, par exemple, si vous me le demandiez, je pourrais faire atterrir une bouteille de bourbon devant la tente de n'importe quel général serbe à Srebrenica. C'est dire à quel point nous pouvons être précis… Je suis convaincu que nous devrions agir. Nous pourrions avoir recours à des frappes aériennes. Interdire l'accès à la mer Adriatique. Nous devrions nous engager. Le comité des chefs d'état-major interarmées ne veut pas en entendre parler. J'ai un certain nombre d'amiraux au-dessus de moi, ici. J'ai le comité des chefs d'état-major. Je ne peux pas faire de politique. Mais, sénateur, vous avez raison.

C'était la dernière pièce du puzzle qu'il me manquait. Un génocide était en cours, et nous avions la capacité d'y mettre fin sans devoir déployer un grand nombre de troupes au sol. Nous savions qui étaient les coupables. Et où ils se trouvaient. Nous avions la puissance armée pour mettre un terme à tout cela. Ne me restait plus qu'à en convaincre le Président.

Quelques jours après notre retour, je fis une visite au Département d'État afin de mettre au courant de la situation le nouveau secrétaire d'État Warren Christopher. On se vit à son bureau, dans le quartier de Foggy Bottom. Il occupait le petit bureau, parfaitement adapté à sa modestie personnelle. Il travaillait jour et nuit, mais souhaitait que chacun de ses visiteurs comprenne qu'il était là pour servir les intérêts du Président et non les siens. Warren Christopher se comportait avec le zen raffiné d'un avocat d'affaires. D'une part il était calme et impénétrable, et d'autre part il était capable de vous faire sortir de vos gonds. Mais j'avais beaucoup de respect pour lui, et je le savais ouvert d'esprit. J'allai donc droit au but. C'est un génocide. Nous pouvons y mettre fin. Lever et frapper.

Il riposta avec vigueur, faisant appel à tous les arguments dont un bon avocat se serait servi.

— Premièrement, même si nous le souhaitions, les frappes aériennes ne sont pas de notre ressort. Ça dépend de l'OTAN. Deuxièmement, armer les Bosniaques ne ferait qu'augmenter le nombre de victimes. Troisièmement, il s'agit d'une guerre civile. (Mais l'argument sur lequel il s'attarda vraiment concernait le soutien du pays. Il ne cherchait jamais la confrontation. C'était un diplomate aguerri, après tout.) Eh bien, sénateur, le Président aura-t-il le soutien du Congrès ? Il lui faudra l'appui des deux partis, n'est-ce pas ? Aura-t-il le soutien du peuple américain ? Ce dernier sera-t-il d'accord pour attaquer les Serbes ?

— Monsieur le secrétaire d'État, j'ai énormément de respect pour vous, répondis-je. Vous en savez certainement beaucoup plus que moi sur la politique étrangère, mais je connais plutôt bien la politique. Le peuple américain le soutiendra s'il est au courant de ce qui se passe. Il nous faut l'en informer.

La position du secrétaire d'État était que j'avais peut-être raison, mais que le Président ne pouvait pas faire grand-chose sans l'aval des Nations unies et de l'Europe. Il n'avait pas envie que je prenne les devants. Je lui annonçai que j'allai en parler en personne au Président, et cela ne lui plut pas du tout. En fait, il tenta même de m'en dissuader. Lorsque j'eus l'occasion de m'entretenir avec le président Clinton, Christopher tint à être présent.

La Maison Blanche – tout juste cent jours après le début du premier mandat de Bill Clinton – était presque en état de siège, en avril 1993. Le Président avait été élu avec seulement quarante-trois pour cent des suffrages. L'état de grâce s'était achevé en véritable douche froide. D'après certains sondages, en matière de politique étrangère, les Américains faisaient trois fois plus confiance à Colin Powell qu'à Bill Clinton. Ils s'attaquaient déjà à la femme du Président. Et il n'avait pas encore vraiment tiré les leçons de ses premiers jours au pouvoir. Il est pratiquement impossible pour un président d'établir un emploi du temps et de le suivre au jour le jour. Il faut constamment réagir à quelque chose de nouveau et prendre les vagues comme elles viennent. Mais Clinton était l'homme politique le plus talentueux que j'aie jamais vu, le plus rapide à analyser une situation et l'un des mieux informés. Il prenait son travail au sérieux. De plus, j'étais convaincu qu'il avait de bonnes intuitions. J'étais sûr que si je lui exposais les faits, il serait partant pour « lever et frapper ». Je pris donc mon courage à deux mains. Aussitôt, le Président et Christopher me rétorquèrent que Powell leur avait soutenu qu'il faudrait déployer des centaines de milliers d'hommes au sol.

— Monsieur le président, monsieur le secrétaire d'État, dis-je. C'est une question d'honneur. Je ne veux pas lui causer d'ennuis, mais je vous répète ce que l'amiral Boorda et d'autres m'ont appris. Faites-moi juste une faveur. Si vous ne me croyez pas, faites-moi une faveur. Ne passez pas par la chaîne de commandement. Boorda ne peut rien vous dire directement, monsieur le président, mais si vous décrochez votre téléphone et que vous l'appelez, il vous racontera tout ce qu'on peut faire. Monsieur le président, c'est inadmissible. Des dizaines de milliers de personnes sont en train de mourir. Des charniers ont été mis au jour. Il existe des camps de viol. Srebrenica est sur le point de tomber. Sarajevo aussi.

Clinton était peu disposé à mettre en œuvre de manière unilatérale le plan « *lift and strike* », mais il me promit de demander au secrétaire d'État Christopher de se rendre immédiatement en Europe pour tenter de convaincre les Britanniques et les Français de se rallier à notre cause. Je compris que le président Clinton n'était pas encore suffisamment sûr de lui pour prendre une trop grande avance sur nos alliés européens.

Il me fallut un certain temps pour cerner Bill Clinton, mais je me souviens très bien d'une conversation que j'eus avec lui au milieu de la crise des Balkans. Nous nous rendions du Bureau ovale à la salle de presse, où il s'apprêtait à faire une déclaration. En arrivant devant la porte, il s'immobilisa, se retourna, me posa les mains sur la poitrine et me demanda :

— Joe, en quelle année a eu lieu la bataille de Kosovo Polje ?

— Quelle importance, monsieur le président ? répondis-je sur le ton de la plaisanterie.

— Ça en a beaucoup pour moi, me répliqua-t-il sans plaisanter le moins du monde. En quelle année a eu lieu la bataille de Kosovo Polje ?

J'ai eu l'occasion de côtoyer huit présidents, et j'ai fini par comprendre une chose : un président reçoit généralement environ soixante-dix pour cent des informations dont il a besoin pour prendre une décision. En dernier ressort, c'est à lui de combler le reste à l'aide de son propre jugement et de sa sagesse. Cela requiert une confiance en soi extraordinaire. Je pense que Clinton a toujours été persuadé que sa maîtrise des sujets, sa connaissance l'avaient aidé à accéder au Bureau ovale. Et je pense qu'au début de son mandat il s'inquiétait de ce qu'il ne savait pas. N'ayant guère d'expérience en politique étrangère, il se fiait moins à son instinct. Il demandait toujours plus d'informations, parfois trop. Il y avait toujours de nouvelles données à prendre en compte.

— Monsieur le président, vous savez quel est votre problème ?

Clinton avait un tempérament vif, surtout quand il ne se sentait pas sûr de lui.

— Non, quel est mon problème ? demanda-t-il, les dents serrées.

— Vous souffrez du syndrome des étudiants d'Oxford.

— Qu'est-ce que c'est que ça ?

— Monsieur le président, vous êtes tellement habitué à disposer des faits que vous ne faites plus confiance à votre intuition. Faites confiance à votre instinct, monsieur le président. Faites confiance à votre instinct.

Il me regarda droit dans les yeux.

— En… quelle… année… a eu lieu… la bataille… de Kosovo Polje ?

— En 1389, monsieur le président.

Les discussions sur les frappes aériennes pour mettre fin à l'agression serbe et sur la levée de l'embargo sur les armes contre les musulmans de Bosnie ont rencontré une certaine résistance, à Washington. Et la voix de John McCain, ancien pilote de la Navy qui avait été fait prisonnier durant la guerre du Viêtnam, faisait partie des plus virulentes. Le sénateur McCain ne cessait de répéter qu'il n'avait pas entendu un seul spécialiste militaire prétendre que des frappes aériennes seraient suffisantes pour résoudre le problème, et il redoutait de devoir engager des troupes au sol.

— Je refuse de mettre en danger la vie de jeunes Américains, hommes et femmes, sans un plan qui a toutes les chances de réussir, c'est-à-dire un moyen d'entrer, d'influer positivement sur la situation, et de sortir. Nous n'avons rien de tout ça, déclara-t-il.

C'était la dernière semaine d'avril. Le lendemain, il invoqua le pire des fantômes de la politique étrangère américaine.

— La situation me rappelle malheureusement quelque chose. Nous avons eu le même raisonnement avant de bombarder le Nord-Viêtnam. C'est ce qui nous a conduits à mettre le doigt dans un engrenage dont nous n'avons pu nous extraire qu'au bout de nombreuses années, sans compter qu'il nous a fallu plus de vingt ans pour nous en remettre.

Si l'équipe de politique étrangère de Clinton était prête à garder la porte ouverte pour l'option « *lift and strike* », elle refusait de tordre le bras des Européens pour obtenir leur adhésion. Le voyage du secrétaire d'État Christopher en Europe fut donc un désastre. À son retour, il avait essuyé un véritable camouflet de la part des Britanniques et des Français. Je le revis lors de son témoignage devant la Commission des Affaires étrangères au grand complet. Le plan était voué à l'échec. Les dirigeants européens préféraient la solution de facilité, qui consistait pour l'essentiel à ne rien faire à part discuter. Clinton apprit la nouvelle de la bouche même de John Major, Premier Ministre britannique. Il était trop dangereux de lever l'embargo sur les armes. Ils n'étaient pas disposés à risquer la sécurité de leurs troupes au sol. L'ONU avait demandé que des villes comme Sarajevo et Srebrenica deviennent des « havres de paix » sous protection de la FORPRONU. Mais uniquement après avoir exigé de l'armée bosniaque qui y résistait de rendre les armes. Le jour où Christopher se présenta devant notre Commission, je venais de lire que les ministres des Affaires étrangères réunis à Bruxelles avaient affirmé que les États-Unis n'étaient pas en mesure d'exiger quoi que ce soit, car nous n'avions pas envoyé de troupes au sol en Bosnie. Et personne au sein de l'administration n'avait réagi. Je le lui en fis part durant son témoignage :

« Permettez-moi de dire les choses simplement, monsieur le secrétaire d'État. Vous êtes tenu de vous exprimer avec diplomatie. Pas moi. Je n'arrive même pas à vous dire mon mépris envers une politique européenne qui nous demande à présent de participer à ce qui revient à une normalisation de la victoire serbe… Vous avez fait face à une mosaïque décourageante d'indifférence, de timidité, d'aveuglement et d'hypocrisie. Après nous avoir regardés faire au Koweït et en Somalie, ils nous demandent d'envoyer quelques milliers de soldats dans les Balkans pour avoir le droit d'avoir notre mot à dire, et pour les aider à mettre en œuvre leur nouvelle idée de “havres de paix” pour les Bosniaques… N’ayons pas peur des mots. La politique européenne est fondée sur l’indifférence culturelle et religieuse, mais je crois qu’il serait juste d’affirmer que la situation serait totalement différente si c’étaient les musulmans qui s’étaient comportés comme les Serbes, s’il s’était agi d’une agression musulmane et non serbe. »

Le même jour, Clinton me déçut en se faisant l’écho de l’ancienne administration Bush :

— Nous ne pouvons agir seuls. Nous ne devons pas agir seuls. Notre objectif est de limiter ce conflit pour éviter qu’il ne se propage à d’autres régions et n’implique d’autres pays, comme l’Albanie, la Grèce et la Turquie, ce qui pourrait avoir pour effet d’ébranler la paix en Europe, ainsi que la croissance et la stabilité des démocraties locales… Les États-Unis ne peuvent aller là-bas et s’immiscer dans une guerre civile.

Tandis que les nouvelles plus démoralisantes les unes que les autres se succédaient, je me remémorai un entretien que j’avais eu avec Haris Silajdžić, le ministre des Affaires étrangères bosniaque. Quand ce dernier était venu à Washington, ce printemps-là, quelques semaines seulement après mon voyage dans les Balkans, j’avais organisé une entrevue avec les principaux sénateurs dans la salle de réunion de la Commission des Affaires étrangères. Je désirais qu’ils puissent l’entendre à huis clos, sans que ce soit de manière officielle. J’y avais invité, entre autres, Ted Stevens, John McCain et John Warner.

Nous avions tous pris place autour de la table de conférence, et j’avais plaidé en faveur de la levée de l'embargo sur les armes, de manière unilatérale s'il le fallait. Les puissances européennes suivraient, j'en étais convaincu. Quand Silajdžić avait pris la parole, le sénateur Stevens était intervenu. Réputé pour sa brusquerie, Stevens avait déclaré à Silajdžić, sans la moindre trace de compassion :

— Écoutez, si nous refusons de lever l'embargo, c'est parce que cela provoquera encore plus de morts. Nous ne ferions qu'alimenter la région en armes.

Je m'étais tourné vers Silajdžić, un homme élégant, poli et calme.

— Sénateur, avait-il répondu à Ted Stevens, faites-moi l'honneur de nous permettre, à ma femme, à mes enfants et à moi-même, de choisir la façon dont nous allons mourir. Parce que nous allons mourir. Permettez-moi au moins de défendre ma famille.

Il avait régné un silence de mort. Cela avait été l'un des moments les plus tragiques de ma carrière au Sénat, et l'un des plus humains. Mais cela n'avait ému personne.

*

* *

J'obtins enfin l'aide dont j'avais besoin concernant la loi sur les violences faites aux femmes, et pas seulement de la part des quatre nouvelles femmes sénateurs qui avaient prêté serment début 1993. Orrin Hatch, sénateur républicain de l'Utah, était de plus en plus partisan de cette loi. Il avait assisté avec assiduité à toutes ces auditions depuis 1990, et il était manifestement convaincu par ce qu'il entendait. Je dépêchai

Victoria Nourse auprès de lui pour l'aider à organiser une audition sur le terrain, dans son fief.

— Le coût humain réel de cette violence, aussi bien pour les victimes que pour leurs enfants, mais aussi pour la société au sens large, est incommensurable, déclara le sénateur Hatch en ouverture de son audition à Salt Lake City. (Victoria me confia plus tard que Hatch avait été ému aux larmes en écoutant certaines de ses administrées témoigner de la douleur et de l'humiliation dont elles avaient souffert.) C'est très significatif pour nous, à la Commission judiciaire du Sénat, et je sais que le sénateur Biden, le Président, et moi-même ferons tout ce qui est en notre pouvoir pour tenter de faire adopter une loi qui vous aidera dans ces domaines, assura-t-il au premier panel. Votre témoignage, aujourd'hui, est extrêmement important, parce que je suis convaincu qu'il nous incitera à faire encore mieux que ce que nous avons fait par le passé, c'est-à-dire pas grand-chose. Ce que nous avons fait par le passé est pathétique. Et je pense qu'il est nécessaire d'en faire davantage dans ce domaine. Chacune d'entre vous m'a fait une formidable impression.

La Commission judiciaire produisit, comme l'écrirait plus tard David Souter, président de la Cour suprême, « une montagne de données » appuyant la nécessité d'une loi contre les violences faites aux femmes. Non seulement nous avions prouvé l'ampleur et la portée du problème, mais nous en avions également montré les effets néfastes sur l'économie du pays. Mais, pour que cette loi puisse être adoptée, il fallait encore que quelques sénateurs clés franchissent le pas et expriment leur soutien à voix haute. Le sénateur Hatch se révéla être d'une importance capitale.

En novembre 1993, un an après l'élection de Clinton, je vis enfin l'occasion de faire passer la loi au Sénat. Le projet de loi bénéficiait désormais d'un vaste soutien. On avait l'impression que la moitié des sénateurs en étaient les coauteurs. Mais il était impossible de la faire voter de manière orpheline, car le Sénat n'intervenait que sur les projets de loi importants. Je savais que la loi de lutte contre la criminalité que nous avions rejetée en Commission judiciaire bénéficiait d'un fort soutien bipartisan au Sénat, cette année-là. Nous accordions un budget pour la création de cent mille nouveaux postes de policiers de terrain, la construction de nouvelles prisons, et pour étendre la menace de la peine de mort. J'y ajoutai donc la loi contre les violences faites aux femmes. Phil Gramm, mon collègue républicain du Texas se mit alors à ergoter :

— Pourquoi inclure ce genre de truc dans ce projet de loi ?

Mais je reçus le soutien d'un autre républicain.

— Allons, Phil, intervint Orrin Hatch. Joe a travaillé très dur sur cette loi. Et nous devons nous rappeler que c'est un sujet qui lui tient à cœur. Taisez-vous, c'est une bonne loi.

Phil « Barbelé » Gramm n'était pas du genre à accorder des faveurs, mais il s'était toujours montré franc avec moi. Un an plus tôt, juste avant l'élection de Bill Clinton, il m'avait harcelé pour que je fasse valider par le Sénat la nomination de cinq Texans à la magistrature fédérale. Il ne s'était pas attendu à ce que j'accepte. Il s'agissait de juges nommés par le président Bush. Nous les avions auditionnés en Commission. En tant que président de la Commission judiciaire, j'aurais pu bloquer le vote devant le Sénat et le repousser à plus tard dans l'espoir que Clinton soit élu et nomme des démocrates. Mais, de mon point de vue, mieux vaut éviter de faire de la politique avec les cours inférieures. J'avais donc présenté les nominations au vote du Sénat pour confirmation. Après leur adoption, Gramm était venu me trouver.

— Vous savez, avait-il déclaré avec son accent traînant du Texas, vous êtes le plus chic type du Sénat, Joe. Vous êtes quelqu'un de bien.

— Eh bien, je vous remercie, Phil.

— J'apprécie vraiment ce que vous avez fait pour moi, avait-il insisté. Jamais je ne l'aurais fait pour vous.

Nous avions tous les deux éclaté de rire et, en fait, sa franchise m'avait beaucoup plu. Je le supportais parce que je savais toujours à quoi m'en tenir, avec lui. Il n'était pas du genre à voguer sous faux pavillon ni à faire des promesses qu'il ne tiendrait pas.

Je savais que Gramm était quelqu'un avec qui on pouvait faire affaire, et c'est ainsi que j'obtins le financement de la VAWA. Alors que le projet de loi sur la lutte contre la criminalité allait être soumis au vote, et qu'il devenait clair que Gramm comptait se débarrasser de la VAWA, il me proposa un marché :

— Je fais marche arrière si vous vous engagez à ce que le seul argent qui puisse être dépensé pour cette loi soit celui économisé en réduisant les effectifs du personnel fédéral.

— Je vais vous dire, lui rétorquai-je. Je vais accepter cet accord si vous acceptez que je puisse créer un fonds fiduciaire et que les paies de ces personnes licenciées soient versées dans ce fonds qui continuera à financer les programmes.

Le fonds fiduciaire ne pourrait être utilisé que pour le financement des programmes du projet de loi sur la lutte contre la criminalité, et aucune nouvelle taxe ne verrait le jour. On passa ce marché au sein même de l'hémicycle. Je pense que Gramm croyait me rouler dans la farine. Phil Barbelé était convaincu que l'administration Clinton n'aurait pas la discipline nécessaire pour réduire la taille du gouvernement fédéral. J'étais persuadé du contraire. Et j'avais raison. Sous la houlette d'Al Gore, l'administration réduisit les effectifs du gouvernement de près de trois mille personnes, leur redonnant une dimension comparable à celle qu'ils avaient durant le mandat de John Kennedy. La loi sur la lutte contre la criminalité fut votée au Sénat et un mécanisme de financement mis en place. La loi contre les violences faites aux femmes bénéficia d'un financement complet de 1,8 milliard de dollars.

La Chambre des représentants adopta une version de la loi, mais, en comité de conférence, les représentants menacèrent d'en supprimer le Titre III « droits civiques ». Je refusai catégoriquement. Le Titre III, leur expliquai-je, était non négociable. Il demeura donc en place.

*

* *

Tandis que l'Occident négociait, Milošević ne manqua pas de recevoir le message : le prix à payer pour son agression était dérisoire. Au cours de l'été précédent, les Serbes avaient tiré près de quatre mille obus sur Sarajevo durant une simple période de seize heures. Les habitants de la ville craquaient. Des hommes couraient dans les rues désertes, implorant une mort rapide. Les Serbes se sentaient suffisamment en confiance pour narguer la communauté internationale. En décembre 1993, le général serbe Ratko Mladić prévint que si les forces armées occidentales venaient à participer aux combats, elles « laisseraient leurs os » en Bosnie. Il menaça également de semer la terreur partout où il le souhaiterait.

— Si l'Occident me bombarde, je bombarderai Londres, déclara-t-il. Il y a des Serbes à Londres. Il y a des Serbes à Washington.

Ses menaces n'y changèrent rien. Dès mes premiers jours au Sénat, je ressortais souvent la même plaisanterie, lors d'événements politiques :

— Vous avez de la chance de m'avoir ici. Je suis l'un des hommes les plus puissants des États-Unis.

C'était pour faire rire, mais, à cette époque, cela n'avait plus rien d'amusant. En ce qui concernait la Bosnie, être l'un des cent sénateurs n'était pas suffisant. Je continuais à tenter de convaincre mes collègues de se joindre à moi, très franchement, pour faire honte au gouvernement et l'inciter à agir. J'obtins entre autres l'aide des sénateurs Bob Dole et Jesse Helms. Mais, pour l'essentiel, il s'agissait encore d'une croisade en solitaire.

Il y a un autre moment que je n'oublierai jamais, dans la salle des Affaires étrangères du Sénat, lors d'une nouvelle entrevue à huis clos. Je continuais à soutenir que nous pouvions agir, même sans troupes américaines au sol. J'avais l'impression d'être un disque rayé, à l'époque. « Armez les Bosniaques et laissez-les combattre », répétais-je inlassablement. Les généraux de l'Air Force nous avaient expliqué qu'il était possible de détruire tous les ponts qui enjambaient la Drina. Cela empêcherait Milošević de fournir en carburant, armes et munitions les Serbes qui saccageaient la Bosnie. Nous pouvions détruire les blindés et l'artillerie présents dans l'ensemble de la Bosnie. Nous savions où ils se trouvaient. Nous disposions d'images satellites.

Un collègue du Sénat qui avait servi dans les forces armées ne cessait de répéter :

— Ce sont des conneries, Joe. Pour que cette puissance aérienne fonctionne, il faut des troupes au sol. Nous devons poster des observateurs au sol pour nous assurer que nous frappons le char derrière l'école et non l'école. Il faut que quelqu'un pose un laser sur le char et le pointe vers nos appareils high-tech. Ça ne sera pas sans effusion de sang. Des Américains vont mourir.

Mon argument consistait à dire que les pertes seraient minimes. Nous ne tentions pas de gagner une guerre terrestre, garantissais-je. Nous essayions d'ôter aux Serbes la capacité de faire la guerre à une population désarmée. Durant la Seconde Guerre mondiale, nous aurions pu faire sauter les voies ferrées utilisées pour expédier tous ces Juifs vers des camps de concentration. Combien de vies cela aurait-il pu sauver ? Des frappes aériennes sur les Serbes pourraient tout simplement mettre fin à un génocide. À un moment, mon collègue me demanda à brûle-pourpoint :

— Joe, pouvez-vous me garantir qu'aucun Américain ne se ferait tuer ?

Ce fut un moment que je n'oublierai jamais. Mes cours d'histoire à l'université et ma carrière semblèrent entrer en collision. C'était une sensation physique. Je la sentis dans ma gorge, dans mon cœur, dans mes tripes. Je crois que je compris pour la première fois comment les sénateurs des États-Unis avaient pu prendre place autour de cette même table de conférence et décider qu'il ne valait pas la peine de tenter d'arrêter Hitler en 1935. Je ne comprendrai jamais comment ils ont pu ne rien faire alors qu'ils savaient que l'armée allemande était en train de monter en puissance. Mais je bénéficiais d'un certain recul. Si nous avions agi en 1935, cela nous aurait sans doute coûté un millier de vies américaines, et, en 1937, peut-être cinq mille. Mais qu'auraient prouvé ces sénateurs ? Comment prouver quelque chose de négatif ? Auraient-ils pu démontrer qu'ils avaient empêché la Seconde Guerre mondiale ? Auraient-ils pu prétendre avoir sauvé six millions de Juifs, de Tziganes et d'autres « indésirables » des camps de la mort nazis ? Qui y aurait cru ?

À aucun moment le président ne peut tenter d'empêcher une tragédie sans être tenu pour responsable d'un point de vue politique. S'il échoue, il a tort. S'il réussit, il n'a pas l'occasion d'avoir raison, puisqu'il ne s'est rien passé. Si nous empêchons un génocide de se produire, nous n'avons aucun moyen de prouver ce à quoi nous avons échappé. Et des vies américaines sont en jeu.

Ce calcul préoccupait évidemment l'administration Clinton. Le vice-président Al Gore pressait le Président d'agir, mais en vain. Quand les Serbes tuèrent soixante-huit habitants de Sarajevo en bombardant un marché, en février 1994, Clinton condamna le « meurtre d'innocents », mais nous n'avons rien fait pour autant. À ce moment-là, le gouvernement avait déjà publiquement exclu toute intervention militaire américaine. Lorsque les Serbes tuèrent soixante et onze personnes dans de nouveaux bombardements à Tuzla et dans d'autres « zones de sécurité » désignées par l'ONU, nous n'avons pas plus agi. Quand je me rendis de nouveau dans les Balkans, en juin 1994, Sarajevo était dans un état pire encore.

J'étais allé en Europe pour le cinquantième anniversaire du débarquement, et le sénateur Bob Dole et moi avons décidé de pousser jusque dans les Balkans. Dole était l'un des rares partisans farouches du « *lift and strike* ». J'appris plus tard que le chirurgien qui l'avait remis sur pied après avoir été grièvement blessé durant la Seconde Guerre mondiale était un Arménien dont la famille avait gardé des séquelles du génocide que les Turcs avaient mené contre eux. À notre arrivée à Sarajevo, le paysage était apocalyptique. Dans la vieille ville, on avait accroché des couvertures et des draps en travers des rues les plus étroites. Quand je fis remarquer que c'était une curieuse façon de faire sécher son linge, on me répondit que c'était le meilleur moyen que l'on avait trouvé pour protéger les enfants musulmans et croates des tireurs d'élite serbes. Les snipers, postés dans les collines qui dominaient la ville, tiraient sur les enfants. C'était un pur acte de terrorisme destiné à pousser les musulmans à fuir leurs domiciles. À notre arrivée à l'hôpital, plus tard dans la journée, nous nous demandions ce que nous allions voir.

Un neurochirurgien nous fit visiter le service, un lieu caverneux équipé de grandes chambres aux murs carrelés sous plus de 3,50 m de plafond. Le médecin nous dirigea vers une pièce aseptisée meublée d'un lit en acier. Sous des draps blancs amidonnés était étendue une jeune fille d'une quinzaine d'années à la chevelure noir de jais. En m'approchant du côté du lit, je remarquai qu'elle ne me suivait pas du regard. Elle se tourna vers les voix. Dole resta à l'observer au pied du lit, tandis que le chirurgien nous expliquait que la balle d'un tireur serbe lui avait sectionné le nerf optique. Je posai la main sur son bras et lui tapotais l'épaule pendant l'exposé du médecin. Dole était immobile au pied du lit. Il était visiblement ému. J'en suis depuis venu à croire que Bob Dole était l'un des hommes les plus émotifs avec qui j'aie jamais travaillé, mais il évitait la plupart du temps de le montrer.

— Elizabeth, dit-il à son assistante, lui faisant signe de donner quelque chose à la jeune fille. Bonbon. Bonbon. (Je crus entendre vaciller sa voix.) Ours en peluche.

Il était déjà dramatique que des snipers puissent tuer et mutiler tant d'innocents dans les rues, mais les Serbes visaient désormais délibérément des enfants. Cela se passait au vu et au su du monde entier. Ils le montraient même à la télévision. Mais personne ne levait le petit doigt.

C'était la première grande épreuve collective de sécurité dans cette Europe d'après-guerre froide, et le résultat était honteux. Pour cette nouvelle génération de dirigeants, la sécurité collective consistait à s'arranger pour s'accuser mutuellement de l'inaction afin que chacun ait une excuse. Ils n'affrontaient pas les problèmes ensemble, ils se voilaient la face ensemble.

*
* *

La bonne nouvelle était qu'au bout de près d'un an de lutte le président Clinton signa finalement une version de la loi sur la lutte contre la criminalité qui comprenait la loi contre les violences faites aux femmes, entièrement financée, et avec son Titre III sur les droits civiques intacts. La VAWA n'était qu'une petite partie d'une vaste loi de trente milliards de dollars contre la criminalité qui finit par être qualifiée de « loi Biden-Hatch contre la criminalité ». Lors de la cérémonie sur la pelouse de la Maison Blanche, le Président mentionna courtoisement mes efforts pour faire passer l'ensemble du paquet législatif contre la criminalité, mais j'étais avant tout heureux de savoir que le projet de loi contre les violences faites aux femmes était enfin devenu une loi.

— Retroussons nos manches pour faire reculer cette terrible vague de violence et réduire la criminalité dans ce pays, déclara le président Clinton en signant le texte. Nous avons les outils nécessaires, à présent. Mettons-nous au travail et faisons-en bon usage.

*
* *

Compte tenu de l'inefficacité des Nations unies en Bosnie, il n'est guère surprenant que les Serbes de Bosnie aient pu violer les résolutions de l'ONU en toute impunité. Enhardis, Milošević, Karadžić et leurs généraux envahirent la zone de sécurité de Srebrenica en juillet 1995. Ce fut mon jour le plus triste au Sénat. Depuis le début de l'invasion serbe, les militaires du gouvernement bosniaque avaient maintenu leur présence à Srebrenica, et dans d'autres zones de sécurité, pour lutter contre l'assaut des chars et de l'artillerie lourde serbes. Mais ils avaient accepté de remettre leurs armes en échange d'une garantie de protection de la part de l'ONU. C'était ce qui était convenu : mettre fin aux combats en échange de la protection de la ville. Mais quand le général Ratko Mladić donna l'assaut, les Nations unies manquèrent à leur engagement. Les six cents hommes pourvus d'armes légères de la force de protection de l'ONU se révélèrent incapables de résister à l'offensive des Serbes de Bosnie. Les Casques bleus néerlandais réclamèrent des frappes aériennes de l'OTAN, mais les Nations unies déterminèrent que c'était trop risqué. Lorsque les Nations unies finirent par approuver ces frappes, il était trop tard. La zone de sécurité de Srebrenica se révéla être sûre uniquement pour les agresseurs serbes. Ce jour-là, Mladić passa dans tous les journaux télévisés, humiliant les commandants de l'ONU sur le terrain. Je vis l'image écœurante des forces néerlandaises de l'ONU impuissantes, qui regardaient des camions chargés d'hommes et de garçons musulmans se diriger vers une mort certaine. Sept mille musulmans non armés furent tués à Srebrenica. Les forces de l'ONU sont restées sans rien faire, regardant ce qui se passait. Je repensai aux nombreuses fois où l'on m'avait répété que les Bosniaques n'étaient pas en mesure de se défendre contre le rouleau compresseur serbe. Bien sûr qu'ils ne pouvaient pas se défendre : ils n'avaient pas d'armes ! Les Nations unies y avaient veillé. Elles avaient manqué à leur honneur. Elles s'étaient déshonorées. Et j'avais l'impression d'avoir personnellement manqué à mes obligations envers les Bosniaques. Quoi que j'aie pu faire, cela n'avait pas été suffisant.

Je regagnai le Sénat pour y faire mon rapport.

« Nombre de mes collègues ont commenté ma passion pour ce sujet… Mais je ne compte pas m'en excuser. Tout au long des vingt-trois années que j'ai passées ici, aucune autre question ne m'a autant contrarié, agacé, frustré, me procurant parfois un sentiment de honte face à ce que l'Occident et les puissances démocratiques ont permis de se produire. Je suis las de tout cela, et je suis convaincu que vous êtes également las de m'entendre répéter inlassablement les mêmes arguments depuis deux ans. Nous n'avons plus le temps, madame le président. Le temps ne joue pas en faveur de ces pauvres gens. Le temps n'est pas de leur côté. Ils seront tous morts quand l'Occident se décidera à agir pour tenter de régler ce problème. Je ne m'excuse pas pour ma passion. Ni pour le temps. Mais je m'excuse auprès du peuple de Bosnie. Auprès des femmes dans ces camps de viol. Auprès des hommes dans les camps de concentration. Je leur présente mes excuses. Nous ne sommes pas responsables de ce qui leur arrive, mais nous, la communauté internationale, nous sommes contentés de regarder, aux heures les plus sombres du XXe siècle, ce que personne ne pensait à même de se reproduire un jour en Europe. Et c'est en train de se passer en ce moment même. »

Deux semaines plus tard, les Serbes envahirent la zone de sécurité de Žepa. On raconte que Clinton aurait fait le tour de la Maison Blanche, s'en prenant à son personnel :

— Il faut qu'on agisse. Je suis en train de me faire piétiner !

Le lendemain, près de trois ans après que j'eus proposé ce plan, le Sénat vota de manière unilatérale la levée de l'embargo sur les armes en Bosnie. La Chambre des représentants nous emboîta le pas la semaine suivante. L'OTAN entama pour de bon sa campagne aérienne. Nous avons commencé à tirer des missiles Tomahawk sur les positions serbes. Milošević finit par céder et accepta de s'asseoir à la table des négociations.

À la fin du mois de novembre 1995, l'accord de paix de Dayton était mis en œuvre. Milošević et Karadžić avaient accepté de retirer leurs forces militaires de Bosnie-Herzégovine et de reconnaître et respecter la souveraineté de cet État indépendant. Les musulmans, les Croates et les Serbes approuvèrent tous la fin des tueries et des violences. Les réfugiés se virent garantir un retour chez eux en toute sécurité, ou un dédommagement si leur domicile avait été détruit. Toutes les parties convinrent également de « coopérer pleinement avec l'ensemble des entités, y compris celles autorisées par le Conseil de sécurité des Nations unies, afin de pouvoir mettre en œuvre l'accord de paix, enquêter, et poursuivre les auteurs des crimes de guerre et autres violations du droit humanitaire international ».

Le carnage avait pris fin, mais il me restait malgré tout un goût amer dans la bouche. Deux cent mille Bosniaques avaient trouvé la mort au cours des trois dernières années, et deux millions d'autres s'étaient fait chasser de chez eux, leur vie brisée. Et les responsables de ce carnage n'avaient aucun compte à rendre. Karadžić et le général Mladić n'avaient pas été traduits en justice. Plus déplorable encore, Milošević était encore à la tête de la République fédérale de Yougoslavie.

Deux ans plus tard, les parties belligérantes en Bosnie-Herzégovine furent séparées, plus de trois cent mille soldats démilitarisés, et cinq mille armes lourdes détruites. Mais je faisais encore campagne pour obtenir un décompte définitif.

— L'accord de Dayton ne pourra être pleinement mis en œuvre tant que les criminels de guerre ne seront pas tous arrêtés et traduits devant le tribunal international de La Haye pour y être jugés, déclarai-je dans un discours à l'approche du deuxième anniversaire de l'accord. Il est absolument indispensable que, sous notre commandement, la SFOR (la Force de stabilisation en Bosnie-Herzégovine) profite de chaque occasion qui lui est offerte pour appréhender l'ensemble des criminels de guerre inculpés, quelle que soit leur nationalité, encore dans la nature, à commencer par les plus importants.

Le prix à payer pour avoir laissé Milošević à la tête de la République fédérale de Yougoslavie fut élevé. S'il n'osa pas menacer la Bosnie-Herzégovine sous le regard attentif de la communauté internationale et des forces de paix sur le terrain, il prit moins de gants avec le Kosovo voisin, un autre État majoritairement musulman qui tentait de se libérer de son emprise. En 1999, nous assistions dans ce pays à une rediffusion du nettoyage ethnique mené par Milošević. L'Armée de libération du Kosovo (l'UÇK) exerçait des représailles de moindre envergure contre les Serbes.

Et un seul homme au monde était suffisamment puissant pour arrêter Milošević : le président des États-Unis. Plus de sept ans après le début de sa présidence, Bill Clinton avait acquis une grande confiance dans sa gestion des Affaires étrangères. Le vice-président Al Gore et la secrétaire d'État de l'époque Madeleine Albright avaient tous deux insisté pour que l'on déloge Milošević de Bosnie, et ils étaient à présent en faveur d'une action militaire forte pour le chasser du Kosovo. Mais la décision appartenait à Clinton, qui devait faire face à de nombreuses complications. À l'exception de Bob Dole, John McCain et quelques autres, les républicains du Congrès menaient une campagne si violente contre Clinton qu'ils étaient contre tout ce que proposait le Président, y compris une réaction militaire d'envergure contre l'agression de Milošević au Kosovo.

Lorsque je pressai Clinton de lancer des frappes aériennes contre les positions militaires serbes au Kosovo – et contre Belgrade, la ville de Milošević, s'il le fallait –, il s'inquiéta de la réaction de l'opinion publique, aussi bien à l'intérieur du pays qu'à l'étranger. Il craignait qu'une action au Kosovo ne puisse provoquer l'extension du conflit à l'Albanie, à la Macédoine, à la Grèce et à la Turquie. Les plus alarmistes se demandaient où cela risquait de nous conduire. Le président français Jacques Chirac traînait les pieds alors que les Kosovars se faisaient tuer par milliers et fuyaient leurs domiciles par dizaines de milliers. Je ne cessais de répéter qu'il fallait se lancer et passer à l'offensive, que l'opinion publique en Europe était contre Milošević. Les puissances européennes nous soutiendraient. Mais c'était facile pour moi de le dire, c'est Clinton qui prendrait tous les risques.

Ce qu'il fit. En mars 1999, je présentai une résolution au Sénat autorisant le Président à utiliser tous les moyens nécessaires pour mettre un terme à ce nouveau nettoyage ethnique. La résolution fut adoptée avec le soutien quasi unanime des démocrates, et celui d'une quinzaine de républicains. La Chambre des représentants échoua à faire passer ce vote à quatre reprises. Clinton étant déterminé à agir, l'OTAN commença à bombarder des cibles serbes au début du printemps 1999. Les frappes aériennes détruisirent l'artillerie lourde serbe au Kosovo, ainsi que des cibles dans la capitale Belgrade, comme les installations de télévision et de radio qui diffusaient la propagande de Milošević, et le réseau électrique dont il avait besoin pour faire fonctionner son centre de commandement. Quelques semaines après le début des frappes, je me rendis dans la région pour que les responsables militaires sur place – y compris le général Wesley Clark, dont le rôle de premier plan dans le sauvetage du Kosovo avait été si important – me fassent part de leurs conclusions. Les discussions allaient bon train pour savoir s'il fallait se contenter de brandir la menace d'un déploiement de troupes au sol, ou réellement franchir le pas. Je connaissais suffisamment Milošević pour savoir qu'il nous fallait nous tenir prêts à utiliser toutes les options à disposition pour le mettre hors d'état de nuire. Avec le soutien de Clinton, le général Clark était prêt à agir.

Après un vol de douze heures en provenance de Macédoine, je rentrai directement chez moi une fois l'avion posé. Je n'avais pas vu Jill depuis près d'une semaine, et j'avais hâte de me réveiller à ses côtés le lendemain matin. Comme il était tard, je pris une douche rapide, me lavai les dents et me couchai sans un bruit, évitant de la réveiller. Mais elle était apparemment déjà réveillée.

— Contente de te revoir, me salua-t-elle.

Il faisait si sombre que je ne distinguais pas son visage. Puis sans vraiment hésiter, elle poursuivit :

— Tu es sûr d'avoir raison ? Parce que si tu te trompes, un grand nombre de jeunes soldats vont mourir.

— Allons, Jill, ce n'est pas juste, répondis-je.

— Non. Pas si c'est toi qui as convaincu le Président d'agir.

Des années durant, j'avais tanné Clinton avec Milošević – non seulement au cours d'entrevues privées, mais aussi devant les sénateurs et dans les médias –, et, pendant ce moment d'obscurité, je dus reconnaître que, à vrai dire, je n'étais pas certain à cent pour cent d'avoir raison. J'en étais presque sûr. Mais je dus admettre que je comprenais pourquoi Clinton avait fait preuve d'une telle prudence. La décision finale quant à l'action américaine lui revenait, et à lui seul, et c'étaient lui et la population des Balkans qui allaient devoir en subir les conséquences.

Dès les premiers jours de la campagne de bombardement, les critiques adressées à Clinton, aussi bien par les républicains du Congrès que par les Européens les plus timorés, se sont tues. Il y eut des erreurs, comme le bombardement accidentel de l'ambassade de Chine à Belgrade. Des civils sont morts dans la zone de guerre. Mais, tout au long des soixante-dix-huit jours de campagne, Clinton n'a jamais hésité en public. Je ne me suis inquiété de sa détermination qu'à une seule reprise.

Il prenait cinq jours de vacances dans un complexe privé au cœur d'une réserve naturelle, en Floride. Un jour, tard dans la soirée, il m'appela chez moi.

— Je suis en train d'observer un tatou par la fenêtre de ma chambre, m'annonça-t-il en guise de salutations. Vous y croyez ?

Il me parla ensuite de sa partie de golf du jour. Il m'annonça avoir fait un 77. Je le crus pour le tatou, mais je le lui répondis que j'avais des doutes sur son score. Puis il alla droit au but :

— Que diriez-vous si j'interrompais les bombardements ?

Cela faisait près de dix semaines que les bombes pleuvaient, et Clinton subissait énormément de pressions pour cesser les frappes aériennes, dans l'espoir que Milošević accepte de s'asseoir à la table des négociations. Je n'avais aucune envie de voir Milošević poser ses conditions pour un plan de paix. Il était inculpé de différents crimes de guerre et je refusais de le voir négocier les modalités de sa liberté. J'étais d'avis de le pousser à la reddition totale.

— Ce n'est pas ce que je ferais, monsieur le président.

— Que diriez-vous si je le faisais quand même ?

— Je convoquerais une conférence de presse, et je dirais que vous êtes revenu sur une promesse.

Je suis convaincu aujourd'hui que Clinton a dû être furieux de m'entendre dire une chose pareille, mais nous étions si près de pousser Milošević à s'avouer vaincu que je n'avais aucune envie de minimiser quoi que ce soit.

— Ne cédez pas, patron. Il va capituler.

J'ignore si mes conseils ont eu un effet sur le Président, mais Clinton a poursuivi les bombardements. Il a maintenu la pression sur Milošević, et cela se révéla payant. Moins de deux semaines après cet appel tardif, je participai à l'une des réunions que le Président avait organisées pour informer les chefs de file du Congrès des progrès au Kosovo. Le ministre de la Défense William Cohen, le conseiller à la sécurité nationale Sandy Berger, la secrétaire d'État Madeleine Albright

– qui avait soutenu avec vigueur l'action dans les Balkans –, les chefs d'état-major interarmées et les principaux membres du Congrès étaient tous réunis dans une salle du premier étage de la Maison Blanche. Et, au beau milieu de la réunion, le Président est entré dans la pièce, annonçant que Milošević s'était rendu sans la moindre exigence. Milošević renonçait au Kosovo. Il se retirait.

Après cette réunion, je rangeais ma mallette quand un des collaborateurs de Clinton m'apostropha pour me demander si je pouvais rester pour une rapide entrevue avec le Président. Il me conduisit dans le salon Ovale Jaune, où Clinton se tenait devant une fenêtre, regardant à l'extérieur.

— Félicitations, monsieur le président, lui dis-je. Vous avez tenu bon. Vous avez réussi. Vous avez sauvé des milliers de vies. À vous tout seul.

Mais il n'était pas disposé à accepter des félicitations.

— Vous avez été injuste envers moi, me fit-il remarquer.

Je me lançai dans des explications, mais il m'interrompit.

— J'ai été gouverneur. Vous avez fait ça toute votre vie.

— Monsieur le président. C'est à vous que revient tout le mérite. Vous avez réussi.

Quelques semaines après que Milošević eut retiré ses troupes, je me rendis au Kosovo. Je suis allé au « champ des Merles », près de Pristina, où Slobodan Milošević avait lancé sa campagne d'éradication de la population musulmane de l'ex-Yougoslavie. C'était une grande plaine sur laquelle se dressait un petit obélisque. Six cents ans plus tard, songeai-je, on se battait encore pour des questions de religion et d'ethnie. Des vies et des trésors avaient été gâchés sans raison valable. Il restait à déterminer si les Croates, les Serbes et les musulmans des Balkans seraient vraiment en mesure d'assurer la paix, mais j'avais le sentiment que la communauté internationale – les États-Unis en tête – leur avait donné les marges de manœuvre nécessaires pour essayer.

Plus tard, au cours du même déplacement, nous nous sommes rendus à la base permanente que bâtissait l'armée américaine sur un terrain de trois kilomètres carrés dans le sud du Kosovo. Le camp Bondsteel était alors en train de se dresser, telle une déclaration forte des intentions américaines. C'était un grand village, puissant et rutilant, conçu pour durer. Il affirmait que nous étions là pour un moment, afin de garantir la paix.

En nous arrêtant devant le portail, notre chauffeur kosovar observa les travaux avec admiration.

— C'est l'Amérique ! s'exclama-t-il en désignant l'énorme projet de construction.

Mais mon regard était attiré par les quatre soldats américains qui se tenaient devant l'entrée. Si je me souviens bien, il y avait une femme capitaine blanche, une femme sous-officier noire, une femme sous-officier hispanique et un colonel blanc. J'attirai l'attention du chauffeur et lui désignai les quatre militaires sur la route.

— Non, ça, c'est l'Amérique. Quand vous saurez vivre ensemble comme nous, alors, vous serez comme l'Amérique.

Slobodan Milošević fut remis à la Cour internationale en juin 2001, où il fut jugé en février 2002 pour crimes de guerre, crimes contre l'humanité et génocide. Il parvint à faire traîner le procès durant plus de quatre ans, et il n'était toujours pas jugé, en mars 2006, lorsqu'il mourut d'un infarctus, seul dans sa cellule.

Près de dix ans plus tard, deux des Serbes les plus dangereux – Radovan Karadžić et le général Ratko Mladić – étaient encore en fuite. Les gouvernements serbe et bosniaque s'étaient révélés incapables de les appréhender et de les remettre à La Haye, où ils étaient inculpés de crimes de guerre. Ce n'est qu'en juillet 2008 que Radovan Karadžić fut appréhendé par les forces spéciales serbes en Serbie. Il fut condamné à perpétuité en mars 2016, puis en appel en mars 2019. Ratko Mladić fut quant à lui arrêté en mai 2011 par la police serbe. Reconnu coupable de crime contre l'humanité et de génocide, il fut condamné à perpétuité en novembre 2017.

– 16 –

De nouvelles perspectives

Les choses se passent rarement comme prévu. C'est ce que je me disais en traînant près de cent mètres de tuyau d'arrosage jusqu'en haut de mon allée par une chaude journée de juin 2001. Nos fils ayant déjà fondé une famille, et Ashley étant à l'université, Jill et moi avions vendu la Station, acheté un terrain, et j'avais dessiné les plans d'une maison. Nous l'avions baptisée la « Maison du lac ». Il nous avait fallu plus de deux ans pour la faire construire. En attendant, Jill, Ashley et moi étions passés par plusieurs locations. Nous avions emménagé juste à temps pour Noël 1998. Mais, après plusieurs années, il restait encore des travaux d'aménagement paysager à faire. J'avais planté de magnifiques cyprès de Leyland. C'étaient de grands arbres à croissance rapide qui avaient besoin de beaucoup d'eau, mais, évidemment, juste après les avoir plantés, une sécheresse torride s'était abattue sur Wilmington. N'ayant aucunement l'intention de laisser ces arbres mourir, j'avais décidé, malgré la chaleur caniculaire, de hisser un tuyau en haut de mon allée, quand Ashley gravit la côte au pas de course derrière moi.

— Papa, m'appela-t-elle. Le Président, au téléphone !

Au cours des trente ans que j'avais passés au Sénat, la routine d'un appel présidentiel n'avait jamais varié. C'était un assistant de la Maison Blanche qui le passait, demandant si j'étais disponible pour m'entretenir avec le Président, et me prévenait qu'il me rappelait dans « disons, cinq minutes ». Il ne me restait plus qu'à attendre à côté de mon téléphone.

— D'accord, Ashley, lui répondis-je. Dis-leur que j'arrive dans une minute.

Mais ma fille insista.

— Papa ! Le Président !

— J'ai bien compris, ma chérie. Dis-leur que j'arrive dans une minute.

— Papa, le Président est vraiment au téléphone ! J'ai parlé avec suffisamment d'entre eux pour le savoir.

Elle s'exprimait d'un ton qui signifiait : « Fais comme tu veux, mon pauvre vieux, mais je sais reconnaître un président quand j'en entends un. » Je redescendis donc la butte à petites foulées en me moquant d'Ashley, avant d'attraper le combiné. C'était effectivement le Président en personne.

— Toutes mes excuses pour vous avoir fait attendre, monsieur le président. J'étais en train d'arroser mes arbres. C'est vous qui passez vos propres coups de fil, maintenant ?

— Ouais. Surprenant, hein ?

Il marqua un temps d'arrêt pour accentuer l'effet comique.

— J'espère que vous n'arrosez pas trop généreusement.

— Eh bien, je vous remercie pour votre coup de fil, monsieur le président. En quoi puis-je vous être utile ?

— Alors, comment je m'en suis tiré ? demanda le président George W. Bush.

Je savais exactement de quoi il parlait.

*
* *

La première fois que j'avais vraiment parlé à George W. Bush, c'était juste après qu'il eut obtenu l'investiture républicaine, en 2000, alors que nous participions tous deux à la soirée annuelle de la Chambre de commerce, à Wilmington. Il avait tenu à m'informer que lorsqu'il était gouverneur du Texas, il avait travaillé avec les démocrates durant son mandat. Et, s'il était élu, il était convaincu que nous pourrions travailler ensemble. Je lui avais répondu que s'il était élu, ce serait un plaisir de travailler avec lui.

Dans les premiers mois après son accession au pouvoir, George W. Bush avait tendu la main aux démocrates les plus influents de presque toutes les commissions du Sénat, mais pas à moi. Je ne l'avais pas pris personnellement. J'étais le responsable démocrate de la Commission des Affaires étrangères, et Bush n'était pas très engagé dans ce domaine. Il était comme la plupart des autres gouverneurs que j'avais vus entrer en fonction. Carter, Reagan et Clinton avaient tous mis du temps à s'attaquer aux grands problèmes de politique étrangère, attendant le plus souvent d'y être contraints par les circonstances. Bush semblait encore plus hésitant.

Et le fait qu'il ait mis en place une équipe aux sensibilités divergentes aux Affaires étrangères m'inquiétait beaucoup. D'un côté, on trouvait le secrétaire d'État Colin Powell, internationaliste républicain de la vieille école qui semblait vouloir engager le dialogue avec le reste du monde. De l'autre, il y avait des néo-isolationnistes comme le vice-président Dick Cheney et Donald Rumsfeld. L'équipe de ce dernier évoquait l'idée de se retirer des Balkans, de prendre ses distances avec le Protocole de Kyoto, le traité international sur le réchauffement climatique, et de dénoncer la signature du président Clinton sur le traité international qui avait mis en place la nouvelle Cour pénale internationale capable de poursuivre des individus pour génocide et autres crimes de guerre. Ils étaient tellement déterminés à poursuivre la mise en place du bouclier antimissile « Star Wars » de Reagan que, pour parvenir à leurs fins, ils étaient prêts à se retirer des précédents traités de maîtrise des armements, ce qui, à mon avis, a déclenché une nouvelle course aux armements. Le système de défense antimissile paraissait être la parfaite métaphore de la politique néo-isolationniste : « Armons les cieux, disaient-ils, protégeons les États-Unis, et que le reste du monde aille au diable ! »

Ils semblaient déterminés à faire passer leur message, « Les intérêts des États-Unis d'abord et avant tout », quand bien même cela pouvait nuire à nos efforts de paix en cours au Proche-Orient. L'un des premiers plans du ministre de la Défense Rumsfeld fut de retirer huit cent soixante soldats américains du cadre de la Force multinationale et observateurs au Sinaï présente dans le Sinaï depuis 1982. La FMO avait été mise en place par les accords de Camp David, à la demande conjointe d'Israël et de l'Égypte, et avait servi de mécanisme de refroidissement pour la région durant près de vingt ans. Le secrétaire d'État Powell ne partageant pas l'enthousiasme de Rumsfeld au sujet de ce retrait, le gouvernement envoyait des signaux contradictoires. Les Israéliens, les Palestiniens et leurs voisins arabes avec qui j'échangeais commençaient à se demander si les États-Unis souhaitaient vraiment rester engagés dans le processus de paix.

Le reste du monde tentait de déterminer quels seraient exactement les principes directeurs de la politique étrangère de Bush, car ils étaient difficiles à cerner. Une faille aussi large que celle de San Andreas coupait en deux l'équipe de politique étrangère de Bush, le secrétaire Powell et ses hommes au Département d'État d'un côté, et Cheney, Rumsfeld et les civils du ministère de la Défense de l'autre. J'avais observé avec inquiétude de quelle manière, durant le processus de transition et de confirmation, Cheney et Rumsfeld avaient tenté de placer leurs coreligionnaires néo-isolationnistes aux postes clés du Département d'État pour espionner Powell. Ce dernier avait dû faire preuve d'une certaine énergie pour refuser les alliés de Rumsfeld dans son équipe. Ce genre de querelle intestine était loin d'annoncer un gouvernement qui s'exprimerait d'une seule voix. Et le Président ne semblait guère disposé à faire pencher la balance d'un côté ou de l'autre. Je savais où je préférais le Président : si Bush se rangeait du côté de Rumsfeld et des néo-isolationnistes contre Powell, les États-Unis, proclamais-je à l'époque, pouvaient se retrouver dans une situation très difficile.

En juin 2001, les médias avaient annoncé que le secrétaire d'État Powell avait été écarté de la prise de décisions politiques importantes, et je commençais déjà à évoquer en public les dangers de la formation d'une faille de San Andreas au sein de la Maison Blanche. Et le danger plus grand encore des politiques de Cheney et Rumsfeld. Dans le même temps, je m'étais soudain retrouvé président de la Commission des Affaires étrangères du Sénat. Peu avant, James Jeffords, sénateur du Vermont, avait quitté le parti républicain, et, à une voix près, sa défection avait donné aux démocrates la majorité au Sénat. (Apparemment, la Maison Blanche s'était trop appuyée sur les compétences diplomatiques du vice-président Cheney. Lorsqu'elle avait appris que Jeffords envisageait de changer de parti, elle avait envoyé Cheney au Capitole pour tenter de l'en dissuader. Mais cet entretien n'a fait qu'accélérer la décision de Jeffords de quitter les républicains.) Je venais de récupérer la présidence de la Commission des Affaires étrangères quand j'avais reçu l'appel. J'étais sur le point d'entrer sur un terrain de football américain afin d'y donner un discours de rentrée pour les lycéens quand mon téléphone avait sonné. C'était le Président qui m'annonçait qu'il souhaitait me voir à la Maison Blanche le lundi matin suivant. Quand je lui avais demandé l'objet de cet entretien, il m'avait répondu qu'il désirait que je lui fasse « un topo sur l'Europe ». Sachant qu'il pouvait compter dans son équipe sur un grand nombre de personnes intelligentes qui en savait suffisamment sur le vieux continent, j'avais déterminé que c'était sa façon de tendre la main à l'autre camp. Ayant perdu sa majorité au Sénat, il avait compris qu'il pourrait avoir besoin de quelques démocrates.

— Monsieur le président, lui avais-je répondu, c'est toujours un honneur d'être invité à la Maison

Blanche, mais vous n'êtes pas obligé de faire ça pour moi. Je sais que je figure dans le fichier : « Appelez Biden. » J'apprécie votre appel, monsieur le président. Si vous avez besoin de moi, je répondrai présent, mais il est inutile d'en passer par là.

Mais Bush avait insisté.

— Puis-je vous en demander la raison, monsieur le président ?

Il m'avait expliqué qu'il préparait son premier voyage en Europe. Pas simplement en tant que président, véritablement son tout premier. Je ne pensais toujours pas qu'il voulait vraiment de mes conseils, mais j'avais accepté de le rencontrer à la Maison Blanche le lundi suivant.

L'entretien était prévu à vingt, et non à la demie, par exemple, ce qui m'avait frappé : qui donnait des rendez-vous de dix minutes en dix minutes ? Même Jimmy Carter, qui avait eu la manie de consulter sa montre à chacune des réunions que j'avais eues avec lui, n'avait jamais programmé de rencontre de dix minutes en dix minutes. Je m'imaginais que les collaborateurs de Bush m'auraient fait entrer et sortir du Bureau ovale en huit minutes. Tandis qu'on me faisait entrer, le secrétaire d'État Powell quittait la pièce. Bush avait alors rappelé à Powell de se préparer pour leur voyage à venir.

— Colin ! l'avait appelé le Président en ricanant. N'oubliez pas de prendre des sous-vêtements propres !

— Vous voyez ce que je dois supporter ? m'avait demandé Powell sur le ton de la plaisanterie en me croisant.

Dès que le secrétaire d'État avait quitté le bureau, le Président m'avait fait signe de prendre place sur un fauteuil face au sien, devant la cheminée. Nous étions accompagnés du personnel de la Maison Blanche. Il devait y avoir entre dix et quinze personnes dans la pièce, avec à leur tête Condoleezza Rice, conseillère à la sécurité nationale du Président et proche confidente. Le chargé de liaison avec le Congrès était présent, si mes souvenirs sont bons, ainsi qu'Alberto Gonzales, le conseiller de la Maison Blanche.

— Monsieur le président, l'avais-je salué. C'est un honneur d'être ici.

— Je vous remercie d'être venu.

Je m'en souviens encore aujourd'hui, Bush ne manquait pas d'aplomb, ce jour-là. Il venait de ratifier son premier grand projet de réduction d'impôts. Il avait donc beaucoup plus d'assurance que lorsque je l'avais vu à Wilmington avant l'élection. Mais j'avais décelé une sorte de légère ironie dans son accent traînant macho, ce qui avait eu pour effet d'alléger le formalisme de la situation. En fait, je me sentais très à l'aise en sa présence.

— En quoi puis-je vous être utile, monsieur le président ?

— Faites-moi un topo sur l'Europe.

— Vous êtes sérieux, monsieur le président ?

Les collaborateurs avaient tous fait mine de se plonger dans leurs documents, mais le président Bush avait éclaté de rire.

— Oui, le plus sérieux du monde.

— Monsieur le président, lui avais-je fait remarquer, vous avez d'excellents spécialistes, ici. Ils en savent autant, si ce n'est plus, que moi.

Mais il avait insisté. Pour commencer, il m'avait demandé mon avis sur ce qui constituerait un premier voyage réussi en Europe. Je lui avais répondu que je pensais qu'après son départ, la presse européenne puisse titrer : « Bush s'engage en Europe. »

— Qu'entendez-vous par là ?

— Monsieur le président, personne n'est en mesure de déterminer quelle est votre politique étrangère. Vous avez deux politiques différentes. Je vais vous donner un exemple. Vous savez combien vous étiez engagé dans la réduction d'impôts. Qu'avez-vous fait, monsieur le président ? Vous vous êtes engagé à fond. Personne n'avait le moindre doute sur la nature de votre politique. Vous décrochiez vous-même votre téléphone. Avec tout le respect que je vous dois, monsieur le président, je crois que c'était la plus grosse erreur qu'on ait commise depuis très longtemps, mais c'était vous, monsieur le président. C'est vous qui avez porté cette politique. Vous vous êtes engagé. La population savait à quoi s'en tenir. Mais lorsque l'on s'intéresse à votre politique étrangère, on reçoit deux signaux différents.

Je me rappelle avoir regardé du coin de l'œil la conseillère à la sécurité nationale Rice. Son attitude indiquait qu'elle n'était pas en désaccord avec mon analyse. Elle souhaitait sans doute pouvoir me couper la parole, mais le Président m'avait encouragé à poursuivre.

— D'un côté, avais-je expliqué, le ministre de la Défense ne cesse de répéter que nous restons trop longtemps en Bosnie, au Kosovo et au Proche-Orient, et le secrétaire d'État prétend le contraire. Personne ne sait quelle est votre politique, à se demander même si vous en avez une. Monsieur le président, je crois que le plus important serait qu'on puisse lire : « Bush s'engage en Europe. »

Il m'avait demandé mon avis sur la meilleure façon d'obtenir ce genre de gros titres, et je lui avais répondu qu'il pouvait par exemple demander un élargissement de l'OTAN.

— Avec qui ? avait-il demandé.

— Je ne crois pas que l'identité des pays soit importante. Le simple fait de demander un élargissement de l'OTAN signifie que vous considérez les États-Unis comme la principale puissance européenne.

L'idée avait semblé lui plaire. Je suis convaincu qu'il l'avait déjà entendue dans la bouche d'un de ses conseillers, et qu'elle figurait déjà à son agenda, mais j'avais trouvé correct de sa part qu'il ne me dise pas qu'il le savait déjà, qu'il me laisse supposer que j'aie pu l'influencer sur le sujet. Puis il avait fait une chose que j'avais trouvée encore plus intéressante. Il m'avait demandé mon avis sur certains des dirigeants de la planète avec qui il lui arrivait de traiter, et pas seulement ceux avec qui il devrait s'entretenir durant son séjour en Europe.

— Pourquoi votre ami Kim Dae-jung est-il si contrarié ? m'avait-il demandé.

— Vous voulez dire celui qui a remporté le prix Nobel de la paix ? Qui a apporté la démocratie en Corée du Sud ? Ce n'est pas mon ami. Je l'admire, mais ce n'est pas mon ami.

Le président Bush s'était penché pour reproduire la scène qu'il avait eue avec le président de la Corée du Sud dans le Bureau ovale quelques mois auparavant, s'adressant à moi en me tapotant sur le genou.

— Tout ce que je lui ai dit, c'est que je n'avais pas confiance dans ce petit « coco » (c'est-à-dire Kim Jong-il, le dirigeant de la Corée du Nord), là-haut.

Je lui répondis en lui posant la main sur le genou.

— Monsieur le président, vous savez ce qu'il se disait quand vous lui tapotiez le genou ? Il pensait : « Je ressemble à ce petit coco, là-haut. » Monsieur le président, si je ne me trompe pas, juste avant de vous adresser à lui, le secrétaire d'État Powell lui disait que vous souhaitiez poursuivre la politique d'engagement en Corée du Nord de Clinton, et soutenir la « politique du rayon de soleil » de la Corée du Sud. Ensuite, quand Kim Dae-jung est entré, vous lui avez apparemment déclaré de but en blanc : « Bon, cette politique du rayon de soleil est un échec. Nous allons en sortir. » Monsieur le président, vous l'avez évidemment mis dans l'embarras. Cela l'a mis dans une situation difficile dans son pays. Je crois que c'est la raison pour laquelle il était contrarié.

Cela faisait un moment que je me trouvais dans le Bureau ovale, mais personne ne me poussait vers la sortie. Bush n'avait pas consulté sa montre, contrairement à ce que faisait constamment Carter, ni la moindre fiche, comme le faisait souvent Reagan. Il m'interrogea même sur le chancelier allemand :

— Et Schröder ? Qu'est-ce qui le contrarie tant ?

— Permettez-moi de vous poser une question, monsieur le président. Que diriez-vous si le docteur Rice vous annonçait à votre arrivée au bureau de Schröder : « Monsieur le président, avant de voir le chancelier, il faut que vous sachiez quelque chose : dans un discours ce matin, il a comparé la Coalition chrétienne[1] aux skinheads nazis. » Monsieur le président,

1. La « Christian Coalition of America » est un groupe de défense des intérêts politiques chrétiens au sein de la droite américaine.

il semblerait qu'avant d'entrer dans votre bureau, le chancelier n'ait pas été informé que nous nous retirions du Protocole de Kyoto. Vous l'avez annoncé cinq minutes avant votre rendez-vous. Monsieur le président, le chancelier est allié des Verts. Le parti Vert fait partie de sa coalition au Bundestag. Et vous annoncez, sans qu'il le sache, apparemment, que vous vous retirez des accords. Monsieur le président, c'est très embarrassant. C'est pour cette raison qu'il était contrarié.

Bush n'était pas le moins du monde sur la défensive. Il semblait sincèrement intéressé. Et je commençais à apprécier ses talents particuliers. Ils n'avaient rien d'insignifiant. Il n'y connaissait pas grand-chose à la politique étrangère, mais il avait déjà un excellent instinct politique. Il aurait pu parler avec des tas de spécialistes de la politique, mais il avait préféré consulter un politicien qui avait déjà eu l'occasion de discuter avec ces dirigeants étrangers, et qui avaient sans doute un avis sur eux et leurs motivations. George W. Bush avait confiance en sa capacité à traiter en tête à tête, mais il souhaitait d'abord connaître les besoins et les attentes des autres, aussi bien d'un point de vue personnel que politique. C'était ce qu'il attendait de moi. Et il m'interrogeait de manière très directe : « Quel est mon problème avec ces dirigeants ? » Il voulait des réponses.

J'ai depuis eu une discussion au sujet de George W. Bush avec l'ancien président Bill Clinton, dans sa demeure de Chappaqua. Je lui ai garanti que Bush était bien plus intelligent qu'on ne le croyait. J'ignorais ce qu'il en était de ses facultés cognitives, avais-je admis à Clinton, mais je le trouvais beaucoup plus malin avec les autres et dans son positionnement qu'on pouvait le penser. Clinton reconnut que Bush avait un quotient émotionnel extrêmement élevé. Il était même convaincu que si son adversaire en 1992 avait été George W. Bush en lieu et place de son père, George H.W. Bush, il n'aurait peut-être pas remporté la présidentielle.

Quoi qu'il en soit, en sortant de ma première entrevue avec Bush, je trouvai ce président plus intelligent qu'on ne le prétendait et étonnamment disposé à prendre le temps d'écouter les autres. Et je suis également reparti avec le sentiment que ses idées en matière de politique étrangère n'étaient pas encore arrêtées. Je croyais sincèrement le secrétaire d'État Powell capable de l'entraîner vers le traditionnel côté internationaliste des républicains, et de l'éloigner de l'aspect néo-isolationniste. À vrai dire, une semaine plus tard, en descendant mon allée au pas de course pour prendre son appel, je m'imaginais déjà qu'il souhaitait réellement travailler au-delà des lignes de nos partis respectifs. Et que je pourrais devenir une petite voix susceptible de le pousser vers la politique internationaliste de Powell.

Durant la semaine qui avait suivi ma visite dans le Bureau ovale, Bush s'en était bien sorti en Europe. Il s'était engagé à maintenir les troupes américaines au sein des forces de maintien de la paix en Bosnie et au Kosovo.

— Nous sommes allés dans les Balkans ensemble, avait-il déclaré, nous en repartirons ensemble. Notre objectif doit être de faire en sorte que le jour où nous pourrons tous partir ensemble arrive au plus vite.

Il avait fait une déclaration forte sur l'élargissement de l'OTAN.

— Je crois à l'adhésion, avait-il annoncé, de toutes les démocraties d'Europe qui le souhaitent et qui sont prêtes à partager les responsabilités de ses membres.

Il avait prolongé sa rencontre avec le président russe Vladimir Poutine de près d'une heure, et les deux hommes étaient sortis de cette entrevue avec de grandes promesses.

— Profitons de nos mandats pour mettre de côté les soupçons et les doutes qui pesaient jusqu'à présent sur nos nations, avait déclaré Bush. Après notre rencontre d'aujourd'hui, je suis convaincu que la Russie peut devenir un partenaire puissant et un ami. Bien plus qu'on ne pourrait l'imaginer.

Bush n'avait pas esquivé les questions de violations des droits de l'homme et de répression qui avait tendance à réapparaître en Russie, mais il s'était concentré sur les points sur lesquels ils pourraient trouver un terrain d'entente. Le Président s'était même efforcé de rassurer Poutine sur le fait qu'il n'avait rien à craindre de l'élargissement de l'OTAN, qui n'inclurait pas la Russie.

— Lorsque le président d'une grande puissance déclare vouloir considérer la Russie comme un partenaire, voire comme un allié, avait renchéri Poutine, cela a une très grande signification pour nous.

— Il était évident à nos yeux, avait expliqué aux journalistes un commissaire de l'Union européenne au lendemain du voyage de Bush, que nous avons eu affaire à un président et à un gouvernement à la vision internationaliste, ouverts au dialogue et prêts à développer, et non à rejeter, le lien qui unit les États-Unis à l'Europe.

Il n'y avait qu'une seule façon de résumer le séjour du Président : Bush s'était engagé en Europe.

*
* *

— Alors, comment je m'en suis tiré ? me demanda le Président.

— Je trouve que vous vous en êtes très bien sorti, monsieur le président.

— Ouais. J'ai eu ce fameux gros titre. Je vous raconterai comment s'est passé le voyage.

Malgré l'appel du Président, je demeurai cet été-là un critique virulent des priorités du gouvernement Bush en matière de politique étrangère, car je n'avais aucune confiance dans les individus qui l'entouraient. Les civils du ministère de la Défense ne ressemblaient à aucun de ceux que j'avais connus. Ils semblaient croire notre pays si puissant que nous pouvions simplement imposer notre volonté au reste du monde sans la moindre conséquence néfaste. J'avais l'impression que Rumsfeld et Paul Wolfowitz, son secrétaire adjoint à la Défense, étaient tellement sous l'emprise de cette idéologie conservatrice issue des travaux d'un *think-tank*. Ils conduisaient le Président sur une voie dangereuse. Et ils étaient si déterminés à prendre le contre-pied de la politique étrangère de Clinton qu'ils avaient perdu de vue l'objectif principal, qui consistait à maintenir la sécurité sur le territoire américain et à s'engager à faire le bien dans le monde.

Le premier budget du gouvernement Bush donna à réfléchir, car il semblait refléter la vision du monde de Cheney, Rumsfeld et Wolfowitz. Ils s'étaient déclarés prêts à se retirer du traité ABM contre les missiles balistiques vieux de plusieurs dizaines d'années afin de développer et de déployer de manière unilatérale leur système de défense antimissile, et ils le prouvaient en lui consacrant un financement. Ils étaient disposés à investir des dizaines de milliards de dollars dans une ligne Maginot céleste susceptible de déclencher une nouvelle course aux armements, tout en réduisant les fonds d'un programme visant à aider la Russie à détruire ses armes atomiques, chimiques et biologiques avant qu'elles ne tombent entre les mains de terroristes. Pour rappeler au gouvernement le fort soutien bipartite à la protection du pays et de nos alliés contre les « armes atomiques non contrôlées », les attaques chimiques et biologiques, je présidai des auditions au sein de la Commission des Affaires étrangères afin d'enquêter sur les véritables menaces visiblement ignorées par l'administration Bush pour financer sa Guerre des étoiles. À la fin de ces auditions, je préparai un discours intitulé *La Politique étrangère des États-Unis au XXIe siècle : Définir nos intérêts dans un monde en pleine mutation*. L'objectif était de suggérer que si nous voulions garantir notre sécurité nationale, il était temps de reconsidérer nos priorités et de réfléchir à ce que les États-Unis – en tant qu'unique superpuissance encore en place – devaient à la communauté internationale. Je fis ce discours pour la première fois au National Press Club, à Washington, le 10 septembre 2001 :

« À la fin de la guerre froide, à la chute du mur, nous étions à l'aube de bouleversements extraordinaires (comme je l'expliquai en cette douce soirée de la fin de l'été). À partir de ce jour, nous avons hérité de la sérieuse obligation de prendre nos responsabilités, et de l'obligation tout aussi sérieuse de bien faire les choses au Proche-Orient, dans les Balkans, en Europe et en Asie, dans nos hémisphères, nos engagements, nos traités et notre politique de défense, qu'elle concerne les missiles ou autre chose. Dorénavant, plus que jamais, les projecteurs sont braqués sur nous. Nous nous trouvons à une période charnière où les valeurs et les principes chers aux Américains ont pris le devant de la scène comme jamais cela ne s'est produit durant notre histoire, ni ailleurs dans le monde. Notre efficacité sur cette scène est autant une question d'honneur, de morale et de fierté que de stratégie politique. Donc, avant de donner le départ de ce qui pourrait devenir une nouvelle course mondiale aux armements, avant de puiser dans les fonds de la sécurité sociale pour satisfaire l'allégeance quasi théologique du gouvernement à la défense antimissile au détriment d'autres traités internationaux, militaires ou non, avant de regarder la Chine bâtir son arsenal nucléaire, avant d'assister à une course aux armements en Asie et dans le sous-continent asiatique, et avant de gâcher la meilleure occasion qui nous était offerte depuis plus d'une génération de moderniser notre force nucléaire conventionnelle, mieux vaut examiner les menaces réelles auxquelles nous risquons d'être confrontés, aussi bien chez nous qu'à l'étranger. Confirmons nos engagements, reconsidérons nos obligations et remplissons-les avec la force et la détermination qui conviennent à notre rang dans ce monde nouveau. Je ne crois pas qu'il nous soit possible de promouvoir, et encore moins de mettre en œuvre nos intérêts nationaux en demeurant totalement indifférents à la façon dont le reste du monde perçoit notre politique. C'est en remplissant nos obligations internationales et en respectant nos traités que nous servons nos intérêts…

« Nous ne pouvons ni oublier ni simplement mépriser les responsabilités qui découlent de nos idéaux… Notre pays a-t-il une parole ou non ? Respectons-nous nos traités ou non ? Sommes-nous prêts à dominer les autres de manière brutale ? Parce qu'il n'est pas facile d'être un meneur, cela requiert de convaincre. La diplomatie n'est pas facile. Les prises de décision multilatérales ne sont pas faciles. Ou sommes-nous prêts à mettre un terme à quarante ans d'accords de non-prolifération des armes et à faire cavalier seul, telle une nation tyrannique, parfois mal avisée, mais toujours disposée à prendre des décisions unilatérales dans ce que nous considérons comme notre propre intérêt, au diable nos traités, nos engagements et le reste du monde ? Même le comité des chefs d'état-major interarmées soutient qu'une attaque nucléaire stratégique est moins probable qu'un conflit régional, qu'un front classique, que des attentats terroristes sur notre sol ou à l'étranger, ou qu'un grand nombre d'autres problèmes réels. Nous avons réalloué tous ces fonds pour faire face à la menace la moins probable, alors que la véritable menace arrive dans ce pays dans les cales d'un navire, dans les soutes d'un avion, ou est introduite clandestinement dans une ville au milieu de la nuit dans une fiole, dans un sac à dos. »

*
* *

Ce soir-là, je rentrai tard à Wilmington. Le lendemain, le 11 septembre 2001, je pris donc le train de 8 h 35, et, comme n'importe quel jour, je me rendis à mon bureau du Capitole. Ce jour-là, mon emploi du temps était assez peu chargé : une réunion matinale avec les concessionnaires de voitures et de camions du Delaware, et une audition du candidat du Président pour diriger l'Office of National Drug Control Policy. Comme toujours, je pris le train seul, et, un peu plus d'une demi-heure après le départ, je commençai à entendre parler dans le wagon d'un avion qui se serait écrasé contre un immeuble, à New York. Personne ne savait vraiment quoi en penser. Puis je reçus un appel de Jill. Elle était à l'école, me raconta-t-elle, mais personne n'était en cours. Tout le monde était dans le hall en train de regarder les informations télévisées. Cela avait l'air grave. Un avion de ligne s'était écrasé contre l'une des tours du World Trade Center. Puis, au milieu d'une phrase, elle lâcha :

— Oh, mon Dieu. Oh, mon Dieu. Oh, mon Dieu.

— Que se passe-t-il, Jill ?

— Un autre avion… dans l'autre tour…

Lorsque je descendis du train, à Union Station, à Washington, le troisième avion s'était abattu sur le Pentagone, et je distinguai une vague fumée brune derrière le dôme du Capitole, dans un ciel parfaitement dégagé. Tous les vols étaient annulés. Washington et New York étaient bouclées. L'armée avait fait décoller des avions de chasse. Il régnait un calme inquiétant sur Capitol Hill. Comme si le monde retenait son souffle.

Il y avait du monde dans le parc entre Union Station et le Capitole, et l'un des membres de mon équipe m'expliqua qu'on avait évacué les bâtiments de la Chambre des représentants, du Sénat et du Capitole parce qu'un quatrième avion détourné avait apparemment mis le cap sur Washington.

J'attrapai un de mes collègues et lui demandai pourquoi nous n'étions pas en séance.

— On nous a dit que c'était trop risqué, me répondit-il.

— Allons, dis-je. Si le public regarde la télévision, il doit voir que l'État existe encore. Je vais au Capitole.

J'atteignais les marches quand un policier du Capitole me rattrapa.

— Sénateur Biden ! Sénateur Biden ! Il faut évacuer. Un avion arrive ! Un avion arrive !

— Peu importe, je veux entrer.

— C'est impossible. Il faut évacuer. Évacuez !

Une dizaine d'assistants parlementaires faisaient les cent pas au pied des marches, et la police nous rassembla tous au milieu du parc. Je me tenais là quand le collaborateur d'un sénateur républicain m'approcha et commença à me soutenir que c'était pour cette raison qu'il nous fallait un système de défense antimissile.

— Le bouclier antimissile ? demandai-je. Qu'est-ce que vous racontez ?

J'eus l'impression de passer les heures qui suivirent à tenter de calmer les esprits. Ashley m'appela de Wilmington dans un état d'affolement compréhensible :

— Papa, où es-tu ?

— Je suis dans le parc, face au Capitole.

— Papa, ils disent qu'un avion se dirige vers Washington. Pars de là.

— Je te promets que tout va bien, ma chérie, tentai-je de la rassurer en scrutant le ciel dégagé. (Si un appareil approchait, on le verrait.) C'est l'endroit le plus sûr qui soit.

— Non, papa. Ils disent à la télévision que tu es encore là-bas, et qu'il y en a d'autres.

— Je te le promets, ma chérie. Il n'existe pas d'endroit plus sûr.

Moins d'une demi-heure après l'appel d'Ashley, le quatrième avion s'écrasa dans un champ, en Pennsylvanie, et les Tours jumelles s'étaient écroulées. Personne ne savait combien de personnes se trouvaient encore dans les bâtiments. La presse évoquait l'idée qu'il puisse y avoir jusqu'à dix mille morts à New York. Une partie du Pentagone s'était effondrée, et, là aussi, on déplorait un certain nombre de victimes. Personne ne savait qui était derrière ces attentats, et si d'autres allaient suivre. À la télévision, les journalistes s'exprimaient déjà comme si le pays était en guerre.

La police du Capitole nous convia, moi et d'autres membres du Congrès, à une réunion d'information dans un bâtiment au nord des bureaux du Sénat. Ils n'en savaient pas beaucoup plus que nous, mais le vice-président Cheney, qui se trouvait au poste de commandement de la Maison Blanche, leur avait dit qu'il serait peut-être préférable d'envoyer par avion les principaux membres du Congrès en lieu sûr, en Virginie-Occidentale. Bob Byrd, président provisoire du Sénat, refusa de quitter Capitol Hill, et ce bien qu'il soit originaire de Virginie-Occidentale.

J'appelai Tom Daschle, chef de la majorité démocrate.

— Écoute, Tom, refuse de partir, lui suggérai-je. Restons. Restons ici.

— Je n'ai aucune envie de partir, Joe, me confirma-t-il. Mais je ne voudrais pas mettre les autres chefs de parti dans l'embarras. Tous les autres partent. Si je n'y vais pas, on va m'accuser de vouloir épater la galerie. Byrd reste. Il faut que je parte.

Daschle avait raison. Ce n'était pas le moment de faire de la politique partisane, ne serait-ce qu'en apparence. Mais j'étais toujours convaincu que nous devions retourner en séance. Avec Bob Brady, représentant de Philadelphie, je commençai à insister pour regagner le Capitole et montrer au pays que nous étions au travail. Mais, vers midi, nous avons tous deux renoncé à cette idée. Il était clair qu'il n'y aurait pas de séance parlementaire ce jour-là. Le représentant Brady décida de rentrer chez lui pour la nuit et de revenir le lendemain. Il me proposa de me raccompagner à Wilmington. Il avait même une place pour mon frère Jim, qui se trouvait à Washington et était venu me retrouver à Capitol Hill.

Alors que nous nous dirigions vers le parking, Linda Douglass, journaliste d'ABC News, m'interpella à la sortie de bâtiment où nous nous étions rassemblés. Elle était inquiète – comme tout le monde –, et souhaitait savoir ce que nous avions appris durant nos réunions. Même si je n'avais pas beaucoup d'informations concrètes, Brady trouva que ce serait une bonne chose si je tentais de rassurer la population à la télévision. À l'exception d'un bref communiqué du président Bush, les autorités fédérales avaient gardé le silence.

J'expliquai donc à l'antenne que l'appareil de l'État américain allait bientôt se remettre au travail, que nous ne comptions pas laisser les terroristes nous contraindre à restreindre nos libertés civiques, et que, en dépit de cette tragédie, nous restions forts. Linda Douglass me laissa entendre que d'autres sénateurs prétendaient que l'Amérique était « sur le pied de guerre », ou « en guerre », mais j'étais d'avis de garder nos distances tant que nous n'en saurions pas davantage.

— Je ne veux pas que les gens croient qu'il s'agit de je ne sais quelle conspiration mondiale, ni que nous avons été attaqués par une armée de plusieurs dizaines de milliers d'individus. Il est question d'un groupe de personnes très organisé et manifestement très bien financé. Il nous reste à comprendre de quelle manière leur réseau est géré. Il va nous falloir l'infiltrer. Mais pour le moment, nous ne pouvons pas… Disons que nous allons nous concentrer sur ce genre d'événement et non sur des armes chimiques, biologiques, pathogènes, ni sur l'anthrax. C'est en un sens un terrible rappel à l'ordre qui va nous pousser à réorienter intelligemment nos financements.

— Au Pentagone, me dit Peter Jennings de son studio à New York, on raconte déjà que ces attentats sont si sophistiqués qu'il ne peut s'agir que de l'œuvre d'Oussama ben Laden. C'est peut-être le cas, mais les États-Unis ne sont-ils pas trop focalisés sur un seul homme ?

— La tendance, dans ces circonstances, est effectivement d'être trop concentré sur un seul homme, une seule idée, une seule perspective, répondis-je. Je suis convaincu que nous devons garder notre calme. Quand on occupe de hautes fonctions publiques, on se doit d'essayer de se calmer, de rassembler ses esprits, de se renseigner de manière méthodique, d'analyser la situation et d'en tirer des enseignements. Je crois qu'il est encore bien trop tôt pour porter ce genre de jugement. La première chose est de respecter ce que dit le Président. Il a appelé au calme. Il est dans son avion et revient à Washington. Je l'en félicite. Il faut que nous nous remettions au travail le plus vite possible. On ne peut pas régler ce problème du jour au lendemain. C'est un drame incroyable. Mais il s'agit d'une nouvelle menace du XXIe siècle, et nous trouverons le moyen d'y faire face. Ce pays est trop grand, trop fort, trop uni, trop puissant par sa cohésion et ses valeurs pour que ces actes odieux puissent nous diviser. Cela ne se produira pas. Cela n'arrivera pas.

Une fois l'interview achevée, Jimmy et moi nous sommes entassés dans un van avec Brady et son équipe, avant de prendre la route vers le nord, vers Wilmington. Nous approchions de Baltimore quand mon téléphone sonna. C'était le président Bush.

— Je viens de vous voir à la télévision, m'annonça-t-il. Je suis très fier de vous. Vous nous rendez tous fiers. Vous avez dit ce qu'il fallait.

— Merci de m'avoir appelé, monsieur le président, lui répondis-je. Puis-je vous demander où vous vous trouvez ?

— Je suis à bord d'*Air Force One*. Je me dirige vers une destination confidentielle dans le Midwest.

Lorsque je lui demandai s'il comptait revenir à Washington, il me répondit que ses services de sécurité le lui avaient fortement déconseillé.

— Monsieur le président, vous avez naturellement accès à bien plus d'informations que nous, lui rétorquai-je, mais vous savez que, même s'il n'y avait qu'un infime pourcentage de risque que quelque chose se produise, ils vous dissuaderaient de revenir.

Cela me rappela une anecdote à propos de Charles de Gaulle, alors chef de la Résistance française, vers la fin de la Seconde Guerre mondiale. À la libération de la France, il y avait eu un défilé festif sur les Champs-Élysées, à Paris, en compagnie de dignitaires, de généraux et d'officiers, menés par de Gaulle en personne. Alors que le défilé se dirigeait vers l'Hôtel de Ville, des coups de feu avaient claqué au-dessus de leurs têtes. Tout le monde s'était jeté à terre, sauf de Gaulle. Il avait poursuivi son chemin, droit comme un « I ».

Avec ce seul acte de défi, il était parvenu à relever une France alors à genoux.

— Monsieur le président, insistai-je. Revenez à Washington.

Je raccrochai. Le silence régna dans le van jusqu'à ce que Jimmy prenne la parole.

— Le collaborateur qui lui a conseillé de t'appeler vient juste de se faire virer !

Le Président passa la journée à jouer à la marelle aux quatre coins du pays à bord d'*Air Force One*, demeurant invisible aux yeux du public. Il enregistra un bref communiqué que le service de presse de la Maison Blanche remit à la presse en début d'après-midi, et ne rentra à la Maison Blanche que vers dix-neuf heures. George W. Bush ne fit de véritable discours et ne se montra à la population qu'un peu avant vingt et une heures, soit douze heures après le premier attentat. Il s'avéra que même les chefs de parti du Congrès avaient regagné Washington avant lui.

Je me sentis d'ailleurs un peu mal de me trouver à Wilmington, les regardant chanter « God Bless America » sur les marches du Capitole, avant de promettre de reprendre leurs séances de travail dès le lendemain.

J'avais passé l'après-midi à regarder les informations, et la réaction de mes compatriotes américains m'avait donné du baume au cœur. Je n'oublierai jamais tous ces gens dans les files d'attente qui serpentaient dans les rues de New York pour donner leur sang. Tout le monde semblait déterminé à faire ce qu'il pouvait, quand bien même leurs dirigeants étaient aux abonnés absents. En retournant au Capitole, le lendemain matin, j'étais convaincu que le peuple américain respecterait sa part du marché face à ce nouveau défi. Quels que soient les sacrifices demandés par le Président, ils s'y plieraient. Mais, compte tenu de ce que j'avais vu le 11 septembre, j'étais moins certain que le président Bush puisse apporter la sagesse et le jugement exigés par cette nouvelle réalité.

Depuis vingt-huit ans que j'étais au Sénat, c'était la première fois que je voyais le reste du monde aussi concerné par notre pays. Pour moi, il ne s'agissait pas seulement de relever le défi du terrorisme. Il était surtout question de profiter d'une occasion incroyable d'améliorer de manière radicale notre sécurité intérieure et de consolider nos relations aux quatre coins du monde. Je ne me souviens pas d'un autre moment au cours de ces vingt-huit années où une très grande partie de la communauté internationale ait avoué si ouvertement sa sympathie pour notre pays. Le quotidien français *Le Monde* avait titré son éditorial « Nous sommes tous Américains »... Pour la première fois au cours des cinquante ans d'histoire de l'OTAN, nos alliés européens évoquaient l'Article 5, qui stipulait que lorsque l'un d'entre nous était attaqué, nous l'étions tous. J'étais convaincu que c'était le moment d'enfoncer un pieu dans le cœur de l'unilatéralisme de Cheney et Rumsfeld. Le terrorisme était un phénomène international qui nécessitait une solution internationale. Le président Bush avait pour tâche d'appeler le peuple américain à la lutte, et de demander au reste du monde de rejoindre son combat. On exigerait davantage de ce président au cours de ce mandat que de n'importe quelle autre administration parmi toutes celles que j'avais côtoyées en vingt-huit ans. Je ne peux pas dire que j'étais convaincu que George W. Bush serait à la hauteur de la tâche, mais j'étais déterminé à garder mes doutes pour moi. Mon travail consistait à faire tout ce qui était en mon pouvoir pour aider le Président à réussir.

Je ne doutais pas que notre sécurité était gravement menacée, mais c'était un autre genre de combat qui ne pouvait pas être gagné par la seule force militaire. Des personnalités publiques avaient comparé la situation à Pearl Harbor, affirmant sans ambages que le pays ne serait plus jamais le même. La population était suffisamment nerveuse – je l'avais entendu dans leurs voix et vu dans leurs yeux –, et je pensais qu'il était important pour ceux d'entre nous qui étions aux affaires de garder notre calme et de porter un regard attentif sur ce qui s'était produit et sur la façon d'y remédier. À l'époque, j'étais vraiment confiant dans le fait que mes enfants et mes petits-enfants verraient l'année 2001 depuis une Amérique inchangée. Qu'ils la verraient comme la génération de mes grands-parents avait vu la

Grande Dépression et la Seconde Guerre mondiale, comme un nouveau chapitre et un nouveau défi relevé. La menace existait, elle était réelle, mais nous allions y faire face et finir par tourner la page. Les idéaux nationaux ne s'en verraient pas fondamentalement diminués. Dès la génération suivante, j'en étais persuadé, l'Amérique serait de nouveau aussi ouverte, aussi unie et aussi forte qu'en 2001. Je passai donc une bonne partie de mon temps à réclamer à mes administrés du Delaware qu'ils gardent leur calme et à leur offrir un nouveau regard sur l'avenir, surtout dans les écoles. Je donnai l'un de mes discours les plus importants huit jours après les attentats, à l'université du Delaware où les étudiants étaient naturellement nerveux. Je leur expliquai que j'étais la preuve vivante que ces moments de crise finissaient par passer quand on gardait la tête froide. Je leur racontai que, quarante ans plus tôt, c'était moi qui m'étais trouvé dans le hall de leur établissement, entouré de mes camarades. Nous écoutions religieusement le président Kennedy, qui, assis devant des cartes menaçantes dans son Bureau ovale, nous révélait qu'il se pouvait que les Soviétiques aient positionné des missiles à têtes nucléaires à Cuba.

— Et on regardait les cartes, leur expliquai-je. Je me souviens même avoir fait le calcul : ces missiles pouvaient-ils atteindre le Delaware ? Pas au sens figuré, au sens propre. Comprenant que, si c'était le cas, nous serions tous anéantis. Pas une centaine de personnes, ni cinq mille, mais des dizaines de milliers, des millions.

Mais j'étais encore là – nous étions encore là – toujours debout.

Je racontai à ces étudiants la même chose qu'à tout le monde, juste après le 11 Septembre :

« Vous n'allez pas manquer d'entendre des spécialistes du terrorisme… Prenez du recul. Évitez de vous laisser embarquer. Ce qui s'est passé est atroce. Certains ont qualifié le 11 Septembre de "deuxième jour d'infamie". D'autres vous soutiendront que cela modifiera à jamais notre style de vie. Je suis venu vous dire que ce ne sera pas le cas. Que cela ne doit pas être le cas. C'est le début de la fin pour les organisations terroristes internationales, pas pour nous. Je vous le dis, nous ne parlons pas d'une armée soviétique de millions d'hommes. Ni de l'empire japonais. Ni de cinquante, de cent ou deux cents personnes. Il est question de quelques dizaines ou d'une centaine d'individus que nous pouvons priver d'air si nous modifions quelques petites choses, mais pas notre mode de vie. Il existe un parallèle entre le jour d'infamie où les Japonais ont attaqué Pearl Harbor et ces fous, ces dérangés, qui s'en sont pris à des civils innocents. Le jour de l'attaque, l'amiral Yamamoto a eu une prémonition. Savez-vous ce qu'il a confié à ses officiers ? Il leur a dit : "Nous avons semé les graines de notre propre anéantissement. Nous avons réveillé un géant assoupi. Nous lui avons fourni une terrible détermination." C'est ce qui s'est produit ici. Un géant assoupi s'est éveillé, et le peuple américain et le monde civilisé se sont forgé une terrible détermination. »

Je parlai aux étudiants des appels que j'avais reçus des responsables pakistanais, qui se tenaient prêts à nous aider dans notre lutte contre la terreur. Les Chinois, les

Russes et même l'Iran avaient manifesté leur volonté d'être nos alliés dans ce combat particulier.

« La communauté internationale a pris conscience qu'il s'agit d'une bataille entre la civilisation et le chaos. Ils ne s'unissent pas à nous dans un brusque désir de démocratie ou de droits de l'Homme. Mais par pur égoïsme. Un égoïsme dont il nous faut profiter, et comme – et c'est tout à son honneur – le Président commence à profiter. »

Mais le message principal que j'adressai aux étudiants était qu'ils avaient les moyens de remporter cette nouvelle lutte. (Je me montrai formel, il ne s'agissait pas d'une guerre.)

« Si on me pose encore une fois la question chez *Larry King*, à *Meet the Press* ou à *CNN Town Meeting*, je crois que je vais étrangler quelqu'un, parce que chacune des générations de ce pays qui a été confrontée à un sérieux défi s'est révélée à la hauteur. La seule différence, c'est que vous êtes nettement plus intelligents que nous l'étions. C'est la seule différence. L'heure n'est pas à la vengeance. Ce n'est pas le moment d'avoir peur. C'est le moment d'aller de l'avant, et non de battre en retraite, de pleurer nos morts, et non de désespérer. C'est le moment de résoudre nos problèmes, et non d'avoir des remords. Mais, surtout, c'est le moment de s'unir. »

Dix jours plus tard, je suis allé à la mosquée d'Abraham, à Newark, afin d'y rencontrer la communauté musulmane de mon État. J'étais un peu inquiet que les musulmans du Delaware ne se soient pas manifestés pour condamner les attentats, mais je crois simplement qu'ils avaient préféré faire profil bas. Les références permanentes à Pearl Harbor avaient dû leur rappeler qu'une des conséquences de ce bombardement de longue date avait été l'emprisonnement massif de citoyens américains d'origine japonaise sans autre forme de procès. Les musulmans américains innocents et patriotes craignaient à juste titre qu'on ne les tienne pour responsables des attentats du 11 Septembre. Dans d'autres États, des représailles aussi violentes qu'injustifiées avaient déjà été exercées contre leur communauté.

— Dieu merci, le Delaware n'a pas connu de cas d'intolérance malveillante en violation avec l'ensemble des idéaux de notre pays, déclarai-je à la mosquée, pleine à craquer ce jour-là. Chaque fois que j'entends quelqu'un tenter d'imputer les attentats de New York et de Washington à l'islam, j'aimerais pouvoir toucher le cœur de ceux qui expriment ces idées et leur faire comprendre combien ils se trompent. Quel que soit le coupable de ces crimes atroces, qu'il s'agisse d'Oussama ben Laden ou de quelqu'un d'autre, une chose est sûre : par ses actes mêmes, en tuant des milliers d'innocents, il a prouvé que ce n'était pas un véritable musulman.

Le Président avait déjà eu ce genre de discours, et avait imploré les Américains de respecter la population musulmane pacifique, aussi bien à l'intérieur de nos frontières qu'à l'étranger. En fait, dans les semaines qui suivirent le 11 Septembre, George W. Bush se comporta en véritable président. Je soupçonnai le secrétaire d'État Powell d'être enfin parvenu à capter son attention. Quand le gouvernement fut convaincu que Ben

Laden et son réseau terroriste Al-Qaïda étaient bien les responsables du 11 Septembre, il décida d'éliminer le régime fondamentaliste et répressif des talibans en Afghanistan, qui avait offert un refuge et un terrain d'entraînement aux terroristes. Mais le Président évita de se précipiter. Il offrit aux talibans l'occasion de livrer Oussama ben Laden et d'autres dirigeants d'Al-Qaïda. Il rédigea une note d'information à charge contre les talibans et dépêcha des émissaires dans les capitales clés du monde entier pour plaider contre les talibans. L'administration Bush n'a pas simplement cherché à convaincre nos alliés de longue date : le Président s'adressa également aux Chinois, aux Russes et aux Iraniens.

Il envoya l'adjoint de Powell au Pakistan pour vérifier que le président Pervez Musharraf savait précisément ce que nous attendions de lui lorsque nous irions en guerre dans l'Afghanistan voisin. Il était question de carotte, mais aussi de bâton.

Je reçus un curieux signe d'avertissement. Sur le chemin du retour, en direction de Wilmington, un soir d'automne, je tombai sur Richard Perle. Il s'agissait d'un néoconservateur, d'un partisan de la ligne dure, qui, en 2001, présidait la Commission consultative de la politique de défense, qui avait pour mission de fournir « des conseils et avis éclairés » au ministre de la Défense et à ses principaux adjoints. Je savais que Perle n'était jamais avare de conseils, alors ce qu'il me dit me déconcerta.

D'après lui, la Commission consultative préparait déjà un plan pour éliminer le dictateur irakien Saddam Hussein. L'idée était d'utiliser la montée en puissance d'une guerre contre les talibans en Afghanistan comme une feinte. Tandis que le reste du monde serait focalisé sur l'Afghanistan, l'armée américaine lancerait une attaque-surprise contre Bagdad. Les généraux de Saddam et le peuple irakien souhaitaient tellement se débarrasser de lui, insista Perle, que nous pourrions parvenir à nos fins à moindres frais. Il m'expliqua que nous pourrions détruire la majeure partie de l'artillerie lourde de Saddam à l'aide de missiles guidés. Puis, si ma mémoire est bonne, il nous suffirait de larguer dix-sept mille parachutistes au-dessus de Bagdad en pleine nuit, de capturer ou d'éliminer Saddam, et d'anéantir sa garde républicaine. L'armée irakienne régulière se lèverait alors et nous soutiendrait. Lorsqu'il voulut savoir ce que je pensais de son « plan de décapitation », je ne sus que lui répondre. Il me semblait totalement farfelu. Mais craignant que ce plan ne soit effectivement à l'étude au ministère de la Défense, j'appelai un membre de mon équipe de politique étrangère et lui demandai de le faire examiner par quelqu'un qui connaissait à la fois l'armée et la région. Un ancien responsable du CENTCOM (le Commandement central des États-Unis) nous expliqua que l'idée était totalement folle et naïve, aussi bien d'un point de vue militaire que stratégique.

— Que feront-ils une fois parachutés dans Bagdad ?

Le fait que Saddam Hussein n'ait rien à voir avec le 11 Septembre n'avait apparemment aucune importance pour Perle. Mais je savais aussi que ce dernier avait une certaine influence sur Rumsfeld, et que Paul Wolfowitz, le secrétaire adjoint de Rumsfeld, avait pour lui le plus grand des respects. Si c'était le genre de conseil abracadabrant que Bush recevait du côté néo-isolationniste de la faille, je priais pour que le secrétaire d'État Powell sache se montrer suffisamment persuasif.

Apparemment, ce fut le cas. Bush semblait entièrement focalisé sur le renversement des talibans en Afghanistan, la capture de Ben Laden et l'anéantissement des unités d'Al-Qaïda. Le Président s'assura que les autres pays de l'OTAN étaient au courant de nos plans d'invasion de l'Afghanistan et se fit également un devoir d'en tenir le Congrès informé. Lors de mes rencontres avec Bush au lendemain du 11 Septembre, il ne fit pas du tout preuve de l'arrogance à laquelle je m'étais attendu. Il sollicitait aussi bien des informations que des conseils. Il n'hésitait pas à poser des questions et ne semblait pas redouter qu'elles puissent révéler chez lui un manque de profondeur ou de connaissance. Je crois que tous ceux qui participèrent à ces réunions comprirent que nous étions confrontés à une réalité nouvelle et différente, et que même les spécialistes n'avaient pas encore toutes les réponses.

Certaines de ces séances durèrent plus d'une heure, le Président criblant de questions les participants. Il s'inquiétait en particulier de la réaction de la « rue arabe » à une action contre les talibans. On lui fit remarquer qu'ils risquaient de mettre à feu et à sang les ambassades américaines, de Tunis à Jakarta. D'après ce que j'avais appris durant mes années de travail dans la région, lui avouai-je, je ne pensais pas que la « rue arabe » se dresserait contre nous si nous nous montrions un peu malins. L'Afghanistan était une guerre justifiée – nous avions présenté une note de griefs convaincante contre les talibans et Al-Qaïda –, mais il nous fallait tenir compte de la nécessité d'une diplomatie publique énergique et de la nécessité de faire passer notre message non seulement aux chefs d'État du monde musulman, mais aussi à la population. Le Président me demanda même de réfléchir à une proposition d'investissement dans les infrastructures – satellites, gares et matériel – ainsi qu'à la rédaction d'un message que nous pourrions diffuser dans les pays à forte population musulmane.

George W. Bush avait la réputation d'être quelqu'un d'impatient, mais, durant les semaines qui suivirent les attentats du 11 Septembre, je vis un président rationnel, réfléchi, déterminé et équilibré. Je vis un président qui s'adressa au peuple américain, à l'ensemble de la communauté internationale, et qui présenta des arguments convaincants en faveur d'une action en Afghanistan. Lorsqu'il donna le feu vert à une action militaire pour chasser les talibans du pouvoir en Afghanistan, il avait déjà pris toutes les précautions nécessaires pour garantir le succès de l'opération et la coopération du reste du monde.

Deux semaines après le début des combats en Afghanistan, il devint évident que cette campagne militaire serait un succès. Lors d'une soirée organisée par le *think-tank* Council on Foreign Relations[1], je tins à féliciter le président Bush pour ses actes depuis les attentats du 11 Septembre.

— La grande majorité des responsables de la politique étrangère, aussi bien dans le camp des démocrates que des républicains, partagent en fait l'opinion que, jusqu'à présent, le Président a fait de l'excellent travail en organisant cette force multilatérale, en résistant aux

1. Le *Council of Foreign Relation* (CFR) est un *think-tank* américain dédié à l'analyse de la politique étrangère des États-Unis.

demandes pressantes d'une partie du gouvernement de court-circuiter l'Afghanistan pour aller directement en Irak. Je trouve qu'il a fait du bon boulot.

Lorsque j'évoquai ce soir-là nos obligations en Afghanistan, j'étais à peu près certain de répéter ce que j'avais entendu de la bouche du secrétaire d'État Powell et du Président en personne.

« Nous ne pouvons pas et ne voulons certainement pas abandonner sept millions de réfugiés afghans désespérés. Nous devons faire davantage pour aider la population afghane, et nous devons faire beaucoup plus pour donner de la visibilité à notre aide au sein du monde musulman… À long terme, nous devrons trouver le moyen de briser l'emprise que les *madrassas*[1] ont exercée sur une génération de jeunes gens. Ils devront éduquer une génération de jeunes femmes, leur donner les outils nécessaires pour profiter des droits qui leur ont été si cruellement refusés sous le régime des talibans. Ils devront déminer le pays le plus fortement miné du monde. Ils auront besoin de programmes de substitution pour se débarrasser du titre de premier producteur mondial d'héroïne et d'opium. Il leur faudra des puits, des purificateurs d'eau, des hôpitaux, des dispensaires, voire de simples routes pour se rendre d'une ville à une autre. Je félicite le Président d'avoir promis trois cent vingt millions de dollars d'aide pour l'Afghanistan. À mon avis, c'est sans doute le meilleur investissement que nous puissions faire. Je dis cela en dépit des obstacles à la réalisation de ces objectifs, dans une région qui ne

1. Les écoles coraniques.

s'est jamais révélée très fertile pour l'incubation d'institutions démocratiques. Il est évident que nous ne pourrons y parvenir seuls. Comme cela a été démontré depuis le 11 Septembre, il est encore plus évident, du moins pour moi, que nous ne pourrons promouvoir nos intérêts nationaux, et encore moins les réaliser, en demeurant totalement indifférents au reste du monde.

« Dans le chagrin, notre pays s'est de nouveau uni, et, à l'étranger, de nouvelles possibilités s'offrent à nous. Comme le dit ma mère : "De chaque tragédie, en cherchant bien, on peut tirer quelque chose de positif." Mais nous n'avons pas le droit de gâcher cette occasion. Je suis convaincu que le Président a opéré une véritable transition dans sa façon de penser. J'espère ne pas me faire d'illusions. Si c'est réellement le cas, je crois non seulement qu'il sera un grand président, mais aussi que nous aurons marqué le début d'une nouvelle ère dans nos relations internationales. »

– 17 –

Dans le noir

Par le hublot de notre petit avion, je vis scintiller les reflets argentés de l'Himalaya. Nous traversions le Pakistan de Lahore à Islamabad. Même à six mille mètres au-dessus du niveau de la mer, on aurait dit que notre appareil profitait de courants aériens moins élevés que les plus hauts sommets que nous apercevions, au nord. Ces montagnes avaient quelque chose de sinistre et d'un peu inquiétant, ce qui ne faisait qu'accroître la difficulté de ce périple. Nous nous dirigions vers notre destination finale, en Afghanistan, mais avec une coopération du Pentagone qui était loin d'être totale. Le ministère de la Défense nous avait clairement fait savoir qu'il n'était pas du tout intéressé par l'idée de devoir escorter un groupe de membres du Congrès en pleine zone de guerre en Afghanistan. Lorsqu'une petite délégation du Congrès s'était posée sur la base aérienne de Bagrâm, au nord de Kaboul, la capitale, quelques nuits auparavant, le Pentagone les avait mis sous haute surveillance. On les avait confinés sur la base tout au long des cinq heures qu'ils avaient passées dans le pays. Hamid Karzai, président du nouveau gouvernement de transition afghan, avait dû quitter Kaboul en convoi blindé pour aller à la rencontre du groupe. Lorsque Joe Liberman, sénateur du Connecticut et chef de la délégation, fut plus tard interrogé sur ce qu'il avait vu de l'Afghanistan, il répondit qu'il n'avait pas vu grand-chose : « Il faisait nuit. »

Je comprenais les arguments du Pentagone : en janvier 2002, le régime taliban semblait avoir été réduit à néant, mais de petites unités de combat continuaient d'infliger des dégâts aux troupes de la coalition comme aux citoyens afghans. Les responsables militaires étaient d'ordinaire sceptiques dès qu'il s'agissait de détourner ne serait-ce qu'une infime partie de leurs ressources pour la consacrer à la protection d'élus. Mais j'étais convaincu qu'il était important que le président de la Commission des Affaires étrangères puisse avoir un aperçu de la situation sur le sol afghan.

Les rapports que j'avais lus étaient tous bons. Combattant aux côtés de l'Alliance du Nord, les troupes américaines et de la coalition mirent fin au règne des talibans en Afghanistan en moins de deux mois. Dès les premiers jours de 2002, nous avions achevé l'opération militaire et sécurisé le pays. Nous avions aidé les Afghans à mettre en place un nouvel État sous la présidence de Karzai, et nous avions lancé une campagne pour recueillir des milliards de dollars auprès d'autres pays afin de financer la reconstruction de l'Afghanistan. Le secrétaire d'État Powell déclara publiquement que les États-Unis avaient l'obligation de rester et de reconstruire. Nous n'allions pas, affirma-t-il, « partir ni abandonner le peuple afghan à son sort ». Et le président Bush répétait avec fermeté qu'il était nécessaire de pousser Ben Laden et Al-Qaïda à répondre de la mort de près de trois mille civils innocents à New York et à Washington. La rhétorique était claire : l'administration Bush allait maintenir le cap en Afghanistan et traquer les responsables du 11 Septembre.

Je souhaitais avoir une vision plus précise de la situation sécuritaire en Afghanistan, et déterminer ce qu'il faudrait faire pour rebâtir un État, des infrastructures et une économie. On peut en apprendre beaucoup par une simple présence sur place. Recueillir des fragments d'histoires de personnes qui tentent tant bien que mal de mener leur existence permet souvent d'avoir un meilleur aperçu. J'étais également convaincu qu'il était important pour un démocrate de s'asseoir aux côtés du président Karzai et de lui garantir en personne que l'effort de reconstruction et le nouveau gouvernement pouvaient compter sur un soutien non partisan aux États-Unis. Enfin, je désirais entendre de la bouche même de Karzai ce dont il avait besoin pour donner à son nouveau gouvernement une chance de réussir.

J'avais donc décidé de me rendre en Afghanistan par mes propres moyens, sans grande escorte militaire, sans le tumulte que suscitaient immanquablement les délégations du Congrès. C'était vraiment la seule façon d'y entrer. Je m'étais dit que je pourrais me déplacer plus librement en petit groupe. J'étais donc accompagné de Jonah Blank et Puneet Talwar, deux collaborateurs de la Commission des Affaires étrangères ; de mon attaché de presse, Norm Kurz ; et de deux aides de camp militaires. Le secrétaire d'État Colin Powell souhaitait clairement que je fasse ce voyage, car Richard Armitage, son adjoint de confiance, avait fait en sorte que nous disposions des ressources nécessaires du Département d'État. Grâce à l'aide de ce dernier et à la bénédiction de George Tenet, directeur de la CIA, Puneet et Jonah avaient pu organiser le voyage et prendre toutes les mesures de sécurité adéquates. Nous avions effectué la première partie du trajet sur un vol commercial, depuis les États-Unis jusqu'au Pakistan, en passant par Manchester, en Grande-Bretagne. On avait ensuite mis à notre disposition un petit avion de l'État pour un saut de puce d'une quarantaine de minutes le long des contreforts himalayens, de Lahore à Islamabad. De là, nous aurions une place sur le vol des Nations unies à destination de la base aérienne de Bagrâm. Il n'y avait qu'un seul aller-retour par jour d'Islamabad à Bagrâm, et ce vol n'était en service que trois jours par semaine. Contemplant les montagnes, nous espérions donc tous arriver à l'heure.

Ce fut le cas sans la moindre difficulté, et on eut même le temps d'avoir un rapide topo de la part de notre ambassadeur au Pakistan avant de monter à bord de l'appareil des Nations unies. Après qu'on leur eut annoncé qu'il leur était strictement interdit de voyager avec nous jusqu'en Afghanistan, nos deux agents de liaison militaires restèrent à Islamabad. C'était contraire aux responsabilités habituelles des officiers qui accompagnaient les délégations du Congrès lors de visites à l'étranger. Normalement, ils auraient dû rester avec nous durant toute la durée de notre visite. Mais leurs ordres semblaient en adéquation avec le manque d'enthousiasme du ministère de la Défense vis-à-vis de mon voyage. En cette fin d'après-midi du 10 janvier 2002 d'une journée glaciale dans les plaines au cœur des montagnes de l'est de l'Afghanistan, nous nous envolâmes donc pour Bagrâm sans notre seul lien avec l'armée américaine.

Bagrâm avait été une base aérienne soviétique au cours de la longue guerre qui avait secoué le pays dans les années 1980. Oussama ben Laden avait été une figure mineure (malgré l'importance qu'il prit par la suite) des moudjahidin qui avaient permis de repousser l'armée soviétique haïe et contribué à mettre fin au mythe de l'invincibilité soviétique. Le président Reagan les avait qualifiés de combattants de la liberté. Les chasseurs MIG soviétiques que nous avions vus gisant pitoyablement, brisés et abandonnés sur les bords de la piste de Bagrâm étaient comme un monument à cette victoire. Mais si cette guerre était une source de fierté durable pour les Afghans, le pays lui-même avait été dévasté par la cruauté du combat. Ceux qui avaient pu se le permettre avaient tout abandonné et quitté le pays. L'économie était en lambeaux. Les seigneurs de la guerre régnaient en maîtres sur les campagnes, et les redoutables talibans avaient profité de la vacance du pouvoir pour s'y installer et mettre en place un régime fondamentaliste répressif qui s'était révélé très dangereux pour les citoyens afghans. L'Afghanistan était devenu une véritable pépinière et un centre d'entraînement pour les terroristes désireux de perpétrer des attentats sanglants aux quatre coins de la planète.

En nous posant à Bagrâm, je me demandai si les Afghans, anéantis par vingt-trois années de guerre, avaient encore l'énergie et la détermination suffisantes pour écrire une nouvelle page de leur histoire. À la fin de mon court séjour, ce n'était pas leur détermination qui m'inquiéta le plus.

Un service de sécurité bien armé nous demanda de nous entasser dans deux Chevrolet Suburban blindées capables de résister à des tirs de gros calibre, nous assura-t-on. Je ne suis pas certain qu'ils étaient ravis de devoir escorter mon groupe, mais le secrétaire d'État Powell devant arriver en ville peu de temps après moi, ils se sont probablement servis de notre présence comme d'une répétition générale. Alors que nous étions en route vers la capitale, le responsable de notre service de sécurité prononça son discours de bienvenue en Afghanistan :

— Nous avons environ une heure de route, annonça-t-il. Dès que nous aurons franchi le col, il ne nous restera plus qu'à descendre vers Kaboul. Je ne m'attends à aucun problème, mais si notre véhicule devait tomber en panne ou essuyer une attaque, et si nous devions descendre de la voiture, quoi que vous fassiez, ne vous écartez jamais de la route goudronnée, car chaque centimètre carré du chemin vers ce col est miné.

La route de Bagrâm traversait une région agricole fertile, la plaine de Shomali. On ne vit pas la trace d'un seul fermier au travail. Les villages le long de la route avaient tous été évacués par la population, à l'exception de quelques récalcitrants. De temps à autre, dans ce paysage désolé, on vit deux ou trois bergers sans troupeau marcher le long de la route – eux aussi savaient qu'il ne fallait pas quitter la chaussée bitumée –, ou des enfants jouer dans un village silencieux. Lorsqu'on repéra des individus sur le toit de huttes, devant nous, notre dispositif de sécurité se resserra davantage. Je les vis serrer un peu plus leurs armes dans leurs mains. En approchant des silhouettes, on s'aperçut qu'il s'agissait de jeunes enfants en train de jouer.

En arrivant à Kaboul, la circulation se fit nettement plus dense. Il y avait quelques voitures sur la route, beaucoup de vélos, et encore plus de piétons qui semblaient errer, formant un cortège sans but ni forme. Des monticules de débris de couleur sable jonchaient les rues et les trottoirs. À perte de vue, des bâtiments détruits. Mais, de temps à autre, on apercevait un atelier de ferronnerie, un marchand de vélos ou un revendeur de kérosène. Des groupes d'hommes et de garçons emmitouflés dans de fines couvertures se regroupaient le long de la route, blottis autour d'un feu allumé avec du bois fraîchement coupé. À l'occasion, de plus jeunes enfants s'éloignaient des groupes et se ruaient sur nos 4×4. Ils bondissaient à côté de nous, dangereusement près des véhicules en mouvement, espérant une piécette ou un petit présent. Notre service de sécurité nous annonça qu'il était hors de question de s'arrêter, ni même de baisser sa vitre. On parcourut donc les rues dans notre impénétrable cocon motorisé, jusqu'à ce que nous arrivions enfin à l'ambassade des États-Unis. Environ quatre-vingts Marines avaient établi un périmètre de sécurité autour du bâtiment. L'ambassade décatie était entourée de postes de garde, de nombreuses barricades et de sacs de sable.

Elle avait été fermée treize ans auparavant, incendiée par les talibans au début de la guerre, et rouverte quelques jours seulement avant notre arrivée. Le chargé d'affaires américain nouvellement installé et son équipe avaient bricolé un bureau dans les entrailles du bâtiment, mais, un peu partout dans l'ambassade, il régnait une puanteur âcre, comme si personne ne s'était donné la peine de nettoyer les réfrigérateurs avant de partir, toutes ces années auparavant. La seule eau courante dans tout le bâtiment était un filet à peine chauffé dans la salle de bains du sous-sol. Aux toilettes, il fallait se contenter d'un seau en guise de chasse d'eau. Après avoir jeté un coup d'œil à l'ambassade, Tom Friedman, le chroniqueur du *New York Times* qui nous suivait sur une partie de ce voyage, avait directement filé à la maison louée par son journal. Je disposais quant à moi d'une chambre individuelle, avec un lit de camp au milieu des bureaux. Je dormis plutôt bien, cette nuit-là.

Le lendemain matin, on se serra de nouveau dans nos Suburban pour nous rendre à une réunion au ministère de l'Éducation, les rues bordées de bâtiments en ruine. On passa devant un groupe d'immeubles érigés par les Soviétiques à l'époque où ils occupaient Kaboul. Vingt mille réfugiés – dont un grand nombre originaire de la plaine de Shomali – avaient visiblement fui leurs domiciles lorsque la guerre avait éclaté et s'étaient entassés dans les deux bâtiments de quatre étages. Je décidai d'y faire une halte pour voir si nous pouvions en apprendre quelque chose. Notre service de sécurité accepta à contrecœur de s'engager en voiture dans la résidence, mais il se montra beaucoup moins encourageant lorsque je demandai à descendre. Les Américains dont ils avaient habituellement la charge ne faisaient pas ce genre de chose, m'expliqua-t-on. On me montra du doigt les toits non sécurisés et les fenêtres ouvertes face à la cour, me faisant comprendre qu'il leur était impossible de garantir ma sécurité dans ces conditions. Mais je descendis malgré tout, et les habitants qui s'affairaient dans l'espace boueux se mirent à me suivre, jusqu'à ce que je me retrouve au milieu de la cour, entouré de plusieurs centaines d'Afghans. Je suis toujours étonné de voir à quel point les gens sont heureux de voir des Américains. Où que j'aille, aussi bien en Bosnie qu'au Tchad, dans les pires camps de réfugiés qui soient, la population espère toujours que l'Amérique puisse améliorer son sort. C'était une des rares fois où je pouvais leur promettre de les aider et être soutenu par la puissance de l'État américain. Mais l'enthousiasme vis-à-vis des Américains était loin d'être universel. Lorsque je tendis la main à un garçonnet qui semblait avoir environ sept ans, il recula de peur.

Il m'était arrivé de voir des camps pires, mais, au sein de la résidence soviétique, les réfugiés vivaient dans des conditions sordides. À Kaboul, l'électricité étant sporadique, les bâtiments n'étaient ni chauffés ni éclairés. La nourriture était rare, et l'eau toujours suspecte. La sécurité était inégale, car il n'y avait ni police ni armée permanente. En fait, j'appris rapidement que les fonctionnaires n'étaient plus payés depuis six mois. Comme dans toutes les rues de Kaboul, des hommes et des jeunes équipés d'armes automatiques surveillaient la foule. Difficile de déterminer s'ils étaient là pour maintenir l'ordre ou le troubler.

Notre service de sécurité sembla de plus en plus nerveux en voyant la foule s'agglutiner autour de moi. Comme il était peu probable que je puisse rester là longtemps, je posai directement aux réfugiés les questions qui me paraissaient les plus importantes : souhaitaient-ils rentrer chez eux ? Que diraient-ils si on leur fournissait des mobile homes, dans leurs villages ?

— On ne peut pas rentrer chez nous, me répondirent-ils. Ils sont toujours là-bas, les talibans. On ne rentrera pas tant qu'ils ne seront pas partis.

L'instauration d'un nouveau gouvernement à Kaboul n'avait pas permis de résoudre le problème le plus important. Comme ces réfugiés me l'expliquèrent, les talibans avaient simplement changé de turbans, pris leurs armes, et soit s'étaient mêlés à la population, soit avaient fui dans les montagnes. Et quand ils reviendraient, ils auraient des comptes à régler. Les réfugiés de la plaine de Shomali souhaitaient absolument rentrer chez eux, mais ils ne bougeraient pas de là tant qu'ils n'auraient pas la certitude qu'ils n'avaient plus rien à craindre des talibans.

L'un des hommes de notre service de sécurité attira alors mon attention.

— Il est temps de partir, déclara-t-il. Maintenant.

En remontant dans la voiture, il m'expliqua qu'il avait repéré des adolescents nerveux à la lisière de la foule. Ils avaient des armes qu'ils ne savaient manifestement pas manier. Il avait redouté qu'un coup de feu accidentel puisse créer des problèmes dans lesquels il n'avait aucune envie d'être impliqué.

On poursuivit alors notre route en direction du ministère de l'Éducation. On passa devant l'université de Kaboul. Certains des seigneurs de la guerre en Afghanistan y avaient étudié. Le lendemain, on rencontra un homme qui avait étudié la littérature, mais qui avait désormais deux mille soldats sous ses ordres. Les choses ne s'étaient pas déroulées comme il l'avait prévu. Depuis la guerre contre les Soviétiques, l'université n'était plus qu'un tas de gravats. Kaboul, comme une grande partie du pays, offrait aux regards un paysage lunaire. L'OTAN et les États-Unis en avaient pris pour leur grade en raison des dégâts que nos bombardements avaient provoqués à Kaboul et dans le reste de l'Afghanistan, mais, à vrai dire, le pays avait été anéanti bien avant notre arrivée. Des décennies de troubles civils, de régimes défaillants et de luttes pour le pouvoir avaient rendu la capitale, une vieille ville fièrement située sur l'ancienne route de la soie, pratiquement invivable. Notre tâche consistait à la remettre sur pied. En commençant par la doter d'une police, d'hôpitaux et d'écoles.

Rasul Amin, ministre de l'Éducation, accepta de nous conduire dans une école déjà remise en service. Le bâtiment était cerné d'une mer de boue, et il n'y avait pas l'électricité dans la salle de classe. Les cours dépendaient en grande partie de la lumière du jour, qui était rare en cette journée d'hiver grisâtre. Les enfants étaient entassés dans une pièce glaciale et humide. Ils étaient mélangés sans tenir compte de leur âge, car aucune des filles et un trop petit nombre de garçons avaient été en mesure de suivre une scolarité normale depuis l'arrivée au pouvoir des talibans. Les enfants de douze ou treize ans n'avaient donc pas plus de compétences en mathématiques que ceux de six ou sept ans. Leurs manuels étaient de simples carnets élimés. Les mathématiques étaient illustrées par des exemples martiaux comme : 1 char + 2 chars = 3 chars. Les pages étaient remplies de baïonnettes, de fusils, de missiles et autres armes en tout genre. Mais l'énergie qui se dégageait de la classe se ressentait de manière presque physique. C'était une chance dont la plupart de ces enfants n'avaient jamais rêvé, et ils furent ravis de pouvoir nous expliquer ce qu'ils apprenaient.

Il faudrait si peu d'argent et d'efforts pour réparer les écoles et fournir aux élèves de véritables manuels que je commençai à m'enthousiasmer. Je compris que nous pouvions apprendre à ces enfants à rêver de nouveau.

— Vous croyez qu'une fille peut devenir président ? demandai-je au groupe.

Ils se mirent à glousser. Après une rapide visite avec les enfants, j'entendis quelqu'un s'adresser à moi :

— Il est temps d'y aller, sénateur.

En me levant, je déclarai aux enfants :

— Il faut que j'y aille, à présent.

— Vous ne pouvez pas partir ! s'exclama l'un d'eux. (Levant les yeux, je vis une fille de treize ans, droite comme un I. Debout au milieu de la classe, elle semblait aussi courageuse que déterminée.) L'Amérique ne peut pas partir, ajouta-t-elle. Il faut que j'apprenne à lire. Je serai médecin, comme ma mère.

J'aurais voulu la serrer dans mes bras.

— Non, non, ma chérie. L'Amérique va rester.

Lorsque je pressai le ministre Amin de m'expliquer ce dont il manquait le plus pour ses écoles, il se montra ferme et sûr de lui. Les manuels et l'électricité pouvaient attendre. Ce qu'il fallait, c'était de la sécurité. Sans cela, rien ne pouvait être construit, et personne n'était prêt à envoyer ses enfants à l'école.

Après notre visite à l'école, nous sommes allés rendre une visite de courtoisie à Hamid Karzai, au palais présidentiel. Il s'agissait d'un magnifique édifice de marbre rose sculpté et de merveilleux tapis. Mais lui aussi était en piètre état, et il y régnait un froid glacial. Soucieux de ses dépenses, le nouveau gouvernement ne pouvait se permettre de chauffer que les appartements personnels de Karzai et ses bureaux. On nous conduisit à l'étage, dans les parties les plus chaudes du bâtiment. Le président Karzai apparut quelques instants plus tard. C'était un homme digne et élégant vêtu d'une lourde robe de soie. Sa tenue même était une déclaration de solidarité dans un Afghanistan fracturé. Il ne portait pas les soies traditionnelles de sa tribu pachtoune, mais plutôt le genre de robe que l'on affectionnait dans les tribus tadjikes et ouzbeks.

Il nous invita dans son bureau personnel et nous servit du thé vert accompagné d'un assortiment de noix. La réunion du jour était censée être un bref bonjour, car nous avions prévu le lendemain une discussion plus officielle avec Karzai et les principaux alliés de son nouveau gouvernement. Mais le Président constata, à notre façon de dévorer les pistaches, que nous étions affamés. Il insista donc pour que nous déjeunions avec lui, transformant notre courte entrevue en remarquable visite de deux heures et demie. Pour un homme qui venait d'avoir quarante-quatre ans, il était doté d'un sang-froid étonnant. Il semblait ravi de pouvoir répondre à nos questions. J'étais curieux de savoir si la majorité des Afghans considéraient les États-Unis et l'OTAN comme des libérateurs, ou comme de simples forces d'occupation qui faisaient encore plus de mal au pays. Karzai nous raconta son histoire. Depuis le début de la guerre, il était évident pour les responsables religieux et les seigneurs de la guerre du pays que Karzai était l'homme des États-Unis. Il avait donc commencé à recevoir des demandes de rencontres, et celle qui le préoccupait le plus venait de dix mollahs de Kandahar. Cette ville était un bastion taliban, dans une région très conservatrice d'un point vue religieux, où les mollahs étaient, de l'avis général, solidaires des initiatives des talibans, même les plus répressives. Karzai pensait qu'ils allaient venir lui reprocher son alliance avec les

États-Unis. Malgré tout, nous avoua-t-il, il s'était senti obligé d'avoir cette entrevue. Il aurait besoin du maigre soutien qu'ils étaient prêts à lui accorder. Il les avait donc reçus au début du mois sacré du ramadan, au moment où les bombes avaient commencé à tomber sur les talibans.

Après les « dix minutes habituelles de plaisanteries afghanes », nous raconta Karzai, le chef des mollahs s'était levé et avait commencé à lui parler de la campagne de bombardement américaine. Le mollah avait plongé la main dans la manche de sa tenue et en avait tiré une carte grossière, dessinée à la main, d'un village et d'un dépôt de munitions d'Al-Qaïda non loin. Karzai nous avoua qu'il était convaincu que le mollah allait lui dire que les Américains frapperaient sûrement le village, occupé par des innocents, ou qu'ils détruiraient les munitions, ce qui retomberait sur les villageois qui se feraient torturer par les talibans. Au lieu de cela, le mollah lui avait tendu la carte, lui indiquant le dépôt de munitions.

— Ici, avait-il montré. Dites aux Américains de bombarder juste ici.

Le lendemain, le président Karzai réunit la plupart des membres de son cabinet pour un nouveau long déjeuner de travail. C'était un hôte généreux dans des circonstances difficiles. Son gouvernement manquait simplement du confort le plus élémentaire. Karzai nous suggéra même d'éviter certains plats servis ce jour-là. Au milieu du repas, l'éclairage déjà relativement faible s'éteignit complètement, nous plongeant quelques instants dans le noir. Les ministres se plaignirent de ne pouvoir payer aucun de leurs employés. Pas même les serveurs qui s'occupaient de nous ce jour-là. Un des ministres espérait simplement pouvoir acheter rapidement un bureau. Karzai était franc et direct : ils avaient désespérément besoin d'argent. Il comptait le répartir pour des projets de reconstruction entre les factions tribales et ethniques qui composaient l'Alliance du Nord : les Pachtounes, les chiites hazaras, les Ouzbeks et les Tadjiks. Chacun des grands seigneurs de la guerre en Afghanistan était financé par un État mécène vers qui il pouvait se tourner, qu'il s'agisse du Pakistan, de l'Iran ou de la Turquie, mais il était désormais temps de les en détourner et de les intégrer pleinement au nouvel État afghan. Et si l'USAID[1] continuait à contourner Karzai et à distribuer de l'argent à l'ensemble des seigneurs de la guerre dans les campagnes, le Président et ses ministres firent valoir que cela ne les inciterait certainement pas à se tourner vers le nouveau gouvernement central. C'était comme si le gouvernement fédéral américain contournait les gouverneurs et distribuait de l'argent au niveau local : il n'y aurait plus aucun moyen d'établir le moindre plan à l'échelle des États. Si les choses continuaient à fonctionner de cette façon, me semblait-il, Karzai allait bientôt se voir réduit à l'état de simple maire de Kaboul.

Ce qu'ils souhaitaient également de manière tout aussi désespérée, c'était davantage de sécurité. Et pas uniquement à Kaboul. Ils désiraient que Mazâr-e Charîf, Hérat, Kandahar et d'autres villes clés soient également sécurisées. Et l'écrasante majorité de l'administration

1. La *United States Agency for International Development* (Agence des États-Unis pour le développement international) est une agence américaine chargée du développement économique et de l'assistance humanitaire à travers le monde.

Karzai voulait que ce soit une force multinationale qui s'en charge. Si nous ne sécurisions pas ces lieux, les talibans profiteraient des failles et feraient un retour en force. Même les membres éminents de l'Alliance du Nord, fière et indigène, savaient que la force de sécurité internationale était une idée non seulement bonne, mais également populaire. Les Afghans avaient une longue tradition d'indépendance, repoussant constamment les occupants de leur territoire, mais les États-Unis et leurs alliés n'étaient pas considérés comme une force destinée à diriger le pays. Un ancien dirigeant de l'Alliance du Nord nous assura que si un référendum était organisé à Kaboul, ce jour-là, demandant si la population préférait que l'on mette en place une force de sécurité internationale ou que l'on investisse l'Alliance du Nord de ce pouvoir, elle voterait pour la force internationale. Après tant d'années de combats, les Afghans étaient las de la guerre et souhaitaient que les États-Unis prennent la tête d'une force multinationale pour sécuriser leurs villes et leurs villages en ruine.

Les matins à Kaboul n'étaient jamais faciles. Avec plus de huit Marines logeant dans l'ambassade et alentour, l'usage de la salle de bains était limité. Invoquer le privilège sénatorial ne me paraissait pas juste vis-à-vis de soldats qui tentaient de faire leur boulot dans une contrée étrangère loin de chez eux. Je pris donc mon seau d'eau et fis la queue pour aller prendre une douche et me raser comme les autres.

Deux choses m'ont frappé chez les militaires que j'ai croisés lors de mon séjour en Afghanistan. Premièrement, ils avaient un moral extrêmement élevé. Et un sens réel de la mission. L'histoire racontée un jour par un jeune commandant du Delaware résumait parfaitement l'état d'esprit de nos troupes sur place. Un hôpital pédiatrique à Kaboul n'avait plus d'électricité à cause d'une panne du groupe électrogène, et il leur était impossible d'acheter les pièces nécessaires à sa réparation, car ni le gouvernement Karzai ni l'ambassade américaine n'avaient pu trouver les trois cent vingt dollars pour les pièces de rechange. Tandis que les patients de l'hôpital souffraient, les Marines firent une quête, recueillirent la somme voulue, achetèrent les pièces et réparèrent le groupe électrogène. Confrontés à un problème, ils y avaient remédié le plus rapidement possible.

L'autre chose que les soldats me confièrent, à chaque échelon de la hiérarchie, était qu'il leur fallait plus d'effectifs. Les Britanniques étaient chargés de sécuriser Kaboul, et le général de division John McColl, qui commandait la Force internationale d'assistance à la sécurité, m'informa de la situation sécuritaire. D'après ce que j'avais pu voir dans les rues, j'avais une idée des difficultés qu'ils rencontraient, et McColl et son adjoint, que j'avais déjà rencontré au Kosovo quelques années auparavant, confirmèrent mon malaise. Ils nous montrèrent des cartes de la ville et nous firent un rapide tour d'horizon de la répartition ethnique et tribale des quartiers. Puis ils nous expliquèrent de quelle manière les Britanniques, les Français et les Allemands s'étaient partagé les responsabilités, zone par zone. Le général McColl était convaincu que la ville pouvait être sécurisée afin que la reconstruction et la restauration puissent débuter, mais il insista sur le fait qu'il lui fallait plus d'hommes pour réussir sa mission, et peut-être plus de temps qu'on ne l'avait cru au départ.

Lorsque je lui demandai combien de temps il pensait que le Parlement britannique accepterait de laisser ses troupes au sol en Afghanistan, il me répondit que cela dépendrait en grande partie de la détermination américaine.

— Ils ne nous permettront pas de rester si l'Oncle Sam n'est plus là, répondit-il. Si vous partez, vous, nous n'aurons plus aucune raison de rester.

Lorsqu'on quitta Kaboul pour regagner Bagrâm, j'étais nettement plus optimiste quant à la possibilité de sécuriser et de reconstruire non seulement Kaboul, mais aussi une grande partie du reste du pays. Le projet semblait bénéficier d'un fort soutien international, et Karzai faisait preuve de sagesse, de force et d'intégrité. Il était parvenu à faire entrer les différentes tribus et les différentes ethnies au sein de son nouveau gouvernement. Tout le monde avait intérêt à ce que cela fonctionne. J'étais convaincu que si nous soutenions Karzai et répondions à ses attentes, nous pourrions de nouveau rendre ce pays sûr et uni.

De retour à Bagrâm, le lendemain matin, je pus me faire une idée plus précise de l'avancement des recherches concernant Oussama ben Laden et Al-Qaïda. Des responsables militaires m'escortèrent jusqu'à un bâtiment alors classé confidentiel, où la police militaire détenait des prisonniers ennemis capturés en Afghanistan. La prison était un vaste hangar dont les portes avaient été soufflées par une explosion. Une fois à l'intérieur, quand ma vision se fut ajustée à la pénombre, j'aperçus un bureau, à l'étage, ainsi que des gardes et des tireurs d'élite alignés le long de l'ensemble du périmètre, surveillant leur gibier, soit environ cent vingt prisonniers vautrés sur l'ensemble de la surface rectangulaire. Le sol était quadrillé, et chaque section avait une plaque de bois portant son nom : « Camp New York », « Souvenons-nous du 11 Septembre » … C'étaient des combattants d'Al-Qaïda, les premiers que je voyais de près, et ils avaient vraiment l'air méchants. Tandis que je faisais le tour de l'enceinte grillagée, de nombreux prisonniers me regardèrent droit dans les yeux. Aucun d'eux ne baissa la tête. J'avais déjà eu l'occasion de visiter de nombreuses prisons, mais ces types affichaient une férocité et une haine que je n'avais encore jamais vues.

Leurs conditions de détention étaient rudes. Chacun des prisonniers de guerre devait se contenter de son propre tapis de 1,20 m sur 2,40 m. Ils étaient nourris et on leur remettait des couvertures et des manteaux pour se tenir chaud, mais le hangar ouvert n'était pas chauffé. Quand ils voulaient aller aux toilettes, il y avait des latrines, sur le devant. J'imagine que ce sont ces types qui ont fini dans la prison militaire de Guantánamo.

Après cette petite visite, on m'escorta jusqu'au bâtiment où travaillaient ceux qui traquaient les membres d'Al-Qaïda. Le général avait installé une immense table autour de laquelle il avait fait asseoir le responsable de chacune des agences gouvernementales. La CIA, le FBI et le renseignement militaire étaient présents, se surveillant mutuellement. Rien n'était cloisonné, personne ne pouvait cacher la moindre information aux autres. Les ordinateurs portables étaient tous sur la table. Tout le monde savait ce que faisaient les autres, et tout le monde savait ce que savaient les autres. C'était la première fois que je voyais un tel niveau de partage des informations, et c'était la bonne façon de procéder. Des cartes sur les murs permettaient de suivre les progrès des forces spéciales sur le terrain. Le commandant pouvait m'indiquer un point sur la carte et me dire où se trouvait telle ou telle patrouille à Tora Bora.

— Nous avons seize hommes dans cette région, non loin de la frontière pakistanaise. Nous en avons cent vingt ici.

Ils étaient tous sur les traces de Ben Laden, et le commandant pensait vraiment pouvoir le capturer.

Les hommes dans cette pièce souhaitaient également plus d'hommes sur le terrain, car la région était vaste et difficilement praticable. Ils pensaient que nous devrions internationaliser l'opération et augmenter le niveau des troupes. La France et l'Allemagne faisaient partie des pays qui participaient à la traque. Apparemment, le ministre de la Défense Donald Rumsfeld bloquait cette initiative. Il faisait valoir que si nous augmentions le nombre de soldats et les internationalisions, notre capacité de mouvement s'en verrait quelque peu limitée. Il nous faudrait coordonner chacun de nos mouvements, ce qui nous ralentirait.

Il était prévu que nous prenions le vol de l'ONU de Bagrâm à Islamabad le dimanche après-midi, mais, après avoir fait le trajet de Kaboul à la base aérienne le matin même, nous avons commencé à entendre dire que la météo était si mauvaise que l'avion n'allait même pas décoller d'Islamabad. Le brouillard au-dessus de la piste confirma nos craintes, mais, au bout d'environ une heure d'attente, nous avons entendu le bruit d'un avion à l'approche. À cause de la brume, il nous était impossible de distinguer l'appareil. Nous l'avons entendu décrire un premier cercle, puis un deuxième, et enfin un troisième avant que les pilotes finissent par renoncer et regagner le Pakistan. Le vol suivant était le mardi. Il nous faudrait rester deux jours supplémentaires à Kaboul, et j'allais manquer les réunions avec le président du Pakistan Pervez Musharraf et le Premier ministre indien Atal Bihari Vajpayee. Pire encore, rien ne nous garantissait que le brouillard se lèverait dans quelques jours… ou quelques semaines.

J'allai voir les Marines qui géraient la base et leur demandai de la place sur l'un des prochains avions de ravitaillement militaire qui décollerait de Bagrâm. Nous n'avions pas besoin d'un avion particulier, leur expliquai-je. Juste quelques strapontins sur un vol déjà prévu. Un colonel s'arrangea pour que nous puissions monter dans le prochain qui partait. Après un rapide aller-retour improvisé à Kaboul pour donner quelques interviews télévisées, on se retrouva à l'aérodrome, attendant un C-130 censé se poser à vingt-deux heures ce soir-là et redécoller dès que l'approvisionnement serait déchargé. Les Marines nous expliquèrent l'exercice : les opérations aériennes à Bagrâm se faisaient le plus rapidement possible, car les talibans étaient encore dans la région, et s'amusaient à tirer sur les avions. (Je me rappelle que le terme « rocket Katioucha » m'avait fait une forte impression, à l'époque.) Les Marines faisaient voler leurs avions sous le couvert de la nuit, déchargeaient en toute hâte, rechargeaient et redécollaient aussitôt. L'opération se déroulait en quelques minutes seulement. Ils ne se donnaient même pas la peine de couper les moteurs.

Nous attendions à côté de la piste de Bagrâm quand on nous annonça la mauvaise nouvelle. Le colonel des Marines Bigelow nous répéta ce qu'on lui avait dit.

Il s'excusa d'un air un peu gêné, mais il avait reçu des ordres d'en haut : le sénateur Biden et son groupe n'avaient pas l'autorisation de monter à bord d'un avion militaire. Nous avions la chance d'avoir accès à un téléphone satellite, mais j'avais suffisamment de jugeote pour savoir qu'il valait mieux éviter d'appeler le Pentagone. Alors, debout dans le froid, juste devant le centre d'opération mobile du colonel, non loin d'une piste isolée au milieu de l'Asie centrale, j'appelai le centre de commandement du Département d'État, et, moins d'une minute plus tard, on me passa le secrétaire d'État Colin Powell.

— Monsieur le secrétaire d'État, dis-je. Il paraît que vous m'avez jeté hors de cet avion ?

— Je ne vous ai jeté hors d'aucun avion, protesta Powell. Rumsfeld ! Nom d'un chien !

Puis il me demanda de lui passer le colonel. Quand on annonça au colonel Bigelow que le secrétaire d'État souhaitait lui parler au téléphone, il se mit au garde-à-vous, visiblement ravi de pouvoir converser avec cette légende.

— Oui, mon général, l'entendit-on dire. Non, mon général… Parfait, mon général.

Bigelow ressortit de sa tente avec le sourire. Powell avait appelé le commandement central en Floride, et, n'étant pas en mesure de joindre le ministre Rumsfeld, il s'était rabattu sur son secrétaire adjoint, Paul Wolfowitz, qui avait accepté notre requête. Nous étions autorisés à partir.

Ainsi, juste avant vingt-deux heures, nous nous tenions à côté du tarmac, dans le noir le plus total. J'étais dans l'incapacité de distinguer les traits de Puneet, Jonah et Norm alors qu'ils se trouvaient à quelques mètres de moi. Mais on entendait rugir les moteurs de l'avion-cargo sur la piste. Alors que les Marines en déchargeaient le contenu, je remarquai que mes hommes étreignaient ceux qui avaient assuré notre sécurité tout au long de notre séjour. Mes collaborateurs étaient si reconnaissants envers eux qu'ils leur promirent de les inviter à déjeuner et à boire autant de bière qu'ils le souhaiteraient dès que l'un d'eux se rendrait à Washington. Un sentiment que je partageais. Ensuite, on nous poussa à bord.

J'étais installé dans le cockpit, suffisamment près pour voir les lunettes de vision nocturne que portaient les pilotes, et les membres de mon équipe – ainsi que Tom Friedman –, sanglés à des strapontins en toile rouge. Les aviateurs semblaient évoluer dans ce qui semblait être une panique parfaitement maîtrisée.

— Que se passe-t-il ? demanda Puneet à voix haute.

Lorsque l'appareil se mit à rouler sur la piste, les portes de chargement encore ouvertes, quelqu'un à côté de moi lui répondit :

— Un tir de balle traçante, juste après la piste.

— Qu'est-ce qu'on va faire ? s'inquiéta Puneet.

— On va se tirer d'ici !

De retour à Washington, je me mis à parler publiquement de ce qu'il fallait faire en Afghanistan. Ce qu'il fallait retenir était que, jusqu'à présent, l'opération en Afghanistan était un véritable succès. Les talibans semblaient vaincus, et Al-Qaïda était en fuite. Mais j'insistai aussi sur le fait qu'il nous restait un long chemin à parcourir et que nous devions agir vite. Il nous fallait davantage d'hommes sur le terrain. Nous devions augmenter les effectifs de la force de sécurité internationale et la conduire dans les zones où les seigneurs de la guerre avaient longuement exercé leur influence. Durant ce court laps de temps, les étrangers seraient les bienvenus. Nous ne manquions pas de soutien aux quatre coins de la planète, et il nous fallait internationaliser l'effort militaire, surtout pour traquer Ben Laden. Sa capture devait être une réussite pour tout le monde. Reconstruire les infrastructures et l'économie afghanes ne coûterait pas aussi cher que de refaire Paris, mais il allait falloir de l'argent et un véritable engagement. Et si la communauté internationale devait mettre la main à la poche pour la reconstruction, nous ne pouvions nous permettre d'attendre la conférence internationale des donateurs à la fin du mois. Pour conserver son autorité, le gouvernement de transition de Karzai avait besoin des fonds des États-Unis tout de suite afin de pouvoir payer ses fonctionnaires et commencer à fournir ce que nous considérions pour acquis, ici, aux États-Unis : de l'électricité, de quoi manger, de l'eau potable, et un sentiment de sécurité dans les rues. Si nous n'accompagnions pas nos paroles de soutien d'actes concrets, nous risquions de perdre le soutien du peuple afghan. Nous devions raser les champs de pavot et offrir aux agriculteurs afghans un marché pour d'autres cultures.

Lorsque je revis le président Bush, il se montra agréable et toujours disposé à m'écouter. Il demeura cependant relativement évasif. Lorsque j'insistai sur la nécessité de renforcer nos troupes, il ne me sembla guère encourageant. Ses conseillers lui répétaient sans doute que les talibans avaient été décimés, mais ces réfugiés de la plaine de Shomali que j'avais rencontrés me paraissaient plus avisés.

— Sauf votre respect, monsieur le président, lui dis-je, combien de housses mortuaires avez-vous comptées ? Vous disiez que les talibans étaient trente, quarante, cinquante mille. D'accord. Combien de morts ? Mille ? Deux mille ? Cinq mille ? Où sont-ils ?

Le secrétaire d'État Powell revint de son voyage en Afghanistan quelques jours après moi, et, d'après ce qui m'en a été rapporté, il fit au président des recommandations semblables aux miennes. En public, le Président réclama un « plan Marshall » pour l'Afghanistan. Il déclara que nous allions achever le travail. Armitage parvint à obtenir de l'argent pour Karzai. On racontait que le point de vue de Powell s'était imposé au sein de l'équipe de politique étrangère de Bush. Les journalistes qui m'appelèrent à l'époque me rappelèrent le feu nourri, avant le 11 Septembre, de mes critiques contre l'administration Bush au sujet de la Guerre des étoiles, de Kyoto et du reste.

— Biden, n'aviez-vous pas tort ? Cet homme est un républicain internationaliste. Ce gouvernement se conduit plutôt bien…

On me demandait si je pensais que le Président avait définitivement quitté le camp des néoconservateurs unilatéralistes et, bien que j'aie été tenté de répondre par l'affirmative, je n'en avais pas la certitude. Il semblait en prendre la direction. Je voulais croire que c'était le cas.

C'était une erreur.

Le discours de Bush, en janvier 2002, se révéla être le début d'un schéma qui allait se poursuivre tout au long du mandat torturé de Powell au sein de l'administration Bush. Un schéma que je n'avais pas encore tout à fait perçu à l'époque. Le Président allait lui fournir la rhétorique qu'il lui fallait, mais il donnait déjà subrepticement au vice-président Cheney et au ministre de la Défense Rumsfeld les forces et les fonds qu'ils réclamaient pour une nouvelle cible. En substance, Powell et le Département d'État se trouvaient autant dans le noir que moi lors de cette nuit sans visibilité sur le tarmac de Bagrâm. En y repensant, j'en suis venu à trouver que, quelle que soit la proximité de Powell avec le Président, ce dernier donnait l'impression de vouloir dissimuler sa politique étrangère à son propre secrétaire d'État.

– 18 –

Le consentement éclairé du peuple américain

Cela commença à se préciser dans les semaines qui suivirent mon retour : Bush savourait sa réussite relativement aisée en Afghanistan. Le ministre de la Défense Donald Rumsfeld semblait particulièrement satisfait. Il était entré au Pentagone déterminé à transformer l'armée en une force de combat qui dépendait moins des effectifs et plus de la puissance de feu. C'était un grand partisan des nouvelles armes aussi redoutables qu'onéreuses. Au Pentagone, la résistance au changement était une évidence. Personne ne faisait rapidement changer le cap d'un cuirassé de cette taille, et si traditionnel. J'avais lu quelque part que lorsque j'avais prononcé mon discours sur les menaces terroristes, le 10 septembre 2001, le ministre Rumsfeld prétendait que la plus grande menace pour notre sécurité nationale était la bureaucratie du Pentagone. Mais Rumsfeld me paraissait être un homme qui s'épanouissait dans la difficulté et les conflits.

Les attentats du 11 Septembre lui avaient permis d'étayer ses propos et lui avaient servi de précédent. Les forces qu'il avait envoyées en Afghanistan étaient composées d'un contingent nettement plus petit que celui que des officiers aguerris comme le général Powell auraient pu expédier. Mais, à court terme, cela avait fonctionné. Il était parvenu à faire le plus gros du travail – renverser les talibans – à l'aide de grosses bombes et d'un petit nombre d'hommes, le tout pour un coût minime. Pas un seul soldat américain n'avait été tué au combat d'octobre à décembre 2001. Et la « rue arabe » qui avait tant préoccupé le Président ne s'était pas soulevée pour prendre la défense des talibans. Mais la fierté bien méritée de Bush à propos de ce succès commença à faire place à un sentiment plus dur, moins digne.

Le Président continuait d'évoquer son « Plan Marshall » pour l'Afghanistan, mais l'administration refusait de fournir les fonds nécessaires à sa réalisation. Les forces de maintien de la sécurité ne grossirent pas de manière significative. Peu d'efforts à mon goût furent fournis pour tenter d'obtenir l'aide d'autres pays. Rumsfeld continuait à résister à l'idée que les forces de l'OTAN puissent se joindre à la traque de Ben Laden, et refusait de modifier les règles d'engagement pour s'occuper des champs de pavot et du trafic d'héroïne. Ce qu'il fallait faire sur le terrain pour sécuriser et reconstruire l'Afghanistan était évident. Je l'avais vu. Powell l'avait vu. Le président Karzai et ses ministres le savaient. Le général britannique responsable de la sécurité à Kaboul aussi. Il ne faisait donc aucun doute que Rumsfeld devait en avoir une petite idée. Mais le gouvernement refusait simplement de le faire. L'équipe de Bush était en train de gâcher une occasion en or.

Je remarquai également que notre générosité envers nos alliés n'était plus aussi forte. L'Alliance du Nord s'était bien battue, et les forces de l'OTAN s'étaient révélées indispensables. Bush donnait l'impression de vouloir faire de nouveau cavalier seul. À l'exception des gourous des *think-tanks* conservateurs, il avait surpris à peu près tout le monde à Washington en nommant l'« Axe du mal » – Corée du Nord, Iran, Irak – et avait commencé à faire allusion à la doctrine des attaques préventives. Bien qu'Oussama ben Laden et les talibans soient encore bel et bien vivants, on commençait à suggérer la possibilité d'aller faire la guerre en Irak. Le gouvernement ne semblait guère disposé à consulter qui que ce soit au Congrès. Ainsi, à la fin du mois de février 2002, je décidai de me manifester.

— À juste titre, le gouvernement est très fier de la manière dont il nous a menés du 11 Septembre à aujourd'hui, déclarai-je à la presse. J'ai malheureusement aussi l'impression qu'il y a un peu d'arrogance à l'œuvre… Ils sont de moins en moins tentés de partager leurs idées avec qui que ce soit.

Peu de temps après, le Président m'invita à la Maison Blanche en compagnie d'autres présidents des Commissions de défense des Affaires étrangères des deux chambres du Congrès. Mais Bush était plus en mode « envoi » que « réception ». À un moment, il me regarda fixement.

— C'était quoi, tout ce discours sur l'arrogance ?

Je lui répondis qu'il était libre de faire ce que bon lui semblait, mais qu'il ne nous consultait plus du tout, ces derniers temps. Il commença à me dire que ce n'était pas vrai, quand Henry Hyde, un républicain conservateur du Congrès fervent soutien de Bush, intervint :

— Si, c'est vrai, monsieur le président. Je suis gêné, au sein du caucus républicain, tous les mardis. On me demande ce que fait le gouvernement, et je suis incapable de répondre. Vous ne nous parlez plus. Vos ministres ne nous parlent plus non plus.

— Nous allons régler ça, promit le Président. Pourquoi ne fixeriez-vous pas un rendez-vous hebdomadaire avec Condi ?

— Non. Faites en sorte qu'elle voie Joe, répondit Hyde, choquant tout le monde dans la pièce. Lui nous tiendra informés.

Je commençai donc à voir la conseillère à la sécurité nationale Condoleezza Rice. Nos rendez-vous ne furent jamais vraiment hebdomadaires, et, même lorsqu'on se réunissait, je n'avais pas réellement l'impression d'être mis dans la confidence. Je faisais des efforts pour la tenir informée de ce que je faisais avec mes collègues républicains aux Affaires étrangères, Chuck Hagel et Richard Lugar, pour élargir nos relations diplomatiques avec l'Iran et la Corée du Nord. Je la tenais également au courant de ce que j'entendais en Afghanistan. Je me souviens très bien l'avoir prévenue que les seigneurs de la guerre commençaient à reprendre peu à peu leurs droits, et qu'il nous fallait réagir et montrer notre soutien au gouvernement central de Karzai. Sinon, ils allaient suivre leur propre voie, et le pays allait de nouveau se scinder. Me regardant fixement, elle me répondit en gros que les seigneurs de la guerre avaient toujours été impliqués en Afghanistan et que nous n'y pouvions rien.

Je me rappelle m'être dit : *Ouah. Attends une minute. Ce n'est pas ce que le gouvernement a répété jusqu'à présent.* Cela mit plus ou moins un terme à mon espoir que la Maison Blanche puisse s'engager à reconstruire l'Afghanistan avec un gouvernement central, une armée unifiée et une économie fondée sur autre chose que la production de pavot. En sortant du bureau, j'annonçai à mon directeur du personnel aux Affaires étrangères que la Maison Blanche modifiait sa politique.

Depuis mon retour d'Afghanistan, une conversation que j'avais eue avec l'un des ministres de Karzai n'avait cessé de me tracasser. Il avait été un peu écœuré que le gouvernement ne reconnaisse pas à sa juste valeur le rôle de l'Alliance du Nord dans le renversement des talibans. Il redoutait aussi que les États-Unis laissent l'Afghanistan livré à lui-même. Le ministre était ravi que les talibans aient été écartés du pouvoir, mais craignait que nous ne criions victoire trop tôt, que nous n'abandonnions le nouveau gouvernement, et que nous ne puissions éventuellement revenir lors d'une nouvelle guerre éclair de trois semaines si les talibans parvenaient à reconstituer suffisamment leurs forces pour représenter une menace. Il avait peur que les États-Unis se contentent d' « assécher le marais » dès qu'il se remplirait de nouveau un peu trop.

— Nous étions à vos côtés, m'avait-il dit. Il faut donc que vous nous aidiez. Sinon, nous ne serons plus avec vous la prochaine fois.

En janvier 2002, je n'avais eu aucun problème à rassurer le ministre afghan. Je croyais réellement que le président Bush allait tenir parole, qu'il allait sécuriser et reconstruire l'Afghanistan. Quelques mois plus tard, en ressortant de mon entrevue avec la conseillère à la sécurité nationale Rice, j'étais convaincu que l'administration Bush comptait renoncer à sa promesse.

Quoi que le secrétaire d'État Powell ait pu dire à l'époque, cela n'avait manifestement pas été transmis au président. En fait, je trouvais même que les néo-conservateurs du gouvernement parvenaient à séduire George W. Bush de manière très efficace, et ce en jouant essentiellement sur sa croyance naïve qu'il pourrait assurer notre sécurité en répandant la démocratie dans le monde entier. Je demandai donc à mes collaborateurs de m'informer sur la nature de ces néo-conservateurs. Deux ou trois choses étaient frappantes chez les principaux éléments du ministère de la Défense, sous la houlette du secrétaire adjoint Paul Wolfowitz. C'étaient des gens extrêmement intelligents et attentionnés, et leurs intentions étaient bonnes. La plupart d'entre eux croyaient véritablement que leur mission était de diffuser la démocratie au Proche-Orient. Ils étaient également convaincus que l'Amérique avait les moyens de ses ambitions. Il n'était pas difficile de voir comment un président optimiste, ambitieux, mais malheureusement mal préparé et mal renseigné pouvait se laisser emporter par cette vision. Il ne disposait tout simplement pas d'informations suffisantes pour se douter des difficultés qui l'attendaient.

Mais je commençai aussi à distinguer une ligne de fracture au sein du camp néoconservateur. Elle séparait le vice-président Cheney et le ministre de la Défense Rumsfeld des vrais idéalistes. Ces deux-là étaient nettement plus cyniques dans leurs objectifs. Ils pouvaient très bien se prononcer en faveur de la démocratisation au Proche-Orient, tant que cela leur permettait d'obtenir l'action militaire qu'ils souhaitaient, mais ils n'avaient aucun intérêt à dépenser des ressources importantes pour aider un pays comme l'Afghanistan à se relever. La reconstruction d'une nation, disaient-ils clairement, n'était pas à l'ordre du jour. Ils préféraient « assécher le marais » chaque fois que les talibans devenaient un peu trop menaçants à leur goût. Quand le sénateur Chuck Hagel et moi avons proposé une loi complémentaire pour obtenir plus d'argent pour l'Afghanistan, le gouvernement s'y opposa.

En lisant d'autres de leurs traités fondateurs, il devint évident à mes yeux que si les néoconservateurs avaient pu se mettre d'accord sur un sujet, c'était bien celui de l'utilisation de la force (et de sa menace) comme outil principal dans la lutte contre le terrorisme. Ils croyaient fermement que le meilleur moyen d'éviter une guerre plus importante et plus longue consistait à effrayer par une puissance supérieure les États susceptibles de financer les terroristes. À quoi bon être la seule superpuissance militaire au monde, voulaient-ils savoir, si nos dirigeants politiques hésitaient à faire la démonstration de notre force écrasante ? « Choc et effroi » était bien plus qu'un simple slogan. Ils étaient convaincus de pouvoir ainsi faire plier des États considérés dissidents.

Wolfowitz ne cessait de répéter que les terroristes ne pouvaient exister sans le soutien d'États, que Ben Laden et Al-Qaïda avaient forcément le soutien d'un pays. Ils avaient de solides théories sur le terrible nouveau monde dans lequel nous vivions, et en avaient identifié les plus grandes menaces : la Corée du Nord, l'Iran et l'Irak. Cheney alla même jusqu'à inventer un lien entre le dictateur irakien Saddam Hussein et les attentats du 11 Septembre d'Al-Qaïda. Le renversement des talibans avait été un bon début pour les néoconservateurs, mais ils étaient persuadés que le meilleur moyen de gérer les autres mécontents de la planète et d'éviter une guerre plus importante consistait à éliminer l'un des membres de l' « Axe du mal », afin que tous ceux qui les suivaient se mettent à trembler. Ils souhaitaient tirer parti de la formidable puissance militaire de notre pays pour envoyer un message fort et sans équivoque : aidez les terroristes, et nous vous éliminerons. Pour certains membres du mouvement néoconservateur, l'effort visant à rassembler des alliés et fonder une coalition dans la guerre contre le terrorisme n'avait fait que brouiller le message. Ils se disaient que si nous utilisions notre puissance militaire face à la désapprobation du reste de la communauté internationale, les dictateurs des potentiels États dissidents reviendraient à la raison. Ils comprendraient que nous ne plaisantions pas et qu'ils ne pourraient se cacher derrière la timidité ou l'indifférence européenne. Soit vous étiez avec nous, comme Bush aimait à le dire au sujet de sa « guerre contre le terrorisme », soit vous étiez contre nous.

Je trouvais cette approche bourrée de défauts. Les faits sur le terrain montraient que les groupes terroristes n'installaient pas leurs camps d'entraînement dans des pays où les gouvernements ou les dictateurs étaient forts. Ils trouvaient refuge dans des États en déliquescence et prenaient de l'ampleur en profitant de l'absence de pouvoir. L'autre grosse erreur que commettaient les néoconservateurs, selon moi, était de vouloir employer la menace et la force militaire comme principal outil de lutte contre le terrorisme. Le 11 Septembre avait révélé un énorme élan de sympathie pour les États-Unis, et ce même dans des lieux improbables. Mon ancien professeur, le gouverneur Harriman, aurait vu là une occasion à saisir. Je travaillais dur avec certains de mes collègues républicains de la Commission des Affaires étrangères du Sénat pour établir un dialogue avec nos adversaires aussi bien qu'avec nos alliés. Avec l'accord de Condoleezza Rice, le sénateur Hagel et moi nous efforcions de tendre la main à l'Iran. Le sénateur Lugar et moi évoquions la nécessité d'engager un dialogue direct avec la Corée du Nord. Nous pensions que le seul moyen d'empêcher Kim Jong-il de produire davantage de plutonium militaire était d'entamer des pourparlers visant à conclure un pacte de non-agression. C'était son objectif. Je m'efforçais d'obtenir des néoconservateurs qu'ils s'abstiennent de brandir la menace d'un « changement de régime », ce qui se révéla aussi difficile que de demander à un catholique de renoncer à la Trinité.

Entre-temps, comme Bush avait chargé Rumsfeld de commencer à élaborer des plans pour une invasion en Irak, on parlait beaucoup de renverser Saddam Hussein. Des trois pays faisant partie de l'« Axe du mal » que Bush avait identifiés, l'Irak était celui qui opposerait le moins de résistance militaire, et j'étais convaincu que Cheney et Rumsfeld poussaient le Président à lancer une invasion. Ce dernier avait déjà exposé sa doctrine en réimaginant les règles de défense des États-Unis : « Durant une grande partie du siècle dernier, la défense américaine s'est appuyée sur des doctrines de dissuasion et d'endiguement datant de la guerre froide », expliqua-t-il à l'Académie militaire des États-Unis le jour de la remise des diplômes, le 1er juin 2002, à West Point.

« Dans certains cas, ces stratégies s'appliquent encore. Mais les nouvelles menaces exigent de nouvelles réflexions. La dissuasion – la promesse de représailles importantes contre des nations – n'a aucun sens contre des réseaux terroristes de l'ombre qui n'ont ni nation ni citoyens à défendre. L'endiguement n'est pas possible quand des dictateurs déséquilibrés disposant d'armes de destruction massive sont à même de les expédier à l'aide de missiles ou de les fournir secrètement à des alliés terroristes... La guerre contre le terrorisme ne se gagnera pas sur la défensive. C'est à nous d'amener la bataille jusqu'à l'ennemi, de perturber ses plans et d'affronter les pires menaces avant qu'elles ne surviennent. Dans le monde qui s'ouvre à nous, le seul chemin vers la sécurité est celui de l'action. Et ce pays va agir... Notre sécurité nécessitera la transformation de l'armée que vous dirigerez, une armée qui devra se tenir prête à frapper à tout moment dans n'importe quelle région retirée du monde. Notre sécurité exigera de tous les Américains qu'ils soient tournés vers l'avenir et déterminés, qu'ils soient prêts à prendre des mesures préventives, si nécessaire, pour défendre notre liberté et nos vies... Avec nos amis et nos alliés, nous devons nous opposer à la prolifération et affronter les régimes qui soutiennent le terrorisme, comme chaque cas l'exige. »

Alors qu'ils parlaient d'action préventive, les responsables de l'administration commençaient à laisser entendre que Saddam Hussein représentait une menace imminente. Au bout de dix ans, il continuait à se moquer des exigences de l'ONU qui lui demandait de désarmer. Nous avions déjà eu une réunion d'information avec George Tenet, directeur du renseignement, et quelques autres personnes au sujet des stocks d'armes de Saddam. Il disposait de tonnes d'armes chimiques et biologiques qui n'avaient pas encore été identifiées par les inspecteurs de l'ONU, et, d'après certains rapports, il tentait de redémarrer son programme nucléaire moribond. Mais Saddam s'était fait rejeter par l'ensemble de la communauté internationale, et, même s'il était capable de reconstituer un programme secret pour mettre au point des armes atomiques, il était à des années de pouvoir disposer d'une bombe. Je ne pensais pas qu'il représentait une menace imminente, et je ne trouvais pas non plus qu'il était politiquement judicieux d'aller faire la guerre en Irak pour effrayer la Corée du Nord, l'Iran, la Libye et ainsi de suite. C'est pourquoi, le 31 juillet 2002, j'organisai, pour le compte de la Commission des Affaires étrangères, une série d'auditions « pour examiner les menaces, les réactions et les considérations régionales autour de l'Irak ». Comme moi, le républicain Dick Lugar estimait qu'il était important d'ouvrir un dialogue national sur l'Irak afin de pouvoir informer correctement l'ensemble des Américains. Nous souhaitions jeter un regard neutre sur la menace que représentait Saddam pour les États-Unis et nos alliés, sur les réactions possibles à cette menace, et sur leurs conséquences. « Nous devons nous demander combien coûterait une intervention militaire, et étudier son impact probable sur notre économie, avons-nous écrit, le sénateur Lugar et moi-même dans une tribune commune le premier jour des auditions. Et nous devons déterminer le niveau de soutien que nous sommes susceptibles d'obtenir auprès de nos alliés au Proche-Orient et en Europe… Quand Saddam ne sera plus là, quelles seront nos responsabilités ? Cette question n'a pas été explorée, mais elle pourrait se révéler des plus critique. »

Un mois auparavant, le Président m'avait personnellement garanti qu'il n'y avait « pas de plan » pour faire tomber l'Irak, et j'étais convaincu que le secrétaire d'État Powell tentait de le dissuader d'une invasion. Powell ne dévoilait pas son jeu et nous ne parlions pas souvent, mais, parfois, lorsqu'il nous arrivait d'aborder les raisons qui nous poussaient à nous opposer à une invasion, il me disait : « Appelez le Président. Répétez-lui ce que vous venez de me dire. »

Quand bien même, j'avais l'impression que Powell perdait du terrain. Dix jours après que Bush m'eut garanti qu'il n'avait aucun plan, le *Washington Post* révéla que le Président avait déjà « signé un ordre demandant à la CIA de mettre en place un programme complet et secret pour renverser Saddam Hussein, y compris en faisant usage de la force pour capturer le président irakien ». Je m'abstins donc de demander au gouvernement d'envoyer qui que ce soit témoigner à mes auditions, car je ne souhaitais pas leur forcer la main. Mon intention, en mettant en place ces auditions, était de rendre publiques les raisons qui auraient pu nous dissuader d'aller faire la guerre à l'Irak. Je n'avais aucune envie que le Président se laisse enfermer dans une logique de guerre.

Les deux jours de témoignage de spécialistes furent un bon début pour sensibiliser le pays aux difficultés monumentales que représentait l'ouverture d'un nouveau front militaire. Je n'oublierai jamais la fin du discours de clôture d'Anthony Cordesman, spécialiste de stratégie militaire et du Proche-Orient : « Si on prend cette guerre à la légère, ce sera à mon avis un désastre. Une citation de Bion de Smyrne me vient à l'esprit : "Les garçonnets jettent des pierres aux grenouilles pour s'amuser, mais les grenouilles ne meurent pas pour s'amuser. Les grenouilles meurent pour de bon." Ce n'est pas un jeu, et ce n'est pas une décision que l'on prend à la légère. »

Les spécialistes en armement et d'anciens inspecteurs s'accordaient à dire que Saddam n'était pas une menace imminente pour les États-Unis. Il lui restait encore cinq à dix ans avant de pouvoir détenir l'arme atomique. (Quitte à se préoccuper des armes atomiques non contrôlées, il aurait été plus sage de s'inquiéter de ce qui traînait dans l'ex-Union soviétique.) Personne ne doutait de la capacité de l'armée américaine à détrôner Saddam plutôt rapidement, et ce malgré les risques d'attaques aux armes chimiques et biologiques, mais les témoins nous avaient clairement fait savoir qu'il ne nous serait pas possible de compter sur le même type de coalition que durant la guerre du Golfe, ni même sans doute sur le même soutien international qu'en Afghanistan. La Turquie, qui aurait pu être un allié important, ne nous serait probablement pas d'une grande aide. Même notre puissant allié dans la région, l'Arabie saoudite, ne comptait pas dépenser des sommes folles. La communauté internationale continuait à soutenir fermement l'idée de laisser Saddam enfermé dans sa boîte, mais pas de faire couler le sang et de dépenser des fortunes pour renverser son régime.

Le témoignage le plus visionnaire concernait les conséquences d'une invasion. Les alliés de l'exilé irakien Ahmed Chalabi nous fournirent des évaluations rassurantes de la situation politique sur le terrain. Ils prétendaient que nous serions traités comme des libérateurs, et qu'un grand nombre d'Irakiens accueilleraient les bras ouverts le Congrès national irakien, le gouvernement de Chalabi en exil. Mais cette opinion n'était pas très répandue parmi ceux qui connaissaient bien la région.

— Il nous faudra être prêts à occuper le pays et à y rester très longtemps, à grands frais, mais aussi en risquant de nombreuses vies, expliqua à la Commission un haut responsable du Council on Foreign Relations. Il ne pourra exister un Irak démocratique du type de celui dont nous parlons après Saddam que si nous sommes prêts à rester là-bas très longtemps, en acceptant le risque de nombreuses pertes humaines et d'une menace pour l'intégrité territoriale de l'Irak. Un régime démocratique n'aura pas la capacité de maintenir l'unité de ce pays sans une force militaire américaine. Il nous faudra donc réfléchir si nous souhaitons réellement devenir cet instrument.

Il estimait que cela pourrait nécessiter la présence de troupes américaines en Irak durant une vingtaine d'années. Un économiste évalua le coût de la reconstruction de l'Irak à environ trois cents milliards de dollars. La production pétrolière irakienne ne couvrirait qu'une infime partie de la somme. Et peu étaient ceux qui pensaient que nous obtiendrions beaucoup d'argent du reste de la communauté internationale.

Les spécialistes prévoyaient de réels problèmes les jours suivant le renversement de Saddam.

— Si une autorité ferme n'est pas mise en place à Bagdad dès le lendemain, des représailles, des règlements de comptes et des effusions de sang pourraient avoir lieu, en particulier dans les zones urbaines, témoigna le professeur Phebe Marr. (L'administrateur de la Fondation pour l'Irak prédisait une certaine confusion, mais pas un véritable chaos.) Le système de sécurité publique s'effondrera parce qu'il n'y aura plus de force de police, de services publics, ni de système judiciaire en état de fonctionnement… Il sera extrêmement important, tant d'un point de vue politique qu'opérationnel, de relancer l'économie irakienne le plus vite possible, de créer des emplois et d'augmenter le niveau de vie de manière visible. Je ne saurais trop insister sur l'importance pour les Irakiens de constater que leur existence est meilleure, et non pire, et ce de manière tangible.

— Monsieur le président, déclara le sénateur Lugar durant les auditions, permettez-moi de dire que ces témoignages m'ont amené à penser, avant tout, que la nécessité d'une planification dans d'autres secteurs de notre gouvernement, en plus du ministère de la Défense, était extrêmement importante… Nos efforts en Irak ne pourront s'interrompre une fois la menace écartée. Il est dans l'intérêt de notre pays qu'un Irak stable et pacifique voie le jour. Je suggère, pour dire les choses crûment, que nous élaborions un plan. Pas seulement militaire, mais un plan susceptible d'attirer une large coalition. Si notre sens de l'État est bon, nous pourrons rallier les Russes, les Français et beaucoup d'autres, et nous traiterons le problème irakien ensemble.

L'une des observations les plus frappantes tirées des centaines de pages de témoignages n'était guère plus qu'un aparté. « Si la question est le terrorisme, faisait remarquer l'un des spécialistes du Proche-Orient, alors, rappelons-nous qu'il sera peu probable que cette invasion puisse éliminer la motivation du terrorisme au Proche-Orient. Elle pourrait même avoir l'effet inverse. »

Je craignais surtout qu'une guerre en Irak ne suive le modèle afghan : une victoire rapide, mais peu d'efforts pour sécuriser et reconstruire.

Compte tenu de ce que Cheney et Rumsfeld avaient fait en Afghanistan, je n'étais pas convaincu du tout que les deux hommes puissent avoir l'intention de faire ce qu'il fallait pour reconstruire l'Irak. Je redoutais que cela devienne un second marécage qu'ils se contenteraient d'assécher à l'occasion.

— Étant donné la position stratégique de l'Irak, ses importantes réserves de pétrole et les souffrances du peuple, nous ne pouvons nous permettre de remplacer un despote par le chaos. Si nous supprimions un tyran en Irak, déclarai-je lors des auditions, pour laisser le chaos s'installer, ce serait une tragédie.

Les auditions permirent d'ouvrir le débat, et un certain nombre de spécialistes de la politique étrangère donnèrent leur point de vue. Tandis que Bush passait la majeure partie du mois d'août dans son ranch de Crawford, au Texas, les anciens confidents de son père commencèrent à lui donner des conseils par le biais de tribunes dans la presse. Quelques semaines après la fin des auditions, Brent Scowcroft, conseiller à la sécurité nationale de George H.W. Bush, mit en garde le Président dans un éditorial du *Wall Street Journal* : « Les indices permettant de lier Saddam aux organisations terroristes et aux attentats du 11 Septembre sont minces, écrivit-il. En effet, les objectifs de Saddam n'ont pas grand-chose à voir avec ceux des terroristes qui nous menacent, et il n'a aucun intérêt à faire cause commune avec eux. Il est peu probable qu'il risque son investissement dans des armes de destruction massive, et encore moins son pays, en remettant ces armes à des terroristes qui les utiliseraient à leurs propres fins et laisseraient Bagdad en subir les conséquences. »

James Baker, le secrétaire d'État de Bush père, recommanda au président de s'assurer d'un fort soutien international avant de s'attaquer à Saddam : « Si nous y allons seuls ou avec un ou deux autres pays seulement, le prix à payer dans tous les domaines sera beaucoup plus élevé, de même que les risques politiques, tant nationaux qu'internationaux. »

Dick Lugar et moi considérions ces auditions comme une réussite. Peut-être même trop grande. Le 26 août, lors d'un discours devant les anciens combattants américains, le vice-président Cheney lança une campagne publique pour contrer les arguments que nous avions présentés lors des auditions en jouant sur des peurs irrationnelles à propos des capacités des armes de Saddam Hussein et de son intention de les employer.

« Le régime irakien est en fait très occupé à renforcer ses capacités dans le domaine des agents chimiques et biologiques. Et il poursuit le programme atomique qu'il a lancé il y a de nombreuses années. Il ne s'agit pas d'armes destinées à défendre l'Irak, mais d'armes offensives destinées à infliger la mort à grande échelle, conçues de telle sorte que Saddam puisse en faire peser la menace sur la tête de qui bon lui semble, aussi bien au Proche-Orient que plus loin… Nombre d'entre nous sommes convaincus que Saddam ne va pas tarder à acquérir l'arme atomique… En termes simples, il ne fait aucun doute que Saddam Hussein possède désormais des armes de destruction massive. Il ne fait aucun doute qu'il les accumule pour les utiliser contre nos amis, nos alliés, et contre nous. »

Le fossé entre Powell et Cheney-Rumsfeld semblait plus large que jamais, et je n'aurais su déterminer avec certitude où se trouvait le Président. La relation entre Cheney et Bush était intéressante à observer. Lorsque j'étais dans la même pièce qu'eux, je n'avais aucun doute sur celui qui commandait, et c'était George W. Bush. Le Président le traitait plus ou moins de la même façon qu'il traitait son cabinet, ses collaborateurs et tous ceux qui gravitaient autour de lui. Je n'aurais pas été choqué de l'entendre dire : « Dick, va me chercher une tasse de café », et voir Cheney se lever en lui demandant combien de sucres il désirait. Quand je me trouvais en réunion avec les deux, Cheney prenait rarement la parole. Il restait assis comme un crapaud sur une bûche, l'oreille tendue. Mais, une fois que tout le monde était parti, Cheney restait. J'ai toujours pensé qu'il donnait ses derniers conseils.

Avec Bush au centre, l'administration envoyait encore des signaux contradictoires. Le Président fit un grand pas dans la bonne direction en se rendant aux Nations unies, le 12 septembre, pour défendre l'idée que la communauté internationale se devait d'obliger Saddam Hussein à respecter l'engagement qu'il avait pris de désarmer son pays après la guerre du Golfe, en 1991. Le *Washington Post* encensa le président Bush d'avoir mis les Nations unies au défi d'agir : « Pour être significative ou crédible à Bagdad, lisait-on dans l'éditorial, toute nouvelle action du Conseil de sécurité des Nations unies doit fixer une date limite et autoriser l'usage de la force en cas de réticence. » J'offris mon soutien public au président parce que je trouvais qu'il avait bien fait d'interpeller Saddam. Si le droit international avait la moindre signification, alors, il était temps que les Nations unies fassent respecter la résolution vieille de plus de dix ans qui demandait à l'Irak de désarmer d'une manière susceptible d'être vérifiée par des inspecteurs de l'ONU.

— Pendant plus de dix ans, Saddam a bafoué la volonté de la communauté internationale, revenant constamment sur son engagement de détruire les capacités irakiennes en matière d'armes de destruction massive, déclarai-je le lendemain de son discours. Le Président a eu raison d'aller aux Nations unies et de leur rappeler que Saddam est le problème de tous et que l'ONU a l'obligation d'agir.

À cette époque, certains collaborateurs du Département d'État commencèrent à confier leurs inquiétudes envers Cheney, Rumsfeld et les néoconservateurs à la Défense.

— Maudits soient ces types du Pentagone, se plaignit à moi, par téléphone, un haut fonctionnaire du Département d'État. Ils sont cinglés. Ils sont fous !

Mais j'étais encore convaincu que le Président pourrait reconnaître le travail effectué par ces fonctionnaires du Département d'État, que le secrétaire d'État Powell et les généraux de haut rang du Pentagone sauraient empêcher Bush d'aller faire inutilement la guerre en Irak.

Environ une semaine après la visite de Bush aux Nations unies, la Maison Blanche envoya au Congrès un projet de résolution qu'elle souhaitait faire adopter : « Le Président, y lisait-on, est autorisé à employer tous les moyens qu'il jugera appropriés, y compris la force, afin de faire appliquer les résolutions du Conseil de sécurité des Nations unies mentionnées ci-dessus, de défendre les intérêts des États-Unis en matière de sécurité nationale contre la menace posée par l'Irak, et de rétablir la paix et la sécurité internationales dans la région. »

Le libellé était vaste. La résolution signifiait littéralement que, même après que Saddam eut désarmé le pays, le Président pouvait encore déclencher une guerre si l'Irak refusait, par exemple, de rendre ses prisonniers à Bahreïn. Un de mes collègues républicains de la Commission des Affaires étrangères, Chuck Hagel du Nebraska, ne put s'empêcher de secouer la tête devant la latitude que la Maison Blanche exigeait du Congrès.

— Il était question de toute la région ! s'exclama Hagel face à un journaliste, quelques années plus tard. Ils auraient pu aller en Grèce, ou je ne sais où. L'Asie centrale est-elle dans la région ? J'imagine que oui ! Il était clair qu'ils parlaient de l'ensemble du Proche-Orient. N'importe où. Ils pouvaient aller n'importe où. Aucune frontière. Aucune restriction.

Juste avant, la Maison Blanche avait envisagé de contourner le Congrès. Alberto Gonzales, conseiller à la Maison Blanche, avait déjà envoyé un mémo au président pour lui signifier qu'il n'avait pas besoin d'une résolution du Congrès pour entreprendre une action militaire en Irak.

Hagel, Lugar et moi avons aussitôt commencé à travailler sur une résolution dont le libellé donnait autorité au président de faire usage de la force militaire pour désarmer Saddam seulement si le dictateur irakien refusait d'honorer les demandes des Nations unies. Et seulement après que toutes les autres options auraient été explorées. Notre projet de résolution obligeait la Maison Blanche à faire part au Congrès de ses progrès diplomatiques aux Nations unies, et à prouver que les armes de Saddam représentaient une « grave menace » envers les États-Unis s'il envisageait d'entrer en guerre sans le soutien de l'ONU. On demanda également à la Maison Blanche de faire part au Congrès des moyens mis en œuvre afin d'obtenir des alliés pour toute opération militaire en Irak. Après avoir assisté aux auditions de l'été précédent, nous souhaitions tous les trois nous assurer que le peuple américain comprendrait bien le coût et le choix du président Bush d'aller faire la guerre en Irak. Je voulais que chacun puisse connaître le coût en dollars de l'action militaire, coût que le conseiller économique de la Maison Blanche avait estimé entre cent et deux cents milliards (une déclaration qui lui avait coûté son poste). D'après ce que j'avais entendu lors des auditions de notre Commission, le prix à payer pour garantir la paix serait considérablement plus élevé. Compte tenu de l'importante réduction d'impôts accordée par Bush, il faudrait renoncer à de nombreux programmes nationaux, ou s'endetter considérablement. Le peuple américain avait droit à cette information. Et ce que les Américains méritaient vraiment de savoir en évaluant ces choix, c'était le temps que nous risquions de passer en Irak.

— Il nous faut annoncer clairement au peuple américain que nous envisageons de nous engager sur le long terme, ne cessais-je de répéter depuis les auditions. Le « jour d'après » pourrait très bien se transformer en « décennie d'après ».

La résolution Biden-Lugar fut adoptée à la hâte. « M. Bush devrait l'accepter, put-on lire dans un éditorial du *Washigton Post*, le 2 octobre 2002. Cela unirait le Congrès derrière lui et lui offrirait une voie responsable pour aller de l'avant. » Mais lorsqu'il apparut clairement à la Maison Blanche que notre résolution commençait à obtenir un fort soutien bipartisan au Sénat, Bush et Cheney (appris-je beaucoup plus tard) firent appel à Trent Lott, le chef des républicains. « L'ordre de Bush se fit de plus en plus pressant, écrivit ce dernier dans son autobiographie. "Faites avorter la loi Biden, m'ordonna-t-il. Et faites en sorte que sa résolution ne voie jamais le jour." » Il avoua aussi qu'on lui avait demandé de faire entendre à Dick Lugar le point de vue de la Maison Blanche. Un soir, chez moi, vers vingt-deux heures, je reçus un appel de Lugar, qui souhaitait me faire savoir que les responsables de l'administration Bush étaient parvenus à convaincre Dick Gephardt, un démocrate du Congrès, de les aider à rédiger une résolution plus favorable à la Maison Blanche. Lugar m'apprit que Lott et Bush tentaient de faire retirer notre propre résolution, mais il me laissa entendre qu'il continuait à la soutenir. Comme celle de Gephardt avançait à grands pas, il me proposa de faire valider rapidement la nôtre par la Commission des Affaires étrangères et de la présenter au Sénat lors de notre réunion de travail habituelle, le lendemain, si nous voulions éviter de perdre certains républicains prêts à nous soutenir.

Pour faire valider la résolution par la Commission, il fallait que les démocrates votent en sa faveur. J'appelai donc le chef de la majorité, Tom Daschle, et lui demandai d'organiser une réunion des démocrates de la Commission, ce qu'il fit. On se retrouva le lendemain matin dans la salle de conférences du chef de la majorité, et je prononçai mon discours en faveur de la résolution Biden-Lugar, en soulignant les contraintes qu'elle imposait au président. Daschle me soutint. Mais Paul Wellstone du Minnesota déclara que, pour une raison de principe, il ne pouvait pas soutenir ma résolution. Le reste des progressistes de la Commission répétèrent à peu près la même chose. Autour de la table, on commença à me faire la leçon sur les principes.

— Épargnez-moi vos leçons, déclarai-je. Il me semblait que notre objectif était de faire tout notre possible pour éviter une guerre inutile. Et vous me dites que si nous donnons au président cette autorité, bien plus contraignante que la résolution qui sera soumise au vote, c'est contraire à vos principes ? Quelqu'un ici croit-il sérieusement que la Maison Blanche n'aura pas cinquante-cinq voix pour sa résolution si nous n'avons aucune alternative à proposer ?

Je les suppliai de valider au moins la résolution Biden-Lugar en Commission, mais ils m'indiquèrent clairement qu'ils n'en feraient rien. Par principe. Ils voulaient de la pureté. Je savais que sans une large majorité de démocrates avec moi, les républicains les plus conservateurs abandonneraient la résolution Biden-Lugar.

Dans l'intervalle, le sénateur Joe Liberman signa le texte que Gephardt avait élaboré avec la Maison Blanche. Les hommes de Bush avaient obtenu une grande partie de ce qu'ils voulaient, mais pas tout. Ceux d'entre nous qui préféraient la résolution Biden-Lugar étaient déçus, mais le Président nous avait personnellement garanti qu'il tenterait toutes les voies diplomatiques avant de jeter le pays dans la guerre. Et il était évident que Powell et les membres du comité des chefs d'état-major interarmées n'avaient pas hâte d'aller faire la guerre en Irak.

C'est dans cet esprit que je décidai de voter pour la résolution. Le 10 octobre 2002, je déclarai devant le Sénat :

« Nous devons soutenir l'idée d'obliger l'Irak à respecter ses obligations envers les Nations unies, parce que si les programmes illégaux d'armes de destruction massive ne constituent pas une menace imminente pour notre sécurité nationale, ce sera bientôt le cas si on les laisse faire, et parce qu'un vote fort au Congrès augmente les chances d'une nouvelle résolution sévère de l'ONU sur les inspections en matière d'armement, ce qui fera diminuer à son tour les risques d'une guerre. Il ne s'agit pas là d'un blanc-seing pour utiliser la force contre l'Irak pour quelque raison que ce soit. C'est une autorisation de recourir à la force, si nécessaire, afin de contraindre l'Irak à désarmer, comme ce pays l'a promis après la guerre du Golfe… Cette résolution ne fait pas du retrait de Saddam son objectif explicite. Cela risquerait d'éloigner d'autres pays qui ne partagent pas cet objectif et dont nous aurons besoin pour désarmer l'Irak, et, éventuellement, reconstruire le pays. Cela affaiblirait notre position aux Nations unies… Les États-Unis ont une capacité singulière à agir seuls, en cas de nécessité. Nous devons – et cette résolution le permet – nous en réserver le droit. Mais agir seul en Irak signifierait un coût nettement plus élevé en vies humaines, en dépenses et en influence au sein de la communauté internationale. Agir seul, mais uniquement en dernier recours, et non en provocation à ceux qui ne sont pas encore convaincus de notre politique… Je suis également convaincu que nous aurons le temps de traiter l'Irak pour isoler Saddam, et non les États-Unis. De faire usage de la force en dernier ressort. De produire les résultats souhaités, et non de subir les conséquences… Il revient aux Nations unies et au Congrès des États-Unis d'aider le Président à maintenir son cap. Le Conseil de sécurité de l'ONU se doit d'adopter une nouvelle résolution ferme qui donnera aux inspecteurs en désarmement l'autorité dont ils ont besoin pour faire leur travail. Cette résolution devra fixer des délais précis à respecter. Et elle devra indiquer clairement les conséquences si Saddam Hussein refuse de désarmer, notamment en autorisant les membres de l'ONU qui le souhaitent à recourir à la force pour l'obliger à obtempérer… Il est également primordial que le Congrès envoie le bon message au Conseil de sécurité des Nations unies. Ses membres ne doivent pas douter de notre détermination à traiter le problème posé par l'existence d'armes de destruction massive en Irak, et à notre volonté de recourir à la force si nécessaire. Plus le vote en faveur de cette résolution sera fort, plus il est probable que le Conseil de sécurité approuvera une résolution contraignante. »

Je pense que la résolution adoptée par le Congrès apporta le soutien ferme et uni dont le secrétaire d'État Powell avait besoin pour faire adopter et appliquer par le Conseil de sécurité des Nations unies une nouvelle résolution qui permettait aux inspecteurs de retourner en Irak, de laisser Saddam dans sa boîte, et ainsi d'éviter une guerre. Je n'étais pas le seul dans ce cas. Je me souviens d'un coup de fil de Powell, quelques mois après le vote, lorsqu'il faisait pression pour obtenir une seconde résolution de la part des Nations unies contre Saddam Hussein. Powell avait déjà obtenu à l'unanimité l'adoption d'une résolution forte par le Conseil de sécurité de novembre 2002. Son action aux Nations unies fut magistrale, et se révélerait un moment fort du mandat de Bush. Il allait être difficile d'obtenir une seconde résolution – et les faucons du gouvernement n'étaient pas satisfaits de la première –, mais Powell ne comptait pas renoncer.

— Nous allons y arriver, me garantit-il d'un ton déterminé. Nous allons peut-être pouvoir éviter une guerre. Quel mal à cela ?

– 19 –

Mon erreur

J'avais commis une erreur. J'avais sous-estimé l'influence du vice-président Cheney, du ministre de la Défense Rumsfeld et du reste des néoconservateurs. J'avais largement sous-estimé leur malhonnêteté et leur incompétence.

Ainsi, George W. Bush repartit en guerre, exactement comme les néoconservateurs en avaient rêvé, sans soutien international significatif. À aucun moment, le gouvernement n'a cherché à obtenir l'appui de la communauté internationale ni le consentement éclairé du peuple américain. Le vice-président Cheney comptait largement sur le soutien du peuple irakien.

— Si votre analyse n'est pas correcte et que nous ne sommes pas traités comme des libérateurs, mais comme des conquérants, si les Irakiens commencent à résister, particulièrement à Bagdad, lui demanda Tim Russert dans l'émission *Meet the Press*, trois jours avant le début de l'invasion, pensez-vous que le peuple américain soit prêt à accepter une bataille longue, onéreuse et sanglante, avec des pertes américaines importantes ?

Cheney répondit :

« Eh bien, je ne pense pas que ça se passera ainsi, Tim, parce que je crois vraiment que nous serons accueillis comme des libérateurs. Je me suis entretenu avec un grand nombre d'Irakiens, ces derniers mois. Je les ai fait venir à la Maison Blanche. Le Président et moi les avons rencontrés, en groupe ou individuellement, des gens qui ont consacré leur existence à changer les choses en Irak depuis l'extérieur. Comme Kanan Makiya, professeur à l'université Brandeis, mais Irakien, qui a écrit d'excellents livres sur le sujet. Il connaît le pays intimement et fait partie de l'opposition démocratique, de la résistance. La lecture que l'on fait du peuple irakien est qu'il n'y a aucun doute qu'il souhaite se débarrasser de Saddam Hussein, et qu'il accueillera les Américains comme des libérateurs le moment venu. »

Malheureusement, l'administration Bush ne parlait pas vraiment à qui que ce soit en Irak. Elle s'entretenait avec Ahmed Chalabi, l'Irakien en exil qui avait rassemblé les preuves de la viabilité des programmes d'armement de Saddam et qui avait menti en prétendant que son retour avec les forces américaines serait largement approuvé par la population. J'avais entendu dire que Rumsfeld, Cheney et Wolfowitz avaient cru en bloc aux informations de Chalabi. Peu après que les forces américaines eurent pris Bagdad et renversé la statue de Saddam, les conséquences de notre dépendance à cet homme peu fiable commencèrent à se faire vivement ressentir. Nous avions suffisamment d'hommes pour vaincre l'armée irakienne, mais pas la moitié du nombre nécessaire pour maintenir la paix. Le ministre Rumsfeld n'avait tout simplement préparé aucun plan pour sécuriser l'Irak. Il n'avait tenu aucun compte des recommandations de la Commission des Affaires étrangères du Sénat. Nous avions stipulé qu'il nous faudrait cinq ou six mille policiers paramilitaires formés juste après la guerre. Lorsque les pillages débutèrent à Bagdad, Rumsfeld repoussa cette idée d'un geste de la main.

— Ce sont des choses qui arrivent ! déclara-t-il lors d'une conférence de presse. La liberté incite au désordre, et les gens libres sont libres de faire des erreurs, de commettre des crimes, de faire de vilaines choses. Ils sont aussi libres de mener leur vie et de faire des choses merveilleuses, et c'est ce qui va se passer ici.

Quelques jours plus tard, je téléphonai à Puneet Talwar, l'un de mes principaux collaborateurs en politique étrangère, et je le surpris dans un endroit surprenant : le bureau où Paul Wolfowitz avait rassemblé un groupe d'expatriés irakiens afin de mettre en place un gouvernement d'après-guerre opérant depuis Bagdad. Mon équipe avait suivi la planification de l'après-guerre, mais l'existence de ce bureau n'avait été portée à l'attention de Puneet que quelques semaines auparavant, lorsque quelqu'un lui avait remis un enregistrement de l'émission *60 Minutes*, où Wolfowitz, durant son interview, faisait allusion à ce groupe. Il avait fallu près de deux semaines à Puneet pour avoir accès à ce bureau, un secret bien gardé, qui était en réalité constitué d'un étage entier dans l'un des nombreux bâtiments de l'entreprise sous contrat avec le ministère de la Défense. Il se trouve que j'ai appelé Puneet au moment même où il visitait les lieux, à Crystal City, un quartier d'Arlington. Il était alarmé par l'amateurisme des événements. Il y avait des box et des bureaux partout, m'expliqua-t-il, répartis entre les différents ministères du futur gouvernement irakien vraisemblablement dirigé par Chalabi. On avait pris des feuilles A4 dans l'imprimante et on les avait scotchées à l'horizontale sur les murs à intervalles plus ou moins réguliers pour indiquer chacun des bureaux : ministère de la Défense, ministère des Finances, ministère de l'Intérieur, et ainsi de suite. Puneet parvint à s'adresser à certains des « planificateurs » expatriés, bien qu'un grand nombre d'entre eux aient déjà embarqué pour le Koweït. Emad Dhia, par exemple, allait bientôt diriger un groupe à l'ambassade américaine appelé le « Conseil de reconstruction et de développement de l'Irak ». Les expatriés restants étaient manifestement ravis de l'éviction de Saddam, mais leur planification n'avait commencé que quelques mois avant l'invasion de mars 2003, et ils ne semblaient pas savoir grand-chose des fonctions des divers ministères auxquels ils seraient affectés à Bagdad. Et aucun d'eux n'avait la moindre idée des conditions sur le terrain, que ce soit avant ou après l'invasion. À l'époque, Bagdad était en flammes. En fait, la plupart des ministères avaient été pillés et étaient encore fumants. Ces gens se préparaient donc à diriger ou à « conseiller » des ministères qui étaient détruits au fur et à mesure qu'ils échafaudaient leurs plans. Ces gens, dirait Puneet, « n'étaient pas au point ».

Aucune de ces personnes soutenues par le ministère de la Défense ne savait quoi que ce soit de l'étude approfondie et du plan pour l'Irak préparé par le Département d'État, ni même de la politique d'après-guerre. Les États-Unis étaient en guerre, et la faille qui divisait l'équipe de politique étrangère de l'administration Bush était plus béante que jamais. Mais la position du Président semblait désormais parfaitement claire. Pour l'essentiel, Bush avait mis le Département d'État sur la touche pour tout ce qui concernait l'Irak, et confié à Rumsfeld et à la Défense la mission de sécuriser et de reconstruire le pays. Le plus dommageable était que la Commission des Affaires étrangères du Sénat et le Département d'État avaient prédit bon nombre des problèmes auxquels nous étions confrontés aujourd'hui : le triste état des infrastructures irakiennes ; la probabilité des pillages et de la résistance après-guerre ; l'impossibilité pour les revenus pétroliers du pays de financer la reconstruction ; le besoin de cinq mille policiers internationaux pour participer à la formation des Irakiens ; et, ce qui est peut-être le plus lamentable, la folie de compter sur des exilés sans base solide en Irak.

Je n'ai jamais cru que les néoconservateurs comme Wolfowitz étaient de mauvaises personnes. Ils avaient les meilleures intentions du monde et désiraient vraiment aider le peuple irakien. L'Irak et le reste du monde ne s'en portaient que mieux, maintenant que Saddam avait été destitué. Mais ils semblaient si esclaves des concepts idéologiques qu'ils avaient imaginés au sein de leurs *think-tanks* au cours des vingt années précédentes qu'ils étaient totalement déconnectés de la réalité du terrain.

Jay Garner, nommé responsable de l'Irak les premières semaines après le renversement de Saddam, commençait à répéter que si la Maison Blanche avait un plan pour sécuriser et reconstruire l'Irak, personne ne s'était donné la peine de le lui communiquer. Dans le même temps, l'administrateur de l'USAID soutenait publiquement que nous pouvions reconstruire l'Irak pour 1,7 milliard de dollars.

— C'est ça, notre plan, affirma-t-il.

Le 1er mai 2003, le président Bush se rendit sur un porte-avions dans les eaux paisibles au large de San Diego, et – avec une banderole annonçant « Mission accomplie » derrière lui – fit savoir que les principales opérations de combat en Irak étaient terminées. Moins d'un mois plus tard, il claironna :

— Nous avons trouvé les armes de destruction massive.

Il avait tort.

Lorsque l'homme que Rumsfeld avait choisi pour succéder à Garner vint me voir, je fus vraiment inquiet. Il commença l'entrevue en m'expliquant tout ce qu'il savait de l'Irak et ce qu'il allait entreprendre pour prendre la situation en main. Paul Bremer était convaincu de ce qu'il fallait faire en tant que chef de l'Autorité provisoire de la coalition en Irak, mais son approche me semblait totalement dépourvue de toute connaissance réelle de la situation sur place. Comme il n'avait toujours pas le moindre indice d'un plan de reconstruction, Dick Lugar et moi avons décidé de nous rendre en Irak pour voir et entendre ce qui s'y passait. On demanda au sénateur Chuck Hagel de nous accompagner.

L'une des premières réunions que nous avons eues à Bagdad fut avec Paul Bremer. Une grande partie de notre conversation porta sur la difficile question de la gestion de l'armée irakienne. Nous redoutions tous que la récente décision de Bremer de dissoudre l'armée ne crée un groupe d'hommes sans emploi, en colère et possédant une formation militaire. Bremer nous annonça qu'il avait récemment décidé de rétablir les salaires de certains officiers subalternes, mais pas de rappeler l'armée. Voilà que nous avions désormais un groupe d'hommes sans emploi, en colère, possédant une formation militaire et payés ! Puis Bremer évoqua son projet de vendre les industries d'État, ce qui me parut être une décision idéologique à courte vue qui allait faire de l'Irak un laboratoire grandeur nature au Proche-Orient pour la *reaganomics*[1]. Cela n'avait aucun sens. L'Irak était peu adapté à cette approche, et j'étais convaincu que cette décision était susceptible de faire gonfler le chômage et de fournir plus de recrues potentielles pour l'insurrection.

Au bout d'un moment, j'en eus assez de la certitude de Bremer sur ses propres plans.

— Vous avez un travail vraiment difficile, lui dis-je. Si le Seigneur Tout-Puissant descendait du Ciel pour nous fournir soixante pour cent des bonnes réponses, nous aurions encore moins d'une chance sur deux de réussir.

Mais Bremer ne se laissa pas décourager. Il poursuivit en soulignant les améliorations de la situation sécuritaire depuis son arrivée dans le pays. Durant les deux mois qui s'étaient écoulés depuis le déboulonnage de la statue, expliqua Bremer, l'APC avait recruté trente mille policiers irakiens. J'étais dubitatif. J'avais passé

---

1. Mot-valise composé de « Reagan » et *economics*, signifiant « économie ». Il s'agit de la politique économique de Reagan inspirée de Milton Friedman et jugée peu académique par les républicains de l'époque.

suffisamment de temps au Kosovo et en Bosnie pour savoir qu'il fallait bien plus de temps pour former correctement des policiers. On rendit donc une visite à l'académie de police de Bagdad pour évaluer les progrès. En passant devant la place où s'était jadis dressée la statue de Saddam, je réfléchissais à nos chances d'obtenir de bons résultats en Irak. Je savais que, si cette invasion devait avoir un effet positif, c'était que l'équipe de Bush devrait modifier radicalement ses plans.

Qu'importe ce que le président Bush avait fait, et chez qui il prenait ses conseils, je souhaitais que nous réussissions en Irak. Bush était le seul qui pouvait réellement rendre la chose possible. Son succès serait celui de l'Amérique, et son échec également. En juin 2003, je pensais encore que nous avions une chance de laisser l'Irak dans un meilleur état que celui dans lequel nous l'avions trouvé. Je n'avais jamais cru que nous pourrions y instaurer une démocratie libérale, mais j'étais persuadé que nous pouvions doter ce pays d'un gouvernement vaguement fédéré auquel les principales communautés – chiites, sunnites et Kurdes – pourraient prendre part et profiter d'une partie des revenus pétroliers. En faire un pays où les droits de la minorité sunnite seraient respectés, un pays qui ne serait ni un vivier ni un refuge pour les terroristes, un pays qui ne serait plus une menace, ni pour ses voisins, ni pour nous.

Prendre la mesure de l'état des forces de police était pour moi le meilleur moyen de juger les premiers pas de cette transition. J'ai toujours été convaincu que la sécurité était l'exigence primordiale de tout État. Tout découlait de la sécurité. En son absence, la reconstruction ne pourrait pas avancer, et les citoyens ordinaires ne feraient pas confiance au gouvernement. En son absence, les fissures très réelles au sein de la population seraient exacerbées. Lors de cette première visite, je fus frappé et encouragé par le simple fait que peu d'Irakiens s'étaient donné la peine de s'identifier à nous comme des chiites ou des sunnites, mais certains dirigeants exploitaient le sectarisme pour séparer les différentes communautés. Nous n'avions pas eu beaucoup de temps pour bien faire les choses. Et ce que je vis sur le site principal de formation de la police ne me réconforta guère.

À l'époque, c'était Bernard Kerik qui était responsable du programme de formation, mais il demeurait introuvable. Ma première crainte concernait le bâtiment. À l'intérieur, il avait été dépecé jusqu'aux clous, les fils électriques et la tuyauterie pendant à la vue de tous. L'un des responsables américains de l'installation nous expliqua la situation : il y avait eu beaucoup de policiers à Bagdad, avant la guerre, mais les anciens membres de cette force ne nous auraient été d'aucune aide, car il ne s'agissait en fait que d'hommes de main de Saddam Hussein bien armés. Je me rappelle que le responsable de la formation me montra du doigt un immeuble de quatre ou cinq étages, non loin. Il m'expliqua que s'il y avait eu un meurtre à l'intérieur, par exemple, ils auraient posé une affichette à l'entrée recommandant à tous les occupants de l'immeuble de se présenter au commissariat. Celui qui ne se présentait pas se serait probablement fait tuer par la police de Saddam. Et tout le monde le savait. Il ne s'agissait guère plus que d'une brigade de tueurs. Ils n'avaient aucune capacité d'enquête. Ni de voitures de patrouille.

Ni de formation comme celle que nous exigions de tout policier américain. La plupart d'entre eux ne savaient même pas faire la circulation.

Quand je demandai combien de temps il faudrait pour mettre sur pied une force de soixante-quinze mille professionnels, on me répondit cinq ans et cinq mille formateurs professionnels supplémentaires. Quand je demandai s'ils disposaient de suffisamment de places de prison, on me répondit qu'il leur faudrait au moins deux ans, voire trois, pour que ce soit le cas. Si tant est qu'ils reçoivent les financements prévus. À un moment, on appela les stagiaires sur le terrain de manœuvre pour qu'ils nous fassent une petite démonstration. Lorsqu'on leur en donna l'ordre, les recrues formèrent les rangs, avec sérieux, mais de manière disparate. Cela aurait été amusant si cela n'avait pas été si dramatique. Je ne pus m'empêcher de penser que ces hommes étaient soit incroyablement courageux, soit prêts à tout pour gagner un maigre salaire. Je repense encore à eux, aujourd'hui, dans leur uniforme bleu tout neuf, faisant le tour de la cour au pas, et je me demande combien d'entre eux sont encore en vie. La police devint la première et la plus visible des cibles des groupes de rebelles et des milices sectaires. Avant de partir, on demanda à un officier irakien ce dont ils avaient le plus besoin. Il me répondit qu'il leur fallait des uniformes verts.

— Mais vous avez des uniformes tout neufs ! lui rétorquai-je.

— Les forces de Saddam portaient du vert, répliqua-t-il. Les gens ne nous écouteront que si nous portons du vert.

Je quittai ce poste de police inquiet pour nos perspectives en Irak. Nos premiers efforts étaient désastreux.

Les forces américaines et britanniques faisaient un travail incroyable, mais elles ne disposaient tout simplement pas d'assez d'hommes pour sécuriser le pays et garantir la sécurité de la population. À notre retour en Amérique, je commençai à militer pour plus de forces sur place et une meilleure formation de la police. J'appelai également le gouvernement à demander à d'autres pays de partager l'extraordinaire fardeau qui pesait sur les épaules de nos soldats. L'année suivante, sur NBC, CNN, devant le Sénat, durant des auditions et en rendez-vous privé avec des responsables de l'État, je m'efforçai de faire autant de bruit que possible, car j'étais convaincu que nous n'avions pas de temps à perdre.

« Nos spécialistes nous informent que nous avons besoin de cinq mille cinq cents policiers tout de suite. Des policiers européens. Il nous faut vingt-cinq mille hommes supplémentaires, immédiatement. Soit ce seront les nôtres, et seulement les nôtres, soit nous collaborons avec d'autres. Et le seul moyen de travailler avec d'autres, si vous souhaitez partager le fardeau, est d'accepter de partager également une partie des décisions… Il est nécessaire d'envoyer cinq mille cinq cents policiers d'élite européens, des gendarmes, pour y maintenir la paix et la sécurité des personnes, faire cesser les pillages, faire fonctionner les feux de signalisation, enquêter sur les meurtres et les viols pendant que nous formons quatre-vingt mille nouveaux policiers… J'implore donc le Président de dépasser ses réticences à l'égard des Européens, des Français et des

Allemands, surtout, et de leur demander de l'aide, car je suis persuadé qu'ils sont prêts à nous prêter main-forte. Il suffit de le leur demander… Nous avons besoin de trente mille soldats supplémentaires provenant d'autres pays pour nous aider à alléger la pression sur nos propres forces… Il nous faut plus d'hommes. Plus de policiers. Plus de spécialistes des affaires civiles. Nous étions horriblement mal préparés, mais nous avons des gens formidables, là-bas, désormais. Ils n'ont simplement pas les ressources nécessaires. »

Un an plus tard, lors d'un voyage du Congrès dirigé par Tom Daschle, le chef des démocrates du Sénat, je fis une nouvelle évaluation du programme de formation de la police. Rumsfeld s'était vanté d'avoir mis deux cent dix mille Irakiens – police et armée – en uniforme. J'avais donc prévu de visiter le nouveau centre de formation principal, qui se trouvait alors au beau milieu du désert jordanien. Un intervenant privé dirigeait le programme, et les responsables conduisirent notre délégation dans un grand amphithéâtre où les nouvelles recrues étaient en cours. Dans la classe, à l'intérieur de ce hangar, l'acoustique était si mauvaise qu'il était difficile d'entendre qui que ce soit à trois mètres.

Une Américaine très compétente et un membre de la police montée canadienne qui s'occupaient de la formation sur place, ainsi qu'un fonctionnaire de la police jordanienne qui était là pour nous aider nous firent un point sur la situation. Lorsqu'ils commencèrent à nous vanter les mérites de leur programme grandiose, je les interrompis. Je m'approchai d'eux et fermai la porte. Ils évoquaient un programme de formation de six à huit semaines pour préparer ces hommes à la rue.

— Je vous en prie, pas à nous, leur dis-je. D'accord ?

Puis je leur demandai de nous dire la vérité sur la situation. Ils n'avaient pas le temps de fournir une véritable formation.

— Ce programme ne vaut pas un clou, hein ?

— Non, répondit sommairement l'un d'eux.

Pour les forces de police jordaniennes, les recrues recevaient une formation de cinq mois. Au Canada, six mois. Partout dans le monde, les nouveaux policiers étaient encadrés pendant au moins six mois par des agents chevronnés. Ce programme n'était tout simplement pas à la hauteur.

Toutes les huit semaines, les formateurs devaient mettre un millier d'Irakiens dans des avions pour qu'ils rejoignent le centre de formation jordanien. Généralement, sur le millier prévu, un peu plus de sept cents seulement se présentaient. Ils ne subissaient aucun examen physique ou psychologique. Neuf pour cent des recrues étaient analphabètes. Parfois, ils découvraient qu'un des stagiaires avait été condamné par la justice, quand ce n'était pas un meurtrier. Ils devaient alors le renvoyer chez lui.

On cribla de questions les responsables de la formation.

— Savez-vous s'ils se présentent aux commissariats ?

— Non.

— Avez-vous un suivi de formation ?

— Non.

— Avez-vous une idée de ce qu'ils deviennent ?

— Non.

Ils ne savaient même pas vraiment si les stagiaires finissaient par intégrer un commissariat ou non. Les responsables du programme de formation nous confièrent que ce dont ils avaient réellement besoin était d'une formation de seize semaines, suivie d'un programme de suivi de six mois. Le Canadien nous remercia d'avoir financé de nouveaux véhicules pour la police irakienne. Il nous avoua qu'il aurait espéré enseigner la conduite d'évitement, là, en Jordanie, mais la plupart des recrues n'avaient jamais conduit. Ils devaient donc se contenter de leur apprendre comment déplacer les voitures sur le bas-côté pour éviter qu'elles ne bloquent la circulation.

Au printemps et à l'été 2004, la rébellion s'intensifia. Le nombre de morts chez les soldats américains et les civils irakiens augmentait de façon régulière, sans que l'on puisse en voir le bout. Le nombre de victimes américaines approchait du millier. Malgré tout, Rumsfeld insistait sur le fait que nous faisions des progrès considérables, et il continua à soutenir que les États-Unis avaient mis deux cent dix mille Irakiens en uniforme.

Par moments, j'éprouvais vraiment de la compassion pour le Président. Non seulement il était mal renseigné et complètement dépassé, mais les conseillers sur lesquels il s'appuyait le bernaient. En premier lieu, Rumsfeld se fendait de déclarations aussi fausses que dangereuses à propos des forces de sécurité, et ces déclarations étaient politiquement ineptes. S'il était exact que les Irakiens comptaient désormais deux cent dix mille hommes au sein de leurs forces de sécurité, déclarai-je à l'époque, pourquoi avions-nous encore cent trente mille soldats dans le pays ? Comment pouvions-nous justifier l'envoi de nos jeunes en Irak ?

Naturellement, on invitait un petit pourcentage de familles américaines à se sacrifier. Le fardeau de la guerre retombait sur les épaules des classes moyennes et des plus pauvres, qui constituaient l'écrasante majorité des forces combattantes en Irak. Les soldats que j'ai rencontrés au Proche-Orient sont allés de gaieté de cœur en Irak et ont accompli des performances héroïques dans des circonstances frustrantes et une situation qui se dégradait progressivement. Nous les avions envoyés en Irak mal équipés, insuffisamment entraînés pour cette mission, et en sous-effectif pour contrer une rébellion que les responsables du ministère de la Défense avaient négligée. Au cours d'un de mes séjours en Irak, je discutai avec un officier des Marines, un dur à cuire, le crâne rasé, qui s'efforçait tant bien que mal d'obtenir plus d'hommes.

— Qu'ils soient maudits, sénateur, me dit-il. La première chose qu'on apprend à l'école militaire, c'est la contre-insurrection. La contre-insurrection, c'est : « On ratisse et on tient. » J'envoie ces garçons là-bas, dans la province d'Al-Anbâr, et ils font des miracles. Ils ratissent la zone, éliminent les rebelles, puis ils repartent. On ne peut pas les laisser sur place pour tenir le terrain, parce qu'on n'est pas assez nombreux. Ils ne peuvent pas occuper le terrain. Ni garder le périmètre. Ni empêcher les infiltrations. L'insurrection se renforce, et deux autres de nos gars se font tuer en ratissant de nouveau la même zone. C'est juste une question de nombre.

En parcourant le pays, j'ai senti que les Américains étaient déchirés entre leur soutien instinctif à notre Président en temps de guerre et un doute tenace sur l'existence d'un quelconque plan réalisable pour obtenir une sécurité suffisante en Irak pour nous permettre de ramener les troupes chez elles en toute sécurité. Chaque fois que je me rendais en Irak, la situation sur le terrain était pire que lors de ma visite précédente. J'y allais avec une délégation du Congrès, et nous arrivions à l'aéroport de Bagdad en atterrissant en tire-bouchon pour éviter d'être pris pour cible. Les soldats nous faisaient descendre du C-130, enfiler un gilet pare-balles, et monter dans un hélicoptère Black Hawk avec deux soldats, des mitrailleuses fixées de chaque côté. Nous filions à deux cent quarante kilomètres-heure à trente mètres d'altitude au-dessus de Bagdad, survolant des murs de ciment géants devenus inutiles avant de nous poser dans la « Zone verte ». Puis ils nous conduisaient en zigzag à soixante kilomètres-heure à des réunions qui se tenaient dans la zone sécurisée de dix kilomètres carrés. Il ne nous était plus permis de rester à proximité de la voiture. En fait, il nous était interdit d'en descendre jusqu'à ce qu'une équipe de sécurité spécialement formée nous ouvre les portières. Et encore, ça, c'était dans la « zone sécurisée » !

Même lorsque leurs propres généraux ont commencé à tirer la sonnette d'alarme sur le problème croissant de la violence sectaire – et quand la CIA a prévenu que l'Irak pouvait être sur la voie de la guerre civile –, les responsables civils de la Défense refusèrent de reconsidérer leur stratégie. La situation ne s'est jamais améliorée, et Rumsfeld et Cheney ne changèrent à aucun moment leur fusil d'épaule. Il devint de plus en plus évident que, en bafouant les conventions de Genève, ces deux hommes avaient ruiné les prétentions de notre pays à une quelconque supériorité morale. Ils avaient imposé les décisions politiques qui permirent les horribles sévices infligés aux prisonniers d'Abu Ghraib et encouragé les mauvais traitements administrés aux prisonniers musulmans dans notre établissement pénitentiaire de Guantánamo, à Cuba. Je n'hésitai pas à égratigner Rumsfeld. Peu après que le scandale d'Abu Ghraib eut éclaté, en avril 2004, on commença à me demander s'il ne vaudrait pas mieux renvoyer Rumsfeld. Sans équivoque, je répondis chaque fois « oui ».

— Si j'étais président, je le limogerais. Naturellement, c'est au président de prendre cette décision, mais qu'est-il arrivé à sa notion de responsabilité ? (Cela me faisait penser à une sorte de test républicain ultime.) Rien que pour une question d'honneur, le ministre devrait donner sa démission. Et s'il ferait bien de démissionner, c'est parce qu'il empêche indirectement n'importe quel autre pays de travailler avec nous. Ils n'ont aucune envie de collaborer avec lui.

Peu après, je me retrouvai dans une pièce avec le président Bush et le vice-président Cheney, à parler de l'Irak, lorsque le Président me demanda soudain :

— Pourquoi vous acharnez-vous sur Rummy ?

Je compris qu'il ne s'agissait pas d'un simple échange de banalités. Il était réellement furieux.

— Monsieur le président, répondis-je, avec tout le respect que je vous dois, mettons les choses au clair : je n'ai pas demandé sa démission. On m'a demandé ce que je ferais si j'étais à votre place, et j'ai répondu que je le renverrais.

Il voulut savoir pourquoi je ferais une chose pareille. Je me tournai vers Cheney.

— Monsieur le vice-président, avançai-je en toute franchise. Si vous n'étiez pas un agent constitutionnel, je vous renverrais aussi. Pour une raison simple, monsieur le président : pouvez-vous me citer un seul conseil important de leur part concernant l'Irak qui se soit révélé pertinent ? Voilà pourquoi, monsieur le président.

Cheney demeura immobile, se balançant sur sa chaise, sans dire un mot.

Il y a quelques années, lors de la soirée d'anniversaire de la femme d'un collègue, je me suis retrouvé dans un patio en compagnie du sénateur Lugar et de Colin Powell. Tandis que notre hôtesse nous appelait à l'intérieur, Powell semblait vouloir rester discuter dehors. Il se plaignait que la Maison Blanche puisse lui reprocher d'avoir demandé la fermeture de Guantánamo.

— Ces enfoirés, maugréa-t-il. Ils sont furieux contre moi. Ils sont constamment sur mon dos.

On commença à évoquer nos rapports avec Bush à l'approche de l'invasion de l'Irak. Powell secoua la tête, se rappelant qu'il pensait avoir suffisamment influencé le Président.

— Je croyais l'avoir dans la poche. J'étais convaincu qu'il s'était rangé à mon avis. Et puis voilà qu'il fait tout le contraire. Je me demande ce qui n'allait pas, chez lui.

Tel que Powell avait fini par le comprendre, il s'était simplement fait battre par Rumsfeld et Cheney.

Je me souviens, ce soir-là, avoir réfléchi à la façon dont Powell s'était fait des illusions sur Bush, comme s'il ne s'était pas encore rendu compte qu'il s'était fait doubler dans le jeu politique par ces deux vieux briscards. Il refusait de reconnaître que le Président avait simplement pris les mauvaises décisions. D'une certaine façon, j'étais dans le même cas que Powell : j'avais rejeté la faute sur les hommes de main de Bush, qu'il avait pourtant choisis en connaissance de cause.

Mais, en fin de compte, seul le Président est coupable. Je ne mets pas en doute les motivations de George W. Bush. Et je reconnais que le travail était difficile, en Irak. C'était extrêmement difficile, j'en suis encore convaincu aujourd'hui. Mais je crois aussi que le président Bush n'a pas su protéger le pays. L'histoire le jugera sévèrement non pas pour les erreurs qu'il a commises – nous en faisons tous –, mais pour les occasions qu'il a gâchées.

Je maintiens que l'erreur la plus coûteuse a été le refus de communiquer au peuple américain ce qui aurait été nécessaire pour l'emporter en Irak. Pour gagner cette guerre, il n'avait jamais semblé disposé à demander à d'autres qu'aux Américains les plus pauvres de faire un réel sacrifice. Il ne leur révéla jamais que plus de cent mille soldats seraient nécessaires, et ce durant de longues années. Il ne révéla jamais qu'elle pourrait coûter plus de trois cents milliards de dollars. Il ne leur révéla jamais que, même après avoir payé un tel prix, le succès n'était pas garanti, car personne n'avait jamais réussi par le passé à reconstruire une nation de force, sans parler de toute une région du monde.

Au lieu de cela, il nous avait emmenés à la guerre relativement seuls, avant que ce soit nécessaire, à la suite de la réduction d'impôts la plus importante et la plus disproportionnée de l'Histoire, avec la moitié des troupes nécessaires à une victoire. L'administration Bush avait envoyé des équipes à la recherche d'armes de destruction massive qui n'avaient jamais existé, et laissé des centaines de tonnes de munitions sans surveillance jusqu'à ce qu'elles soient simplement emportées par de potentiels rebelles. Le gouvernement n'avait jamais pris le temps de comprendre la difficulté de réconcilier la majorité chiite, qui avait si longtemps souffert sous Saddam, et la minorité sunnite au pouvoir sous le dictateur, sans parler des Kurdes, qui avaient la mainmise sur la majeure partie des réserves de pétrole en Irak, mais qui vivaient dans la crainte d'une invasion turque, au sein d'un gouvernement central fort à Bagdad.

Le Président avait exclu les Français, les Allemands et les Russes des contrats de reconstruction, et repoussé les ouvertures du président Chirac, qui m'avait fait part de sa volonté d'envoyer des troupes si Bush avait été prêt à céder un peu de pouvoir à l'OTAN.

Même durant l'été 2004, alors que sa campagne contre John Kerry était sérieusement engagée, George W. Bush avait encore le pouvoir de faire de l'Irak un problème international et pas seulement américain. C'était dans ses attributions. Mais il aurait fallu pour cela qu'il retisse des relations qu'il avait rompues avant l'invasion, et qu'il fasse peut-être même preuve d'une certaine humilité. Les exigences du pouvoir n'avaient jamais été si intimidantes, mais les potentielles récompenses demeuraient élevées.

— Je suis convaincu qu'il y a des gens, autour du Président, qui lui conseilleront de rejeter l'idée de s'ouvrir au monde, déclarai-je cet été-là.

« Ils lui diront qu'en tendant la main, il paraîtra faible, que ce sera un aveu d'échec. Je leur rétorquerai que l'heure de l'orgueil et de l'arrogance est passée depuis longtemps. L'heure d'avoir un véritable meneur est venue. Et, en l'état actuel des choses, seul le président des États-Unis peut être ce meneur…

« Pour le monde à venir, il ne nous suffira pas de brandir nos sabres et d'exiger l'adhésion à notre vision simplement parce que nous sommes persuadés d'avoir raison. Nous devons donner aux autres un motif d'aspirer à cette vision. Et ce motif doit aller au-delà de la simple répétition d'un slogan pour la liberté et la démocratie. Il doit aller au-delà de la réaffirmation d'une politique qui a échoué. Il doit s'accompagner de la sagesse de reconnaître lorsque nous avons tort, et de la volonté de changer de cap pour faire les choses correctement. »

– 20 –

Pourquoi ?

Lors des élections de 2004, j'étais vraiment convaincu que le peuple américain voterait pour un nouveau président. Avec le candidat démocrate, ils pouvaient compter sur un homme d'expérience et de caractère. John Kerry avait travaillé près de vingt ans au Sénat, et, durant toutes ces années, il s'était profondément impliqué dans les Affaires étrangères. Surtout, il savait réellement ce que cela signifiait que d'envoyer des hommes au combat, et qu'un président ne devait jamais le faire à la légère, ni sans une mission claire et définie soutenue par le pays. John était un héros de guerre décoré qui s'était battu avec bravoure au Viêtnam. Non seulement, jeune soldat, il avait courageusement servi son pays, mais il avait eu les tripes de tenir tête à l'administration Nixon et de révéler au peuple américain ce qui arrivait au Viêtnam aussi bien aux soldats qu'aux civils.

Jill et moi étions chez nous, le soir de l'élection. Nous avons veillé tard pour attendre les résultats. Lorsqu'elle finit par abandonner et aller se coucher, je m'accrochai au mince espoir que Kerry puisse encore l'emporter. Au fur et à mesure que la nuit avançait, il devint évident qu'il ne gagnerait pas. Mais je restai éveillé, zappant d'une chaîne à l'autre. Je me sentais mal pour John, mais aussi très inquiet pour le pays. John avait parlé de faire de moi son secrétaire d'État, et j'étais persuadé que nous avions une réelle chance de régler la situation en Afghanistan, en Irak et dans les cercles diplomatiques du monde entier. Je savais quelles étaient les premières mesures que j'aurais prises en Irak pour recentrer nos efforts sur la sécurité physique et économique des Irakiens, et sur des services élémentaires, comme l'électricité, le carburant et l'évacuation des eaux usées. J'aurais rapidement mis fin au fantasme néoconservateur de reconstruire facilement un Irak à notre image. La privatisation des industries et la mise en place d'institutions démocratiques étaient des objectifs secondaires qu'il nous était impossible d'imposer à ce pays fragile et décimé. Je savais également sur quels responsables républicains compter pour obtenir un véritable soutien bipartisan, et j'étais sûr de savoir où trouver un terrain d'entente.

L'élection de 2004 était encore une occasion que George W. Bush avait gâchée. La campagne aurait dû être pour lui une plate-forme lui permettant de tendre la main aux démocrates. Mais le Président et son équipe se servirent de la guerre en Irak comme d'une nouvelle occasion de creuser un fossé entre les Américains, comme si ceux qui n'étaient pas totalement avec eux étaient de mauvais patriotes qui ne soutenaient pas leurs troupes et faisaient preuve de mollesse face au terrorisme, comme si ceux qui étaient contre eux n'avaient pas à cœur les intérêts supérieurs de l'Amérique.

Cette philosophie de la division s'était infiltrée à Washington depuis la prise de contrôle du Congrès par les républicains en 1994, et il s'agissait d'un agent dramatiquement corrosif dans notre politique, nos institutions et notre vie quotidienne. Ce qui rend la partisanerie si débilitante, c'est qu'elle n'est pas confinée à un seul parti, et, malgré ce qu'en disent de nombreux spécialistes, c'est bien plus qu'un outil politique pour gagner des élections. Elle a façonné notre culture et notre dialogue national. Nous avons perdu notre capacité à être en désaccord sans nous montrer désagréables, à argumenter sur le fond sans mettre en cause la morale fondamentale de son interlocuteur. La partisanerie déchire les liens d'affection qui lient le pays d'État à État, de parti politique à parti politique, de citoyen à citoyen.

Je ne pus trouver le sommeil, cette nuit d'élection, et j'étais encore devant la télévision quand Jill descendit, le lendemain matin, à six heures. Elle traversa la cuisine jusqu'au salon, et, en levant les yeux, je la vis à l'entrée de la pièce, face à moi.

— Alors ? demanda-t-elle.

— C'est fichu, répondis-je. On a perdu.

Je regardai Jill, dans l'encadrement de la porte, visiblement bouleversée, et je ne savais pas quoi dire. Elle avait du mal à croire que le pays ait pu de nouveau élire George Bush. Mais je ne pus m'empêcher de penser qu'il y avait autre chose. Si John Kerry avait remporté l'élection, cela aurait clos la question de ma candidature à la présidence des États-Unis. Et je crois qu'elle était contrariée par le fait que la question soit de nouveau sur la table. J'étais à peu près sûr de la comprendre. Jill n'avait qu'une seule chose en tête.

Son instinct était de me protéger, de protéger notre famille. Et elle avait compris que ma candidature à l'investiture démocrate en 2008 signifierait que l'ensemble de la famille Biden devrait faire de gros sacrifices.

Les semaines qui suivirent la défaite de John Kerry, Jill savait que j'envisageais de me présenter en 2008, mais nous n'en avons jamais réellement parlé, même lorsque nous étions seuls. Je n'osai pas évoquer le sujet lors de notre voyage annuel de Thanksgiving à Nantucket, quelques semaines seulement après l'élection. Ce voyage était une tradition instaurée par Jill. Depuis notre première rencontre, ce séjour nous permettait de nous retrouver en famille à l'écart du reste du monde. Au début, seuls Jill, Beau, Hunter et moi nous rendions dans une maison de location. Quelques années après, notre fille Ashley est née. Sur la route, Jill et moi aidions nos enfants à rédiger leur liste de Noël. Jill préparait un grand dîner de Thanksgiving, et nous jouions à des jeux de société, parlions de la vie, et savourions le simple plaisir d'être ensemble. En 2004, nous avons dû partir en caravane. Nous avions deux brus, désormais, et quatre petits-enfants. Le soir, après le dîner, les enfants sortaient se promener, et Jill et moi restions à la maison pour nous occuper des plus petits. Jill distribuait des catalogues et les aidait à dresser leur liste de jouets.

Ces soirs-là, la politique me paraissait à mille lieues de Nantucket. Ma famille était en bonne santé et heureuse, c'est ce qui importait. Nos enfants et petits-enfants désiraient vraiment être avec nous. En regardant Jill, je me souvins de ce jour, il y avait si longtemps, dans la chapelle de l'ONU, où la jeune mariée m'avait ramené à la vie. Trente ans plus tard, notre relation était au-delà de tout ce que j'avais espéré ce jour-là. Malgré tout ce qui s'était passé depuis, Jill et moi avions accompli de grandes choses, ensemble.

Juste après Thanksgiving, je fis un quatrième séjour en Irak, accompagné de trois de mes collègues sénateurs : Chuck Hagel, Dianne Feinstein et Lincoln Chafee. Ce que j'y vis me démoralisa. Le décalage entre la rhétorique du gouvernement à Washington et la réalité sur le terrain était plus important que jamais. Le Président ne cessait d'insister sur le fait que « la liberté est en marche ». En fait, les « jusqu'au-boutistes » sunnites campaient sur leurs positions et lançaient des attaques de plus en plus fréquentes sur nos troupes, qui mouraient en grand nombre. Al-Qaïda, qui n'était pas présent en Irak avant la guerre, prenait réellement pied dans l'ouest du pays, menaçant de le transformer en ce que j'appelais la « prophétie auto-réalisatrice de Bush ». Et les tensions sectaires commençaient à s'intensifier. À presque tous les égards, le pays semblait faire machine arrière : il y avait désormais à Bagdad des coupures de courant longues de quatorze heures, les eaux des égouts inondaient les rues jusqu'au-dessus des enjoliveurs des 4 × 4, et la production pétrolière était tombée en dessous des niveaux d'avant-guerre. Il n'y avait pas de travail, et bien trop d'armes et d'explosifs, environ huit cent mille tonnes dans les milliers de dépôts de munitions que nous n'avions pas pu sécuriser faute de plan et d'effectifs suffisants.

Je fus ravi de quitter l'Irak et de rentrer chez moi pour Noël. Il faisait nuit, et nous avons pris l'avion de transport C-130 sur le tarmac de l'aéroport de Bagdad. Habituellement, nous partagions cet appareil caverneux et évidé avec des soldats qui partaient en permission, des civils en congé et d'énormes caisses de ravitaillement. Cette fois, l'avion était vide, à l'exception d'une longue boîte métallique couverte d'un drapeau américain et bien arrimée au sol. Durant une longue minute, nous sommes restés muets, rendant un hommage silencieux au soldat inconnu dans le cercueil. Nous serions ses compagnons pour son dernier voyage. On prit place sur les strapontins fixés tout le long des flancs de l'appareil. J'étais assis à côté de Tony Blinken, mon directeur de cabinet à la Commission des Affaires étrangères, qui avait une excellente compréhension de la politique étrangère. J'évoquai avec lui le rapport que nous allions rédiger sur notre séjour. Les hélices se mirent à tourner, et la cabine fut soudain plongée dans l'obscurité totale, par mesure de sécurité. À cause du bruit, nous ne nous entendions plus. Le pilote lança son appareil dans les airs. Après tous ces périples dans les Balkans, puis en Irak, je commençais à avoir l'habitude des décollages et des atterrissages en tire-bouchon. Mais, environ une minute après le décollage, je vis un énorme éclair blanc par le hublot. Il illumina brièvement l'ensemble de la cabine. Aussitôt, l'avion monta presque à la verticale – du moins en eus-je l'impression –, avant de redescendre en piqué, les moteurs hurlants. Puis l'appareil se stabilisa. Dans l'obscurité, je sentis Tony me saisir par le bras et me hurler dans l'oreille :

— Bon sang, qu'est-ce que c'était que ça ?

— Je n'en sais rien, répondis-je. Peut-être est-ce l'idée que se font les militaires du divertissement en vol.

Peu après, le copilote surgit du cockpit :

— Désolé pour tout ce remue-ménage. Le système d'alerte pour les missiles sol-air s'est déclenché, et nous avons dû réaliser une manœuvre d'évitement.

— Ça signifie que quelqu'un nous a tiré dessus ? demandai-je.

— Nous n'en avons pas la certitude… mais ça arrive.

Deux heures plus tard, nous nous posions en Jordanie. J'appelai Jill.

— Je viens de quitter l'Irak, je rentre.

La famille Biden se retrouva au grand complet juste avant Noël. Beau, Hunter, Ashley et le reste de notre famille rentrent toujours quelques jours plus tôt afin de pouvoir fêter l'anniversaire de Naomie, l'aînée de nos petits-enfants. Quelques jours avant Noël, on organisa une grande fête d'anniversaire à la Maison du lac, et lorsque Jill et moi sommes montés nous coucher après avoir terminé de nettoyer la cuisine, elle m'annonça avec une nonchalance alarmante :

— Il y aura une réunion de famille, demain matin, dans la bibliothèque. Il faut qu'on te parle de quelque chose.

Puis, comme à son habitude, elle se retourna et s'assoupit.

Naturellement, il me fut impossible de trouver le sommeil. Je me levai et descendis l'escalier dans le noir avant de pénétrer dans la bibliothèque déserte et d'y faire les cent pas. Je savais sur quoi allait porter cette réunion : la course à la présidence. J'avais évoqué le sujet avec quelques personnes. Je pensais pouvoir apporter des choses à ce pays – des choses que je me sentais prêt à faire pour le pays –, et, pour la première fois de ma carrière, je n'étais plus certain de pouvoir les faire à mon poste de sénateur. Mais je devinais déjà ce que ma famille allait me dire le lendemain matin. « Nous avons déjà tout ce qu'il nous faut. Notre famille est forte. Souviens-toi de la façon dont ils t'ont traité, en 1987. Pourquoi réclamer plus de douleur et de chagrin ? Pourquoi prendre ce risque ? » J'entendais déjà mes enfants : « Tu ne peux pas faire ça, papa. On ne veut pas que tu revives ça. On ne veut pas revivre ça. » Seul dans la bibliothèque, j'étais un peu en colère. Mais je savais ce qu'il me restait à faire, le lendemain matin. Je ne cessais de me répéter qu'il ne fallait pas que je perde mon sang-froid. Je ne pouvais pas me mettre en colère. S'ils refusaient que je participe à la primaire, me dis-je, je n'y participerais pas. C'était un point non négociable. Je leur demanderais de sacrifier trop d'intimité, trop de temps. Je leur devais bien ça. Quand je finis par me coucher, un peu plus tard, j'étais plus serein.

Quand je descendis à la bibliothèque, après m'être douché et habillé, le lendemain matin, tout le monde était déjà là. Ils me poussèrent vers le grand fauteuil, près d'une des cheminées. Jill, ma sœur Val, Beau, Hunter et Ashley avaient pris place sur les canapés autour de moi. Ted Kaufman, mon ami de longue date et conseiller était également présent. Dans ma tête, je ne cessais de me répéter : *Tu es le père. Reste élégant. Quoi qu'il arrive, ne perds pas ton sang-froid.*

— Nous nous sommes concertés, annonça Jill.

Je m'aperçus alors qu'ils avaient réellement réfléchi à la meilleure façon de s'y prendre.

Puis j'entendis de nouveau Jill.

— J’ai envie que tu te présentes, cette fois-ci, déclara-t-elle. À toi de décider, mais nous te soutiendrons.

L’espace d’une seconde, je ne pus prononcer la moindre parole.

— Pourquoi ?

— Nous pensons que tu es à même d’unir le pays, expliqua Jill. Nous estimons que tu es le mieux placé pour le rassembler.

– 21 –

Tenir ses promesses

— Est-ce que ça va aller ?

C'était une femme de Dubuque, dans l'Iowa qui m'avait posé la question de but en blanc, lors d'un des premiers meetings de ma campagne. C'est le thème de la plupart des questions que je reçois, ces jours-ci, et je crois que cela témoigne d'une angoisse dans le pays qui va bien au-delà de la crainte d'un nouvel attentat terroriste sur notre sol. Chaque jour, j'entends des hommes et des femmes qui doutent de leur avenir, de leur emploi, de leur capacité à protéger leurs enfants, et, après les bévues ahurissantes de l'administration Bush en matière de politique étrangère, qui se sentent plus seuls au monde que jamais. George W. Bush et Dick Cheney nous ont plongés dans un gouffre sans fond.

Alors, est-ce que ça va aller ? La question n'est pas simple. Mais, quand je vois les leçons que j'ai apprises tout au long de ma carrière politique et au gouvernement, quand je me penche sur mon passé, la réponse ne fait pour moi aucun doute : rien ne m'a jamais fait douter de la remarquable promesse que ce pays m'a faite quand j'étais jeune et aspirais à une vie au service du peuple. Et mes années passées au Sénat m'ont rendu moins cynique vis-à-vis du cœur de ce pays et de ses institutions.

Je repense à deux anecdotes, séparées par de nombreuses années et de nombreux kilomètres. La première concerne mon ancien collègue John Stennis, qui avait déjà représenté le Mississippi vingt-cinq ans au Sénat lorsque je fus élu pour la première fois, en 1972. Son départ à la retraite, en 1988, libéra un bureau spacieux et très convoité, dans le Russel Building. À l'époque, j'avais suffisamment d'ancienneté pour prétendre m'y installer. Avant qu'il ne quitte la ville, je m'arrêtai pour faire mes adieux à mon vieil ami, et, honnêtement, pour jeter un coup d'œil dans son bureau. Ayant perdu une jambe à cause d'un cancer, John Stennis était alors en fauteuil roulant. Il était impeccablement vêtu, installé à sa longue table de conférence en acajou. À mon arrivée, il me fit signe de prendre place sur une chaise de cuir.

— Assieds-toi, Joe. Assieds-toi. (Tandis que j'obtempérais, il poursuivit.) Tu te rappelles la première fois que tu es venu me voir, Joe ?

Je secouai la tête. Je ne m'en souvenais plus. Il me raconta donc l'histoire d'un futur sénateur de trente ans, originaire du Delaware, venu le saluer, en 1972. Il ricana en me rappelant que lorsqu'il m'avait demandé pourquoi je m'étais présenté à l'élection, je lui avais répondu, semblant avoir oublié son long passé de ségrégationniste : « Pour les droits civiques, monsieur. »

— J'étais un jeune homme plutôt intelligent, à l'époque, n'est-ce pas, monsieur ? lui demandai-je.

— Joe, je vais te dire aujourd'hui ce que je souhaitais te dire à l'époque. Tu comptes occuper ce bureau, hein ?

— Oui, monsieur.

— Parfait, parfait, dit-il en faisant courir sa main d'un côté et de l'autre sur l'acajou lisse et poli. Tu vois cette table, Joe ? Elle était déjà là à l'époque de la Confédération, de 1954 à 1968. Nous étions assis ici, la plupart d'entre nous originaires du fin fond des États du Sud, l'ancienne Confédération, et nous y avons planifié la disparition du mouvement des droits civiques. Et nous avons perdu. Joe, il est temps, à présent, que cette table passe des mains d'un homme qui était contre les droits civiques à celles d'un homme qui les défendra.

Ne sachant pas trop quoi dire, je me levai et le remerciai, et, en me dirigeant vers la porte, le sénateur Stennis m'interpella.

— Et, Joe, une dernière chose. Le mouvement des droits civiques a plus fait pour libérer l'homme blanc que l'homme noir.

Me voyant le regarder fixement, confus, il se frappa sur la poitrine.

— Ça a libéré mon âme, dit-il. Ça a libéré mon âme.

Durant les années où je l'avais côtoyé, John Stennis s'était détourné de son passé ségrégationniste. Beaucoup ont vu sa transformation comme un opportunisme politique. Je préfère la voir comme un voyage du cœur, un désir sincère de refléter les instincts les plus généreux des habitants du Mississippi, et d'honorer les aspirations de l'ensemble des Américains. De son propre aveu, son travail au Sénat lui avait considérablement ouvert l'esprit. C'est là le pouvoir de l'institution et la véritable force de notre gouvernement fédéral. Les hommes et les femmes qui servent à Washington entrent en contact avec des gens de tout le pays, de toutes les origines, de toutes les religions et de toutes les orientations politiques. Et ceux qui sont disposés à chercher le bien chez leurs collègues serviteurs de l'État, comme le sénateur Mike Mansfield me l'a conseillé à mon arrivée au Sénat, deviennent de meilleures personnes et des législateurs plus compétents.

La seconde anecdote retrace des faits qui se sont produits plus récemment, en un lieu qui ne pourrait être plus éloigné des salles marbrées du Sénat américain. En juin 2006, à la fin d'un de mes séjours en Irak. Je fis un détour pour visiter un camp de réfugiés au Tchad, en Afrique centrale. Ce camp du désert accueillait des milliers de familles qui avaient fui les violences génocidaires de la région voisine du Darfour. Trente mille personnes l'occupaient déjà, m'expliqua-t-on, et ce chiffre grossissait quotidiennement. On estimait qu'environ trois cent mille personnes avaient été contraintes de fuir leur domicile au Darfour. On se posa sur une piste qui n'était en fait qu'un chemin de terre au milieu du désert. Deux longues rangées de rochers délimitaient les bords de la piste. Il n'y avait pas un seul buisson. Nous avons roulé jusqu'à ce que l'appareil s'immobilise brusquement. Lorsque j'en descendis, un jeune travailleur humanitaire africain jaillit du nuage de poussière qui se redéposait lentement, et me tendit la main.

— Merci d'être venu, l'Américain.

Il m'escorta dans une zone ouverte au milieu de milliers de tentes, où de jeunes familles grouillaient autour de moi. Je ne comprenais pas un mot de ce qu'ils racontaient, mais je vis leur regard identique à celui que j'avais pu observer en Bosnie et au Kosovo, dans les années 1990, quand nous avions sauvé des dizaines de milliers de vies des mains du tueur Slobodan Milošević. C'était le même regard que celui que j'avais vu quelques jours auparavant en Irak, chez les chiites qui n'étaient plus contraints de se cacher des oppresseurs de Saddam Hussein qui avaient tué bien plus de cent mille d'entre eux au cours des décennies précédentes. C'était un regard d'espoir et d'attente, comme si l'Amérique pouvait changer leur vie d'un claquement de doigts. Les occupants de ce camp auraient réagi comme devant n'importe quel officiel américain en visite. Ils n'avaient pas vu descendre de l'avion un type d'une cinquantaine d'années au pantalon froissé. Ils avaient vu, vaguement dessinée dans les tourbillons de poussière, la promesse de l'Amérique.

Je fus frappé, à ce moment-là, par le fait que, parfois, en Amérique, nous ne comprenons pas à quel point nous sommes importants pour le reste du monde, non seulement grâce à notre puissance militaire et notre aide à l'étranger, mais aussi en raison des valeurs qui nous sont chères : la compassion, l'honnêteté, l'intégrité, la générosité, la liberté et l'espoir. Il nous arrive d'oublier que les États-Unis rappellent à des milliards et des milliards d'individus qu'il existe un monde meilleur. Nous oublions parfois que l'Amérique est le seul pays au monde qui brille encore comme une « ville étincelante sur la colline », telle la promesse d'un avenir meilleur.

Au cours des six dernières années et demie du mandat de Bush, les dissensions et la partisanerie exacerbée de son administration ont atténué la lueur de cette promesse et noyé efficacement la voix la plus vraie et la plus profonde de nos concitoyens. Bush et Cheney nous ont encouragés à agir par pur intérêt personnel et ont laissé entendre que si c'était le cas, le reste se ferait tout seul. Nous savons tous que dans un pays aussi riche, aussi libre et aussi puissant que le nôtre, la voie de l'intérêt personnel est souvent la plus facile à suivre. C'est certainement la plus tentante. Les démocrates se sont montrés trop timorés, trop discrets en tentant d'attirer l'attention sur le caractère corrosif de cette philosophie.

Mais, en parcourant le pays, j'ai entendu une nouvelle voix s'élever. Celle d'individus fatigués de voir l'avenir bradé pour un bénéfice rapide. J'ai entendu la voix de ceux qui sont las de voir les bienfaits de la démocratie et du capitalisme injustement distribués à quelques privilégiés, que ceux-ci les aient demandés ou non. J'ai entendu la voix de ceux qui réclament un avenir dans lequel chaque Américain a une meilleure existence, une plus grande liberté, et est plus apte à chercher le bonheur. J'ai entendu la voix de ceux qui sont prêts à faire des sacrifices aujourd'hui pour de meilleurs lendemains. Il est temps qu'un président écoute cette voix qui monte et l'amplifie. Il est temps qu'un président puisse montrer au peuple américain un avenir à sa portée, lui dire ce qu'il faudra faire pour y parvenir et lui rappeler avec vigilance pourquoi il vaut la peine qu'on se batte pour lui. Il est temps qu'un président se lève et rappelle au peuple américain que nous avons des promesses à tenir. Des promesses au reste du monde, des promesses aux uns et aux autres, des promesses à nos enfants et à nos petits-enfants. En nous consacrant de nouveau à la difficile réalisation de ces promesses, nous redonnerons à l'Amérique l'espoir du monde et la vision d'un avenir meilleur.

Nous devons d'abord avoir suffisamment confiance en nous pour imaginer un avenir digne du pays le plus fort que le monde ait jamais connu. Je vois un monde avec un Irak stable, dont la population est prospère et en sécurité, dont les frontières sont sûres, dont le paysage est débarrassé de terrains d'entraînement pour les terroristes, et dont la réussite est aussi due à ses voisins et au reste de la communauté internationale. C'est la seule façon d'honorer suffisamment le sacrifice de ce jeune soldat dans le cercueil couvert d'un drapeau avec lequel j'ai voyagé en quittant l'Irak dans un avion de transport il y a des années. Et celui de près de trente mille autres Américains, hommes et femmes, qui ont sacrifié leur vie, leurs membres, ou leur santé mentale en se battant sur le sol irakien. C'est une promesse que nous devons faire à ces hommes et à ces femmes, une promesse que nous devons tenir.

Je vois un avenir où nous avons découvert et mis au point des sources d'énergie renouvelable afin de nous libérer de l'emprise des oligarques du pétrole au Proche-Orient, et d'inverser la courbe du réchauffement climatique. En tant que pays le plus riche et le plus prospère de l'histoire du monde, il est de notre devoir de prendre la tête du développement de nouvelles technologies énergétiques soucieuses de l'environnement.

Je vois un avenir où chaque famille américaine a une assurance maladie, et où chaque père et chaque mère de famille peut se coucher le soir en sachant qu'une maladie ou un accident dramatiques ne les mettra pas sur la paille. Je vois un avenir où chaque enfant américain a accès à des soins préventifs et à une école primaire et secondaire qui le prépare à une vie épanouie. Je vois un avenir où le coût ne peut plus être un frein pour tout jeune dont les résultats scolaires lui donnent le droit d'être admis à l'université. Ce sont les promesses que nous devons faire à nos enfants. Ce ne sont pas les enfants des autres. Ce sont nos enfants, ceux de l'Amérique, le sang de notre sang, les tendons qui nous lient. Nous avons toujours compté sur la génération suivante pour poursuivre les objectifs que nous ne parvenions pas à atteindre en notre temps. Mais si nous ne protégeons pas la santé et les rêves de tous nos enfants, nous trahirons nos meilleures intentions.

Je vois un avenir où les retraites sont sécurisées et où les entreprises privées honorent toutes les promesses qu'elles ont faites à leurs anciens employés. Un avenir où la sécurité sociale est entièrement financée et solvable pour les générations à venir. Je vois un avenir où les plus riches d'entre nous sont heureux de payer leur juste part d'impôts parce qu'ils reconnaissent les avantages qu'il y a à investir dans notre bien-être national.

Enfin, je vois un avenir où les Américains se souviennent que lorsque nous accordons la plus grande importance à ce que nous avons en commun, il n'y a rien que nous ne puissions réaliser. Nous ne le ferons pas en tant que Noirs ou Blancs, ni en tant que sudistes ou nordistes. Ni en tant que riches ou pauvres, ni en tant qu'hommes ou femmes. Nous ne le ferons même pas en tant que démocrates ou républicains. Mais en tant que peuple de foi, ensemble, à l'écoute de notre meilleure voix, en nous rappelant que nous avons des promesses à tenir.

C'est la vision de cet avenir qui me pousse à aller de l'avant, parce qu'il est absolument à notre portée. Je suis optimiste quant à nos chances, et ce pour une raison simple : les Américains veulent être meilleurs. L'histoire de la rédemption de John Stennis, comme mille autres transformations moins publiques auxquelles j'ai assisté, est une preuve suffisante que les Américains désirent être bons, bons les uns envers les autres.

*

* *

À mon retour du voyage de campagne qui m'avait conduit à Dubuque, je suis arrivé devant ma porte avec, en bandoulière, mon sac rempli de linge sale, heureux d'être chez moi.

— Eh bien, me dit Jill en m'accueillant. On y est, maintenant.

Je m'étais absenté de la maison quatre nuits d'affilée, et le programme de la semaine suivante était à peu près le même. Mais cela me fit néanmoins beaucoup de bien de voir Jill souriante.

Nous nous sommes demandé qui nous pourrions inviter à dîner, ce soir-là, mais je lui dis :

— Tu sais quoi ? Ça fait un moment qu'on ne s'est pas parlé. Allons dîner rien que tous les deux.

On se rendit donc dans un petit restaurant de pâtes, et Jill commença à me demander comment cela se passait, sur la route. Elle voulait des détails, meeting après meeting. Combien y avait-il de personnes ? De quoi souhaitaient-ils parler ? Comment avaient-ils réagi ? Je lui répondis que tout s'était bien passé. Il y avait beaucoup de monde, et ils étaient intéressés par les sujets que je connaissais le mieux. La réaction était géniale.

— Eh bien, qu'en dis-tu ? demanda-t-elle.

Ce qui signifiait : « Ça te semble possible de remporter la primaire ? »

— On n'est jamais sûr de rien, mais je me sens bien, en campagne. C'est différent, cette fois. Je sais comment j'ai envie de gouverner. Je me vois déjà dans le Bureau ovale. J'ai déjà une idée de qui j'appellerai pour m'aider au gouvernement. Je sais quelles sont les premières décisions que je prendrai.

C'est l'étrange ironie et le virage à cent quatre-vingts degrés que je ressens par rapport à la première fois où je m'étais présenté à l'investiture présidentielle. En 1987, je ne m'imaginais pas encore faire le travail d'un président, mais, à la fin, j'imaginais déjà comment je pourrais obtenir l'investiture. Au début de cette campagne, c'était l'inverse. Je me voyais faire ce travail. J'y étais absolument préparé. Mais je n'étais pas encore tout à fait sûr de la meilleure manière de faire passer mon message aux électeurs dans le vacarme médiatique.

Jill m'interrompit.

— Écoute, ce que j'aime, chez toi, me révéla-t-elle, que tu gagnes ou que tu perdes, je sais que ça va bien se passer.

— Comment ça ? demandai-je.

— Tu vas faire de ton mieux, m'expliqua-t-elle. Et tu te présentes pour de bonnes raisons. Tu vas dire aux gens pourquoi il faudrait que tu sois président. Et tout ira bien.

Remerciements

Ce livre n'aurait jamais pu être écrit sans l'aide de Mark Zwonitzer. Mark m'a aidé à affiner et à arranger les anecdotes que je souhaitais raconter dans un récit global. Il les a non seulement transcrites et peaufinées, mais il m'a aussi aidé à vérifier les faits, dont beaucoup se sont produits il y a plusieurs dizaines d'années. Mark est un écrivain de talent, un ami et un confident.

Table des matières

La photocomposition de cet ouvrage
a été réalisée par
GRAPHIC HAINAUT
30, rue Pierre-Mathieu
59410 Anzin

Imprimé en Espagne par
Liberdúplex
à Sant Llorenç d'Hortons (Barcelone)
en août 2021

POCKET - 92, Avenue de France - 75013 Paris

S32025/01